사회적기업론

정관영

KNOWLEDGE COMMUNITY 공동체

머리말

본 서는 저자가 집필한 사회적경제 시리즈인 "이제는 사회적경제다(2013)", "사회서비스사업창업경영(2018)"에 이은 세 번째 책이다. "이제는 사회적경제다"가 출간될 때만 해도 사회적경제와 관련된 서적들은 손꼽을 정도였는데 지금 상당히 많은 책들이 나와 있는 것은 고무적인 일이라 하겠다. 이러한 시대적 흐름에 따라 최근 많은 대학과 대학원에서 사회적경제 관련 학과와 과목들이 개설되고 있어서 체계적이고 충분한 내용을 담은 사회적기업 관련 교재가 필요하다는 생각으로 이 책을 쓰게 되었다.

한국에서 사회적기업 제도화 과정이 시작된 것은「사회적기업육성법」이 시행된 2007년이다. 정부의 일자리정책으로 시작된 사회적기업은 초기에 인건비지원에만 치중하다 보니 사회적기업의 본래 취지나 가치와는 동떨어진 현상들이 많이 나타났다. 그래도 사회적기업에 대한 이해가 높아지고 사회적기업을 준비하는 예비창업자들이 많아지는 것은 그만큼 사회적기업에 대한 인식이 넓어졌음을 반증하는 것이다.

이 책을 읽는 사회적기업가, 사회적기업 예비창업자와 그 외 사회적경제 분야에서 활동하고 있거나 하려는 독자들은 사회적기업과 관련한 세 가지 내용에 대해서는 분명한 이해를 하고 있어야 한다는 점을 말하고자 한다. 이 세 가지는 이 책의 구성 틀이기도 하다. 첫째, 사회적기업 스펙트럼이다. 사회적기업은 영리조직부터 비영리조직까지 모두 아우르는 하이브리드조직 특성을 가진다. 때문에 사업목적에서 이윤추구를 우선에 두는 영리조직과 사회적 목적을 우선으로 하는 비영리조직까지 포괄적으로 다룰 수 있는 사회적기업 경영체계가 필요하다.「사회적기업육성법」에서 정의하는 사회적기업은 사회적 목적과 경제적 목적을 모두 포함하지만 조직형태 절반 이상이 상법상 회사이다 보니 실제 사회적기업 지원 관련 내용들이 대부분 경제적 목적에만 치중하고 있다. 사회적협동조합의 경우 비영리법인이기 때문에 사업목적 달성을 위해서는 자원봉사자들의 역할이 중요하고 재무수입에서도 기부금이나 후원금 등과 같은 비경제적 수입이 중요한 부분이지만 이러한 비영리조직 사회적기업에 대한 지원과 교육훈련은 상대적으로 소홀한 편이다.

둘째, 사회적기업 조직영역이다. 이 부분과 관련된 국제적인 사회적기업 연구는 크게 제3섹터영역과 사회적경제영역으로 구분하여 규정하고 있다. 제3섹터영역은 비영리조직을 중심으로 하는 시민사회부문이고 주로 사회적 목적을 위한 활동을 하는 NGO, 시민사회단체, 자원봉사단체 등을 일컫는다. 반면 사회적경제영역은 화폐경제와 비화폐경제, 비시장경제영역에서 사회적 · 경제적 활동을 수행하는 영리 · 비영리조직들을 모두 포함하며, 여기에는 사회적기업과 협동조합이 대표적 조직이다.

셋째, 사회적경제 및 사회적기업 이해를 위한 학문적 관점이다. 이는 사회적경제와 사회적기업을 어떤 학문적 기반에서 이해하고 분석하는가와 관련된다. 최근 사회적경제와 사회적기업 이해와 논리적 분석 기반에서 미국의 영향을 받은 MBA식 경영학을 기본 관점으로 하는 책들이 많이 나오고 있다. 이는 사회적기업을 비영리기관들이 재정수입을 위해 설립하여 운영하거나 또는 기업사회공헌에 참여하는 특수한 영리기업으로 보는 미국식 이해를 기반으로 한다. 경영학을 기본 관점으로 하는 사회적경제와 사회적기업 이해는 경제 외적으로 수행하는 다양한 기능과 역할을 이해하기 어렵게 만든다. 사회적경제와 사회적기업은 역사적으로 유럽에 기원을 두고 있고, 19세기 자본주의 산업화에 따른 각종 사회문제 해결을 위한 자조집단에서 출발하여 복지국가 태동에 중요한 역할을 한 궤적을 가지고 있다. 1980년대 이후 등장한 이른바 '새로운 사회적경제'도 유럽 케인지언 복지국가의 축소와 재편 과정에서 비롯되었다. 때문에 사회적경제와 사회적기업에 대한 기본 이해를 위한 관점은 '사회복지(사회보장)'이어야 하며, 특히 자본주의 근대국가의 최고 발전 형태인 '복지국가' 맥락에서 이해해야 한다. 즉, 사회적경제와 사회적기업에 대한 총체적 이해를 위해서는 복지국가론을 기본 관점으로 하면서 정치경제학과 경영학을 도구적 분석틀로 삼아야 한다. 사회적경제와 사회적기업에 대한 관점의 오차는 이해와 분석 차원에서 더 나아가 그 역할 규정과 전망에서 커다란 차이를 불러오게 된다.

사회적경제와 사회적기업은 유럽 케인지언 복지국가의 태동, 발전, 축소, 재편 과정과 그 맥을 같이한다. 향후 유럽 복지국가의 변화에 따라 사회적경제와 사회적기업의 역할 변화도 함께 이루어질 것이며, 그 변화의 중심에 시민들의 적극적 참여로 이루어지는 거버넌스(governance)가 작동하고 있다. 또한 사회적경제와 사회적기업은 재화와 서비스를 생산, 판매하는 경제적 활동 이외에 복지국가 전성기 동안 국가가 그 기능을 독점해 온 복지급여와 사회서비스를 생산하고 전달하는 역할을 하고 있다.

이 책의 구성은 교재로 사용할 수 있도록 한 학기 강의주차에 맞춰 14장으로 되어 있다. 1부는 자본주의 경제체제 분석과 사회적기업 개념과 발전 과정, 그리고 사회적경제 기초 이해에 관한 내용이다. 특히 사회적경제와 사회적기업이 상호작용하는 자본주의 시장경제에 대한 이해는 매우 중요하다. 계속되는 시장실패가 경제위기의 원인이며 또한 사회적경제와 사회적기업의 중요성을 부각시키는 요인이기 때문이다.

2부는 사회적기업가정신을 다룬다. 사회적기업가는 반드시 사회적기업을 운영하는 대표자를 의미하지 않는다. 사회적기업가정신은 사회적기업이 지향하는 보편적 가치를 담고 그것을 실천하려는 의지이며 동력이다. 특히 '7장 지속가능한 사회와 사회적기업가의 역할'은 그동안 사회적기업에서 다루지 않았던 '지속가능발전'에 관한 내용이며, 사회적기업가는 어떻게 지속가능성 문제를 실천할 수 있는지에 관한 고민을 담고 있다.

3부는 사회적기업 경영에 필요한 중요한 다섯 가지 요소들에 관한 내용이다.

소셜 비즈니스, 사회적회계, 인적자원관리, 사회성과평가, 거버넌스 등은 사회적 기업 경영에서 반드시 갖추어야 할 요소들이다. '9장 사회적회계' 내용은 저자가 2015년에 번역한 책을 요약한 해제이다. 당시 원서의 출판사와 판권계약을 맺었으나 국내 출판사 사정으로 책을 출간하지 못해 많이 아쉬웠지만 이번에 핵심 내용을 정리하여 실을 수 있게 되어 다행으로 생각한다.

4부는 우리나라 사회적기업의 역사와 현황에 관한 내용이다. 특히 사회적기업의 역사적 효시인 도시빈민운동과 자활사업을 비교적 상세히 다루고 있다. 사회적기업의 역사에 대해 잘 알지 못하는 독자들에게는 가치 있는 내용일 것이다.

마지막 4부 사회적기업의 역사 부분을 집필하면서 지난날의 일들이 주마등처럼 떠올랐다. 신학대학 4학년 때부터 당시 인천지역 달동네였던 송림동의 한 민중교회에서 기거하면서 가난한 주민들과 함께했던 그때가 사회적기업의 역사가 될 줄은 상상도 못했지만 지금 그 시절의 흔적을 역사의 기록으로 남기는 일에 나름 자긍심을 갖게 된다.

저자가 집필한 책들이 세상에 나올 수 있도록 늘 도움을 아끼지 않는 공동체 출판사 김동근 전무님께 감사드리며, 편집과 출판을 위해 애써주신 공동체 가족 여러분들께 깊은 감사의 말씀을 드리면서, 오랜 기간 독일에서 사업을 하고 한국에 돌아와 새로운 IT비즈니스를 준비하는 동생 호영과의 대화에서 사회적기업 마케팅에 대한 통찰력을 얻을 수 있게 된 것에 대해 고마운 마음을 전한다.

특별히 몇 해 전부터 동양철학을 공부하고 수행을 하면서 내 삶의 풍요로움을 찾는 과정 중에 많은 깨달음을 얻을 수 있도록 도움을 주신 수행자 선화당혜령님께 깊은 감사를 드린다. 끝으로 현대 자본주의 물질문명의 한계를 깨닫고 홍익인간, 재세이화, 대동세상이라는 우리 민족의 고귀한 지혜유산을 품고 새로운 문명사회를 이루기 위해 공부하며 실천하는 이 땅의 수행자들에게 이 책을 바친다.

기해년 단오날
祉山 정관영

차례

PART 04 한국 사회적기업 역사와 현황

01 PART

자본주의 경제체제와 사회적기업 이해

Chapter 01

자본주의와 사회 변화

1 인류 물질문명 발전과 새로운 전환기

1) 고대사회와 청동기문명의 발전

인류역사를 돌아보면 사람들의 생활을 풍요롭게 만들어 온 물질문명은 생존에 필요한 재화들을 다루는 도구의 발전을 통해 그 폭과 깊이를 더해왔다. 인류문명 발전의 획기적 전환을 가져온 불 사용은 적어도 40만 년 전부터 시작되었다고 알려지고 있고, 이후 인간은 불을 다양한 용도로 이용하게 되면서 지구상에 존재하는 다른 생물체들과 구분되는 존재가 되고 이후 더욱 다양한 도구들을 개발하기 시작했다. 또한 불 사용은 인간생존을 어렵게 만들거나 위협하는 맹수의 공격 등의 다양한 제약들을 극복할 수 있게 했으며, 불로 조리하여 먹을 수 있는 음식 수가 늘어나면서 생활에도 변화가 생겼다. 시대적으로 마지막 빙하기가 끝나고 간빙기가 도래한 약 1만 년 전부터는 농업을 통해 스스로 식량을 생산함으로써 문명을 더욱 발전시키게 된다. 이후 농업생산방식을 통해 정주(定住)형태의 인공적 공간을 구성하고 자연과 분리된 생활을 하게 되면서 구성원 간에 원활한 의사소통을 위해 문자를 발명하여 사용하기 시작했다.

인간이 정주형태를 이루고 공동체사회를 형성하면서 이전 세대가 전해준 경험들이 축적되면서 기술이전이 가능해졌고 또한 문자발명은 문명발전의 초석이 되었으며 금속 개발도 확산되었다. 신석기시대 인류가 최초로 이용한 금속은 구리였는데, 아마도 토기를 빚어 불에 굽는 과정을 거치면서 그 토기 속에 무엇인가 빛이 나는 물체가 분리되는 돌이 있다는 것을 알게 되었고 다른 물질과 혼합된 상태에서는 용융점이 낮은 구리를 800~900℃의 불로 제련할 수 있었을 것이다.[1] 이후 구리와 주석을 합금한 청동을 만들어 내고 구리와 아연을 합금하여 황동을 생산하는 기술이 기원전 7,000~6,000년 전에 이루어지면서 이후 기원전 3,500년경 고대 4대 문명으로 일컬어지는 청동기문명이 확산되었다.

청동기시대의 정신문화는 샤먼(shaman)문명이었다. 당시 샤먼은 종교 · 정치 · 경제 · 사회 · 군사 · 법률적 등 다양한 차원에서 중요한 역할을 했으며, 특히 도시 안에 거주하는 구성원들 사이의 상업적 거래를 통제하고 별자리를 통해 농업 생산을 위한 절기를 연구하기도 했다. 그러나 이러한 청동기시대에 꽃피운 샤먼 문명의 기원은 이미 신석기시대부터 시작되었다. 고고학 연구로 발굴된 신석기 시대 무덤은 시신의 머리가 동쪽을 향하고 있었음을 보여주는데, 이는 해가 뜨는 동쪽이 영혼소생과 관련이 있음을 알 수 있다. 이런 영혼불멸신앙은 특정한 동물을 조상과 연계시켜 숭배하는 토테미즘(totemism)과도 연관이 있고, 만물질서를 관장하는 보이지 않는 신적 존재에 대해 경외하는 의식을 베풀며, 이승과 저승을 연결하는 주술사와 샤먼을 섬기던 일종의 의식들이 청동기문명으로 이어지면서 더욱 정교한 종교적 제례로 발전했다.

이후 수천 년 동안 구리와 청동기를 제련, 주조하는 기술이 대륙으로 확산되었고 채굴이 쉬운 구리 자원이 희소해지면서 제련공들과 금속세공기술자들은 금속의 특성에 관심을 갖기 시작했다. 청동합금보다 더 높은 열을 가해야 하는 철은 당시에는 상당한 수준의 야금술 지식과 화학지식이 필요했는데, 이러한 과정은 수십 년, 수백 년에 걸친 시행착오를 통해 연금기술로 이어져 오면서 철로 만든 무기와 도구, 장식품, 건축자재, 귀중품 사용이 계속 증가했고, 기원전 700~800

---

1 구리를 처음 사용한 시기는 서기전 1만 년 전부터 9천 년에 이르는 1천 년간의 기간이었는데, 이 시기에 제련기술은 섭씨 1,000도 정도의 열을 가하면서 광상표층에서 구리를 벗겨내고 구리광석에서 불순물을 벗겨내는 기술과 산소를 주입할 수 있는 화로를 개발하여 화학물질을 첨가하여 불순물을 제거하는 기술을 갖추고 있었다.

년경부터 철기 확산과 함께 고품질 철강이 보급되면서 철기문명시대로 접어들게 된다.

2) 근대산업사회 형성과 문명전환기

서로마제국의 몰락(476년)과 오스만 투르크족의 콘스탄티노플 침공으로 동로마제국이 붕괴(1453년)되는 시기의 유럽에서는 농업분야뿐 아니라 수력, 건축, 직물제조, 야금술, 무기제조 분야에서 중대한 기술발전이 일어났다. 중세로 접어들면서 산업분야는 농업에서 제조업으로 확대되고 인구증가와 함께 도시가 성장했다. 늘어나는 농촌지역 소도시들과 도시들이 생산 중심지로 바뀌면서 이전의 지배적 사회구조였던 노예제나 농노제에서 벗어나기 시작했다. 농업은 점차 가내수공업 형태의 제조업 형태로 바뀌고 더 많은 농촌인구가 농업과 제조업을 겸해 직물과 주석, 청동, 철기 등 여러 가정용품들도 생산했다. 근대 산업화 초기 단계인 농촌수공업이 계속 확대되고 제조업의 중요성이 커지는 가운데 산업혁명의 영향으로 공업이 등장했다. 당시 제조업과 공업의 발전은 인구성장과 도시화의 중요한 요인이었다. 제조화와 산업화는 생산방식의 획기적 변화를 가져왔는데, 산업화로 작업장이 공장으로 바뀌고 상업거래는 화폐로 대표되는 시장자본주의로, 가내제조업은 대량생산체제로 대체되었다. 동력발전과 대량생산체제를 이끈 산업화와 자본과 임노동이라는 새로운 생산관계를 만들어 낸 산업혁명은 인류역사에서 산업문명이라는 새로운 물질문명을 만든 기술변화로 평가된다.

그러나 산업혁명에 따른 석탄에너지 사용 증가는 산업도시지역에 심각한 환경오염문제를 일으켰다. 산업화를 이룬 대부분 국가들에서 대기오염과 수질오염을 겪었고, 전력에너지가 등장한 2차 산업혁명 이후에는 구리와 니켈 생산을 위한 광산과 제련소 인근 도시들에서는 심각한 신체적 · 생태적 피해를 입기도 하였다. 석유에너지산업과 같이 발전해 온 자동차산업은 정유산업과 정제기술을 촉진했지만, 석유화학제품 소비증가는 이제 화석연료 고갈이라는 한계에 부딪히며 자본주의 생산양식의 중대한 위기를 초래하고 있다.

인류문명의 자취를 살펴보면 환경변화에 적응하면서도 동시에 시련을 겪으면서 지금의 문명을 일구어 왔지만 21세기 들어 인류가 겪고 있는 자본주의 고도성장문명이 과연 향후 인류생존을 지속가능하게 만들 것인가에 대한 끝없는 의문이 제기되고 있다. 지금의 자본주의문명은 지난 300~400년 동안 엄청난 물질적인 풍요를 이루었고 이러한 풍요를 지탱하기 위한 소비를 확대하면서 시장을 발전시켜 왔지만 지금 우리 인류는 그 어느 시기보다 심각한 위기에 놓여 있다.

리처드 하인버그(R. Heinberg)는 자본주의경제성장의 한계를 예고하고 그 원인으로 자원고갈 · 환경파괴 · 금융붕괴를 들고 있다(Heinberg, 노승영 역, 2013) 인류역사에서 최고의 물질문명시대를 만든 서구 근대성(modernity)에 기초한 과학기술발전이 더 이상의 인간 생존을 불가능하게 만들 수 있다는 경고를 하고 있다. 이는 지금의 소비문명이 무한한 자연환경 파괴와 수탈을 기반으로 이루어진 결과이며 환경파괴가 가져온 기후변화와 각종 자연재해가 이를 증명하고 있다.

문화(culture)는 언어, 역사, 지역 등 일정한 공통적 요소를 갖춘 집단이 공유하는 나름의 독특한 생활양식(life-style)이라면 문명(civilization)은 특정 집단이 아닌 불특정다수에게 다양한 방식을 통해 전파될 수 있는 일반적인 생활방식(life-pattern)이다. 인간은 더 나은 물질생활을 위해 자연을 정복하기 위해 보다 좋은 '도구'를 개발하는 것 말고도 다른 인간집단을 정복하기 위해 더 좋은 '무기'들을 개발해 왔다. 그 무기 개발의 정점인 핵무기가 경제성장의 한계, 환경재앙과 함께 지금의 인류문명을 위협하고 있다. 인류는 지금 새로운 문명 전환기에 접어들고 있다.

문명전환과 세계사적 변화의 흐름에 대한 과학적 인식은 인류역사에 대한 이해방식의 변화이기도 하다. 즉, 새로운 역사관으로 지금의 변화를 관찰해야 하는 것이다. 인류문명발전에 관한 역사적 전개는 인간의 도구 사용에 대한 고고학적 고증에 기초하여 구석기시대-신석기시대-청동기시대-철기시대의 흐름으로 서술한다. 이는 과거 인류의 생활 상태를 설명할 수 있는 유적 발굴과 당시에 일어났던 실제 사건에 대한 사실을 규명하는 과학적 실증주의에 기초한 역사관으로서 역사연구에서 객관적 실증주의의 선구자인 19세기 레오폴트 폰 랑케(L. von

Ranke, 1795~1886)에서 시작되었다. 그러나 역사실증주의는 20세기로 넘어오면서 역사적 사실에 대한 실증이 객관적 문헌고증 분석만이 아닌 역사서술가의 주관적 해석 가능성 등 다양한 역사적 기술에 대한 논제들이 나오면서 역사방법론으로서 비판을 받으며 역사해석의 주관성과 역사해석의 다양성을 포괄하는 역사상대주의가 등장했다. 역사는 인류문명의 경제적 생산력의 향상과 그에 따른 정치와 문화 등 물질적 생활조건의 발전과정만이 아니라 정신문명 발전 측면도 동시에 관찰해야한다.

인류역사연구의 새로운 흐름인 '거대사(Big History)'는 기존의 인문학적 역사연구의 한계를 극복하고 자연과학과 역사학의 융합적 이해를 통해 인간에 대한 이해를 새롭게 해석하기 위한 역사방법론이다. 그간의 역사학이 지구에서 살아가는 생명체 중 가장 발달한 지능을 가진 존재로서 인간 사회의 물리적 흐름과 이를 실제적 사건으로 고증하는 것에만 국한해서 보는 것이었다면, 거대사는 지금 겪고 있는 다양한 지구적 문제들을 해결하고 인류의 발전적 미래에 대한 전망을 138억 년의 우주 역사와 46억 년의 지구 역사, 그리고 38억 년의 생명 역사에 대한 포괄적 접근을 통해 지구와 인류의 기원에 대한 통찰을 한다는 측면에서 새롭게 주목받고 있다.

2 시장자본주의의 한계

1) 자본주의 경제체제의 등장

유럽 봉건제 생산양식의 붕괴와 함께 등장한 자본주의는 이전의 시장체제를 새로운 양태로 변모시켰다. 인류가 돌과 동물의 뼈를 이용하여 원시적 생산수단을 만들어 사용하면서 문명 발전이 시작되었는데, 이후 청동기를 제작하면서 생산력이 급속히 발전하고 이에 따른 상품 교환을 위한 기능으로서 시장이 생겨나기 시작했다.

고대사회에서 생존에 필요한 재화는 대부분 자급자족으로 충당했고 사용하고 남은 잉여재화들은 필요에 따른 교환으로 분배되었다. 고대사회 시장은 단순한 상품교환에 국한되었으나 자본주의체제가 등장하면서 시장은 그 기능이 다양화되었는데, 이는 자본주의가 이전의 경제체제와는 전혀 다른 새로운 생산방식을 가져왔기 때문이다. 자본주의 상품생산방식은 기본적으로 인간의 욕구를 충족시키기 위해서가 아닌 자본의 본원적 축적을 목적으로 하는 이윤발생을 위한 상품생산체제이다. 상품생산에 필요한 생산요소로서 인간의 노동력이 요구되고 이 노동력은 생산수단을 소유하지 못한 개별노동자들의 유휴노동을 구매한 자본가에 의해 지불노동(paid-labor)으로 전환되어 상품생산요소로 투입된다. 따라서 자본주의 경제체제에서 시장은 기업에서 생산한 재화만 매매되는 것이 아닌 노동자의 노동력도 상품으로 거래되면서 상품시장, 노동시장, 자원시장, 금융시장 등 다양한 재화가 거래되는 시장으로 분화되어 왔다.

고전경제학에서 설명하는 시장은 재화가 거래되기 위해 수요와 공급이라는 원리가 작동하고 수요 · 공급이 적정선에서 일치가 되면 그 재화에 대한 '가격'이 결정된다고 본다. 시장에서의 수요 · 공급이론은 '세의 법칙'으로 설명되는데, 장바티스트 세(J. B. Say)는 "수요와 공급이 불균형이 되더라도 이는 일시적 현상으로 장기적으로 수요가 공급에 맞춰 자율적으로 조정된다"고 보았다(Say, 1964). 그러나 1929년 공급과잉으로 인해 발생한 대공황(Great Depression)으로 세의 이 주장과 고전파 경제학 이론은 비판받게 되었다.

고전경제학이 당연한 이론으로 설명하는 자본주의시장경제에 대해 페르낭 브로델(F. Braudel)은 자본주의와 시장경제를 구분한다. 브로델은 18세기까지 '시장경제'와 '자본주의'는 작은 부분으로 기능했으며, 초기 상업자본주의는 시장경제 전체를 장악하지 못했다고 주장한다(Braudel, 김홍식 역, 2012). 시장과 자본주의를 결합한 매개체는 고전경제학의 사상적 토대인 '자유주의'였다. 개인의 활동과 선택을 최대한 보장받을 수 있는 경제적 영역으로서 시장은 자유주의 실현의 중요한 토대였다. 자본주의 발전의 사회사상적 토대로서 매우 중요한 역할을 한 '자유'

이념은 당시 국가별로 상이한 사상적 입장을 견지하게 되는데, 프랑스에서의 자유 이념은 장 자크 루소(J. J. Rousseau)의 『사회계약론』에서 나타나듯 시민회의가 직접민주주의로 운영하는 국가를 제시한 '공화주의' 입장이었지만, 영국에서는 존 스튜어트 밀(J. S. Mill)이 『정치경제학원리』에서 주장한 것처럼 자유주의는 정치참여가 아닌 경제적 영리추구를 중요시했다. 밀은 자본축적이 생산력에 영향을 미치는 중요한 요인이기 때문에 사유재산보장과 적절한 보상을 해주어야 위험이 따르는 투자가 촉진된다고 주장했다(Mill, 박동천 역, 2010). 근대국가체제가 형성되고 이에 대한 물적 토대로서 시장자본주의가 결합된 산업사회로 발전해 가면서 생산력은 계속 높아져 왔지만 그러나 시장자본주의의 파열음은 더욱 커지고 있다.

지난 300여 년의 자본주의 역사에서 뛰어난 두 명의 고전경제학자가 지금의 시장자본주의를 만들어 내는 데 중요한 역할을 했다. 한 사람은 시장에서의 자유경쟁을 설파한 애덤 스미스(A. Smith)이고, 다른 한 사람은 1929년 미국에서 촉발된 대공황을 해결하고 복지국가의 초석을 구축한 존 M. 케인즈(J. M. Keynes)이다. 2008년 미국 금융위기 결과는 지난 자본주의 역사를 돌아볼 때 그 규모와 위기의 정도가 상당히 심각하다. 그러나 더 큰 문제는 지금의 주류경제학이 이러한 자본주의가 겪는 위기들을 해결할 수 있는 뚜렷한 대안을 내놓지 못하고 있다는 점이다.

미국 발 금융위기 이후 세계경제의 성장 속도는 십여 년이 넘게 뒷걸음치고 있는 사이 시장자본주의 경제성장시대는 끝나가고 있다는 주장들이 계속되고 있다. 하인버그는 지금의 세계경제침체가 단순히 경기 후퇴가 아닌 전 지구적 자본주의 확장의 종말임을 다양한 근거들을 통해 논증하고 있다(Heinberg. 위의 책). 그는 이미 성장 동력 기반을 상실한 자본주의를 지속적인 성장이 가능한 방향으로 시도하는 것은 비현실적이고 가능하지 않다고 주장한다. 또한 시장자본주의가 경제성장을 멈출 수밖에 없는 세 가지 근거를 그 요인으로 들고 있다. 첫째, 석유자원을 중심한 화석원료와 광물 등 주요 자원의 고갈이며, 둘째, 화석연료를 태움으로써 나타나는 환경파괴와 이에 따른 기후변화, 셋째, 금융시스템의 실패다.

지난 200여 년간 세계적인 경제성장이 이루어질 수 있었던 가장 중요한 요인은 화석원료의 발견이다. 상품생산을 위한 중요한 원료이자 에너지인 화석연료는 그동안 아주 값싸게 채굴할 수 있었고 무게와 부피에 비해 에너지양이 많기 때문에 자본주의경제의 활력이 되었다. 그러나 글로벌 경제교역의 토대이자 상품수요 · 공급시스템의 토대인 석유의 흐름이 점점 느려지고 있는데, 이미 전 세계 유전에서 석유생산량이 정점에 도달했다 감소하는 현상이 관찰되고 있다. 석유생산정점인 오일피크(oil peak)는 석유자원의 완전한 고갈을 의미하는 것이 아니라 석유생산량이 감소하기 전 최대에 도달하는 시기를 말한다. 석유생산량이 감소함에 따라 석유문명인 시장자본주의도 생산방식의 변화를 겪고 있고 그것이 성장의 감소로 나타나고 있는 것이다.

2) 시장자본주의 성장의 한계와 대안 경제 담론의 등장

1990년 이후 지구적 금융자본주의로 변신한 시장자본주의는 다양한 국제기구들에 의한 금융지배를 통해 새로운 사회질서를 형성하기 시작했다. '경제의 금융화'는 기업들의 이윤폭이 감소한 이후, 자본이 이윤율을 회복하는 과정에서 직접적인 생산과정 외부에서 자본 자체가 이윤율을 증대하는 장치로 기능해 오고 있다. 길게는 1970년대 경제침체 이후 가깝게는 2008년 미국 금융위기로 인한 지구적 자본주의 성장침체와 기업이윤율 저하와 이를 극복하기 위한 경제금융화 현상은 금융부문의 기능왜곡으로 인한 소득분배 불평등을 지속시키고 있다. 또한 금융지배세력이 만들어 내는 신용으로 부채는 기하급수적으로 증가하고 있다.

부채는 시장자본주의의 성장을 멈추게 하는 주요 요인 중 하나이다. 세계적인 부채 증가는 금융자본주의를 주도한 신자유주의와 밀접한 관련이 있다. 부채 증가뿐 아니라 비정규직문제, 노동시장 분절문제 역시 신자유주의가 만들어 낸 자본의 시장지배력 강화에서 비롯되었다. 1990년 소비에트가 무너지고 대적국가를 잃어버린 자본주의는 세계은행(World Bank), 국제통화기금(IMF), 세계무역기구

(WTO) 등의 국제조직을 통하여 금융지배의 새로운 사회질서를 만들어 놓았다.

자본축적의 확대는 생산단위에 투하되는 자본(고정자본, 불변자본)과 노동력을 통해 만들어진 잉여가치 축적으로 이루어져 왔는데, 1990년 이후 '금융 세계화'가 이루어지면서 이러한 자본축적방식이 변하면서 생산 · 교환 · 소비로 이루어지는 실물경제에 자본을 투하하지 않는 방법으로 이윤을 축적해 왔다. 즉, 경제순환과정에 실제로 화폐가 들어와 회전되는 것이 아니라 은행카르텔을 중심한 금융부문에만 엄청난 양의 화폐가 돌게 된 것인데 이른바 '거품'이 형성된 것이다. 이 거품이 처음 터진 사건이 지난 2007년 미국의 금융위기이다. 이러한 은행카르텔과 소수의 글로벌 금융지배세력이 휘두르는 지금의 금융자본주의 국면에서는 금융지배력을 가진 소수를 제외한 모든 사람들은 '이자와 부채'로 돌아가는 금융지배체제에서 완전히 벗어날 수 없는 구조가 되었다.

한국 자본주의 위기는 지구적 금융자본주의 위기라는 대외적 요인과 대내적으로 취약한 내수시장 및 재벌기업 중심의 수출성장지향정책에서 비롯한 요인이 중첩되어 나타난 결과다. 이는 소득양극화 현상이 잘 대변하고 있다. 2000년 대 초반부터 공식적으로 논의되기 시작한 사회적경제는 신자유주의로 붕괴되는 소득(재)분배질서를 '구조조정'하는 대안적 경제로 부각되고 있다. 따라서 사회적경제는 경쟁시장 내에서 운용되지만 이와 함께 자유시장경제와는 다른 가치와 기제로 작동하는 새로운 시장을 만들어야 한다.

유럽 자본주의 태동과 함께 단순한 협동조합형 자조운동으로 시작된 사회적 경제가 21세기 한국으로 들어오면서 그 운용과 방식은 유럽의 그것과는 많은 차이가 있을 수밖에 없다. 즉, 사회적경제 토착화라는 과제가 부여되고 있다. 도입 초기부터 관(官) 주도 일자리정책으로 축소되고 있는 한국의 사회적경제를 대안적 경제체제 모델로 구축하기 위해서는 경제철학적 기반, 자원생산을 위한 물적 토대와 교환방식의 전환을 위한 사회적 금융 구축, 소득(재)분배방식의 재구조화, 경제자원의 생산 · 유통 · 소비에 대한 통제에 이해관계자들의 참여가 보장되고 공공부문 국가권력과 민간부문 시장경제에 맞설 수 있는 시민사회 네트워크 구축을 위한 시민참여 정치체제에 관한 내용들도 포함되어야 한다.

3 전통적 복지국가 재편과 사회적 욕구의 변화

1) 근대국가 성립 배경

인류문명의 발전과정은 사회적 생산력의 발전과 상응한다. 언어와 종교 등 일정한 공통요소들로 사회집단이 구성되면서 생산관계도 형성되어 왔는데 사회구성원들 간에 일련의 소유관계가 이루어지면서 사회적 계급체계가 형성된다. 재산의 소유관계 구성을 유지하기 위해서는 강제력을 동원할 수 있는 특별한 제도가 필요한데 국가는 이런 특징을 완벽하게 갖추고 있다.

유럽의 봉건제 생산양식은 토지를 소유하고 있는 영주와 그를 둘러싼 가신들과의 개인적인 유대관계로 이루어진 장원제도를 통해 귀족과 생산을 담당한 농노들의 계급관계였다. 그러나 새로운 상공업계층이 생겨나고 귀족 중심의 기존질서가 도전을 받으면서 봉건제적 사회질서가 무너지기 시작했다. 이러한 봉건제와 절대왕정의 구체제(ancien régime)질서는 '자유와 평등' 이념을 앞세운 새로운 사회집단에 의해 서서히 무너지고 새로운 사회체제가 수립되면서 이에 부응하는 새로운 경제질서인 자본주의체제를 따르는 법 · 정치 · 경제제도의 근대국가체제가 수립되었다.

근대국가는 사회적 생산물을 사회구성원들에게 분배하는 중요한 역할을 수행하므로 권력을 쥐려는 특정한 '세력'과 특정한 '이념', 그리고 '제도'가 결합된 특수한 관계체계로 구성된다. 사회계약으로 성립된 근대 국민국가는 계약 당사자인 국민들의 안전을 지켜주고 기본적 권리를 보장하는 것을 헌법에 명시한 국가체제다.

초기자본주의에서 가장 큰 사회문제는 빈곤이었다. 공장제대공업 확대로 가내수공업이 점차 줄어들고 생계수단을 상실한 계층들이 공장이 밀집한 도시로 밀려들어오면서 빈곤층 증가는 더욱 심각한 사회적 위기로 커져 갔으며, 한편 공장노동자들은 장시간 노동과 저임금으로 빈곤상태에서 크게 벗어나지 못하는 상황이었다.

19세기 들어서 초기 자본주의 태동과 함께 만들어진 '시민법'과 함께 노동조합과 사회주의운동의 확산으로 일련의 '사회법'이 제정되면서 노동자들의 사회권이 점차 중요한 정치사회적 이슈로 부각되기 시작했다. 이후 1930년대 대공황을 거치면서 자본주의 위기를 극복하려는 새로운 시도로서 국가가 주도하는 중앙계획경제와는 다른 성격의 복지국가체제가 수립되었다.

2) 전통적 복지국가 수립과 위기

1945년 유럽에서 시작된 케인지언 복지국가는 정부지출 확대를 통한 재정확대로 민간의 유효수요를 늘리고 이를 공공부문의 공급으로 충당하는 국가체계이다. 이런 복지국가의 핵심적 역할을 맡은 정부주도 공공사업은 일자리를 만들어 고용을 증가시켜 가계소득을 높이고 소비를 위한 가처분소득도 증가시키면서 점차적으로 기업의 공급을 늘리게 된다. 이후 1950, 1960년대를 거치면서 유럽복지국가들의 연평균 경제성장률이 평균 7%를 상회하는 소위 '자본주의 황금기(Golden Age)'를 구가하게 된다.

이 시기 동안 전통적 복지국가의 특징은 지속적인 경제성장을 기반으로 한 완전고용, 고율의 누진세적 소득세를 기반으로 한 높은 사회보장예산, 남성생계부양자 중심의 사회보험제도 확충 등이었다. 그러나 1970년대 두 차례에 걸친 석유파동으로 세계경제가 침체에 접어들고 이를 위한 타개책으로 1980년대 초 등장한 영국의 대처와 미국의 레이건 정부가 신자유주의를 선언하면서 전통적 케인지언 복지국가는 급격히 축소되기 시작했고 이후 근대의 산물인 전통적 국민국가의 역할도 바뀌고 있다.

복지국가 위기는 전통적 고용관계 변화에서 비롯되었다. 즉, 기업이 노동자 종신고용을 통해 안정된 생산력을 확보하는 방식에서 벗어나 자유롭게 노동자를 해고하고 다양한 형태의 고용형태를 갖추는 노동시장 유연화를 축으로 하는 신자유주의정책을 수용함으로써 케인지언 복지국가의 후퇴를 가져왔다. 1979년 영국에서 대처의 집권, 1980년 미국 레이건 대통령 당선, 1981년 일본 나카소네 총리 당선으로 이어지면서 이들은 공통적으로 1970년대의 경기침체에서 벗어나기 위한 해결책으로 신자유주의를 새로운 이념노선으로 선택하고, 그에 따른 일련의 사회정책들을 시행하는 데 노동시장 유연화, 공공서비스 민영화, 각종 규제완화 등의 시장 확대 정책을 시행하게 된다. 신자유주의에 기반 한 사회정책의 내용은 한 마디로 '자본에 의한 노동지배력 강화'로 볼 수 있다. 즉, 1970년대 내내 자본의 이윤율 저하가 지속되면서 자본축적 위기를 겪었고, 이후 신자유주의를 택한 정부들의 등장으로 자본은 새로운 지배전략을 갖게 된다. 여기서 민영화(privatization)는 아주 중요한 자본의 지배전략이 되었는데, 이는 노동시장 유연화와 함께 노동세력을 분절시킬 수 있는 최고의 방법이었다. 이를 위해서 정규직으로 대표되는, 완전고용을 기반으로 하는 케인즈식 복지국가의 축소가 선결되어야 했다.

사회주의체제 국가들의 붕괴 이후 자본주의가 지구적 시장지배로 확대되는 과정에서 자본의 지배전략 목표는 노동세력의 분절이었고, 이를 위해 정규직으로 대표되는 노동자 완전고용을 보장하는 케인지언 복지국가 축소가 선결 과제였다. 결국 유럽 선진자본주의국가체제의 최고 발전 형태인 복지국가 축소는 고용불안정과 소득양극화로 이어졌다. 지구적 금융자본주의로 변신한 시장자본주의는 다양한 국제기구들을 통해 금융지배 방식의 새로운 사회질서를 형성하기 시작했다.

근대국가를 성립한 서구사회는 국가가 재정과 행정력을 통한 직접적인 사회보장제도 시행에서 차츰 제3섹터와의 거버넌스(governance)를 통한 사회보장 프로그램 운영으로 전환하면서 과거와 다르게 더 이상 국가가 직접적인 규율과 일방적인 의사결정으로 국민들을 통제 또는 감시하지 않는다. 대신 개인 또는 조직들과 네트워크로 상호작용을 하며 의견수렴과 의사결정을 통해 실행하는 네트워크 거버넌스(network governance) 방식으로 작동한다.

우리가 살고 있는 근대국가, 사실 국가라는 것이 눈에 보이는 실체적 존재가 아님에도 우리는 늘 국가의 존재를 의식하며 산다. 사회보장제도가 정치권력의 이해관계에 따라 변화하고 이에 따르는 국가정체성 문제는 중요한 주제이다. 국가는 사회적 생산물을 분배하는 중요한 역할을 하기에 국가권력을 쥐려는 특정 세력과 이들이 공유하는 특정 이념 그리고 다양한 제도가 결합된 특수한 관계체계다. 자본주의 경제체제의 성장 한계문제는 분배 기능에 있어서도 자유시장경제가 국민들에게 분배하는 재화총량이 공정하게 제공되고 있는지, 시장에서 불공정한 분배를 국가는 어떠한 사회보장제도를 통해 소득재분배를 수행하고 있고 그것의 바람직한 개선과 발전을 위해 어떠한 철학적 원리로 운영하는지 되돌아보아야 할 때다.

3) 사회적 욕구의 변화

현대 경제체제에서 세계화, 저성장, 사회의 복잡성 증가 등과 같은 흐름들은 사회발전모델을 급격하게 변화시키고 있다. 이러한 흐름들은 새로운 욕구의 증가와 새로운 서비스에 대한 요구로 이어진다. 지난 몇십 년 동안 인구통계 · 경제 변동은 인구별 욕구에 있어서 중요한 변화들을 가져왔다. 기대 수명 연장, 여성의 노동시장 진입 증가. 외국인 노동력 유입, 지식기반경제 출현 등은 이러한 변화들의 대표적인 예이다. 이러한 사회 발전 흐름들은 동시에 새로운 해결 방안이 필요한 사회문제이기도 하다. 여기에는 노령인구 돌봄을 위한 개선 방안, 새로운 개입 영역으로 아동보호, 다문화가정의 사회경제적 통합을 위한 새로운 정책수단, 교육체계 개선 등이 포함된다. 좀 더 확대된 차원에서는 기후변화와 자연자원 고갈에 대한 적절한 대응 방안을 찾는 사회적 요구들도 포함할 수 있다. 특히 소득양극화는 사회갈등을 유발하는 심각한 사회문제이다. 특히 저소득층 빈곤문제는 일상생활에서 불확실성과 불안정을 유발한다. 따라서 빈곤은 취약한 사회적 관계, 직업 불안정, 충족감 결여 등으로 인해 사회적 기능을 상실하게 된다. 이러한 문제들은 모두 사회 내 인구통계학적 · 사회적 변화로부터 발생하며 독거노인세대, 청년층부부, 한부모가정, 실직자 등과 같은 영역에서 더 많이 나타날 수 있다.

빈곤 개념은 사회적 배제(social exclusion)로 연결될 수 있는데, 이것은 지역사회나 사회집단에 참여하기 위한 활동에 제약을 가하거나, 불가능 혹은 차별과 같은 문제를 야기한다. 따라서 사회적으로 배제 대상은 고용, 교육, 직업훈련, 가족을 갖는 것과 같은 사회생활에 접근할 수 없는 사람들이 된다. 이러한 주제에 대해 기본적인 차이점은 단지 금전이나 소득이 아니라 초점이 배제의 관계적 측면으로 옮겨진다.

새롭게 드러나는 욕구들은 경제적 · 사회적 · 문화적 · 정치적 · 시민적 제도들을 통해 안정된 사회적 유대감이 형성되는 사회적 응집성(social cohesion)과 관련된다. 사회적 응집성은 자주 사회적기업의 활동 목표로 언급된다. 그 목표는 물질적 혹은 무형적 수단의 결핍, 고용기회와 복지급여, 사회서비스 수급 기회 부족 등과 같은 사회적 응집성을 막는 장애물을 제거하는 것이다. 사회적 배제 개념은 대인관계의 질과 깊이 연관되며 실제로 경제적 빈곤보다 훨씬 더 강력하고 중요하다.

이러한 흐름들은 새롭게 드러나는 사회적 욕구에 부합하는 서비스 제공을 위해 새로운 공급기반을 구축할 수 있는 선진적 경제체제를 필요로 한다. 이러 의미에서 사회적기업은 전통적인 조직들이 언급하지 않은 지역적으로 존재하는 기본적 욕구에 대한 공급 과정으로 볼 수 있다. 사회적기업은 사회적 이슈를 주장하고 문제 상황에 대한 해결 방안들을 찾기 위한 혁신적 접근이라는 특성을 가진다. 해결 과정은 드러난 욕구에 의존하면서 재화나 서비스 제공 혹은 부족한 제도 수립이나 부적합한 제도의 재구조화 등과 연관될 수 있다. 그러나 사회적기업의 주요 목적은 기본적 욕구 충족의 실패 상황을 만든 사회적 · 경제적 조건들을 바꾸거나 더 알맞게 수정하는 것이다.

Chapter 02

자본주의 경제체제 이해

1 자본주의 경제구조

1) 자본주의 경제의 특징

현대 인류가 살아가고 있는 사회경제체제인 자본주의가 세계 역사 무대에서 활동하기 시작한 기간은 5백여 년 정도이다. 인류문명의 시작을 1만 년 전 선사시대로 보아도 0.05% 정도밖에 안 된다. 자본주의경제는 전 인류 역사를 통틀어 전혀 경험하지 못한 물질문명의 급격한 진보를 가져왔다. 자본주의가 발전하고 확산되면서 모든 사회영역에서 획기적인 변화들이 일어났다. 지식의 진보, 기술 발전과 함께 정보 공유라는 새로운 방식이 등장하고 교육 · 의료 · 소비 등 생활수준이 전반적으로 향상되었다. 동력발전을 기초한 산업혁명으로 생산력 발전을 이룬 자본주의경제는 두 번의 세계전쟁으로 폐허의 상처를 입었지만 복지국가라는 새로운 돌파구를 통해 새로운 성장을 경험했다.

자본주의 경제체제의 특징은 ① 사유재산제, ② 시장경제와 가격기구, ③ 이윤추구, ④ 직업선택의 자유, ⑤ 노동력의 상품화 등이다. 자본주의는 기본적으로 임금노동자를 고용하여 생산한 재화와 서비스를 이윤획득 목적으로 시장에서 거래하는 경제체제다. 생산수단을 소유하지 못한 노동자는 자신의 노동력을 생산수단 소유자에게 팔게 되고 그 노동력 가치로 임금을 받는다. 즉, 자본을 소유한 경제 주체가 사적 자본재를 이용하여 임금노동자를 고용하여 수익을 목적으로 상품을 생산하는 경제체제다. 때문에 자본주의를 이루는 주요 계급관계는 자본가(고용주)와 노동자 간의 자본-노동관계가 된다. 상품생산을 위한 노동과정은 다음과 같은 세 가지 특징을 갖는다.

- 생산부문에서 상품생산을 위한 노동과정(상품생산)
- 사유재산인 자본재를 이용한 상품생산(사적 자본재)
- 상품생산에 필요한 노동시간을 노동시장에서 구입(임금노동)

자본주의 노동과정의 첫 번째 특징인 '상품생산'은 화폐수익을 위해 판매할 목적으로 생산하는 재화와 서비스를 의미한다. 자본주의에서 상품생산은 재화와 서비스를 사고팔 수 있는 시장의 존재를 반드시 필요로 하며 사람들의 소비를 목적으로 시장에서 거래가 이루어진다.

자본가가 상품을 생산해서 판매하는 목적은 그 상품을 생산하는 것에 있는 것이 아니라 '돈을 버는 것'에 있다. 즉, 상품을 만드는 이유는 팔기 위해서다. 어떤 상품을 생산하고 또 누구를 위해 생산할 것인지는 생산자의 기호나 구매자에 대한 선호도가 아닌 상품판매 가격과 생산비용에 따라 결정된다. 자본주의경제에서 상품거래는 익명으로 이루어진다. 어떤 상품에 정해진 가격만 지불하면 누구든 그 상품을 소유할 수 있다. 그 상품의 구매자가 누구인지가 중요한 것이 아니고 가격이 중요하다. 이러한 상품생산의 특성으로 인해 자본주의경제에서는 사회에 존재하는 대부분이 '상품화'된다.

자본주의 노동과정에는 사적부문인 상품생산을 위한 임금노동 이외에도 가사노동과 같은 비시장노동과 정부부문과 같은 공공부문노동이 있다. 가사노동은 자녀출산과 양육, 요리나 청소와 같은 가사돌봄 등에 소요되는 노동이며 상당히 많은 시간이 필요한 일들이다. 또 다른 형태의 비시장노동은 지역사회, 학교, 사회봉사단체, 복지기관, 기타 지역 내 다양한 시민사회단체 등에서 자발적으로 이루어지는 자원봉사활동이다. 이런 자원봉사활동은 제3섹터인 시민사회영역을 이루는 역할을 하지만 사람들이 임금노동에 더 많은 시간을 소비하면 이런 활동을 할 수 있는 시간은 줄어든다.

노동과정의 두 번째 특징은 '사적 자본재'로서 생산에 사용되는 모든 자본재는 자본가의 사유재산이다. 사유재산의 의미는 첫째, 소유하고 있는 모든 것을 자신이나 또는 그가 선택한 타인의 재량에 따라 사용하고 판매하는 등의 처분을 자유롭게 할 수 있으며, 둘째, 소유물을 사용하여 창출된 수익이나 이익은 소유주가 그 권리를 가지며, 셋째, 타인이 자신의 소유물을 함부로 사용할 수 없게 하는 권리를 갖는 것이다. 자본주의는 사유재산제를 법적으로 보장한다. 사유재산제는 개인이나 법인에게 토지, 건물과 기타 부속물 또는 지적 소유권과 같은 소유물을 사용하고 대여하고 판매할 수 있는 권리를 부여하는 법규이며 제도이다.

사적 자본재는 상품생산을 위한 생산요소로서 기계, 건물, 사무실, 기타 설비 등과 같은 내구성을 가지고 있는 물건을 말하며 소유주는 이에 대한 사유재산권을 가지고 있기 때문에 이 재산들이 어떻게 사용될지 대한 결정권을 가지고 있다.

자본재의 소유권은 크게 부, 재산소득, 근로소득으로 구분한다. 부는 특정 시점에서 개인이나 법인이 소유하고 있는 것을 말하며 때문에 저장품(stock)으로 본다. 그러나 재산소득과 근로소득 등은 유동성(flow)으로 보기 때문에 연 · 월 · 시간 등 일정 기간에 걸쳐 측정된다.

자본주의 노동과정의 세 번째 특징은 '임금노동'이다. 임금노동은 고용주의 지시에 따라 이루어지는 노동이며, 임금노동자는 자신의 노동력(시간)을 팔아 생계를 유지하는 사람이다. 임금노동자는 임금을 받는 대가로 다른 사람의 지시대로 일하고 자신이 소유할 수 없는 상품들을 생산한다. 자본주의경제에서 노동은 대부분이 임금노동이지만 임금노동자가 아닌 생산자도 있다. 이들은 개인사업자나 협동조합이 소유한 기관에서 일하거나 가족이 운영하는 사업체에서 일하기도 한다. 이처럼 자기 자신을 위해 일하는 사람들은 생산할 상품들을 직접 소비하거나 혹은 이것을 팔아 생계를 유지한다.

자본재가 소수에게 집중되는 것은 나머지 대다수는 임금노동자가 되어야 한다는 의미이다. 상당한 재산을 가지고 있는 사람들만이 재산소득으로 살아갈 수 있고, 자본재를 거의 가지고 있지 못하거나 전혀 없는 사람들은 생계를 위해 일자리를 구해야 한다. 때문에 소수에게 자본재가 집중되는 것과 임금노동 존재는 깊은 연관성을 가진다.

2) 국민경제 구조

국민경제는 한 나라 안에서 일어나는 경제활동이다. 경제활동의 기초단위는 개인이지만 모든 개인을 분석 대상으로 할 수 없으므로 국민경제의 주체는 크게 '가계', '기업', '정부'로 구분하고 각 부문이 수행하는 경제적 역할과 활동들을 파악한다(그림 2-1).

국민경제 내에서 일어나는 모든 경제활동은 상품을 생산하고, 교환하고 소비하는 행위를 포함한다. 기업은 상품을 생산하는 역할을 한다. 때문에 국민경제에서 무엇을 어떻게 생산할지에 대한 결정은 기업에 의해 이루어진다고 볼 수 있다. 기업은 가계로부터 상품생산에 필요한 생산요소(노동, 자본)를 구입한다. 따라서 기업과 가계는 생산요소와 상품을 주고받는 관계를 맺고 있다.

가계는 경제주체로서 생산된 상품을 소비한다. 또한 노동이나 자본과 같은 생산요소를 기업에 공급함으로써 상품 구입에 필요한 소득을 얻는다. 가계는 상품을 소비하는 역할과 함께 생산요소 공급자 역할도 한다.

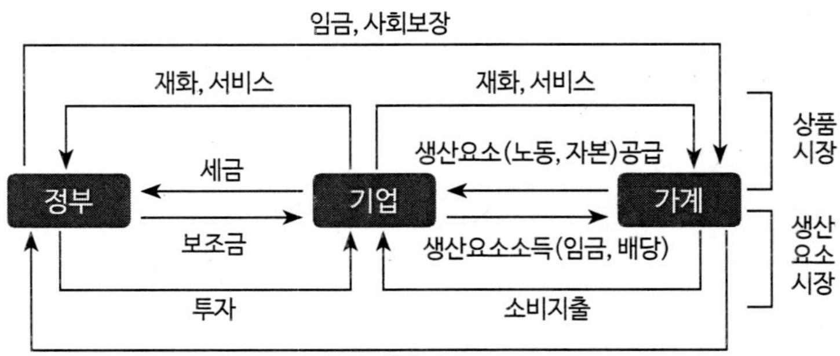

|그림 2-1| **국민경제 순환 구조**

정부는 가계와 기업으로부터 세금을 걷어 다양한 사업을 수행하는 역할을 한다. 정부는 각종 사업을 수행하는 과정에서 재화와 서비스를 생산하기도 하고 소비하기도 하여 상품 생산자와 소비자 역할을 동시에 한다.

자본주의경제에서 생산되는 모든 상품 거래는 시장을 통해 이루어진다. 시장은 재화와 서비스를 거래하려는 사람들의 구매행위와 판매행위 모두를 말하며, 구매하고자 하는 수요자와 판매하려는 공급자로 구성된다. 시장 거래는 재화나 서비스 소유자가 그것을 다른 사람에게 판매할 때 일어난다. 재화와 서비스를 판매한다는 것은 그것을 타인이 가지고 있는 화폐와 교환하는 것을 의미한다. 때문에 시장 거래는 수요자와 공급자 모두가 받아들일 수 있는 조건으로 대가를 지불함으로써 소비물에 대한 권리가 한 당사자에서 다른 당사자로 이전되는 것을 말한다.

시장은 특정한 재화나 서비스를 거래하려는 사람들의 판매와 구매행위가 이루어지는 공간이며, 크게 상품이 거래되는 상품시장과 노동이나 자본과 같은 생산요소가 거래되는 생산요소시장으로 구분할 수 있다. |그림 2-1|에서 보듯 상품시장에서는 기업이 공급자가 되고 가계가 수요자가 되지만, 생산요소시장에서는 그 반대가 된다. 생산요소시장은 노동시장과 자본시장으로 구분하여 볼 수 있다.

시장에서는 경제적으로 중요한 두 가지가 결정되는데, 하나는 재화와 서비스가 교환되는 '가격'이며, 또 하나는 판매 · 구매되는 '수량'이다. 이 두 요인은 사회에 여러 가지로 영향을 준다. 예를 들면, 노동시장에서의 임금(노동시간당 가격) 결정은 노동자들의 생활수준에 영향을 주고 고용량(수량)이 결정됨에 따라 실업자 수에 영향을 주게 된다.

시장에서 재화와 서비스를 구매하고 판매하는 행위가 이루어지고 자신들의 이익만을 추구하는 구매자와 판매자가 자발적으로 상호작용을 하게 되는 경우 바람직하지 않은 결과를 가져올 수 있는데 이것을 '시장실패'라고 한다. 실제로 시장이 제대로 작동하지 않는 상황은 어디든 존재한다. 시장이 바람직한 결과를 낳는 방향으로 경제활동을 조정하는 데 실패하는 경우를 일컬어 경제학자들은

'조정실패(coordination failure)'라고 한다. 조정실패는 개인들이 사적인 이익만을 추구한 결과 이들의 행동이 잘 조정되었으면 얻을 수 있는 이익보다 작은 이익을 얻게 되는 상황이며, 시장실패는 조정실패의 특수한 경우로서 시장이 작동하는 방식 때문에 발생하는 조정실패를 말한다.

2 시장실패

고전경제학이라 일컫는 자본주의 경제학의 출발은 애덤 스미스(A. Smith)에서 시작되었다. 신분제와 종교로 고착된 봉건제 사회는 신의 권위보다 인간 이성의 우위를 주장한 인문주의가 태동하면서 서서히 균열되기 되기 시작했고 과학적 사고에 기반한 새로운 인식체계는 '자유로운 개인'이라는 근대적 사유를 이끌어 내었다. 신대륙 발견과 함께 이루어진 식민지 개척은 자본주의 태동기에 등장한 신흥상인들에게 상업을 확대할 수 있는 최고의 기회였다. 17~18세기에 등장한 절대군주들은 중상주의(mercantilism)를 내세우며 이들 신흥상인(상업자본가)들과 결탁하면서 다양한 경제활동에 개입하면서 해외식민지 개척과 무역을 통해 확보한 금 · 은 등의 귀금속을 축적하는 것이 국가의 부를 늘리고 경제를 발전시키는 것이라고 보았다.

애덤 스미스는 이러한 중상주의에 반대하여 1776년 『국부론』을 통해 국가의 부는 귀금속을 축적하는 데 있지 않고 국가의 총생산량에 달려 있으며 이를 위해서는 국가가 경제활동에 개입하지 말고 자유로운 경제활동을 최대한 보장하여 개인이 자신의 이익을 추구할 수 있도록 해야 한다고 주장했다. 스미스의 이러한 주장은 시장의 자유방임적 실현을 추구하는 것이었는데, 개인의 이기심이 사익을 추구하는 동기가 되어 다양한 재화들을 생산하여 공급하면 결과적으로 사회 전체의 이익이 된다는 것이다. 고전경제학에서는 이러한 개인의 자유로운 이익 추구를 실현할 수 있는 곳이 시장이며, 시장에서는 외부의 강제나 명령이 아닌 경쟁을 통해 전체의 부를 실현시키는 기제로서 '보이지 않는 손(invisible hand)'이라는 용어를 내세우지만 실제 『국부론』에서는 이 용어는 단 한 번밖에 나오지 않는다. 인간의 이기심이 이윤추구 동기가 되어 자본을 축적하고, 노동력을 고용하고, 소비를 이끄는 시장 작동의 원리를 '보이지 않는 손'으로 설명한다.

그러나 애덤 스미스 이후 자본주의경제는 지속적인 발전을 하면서 생산력 증가와 노동분업이 이루어지면서 시장이 보이지 않는 손에 의해 원활하게 돌아가지 않는다는 것이 드러나기 시작했다. 보이지 않는 손은 수요와 공급의 시장균형을 이루기 위한 가격기제이지만 실제로 가격기제가 제대로 작동하지 않는 사태들이 계속 발생하기 시작했다. 독점기업이 생겨나면서 불공정한 방법으로 시장에서 경쟁기업을 쫓아내거나 대량실업의 발생, 그리고 주식시장에서의 비정상적인 주가 폭등과 폭락으로 인한 경제위기가 발생한 것이다.

19세기 이후 자본주의 발전과정에서 크고 작은 경제위기들이 계속 이어졌지만 대표적인 시장실패 사례는 1929년 미국 증권시장 폭락으로 인한 '대공황(Great Depression)'이었다. 자유시장에서 발생하는 실업이나 경기변동 같은 위기는 경쟁을 통해 자연스럽게 해결된다는 생각을 가지고 있었던 당시 경제학자들은 실업률이 노동인구의 절반 가까이에 이르고 장기화되면서 공포감에 휩싸이게 되었다. 역사적으로 대규모 시장실패를 경험한 선진자본주의국가들은 이 공포를 해결해 줄 새로운 이론에 주목했는데, 그 이론은 케인즈의 저서 『고용, 금리 및 화폐에 관한 일반이론』(The General Theory of Employment, Interest, and Money)이었다. 케인즈는 자유시장은 실업문제를 해결할 수 없고 정부가 적극적으로 나서 경기부양을 통해 완전고용을 이룰 수 있도록 해야 한다고 주장했다.

시장은 일반적으로 재화와 서비스를 거래하는 경제주체들의 집합이며 가격은 거래를 결정하게 하는 일종의 선택장치이다. 시장의 가격기제(price mechanism)는 시장 내에서 수요와 공급이 일치하도록 조정 역할을 한다. 수요곡선은 소비자 개인의 효용극대화를 통해 나타나고, 공급곡선은 공급자 기업의 이윤극대화 과정을 통해 나타난다. 수요곡선은 가격과 수요량의 '음(-)의 관계'를 나타낸다. 즉, 가격이 높으면 수요량이 적지만 가격이 낮으면 수요량이 높아진다. 반대로 공급곡선은 가격과 공급량에서 '양(+)의 관계'를 나타낸다. 이것은 모든 변수가 동일하게 움직인다는 의미이다. 한 변수가 증가하면 다른 변수도 같이 증가한다. 수요곡선의 높이는 재화를 소비하여 얻을 수 있는 한계적 이익 가치(한계편익, marginal benefit)를 의미하며, 공급곡선 높이는 재화를 생산하는 데 따르는 한계비용(marginal cost)을 나타낸다. 한계편익과 한계비용은 공급곡선과 수요곡선이 접하는 점에서 일치한다. 그러나 수요곡선과 공급곡선이 일치하는 곳에서 균형이 성립된다 하더라도 이것이 사회적 한계편익과 사회적 한계비용의 일치를 보장하지 못하는 경우가 생길 수 있는데 대표적인 예가 공공재를 경쟁시장에서 공급하는 경우이다. 이렇게 시장이 사회적 한계편익과 사회적 한계비용이 일치 않아 효율적인 자원배분을 하지 못하는 것을 '시장실패'라 한다.

앞에서 고전경제학은 재화와 서비스가 시장에서 구매자와 공급자들에게 효율적으로 배분이 이루어지는 것은 보이지 않는 손이 작동하기 때문이라고 설명했다. 효율적 배분은 구매자에게 있어서 어느 정도 구매량 수준에서 한계편익과 가격이 같아지고, 공급자에게는 어느 생산량 수준에 도달하여 가격과 한계비용이 같아지는 것을 의미한다.

구매자는 어떤 재화를 구매하여 얻게 되는 만족과 그 재화를 구매하기 위해 지불해야 하는 가격을 비교하여 구매량(수요량)을 선택하고 결정한다. 만약 재화를 한 단위 더 구입하여 얻게 되는 만족도인 한계편익이 그 재화 가격보다 크면 구매자는 당연히 한 단위 더 구입하게 될 것이다. 이렇게 구매량을 계속 늘려가면 한계편익이 줄어들기 때문에 한계편익과 가격 간의 차이가 줄어들어 어느 구매량 수준에서 한계편익과 가격이 일치하게 된다. 만약 한계편익과 가격이 일치하는 수준에서 구매량을 더 증가시키면 한계편익이 가격보다 낮아지게 되므로 추가로 얻는 만족은 추가로 지불하는 비용보다 적게 되므로 합리적 구매자는 이런 구매행위는 하지 않게 된다. 따라서 구매량은 다음과 같이 한계편익과 가격이 일치하는 수준에서 결정된다.

가격(P) = 한계편익(MB)

공급자는 이윤을 추구하는 기업이므로 생산량(공급량)은 이윤을 극대화하는 수준에서 결정한다. 만약 재화를 한 단위 더 생산해서 판매할 때 얻는 추가 수입이 한 단위 더 생산할 때 소요되는 비용보다 크다면 공급자는 당연히 이윤이 증가하기 때문이 한 단위 추가 생산을 하게 된다. 여기서 추가수입은 재화가격이고 추가비용은 한계비용이다. 즉, 가격이 한계비용보다 크면 생산을 늘려 이윤을 확대할 수 있다. 이렇게 생산을 계속 늘리면 가격은 일정하지만 한계비용은 계속 증가하기 때문에 어느 정도의 생산량 수준에 이르면 한계비용이 가격보다 더 커져 이윤이 감소하게 되므로 이윤을 추구하는 공급자는 이런 생산량으로 공급하지 않는다. 따라서 생산량은 가격과 한계비용이 일치하는 수준에서 결정된다.

가격(P) = 한계비용(MC)

한계편익과 한계비용이 가격과 같아질 때, 즉 수요량과 공급량이 일치해 초과수요나 초과공급이 없는 가격을 균형가격(MB=P=MC)이라 하며 자원의 효율적 배분이 달성된 시장균형상태이다(그림 2-2). 그러나 이러한 시장균형은 완전경쟁시장이라는 조건이 충족될 때만이 가능하지만 시장에서 완전경쟁이 이루어지는 경우는 거의 찾아보기 어렵기 때문에 다양한 시장실패가 나타나게 된다.

자본주의시장의 핵심적 기능은 유한한 자원을 효율적으로 배분하는 데 있다. 효율적인 자원배분은 시장에서 완전경쟁이 이루어지는 전제에서만 가능하다. 완전경쟁이 가능하려면 일정한 조건들이 충족되어야 한다. 즉, 그 조건들이 충족되지 못하면 완전경쟁은 이루어지지 못하고 따라서 효율적인 자원배분은 불가능하게 된다. 만약 완전경쟁이 이루어진다 하더라도 자원배분은 비효율적인 결과를 가져온다. 이러한 결과로 나타나는 현상이 시장실패이며, 시장실패를 가져오는 요인들로는 불완전경쟁, 공공재 공급, 외부효과 등이 있으며 그 내용에 대해 살펴보고자 한다.

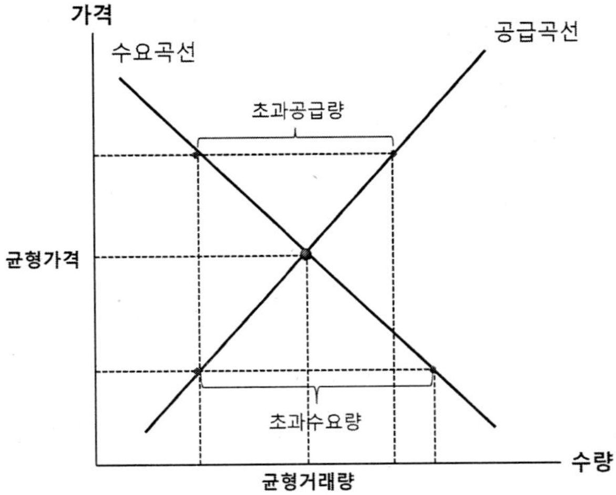

|그림 2-2| **시장균형**

3 완전경쟁과 효율성

신고전파경제학에서는 시장경제를 작동시키는 수요 · 공급의 가격기제를 스미스가 말한 보이지 않는 손으로 설명하는데 이 보이지 않는 손이 움직이도록 만드는 것은 인간의 이기심이다.[1] 시장참여자들이 더 많은 돈을 벌기 위해 욕심으로 서로 경쟁하다 보면 보이지 않는 손에 의해 모두에게 이로운 결과가 따라온다는 것이다. 신고전파경제학이 자유시장경제의 우월성을 강조할 때 항상 거론하는 것이 스미스의 '보이지 않는 손'이지만 스미스가 『국부론』에서 강조하려고 했던 것은 국민생활을 향상시키는 복지를 어떻게 최대화시킬 수 있을지였다. 이에 대해 스미스가 제시한 대안은 상공업자를 보호하고 그들에게 온갖 특혜를 줌으로써 이익을 독차지해서 부를 축적하는 것은 오히려 국부를 좀먹는 행위이므로 상공업자와 무역상인들을 보호하기 위해 그들이 자유롭게 경쟁하도록 하는 것이

1 "우리가 저녁식사를 기대하는 것은, 푸줏간 · 술집 · 빵집의 자비심이 아니라, 그들 자신의 이해에 대한 배려이다." (A. Smith, 유인호 역[1776](2016), 국부론 I, p. 33)

국부를 늘리는 것이었다. 스미스는 당시 17~18세기 절대군주시대에서 국가의 보호 아래 상공업이 육성되고 번창하면서 상공업자와 무역상인들이 경쟁을 기피하면서 독점화되고 있었고 오히려 경쟁을 부정적으로 여는 현실을 신랄하게 비판했다. 경제부문에 대한 정부의 지나친 개입과 기업에게 특혜를 부여하는 중상주의에 대한 스미스의 비판은 고전파 자유주의의 핵심사상인 자유방임으로 나타났다. 초기 자본주의단계에서 자유무역 옹호자들은 시장이 경제행위자들의 충돌을 조정할 수 있을 것이라 생각했기 때문에 개인의 사적 이해관계에 기초한 경쟁은 사회적 조화와 일치한다고 보았다 그러나 생산력의 발전과 함께 자본주의시장이 점차 확대되고 곡물파동, 철도파동 등 수요 · 공급 불일치로 인한 크고 작은 시장실패를 경험하면서 보이지 않는 손의 조화에 대해 의구심을 갖게 되었다(정관영, 2013).

『국부론』의 핵심내용인 시장경제에서 기업이나 시장참여자들의 자유로운 경제활동이 이루어져야 한다는 주장의 자유방임사상으로 이어지고, 1980년대 이후에는 전 지구적 금융자본주의를 불러온 신자유주의까지 연결된다. 신자유주의경제학은 여전히 자유시장의 원리로 자유경쟁을 강조한다. 즉, 스미스가 국부의 조건으로 내세운 중상주의 비판에 대한 문제는 제쳐두고 보이지 않는 손이라는 용어를 내세운 채 완전경쟁 조건을 갖춘 시장이 완전히 효율적인 방법으로 배분할 수 있다는 일종의 마술과 같은 논리를 제시한다.

효율적 자원배분의 전제인 시장에서 완전경쟁이 이루어지기 위해서는 다음과 같은 조건들이 모두 충족되어야 한다.

- 다수의 구매자와 공급자가 존재하고 있고, 어느 하나의 구매자나 공급자가 가격에 영향을 주지 못하고 구매자와 공급자 모두가 가격을 그대로 받아들이는 가격 순응적이다.
- 시장에서 거래되는 모든 상품과 서비스는 동질적이어야 한다.
- 시장 진입과 이탈에 대한 제한이 없어야 한다. 즉, 자유로운 이동이 보장되

어야 한다.

- 모든 구매자와 공급자는 상품과 서비스의 가격과 품질 등에 대해 완전한 정보를 소유하고 있어야 한다.

현실에서 위의 네 가지 전제 조건을 모두 갖춘 시장은 사실상 없다고 볼 수 있다. 그러나 경제학에서 이러한 비현실적인 완전경쟁시장을 설정하는 이유는 이상적인 시장형태 기준이 될 수 있기 때문이다. 즉, 완전시장 조건을 갖추지 못한 현실 시장을 평가 · 분석하기 위한 기본 틀의 역할을 하는 것이다.

시장의 기능인 자원배분이 최적의 상태로 이루어는 것이 가장 바람직하다. 일상생활에서 가장 많이 사용하는 용어 중의 하나가 '효율성'인데, 이 효율성은 자원배분과 관련된다. 자원배분이 낭비 없이 잘 이루어지는 최적상태를 경제학에서는 '파레토 효율성(Pareto efficiency)' 또는 '파레토 최적성(Pareto optimality)'이라고 한다. 어떤 자원배분상태가 있다고 가정할 때, 이 상태에서 어떤 사람이 이익(효용)을 얻는데 다른 사람이 손해를 입지 않도록 새로운 배분상태로 변화시키는 것이 불가능하다면 그 배분상태는 파레토 효율적이 된다. 즉, 어떤 자원배분상태가 효율적이라면 그 상태에서 어떤 형태로 자원배분을 변화시켜도 한 사람의 이익을 증가시키려면 다른 사람의 이익은 반드시 감소하게 된다. 효율적 배분상태는 이득을 보는 누군가가 있으면 반드시 손해를 보는 사람도 생기는 변화가 가능할 때 그 배분상태를 말하며 이러한 배분상태를 일컬어 파레토 효율적이라고 한다. 만약 어떤 자원배분상태에서 새로운 배분상태로 변화시키는데 모든 사람이 똑같이 이익을 얻고 손해를 보는 사람이 없다면 파레토 효율적이 아니게 된다.

어떤 상태가 비효율적일 때 자원배분을 변화시켜 효율적인 상태로 바꿀 수 있다. 이렇게 자원배분의 효율성이 개선되는 자원배분의 변화를 '파레토 개선(Pareto improvement)'이라 한다. 자원배분이 비효율적인 상태에서는 항상 파레토 개선이 가능하고 더 이상 파레토 개선이 가능하지 않은 상태가 효율적인 상태가 된다. 예를 들면, 과일 생산에서 사과보다 배가 더 많이 생산된다고 가정할 때, 이것은 과

수재배농지와 생산인력 등과 같은 자원이 사과보다는 배 생산에 더 많이 배분되고 있다는 것을 뜻한다. 그런데 사람들이 배보다 사과를 더 좋아한다면 이러한 자원배분은 비효율적이 된다. 자원배분을 변화시켜 배 생산보다 사과 생산에 더 많은 자원을 배분하면 사람들이 좋아하는 사과를 더 많이 먹을 수 있으므로 행복해질 수 있다(효용 증가).

자원배분이 효율적이 충족되는 조건은 여러 가지 방법으로 찾아낼 수 있는데 가장 간단하게는 한계편익(marginal benefit)[2]과 한계비용(marginal cost) 개념을 이용할 수 있다. 특정한 재화나 서비스를 생산하게 되면 그 소비자는 일정한 만족(효용)을 얻는다. 이 만족의 총량을 총편익(total benefit)이라 하며, 재화와 서비스 생산이 한 단위 증가하면 그만큼 소비가 증가하고 소비자의 만족도 증가하므로 총편익은 증가한다. 한계편익은 이러한 총편익의 증가량이 된다.

한계편익은 재화와 서비스의 한 단위를 추가로 더 소비하기 위해 최대로 지불할 의지가 있는 화폐 양으로 측정할 수 있다. 예를 들면, 빵 생산량에 대한 한계편익이 1,000원이라면 소비자가 방 하나를 더 소비하기 위해 1,000원을 지불할 의지가 있다는 것을 의미한다. 만약 빵 가격이 500원이라면 소비자는 자신이 지불할 의지가 있는 금액보다 적게 지불해도 되므로 빵 한 개를 더 소비함으로써 소비자의 만족은 증가하게 된다. 그러나 한계편익은 소비가 증가할수록 감소한다고 가정한다. 즉, 빵을 많이 소비할수록 하나 더 소비하기 위해 지불하려는 금액은 감소한다. 이렇게 되면 한계편익곡선은 수요곡선과 동일하게 되고 각 생산량에 대해 수요곡선에 따라 결정되는 가격이 한계편익이 된다.

재화나 서비스를 생산할 때 투입되는 생산요소 구입을 위해 지불하는 총화폐금액은 총비용(total cost)이 된다. 재화와 서비스를 한 단위 더 생산하기 위해 추가로 생산요소 구입에 지불하는 최소한의 화폐금액을 한계비용이라 한다. 예를 들면, 빵 생산량의 한계비용이 1,000원이라면 현재 생산량에서 빵 1개를 더 생산하기 위해서 생산요소 공급자에게 최소한 1,000원을 지불해야 한다. |그림 2-3| (가)

2 어떤 상품의 마지막 단위를 소비해서 얻게 되는 만족의 크기

와 (나)에서 보여주는 것처럼 효율적인 생산량을 도출할 수 있다. 그림 (가)에서 효율적인 생산량은 총편익과 총비용의 차익인 순편익(net benefit)이 가장 커지는 생산량이 된다. 효율적인 생산량에서 총편익곡선 기울기인 한계편익과 총비용곡선 기울기인 한계비용이 일치한다. 따라서 그림 (나)에서 한계비용곡선과 한계편익곡선을 통해 효율적인 생산량을 찾을 수 있다.

그림 (나)에서 생산량이 Q_1일 때 한계편익은 a이고, 한계비용은 b이다. 재화나 서비스가 한 단위 더 생산될 때 구매자는 a만큼 더 지불할 의사가 있고, 공급자는 b만 받으면 비용을 충당할 수 있다. 따라서 구매자가 a와 b 사이의 금액인 c를 공급자에게 지불하면 자기가 지불할 의사가 있는 금액보다 더 적게 지불하게 되므로 만족이 증가하고, 공급자는 필요한 비용보다 많이 받게 되므로 이 역시 만족이 증가한다. 즉, Q_1에서 생산될 때에는 한 단위를 더 생산함으로써 파레토 개선을 가져올 수 있으므로 Q_1단위에서의 생산은 비효율적이다. 이렇게 한계편익이 한계비용을 초과하는 생산량에서는 생산량을 증가시킴으로써 파레토 개선이 가능하므로 이 생산량은 비효율적이다.

생산량이 Q_3일 때 한계비용은 d이고 한계편익은 e로서 한 단위 생산을 줄일 때 공급자 비용은 d만큼 감소하고 구매자의 편익은 e만큼 감소한다. 따라서 생산을 한 단위 줄이고 여기서 발생하는 비용 감소분에서 c를 소비자에게 지불한다면 공급자는 d보다 적게 지불하므로 만족이 증가하고 소비자는 자신의 편익 감소분인 e보다 더 많은 돈을 받게 되므로 만족이 증가한다. 즉, 한계비용이 한계효용을 초과할 때는 생산을 줄여 파레토 개선을 이룰 수 있다.

따라서 한계편익이 한계비용을 초과할 때도 파레토 개선이 가능하고, 한계비용이 한계효용을 초과할 때도 파레토 개선이 가능하기 때문에 오직 한계효용과 한계비용이 같을 때만 파레토 개선이 불가능하다. 때문에 한계비용과 한계효용이 일치하는 생산량이 효율적인 생산량이 된다.

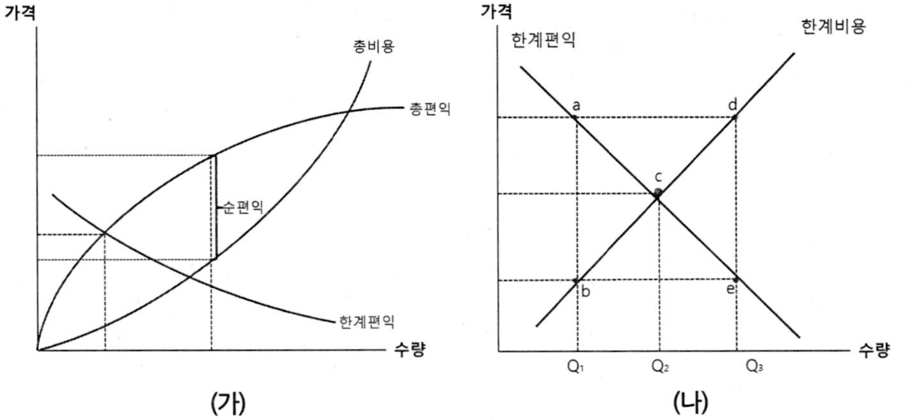

|그림 2-3| **효율적인 생산과 배분**

생산의 효율성을 좀 더 간단하게 생산가능곡선(production possibilities frontier)[3]과 효용가능경계곡선(utility possibilities frontier)[4]으로 설명할 수 있다. 갑과 을이라는 두 사람 간에 이루어지는 단순한 경제가 있다고 가정한다. 이 경제에서 사용할 수 있는 자본과 노동의 양으로 빵(X)과 쌀(Y) 두 가지 상품을 생산한다고 할 때, 효율적 자원배분을 위해서는 우선 주어진 생산자원에서 최대한의 상품을 생산할 수 있어야 한다. 즉, 효율적 자원배분의 첫 과정은 생산이 효율적으로 이루어지는 것이다. |그림 2-4| (가)에 나타난 생산가능곡선 위에 있는 점들이 주어진 노동과 자본에서 최대한 생산할 수 있는 빵과 쌀의 조합을 나타내고 있어서 생산이 효율적으로 이루어지고 있음을 보여준다.[5]

생산의 효율성이 이루어져서 생산가능곡선상의 어느 한 점을 얻었을 때, 빵과 쌀을 갑과 을 두 사람 모두 최대한의 효용(utility)을 얻도록 나누어 가지면 효율적인 배분이 이루어졌다고 말할 수 있다. 효율적인 배분은 두 사람 모두 더 높은 효

3 주어진 노동과 자본을 이용하여 최대한 생산할 수 있는 재화와 서비스의 조합으로 나타내는 점들을 이은 선이며 생산이 효율적으로 이루어진 상태를 보여준다.

4 주어진 생산자원을 효율적으로 사용하여 얻을 수 있는 가장 높은 효용수준의 조합을 의미하는 점들을 이은 곡선

5 생산이 비효율적으로 이루어진다면 생산가능곡선은 곡선 안쪽의 한 점으로 기울어진다.

용을 얻을 수 있는 다른 배분 방법을 찾을 수 없을 때를 의미한다. 그러나 실제로는 생산가능곡선의 어느 점을 선택해야 하는지의 문제가 있다. 따라서 효율적인 자원배분의 두 번째 과정은 생산가능곡선상의 적절한 점을 선택하여 두 사람 사이에서 알맞게 배분하는 일이다.

이 과정이 다 끝나면 그림 (나)에서 보듯이 효용가능경계상의 한 점에 이르게 된다. 이 그림의 두 축은 갑과 을의 효용수준을 나타낸다. 효용가능경계상의 각 점들은 주어진 생산자원을 효율적으로 사용하여 두 사람이 얻을 수 있는 가장 높은 효용수준의 조합을 대표하는데, a나 b가 이에 해당한다. 만약 자원을 비효율적으로 사용하면 c와 같이 효용가능경계 안쪽의 한 점을 얻게 된다. 한계효용경계 밖에 있는 d는 주어진 여건에서 실현 불가능한 배분상태를 나타낸다.

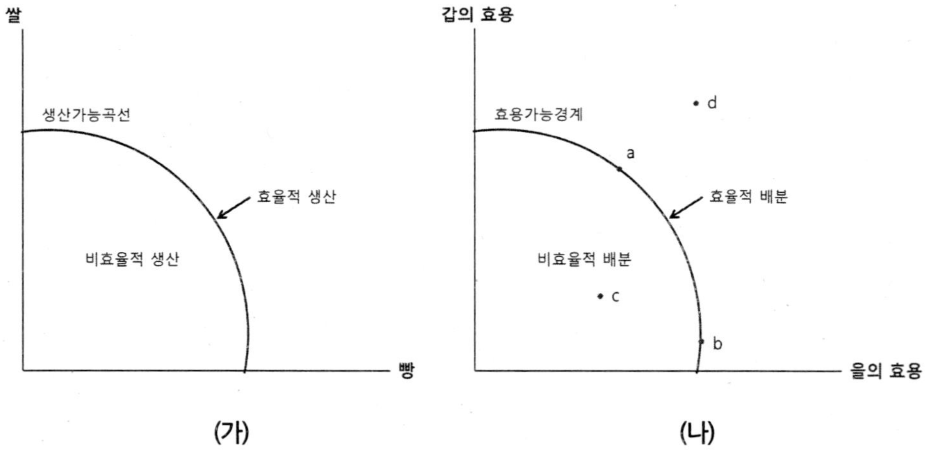

|그림 2-4| **생산가능곡선과 효용가능경계곡선**

효율적인 자원배분은 완전경쟁시장에서 이루어지며 효율적 자원배분을 위한 조건들은 자동적으로 충족된다고 본다. 자원배분 기능을 시장에 맡기면 효율적 배분은 보이지 않는 손에 의해 이루어진다는 의미이다. 그러나 시장을 통해 이루어지는 것은 효율적인 자원배분이지 공평한 분배가 이루어질 것이라고 기대할 수 없다. 고전경제학에서 주장하듯 모든 것을 시장에 내어 맡기는 자유방임이

바람직한 사회를 만들지 못한다는 사실을 자본주의 경제위기를 통해 보여주고 있다.

4 경쟁시장과 독점

시장에서 기업들이 재화와 서비스를 생산하여 공급하는 목적은 돈을 버는 것, 즉 이윤 추구에 있다. 기업들은 이윤을 추구하기 때문에 경쟁은 기업들로 하여금 끊임없이 변화를 추구하도록 만든다. 기업 간에 이루어지는 경쟁은 가격 우위를 점하기 위한 가격경쟁력 추구와 경쟁 자체를 없애기 위한 독점력 획득을 위한 노력 형태로 나타난다.

기업이 경쟁에서 앞서거나 혹은 뒤지지 않기 위한 방법 중 첫 번째는 가격 우위를 점하기 위한 가격경쟁이다. 가격경쟁은 기업이 고객을 확보하기 위해 경쟁자들의 상품과 비슷한 상품을 더 낮은 가격에 판매하는 것이다. 가격경쟁 전략은 기업이 상품 가격을 낮추는 동시에 가격 인하 부담을 줄일 수 있는 방편을 찾는데, 예를 들면 임금삭감이나 생산과정에서의 낭비, 기타 비용절감 등을 통해 가격을 인하하고도 계속 이윤을 얻을 수 있기 위해 노력한다.

경쟁을 위한 두 번째 방법은 독점(monopoly)이다. 독점은 하나 혹은 소수 기업이 대부분의 경쟁자들을 시장에서 배제하고 행사하는 시장 지배력을 말한다. 하나의 기업이 어떤 한 시장을 완전하게 지배하는 경우는 순수독점 또는 완전독점이라 하고, 하나의 시장이나 산업에서 소수 기업이 독점력을 행사하는 것을 과점(oligopoly) 또는 공유된 독점이라 한다. 독점력은 한 기업이 다른 기업을 시장에서 몰아낼 수 있는 상황을 말하며, 시장 가격이나 다른 경쟁요인들에 대해서도 상당한 통제력을 행사할 수 있는 능력이다.

독점력을 오랫동안 행사하기 위해서는 다른 기업이 가지고 있지 않은 경제적 이점을 가지고 있거나 다른 기업들이 시장에 들어올 수 없도록 법적 · 제도적 장애물인 진입장벽이 있어야 한다. 이러한 방식으로 독점력을 가지면 이윤율 결정 요인들을 자신에게 유리하도록 변화시킬 수 있는 능력을 갖게 된다.

독점시장은 하나 또는 소수기업이 상품을 생산하여 공급하는 시장인데 기업이 독점력을 갖기 위해 사용하는 방법은 첫째, 해당 기업이 재화의 유일한 공급자가 되는 것, 둘째, 경쟁을 제거하기 위해 동일한 제품을 생산하는 생산자들끼리 담합하는 것, 셋째, 다른 기업들과 비공식적이고 암묵적인 거래를 통해 경쟁을 제한하는 것이며 이 방법이 가장 일반적이다.

시장에서 기업이 독점력을 행사하여 독점시장이 균형을 이루면 독점기업이 이윤을 극대화하게 된다. 만약 이윤이 극대화되고 있지 못한다면 더 많은 이윤을 얻기 위해 생산량과 가격을 변화시킬 것이므로 균형이 이루어질 수 없다. |그림 2-5|는 독점시장에서 어떻게 균형이 이루어지는지 보여준다. 독점시장에서는 기업이 바로 산업이기 때문에 기업이 직면하는 수요곡선은 우하향한다. 이 우하향하는 수요곡선에서 한계수입곡선을 구하면 기울기가 더 가파르게 된다. 완전경쟁시장에서는 수요곡선은 수평선 모양을 갖는다.

이윤 극대화를 목표로 하는 독점기업은 한계수입(MR)=한계비용(MC) 조건이 충족되는 생산수준을 선택하게 되는데 그림에서 보듯 Q_1의 생산수준에서 이 조건이 충족되며 따라서 수요곡선 위의 D점이 독점시장의 균형을 의미하게 된다. 이만큼의 상품을 판매하여 기업이 받을 수 있는 가격은 D점 높이에 있는 P_1이 된다. 이 생산수준에서의 한계비용은 B점 높이로 나타나는데, 독점시장에서는 가격이 한계비용보다 더 높다는 사실을 보여준다. 완전경쟁시장에서는 한계비용과 가격이 같은 가격(P) = 한계비용(MC)이지만, 독점시장에서는 가격(P) 〉 한계비용(MC)이 된다. 따라서 한계효용과 한계비용이 같아야 한다는 효율성 조건이 만족되지 못하기 때문에 Q_1은 비효율적이다.

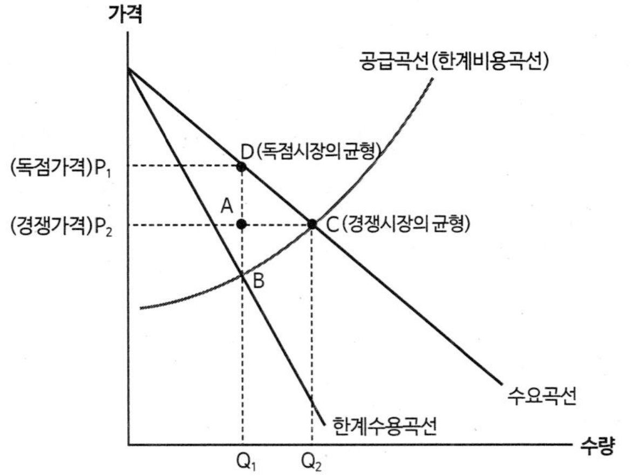

|그림 2-5| **독점시장의 균형과 사회후생손실**

|그림 2-5|에서 만약 이 시장이 완전경쟁을 이루고 있다면 공급곡선은 한계비용곡선이 되며 수요곡선과 만나는 C점에서 균형이 이루어진다. 이때의 생산량은 Q_2와 P_2가 되는 것을 알 수 있다. 반면 독점시장이라면 균형은 D점에서 이루어지게 된다. 완전경쟁체제와 비교할 때 독점시장에서 생산량(Q_1)은 더 작고 가격(P_1)은 더 높다는 것을 알 수 있다. 만약 이 시장이 독점구조에서 완전경쟁구조로 바뀐다면 상품 생산량은 Q_1에서 Q_2로 증가하게 된다.

독점기업이 받는 가격이 한계비용보다 더 높다는 것은 독점시장에서 자원이 비효율적으로 배분되고 있음을 의미한다. 좀 더 구체적으로 표현하면 독점에 의한 사회후생손실은 |그림 2-5|에서 삼각형 BCD 면적으로 나타낼 수 있다. 이 그림에서 효율적인 생산량은 가격과 한계비용이 같아지는 C점, 즉 수요곡선과 한계비용곡선이 만나는 C점에서 결정되므로 Q_2가 된다. 이렇게 독점시장에서 결정되는 생산량이 효율적인 수준보다 낮으면 비효율성이 발생하고, 이러한 비효율성이 독점으로 인한 사회후생손실이다.

시장에서의 경쟁이란 무수히 많은 시장지배력을 갖지 않는 익명의 소규모 기업들 간에 일어나는 게임으로 설명되기도 한다. 기업 소유주들은 더 많은 돈을 벌기 위해 투자한다. 이윤을 얻을 수 있다는 기대가 이들을 움직이며 경쟁은 이들의 행동을 이어주는 통로 역할을 한다. 경쟁은 이들이 할 수 있는 행동 범위를 제한하면서 반면 어떻게 행동해야 하는지 결정해 주는 역할도 한다. 때문에 이윤을 둘러싼 경쟁은 경제에서 쉼 없는 변화들을 만들어 낸다. 기업이 경쟁에서 이기기 위해서는 투자를 해야 하므로 경쟁은 본질적으로 역동적이게 된다. 경쟁은 그 과정 자체에 변화를 일으키는 강력한 힘이 들어 있다. 이러한 변화를 일으키려는 압력인 내적 역동성이 항상 시장 상황을 끊임없이 변화시키면서 경제 전체의 변화를 이끌어 간다. 경쟁은 끊임없는 변화를 만들어 내므로 자본주의 경제도 끊임없이 변한다.

5 공공재와 사적재

인간은 생존과 성장, 발전을 위해 필요한 요소들을 소비하려는 욕구를 가지고 있다. 인간의 욕구는 자신의 물질적 · 정신적 생활체계의 안정과 균형을 지키기 위한 기본적인 현상이다. 때문에 일상의 균형이 깨어지거나 긴장상태가 되지 않도록 욕구를 충족하기 위해 재화와 서비스를 소비하게 된다. 재화와 서비스는 크게 두 개의 경로를 통해 제공되는데, 민간부문인 시장이라는 사적기구를 통해 제공되거나 공공부문인 정부를 통해 제공된다. 일반적으로 시장에서 기업이 생산하여 공급하는 것을 사적재로 보고, 정부가 생산하는 것을 공공재라고 생각하기 쉬우나 재화와 서비스 · 공급의 거래경로로 사적재와 공공재를 구분하지 않는다. 정부가 수행하는 중요한 경제적 기능 중 하나가 공공재를 생산 · 공급하는 것이지만 정부가 생산하는 것이 모두 공공재가 아니며, 또 정부만 공공재를 생산하는 기능을 수행하는 것도 아니다. 정부가 생산하는 재화와 서비스 중에는 공공재가 아닌 것들도 많이 포함되어 있다.

경제학의 특정 분야로서 공공경제학이나 재정학은 재화와 서비스에 대한 공공재와 사적재로서의 특징을 구분하기 위해 경합성(rivalness)과 배제성(excludability)

개념을 사용한다. 사적재는 경합성과 배제성을 갖지만 공공재는 반대로 비경합성(nonrivalness)과 비배제성(nonexcludability)을 갖는다. 어떤 재화와 서비스가 공공재일 경우, 많은 사람들이 동시에 소비할 수 있고, 다른 사람의 소비에 의해 재화와 서비스 양과 질이 달라지지 않으며, 가격을 통해 비용과 효용에 대한 경합성이 발생하지 않는 특성인 비경합성을 갖는다. 또한 특정한 사람이 소비를 하지 못하도록 제한하는 것이 불가능하고 누구든 자유롭게 이용할 수 있기 때문에 비배제성을 갖는다. 배제가 불가능한 대표적인 공공재는 국방서비스와 경찰서비스인데, 이러한 공공재는 그 성격상 정부가 전적으로 생산과 공급의 책임을 갖는다.

공공재와 달리 사적재는 소비가 완전히 경합적이고 배제적인 특성을 갖는다. 경합성은 다수의 사람이 재화와 서비스를 동시에 소비하는 데 제한이 있고, 많은 사람이 이용할수록 비용상승이나 효용저하가 이루어져 소비자들 간에 비용과 효용을 통한 경합관계가 존재한다. 만약 어떤 한 사람이 특정 재화의 소비량을 늘리면 그만큼 다른 사람들이 소비할 수 있는 양은 줄어든다. 경합성을 갖는 이런 사적재는 시장에서 가격에 의해 소비자들에게 효율적으로 배분될 수 있는데, 높은 가격을 지불할 의사가 있는 사람(소비로부터 얻는 효용이 큰 사람)에게 더 많이 분배되기 때문이다.

그러나 공공재 중에서도 배제가 가능하지만 많은 비용이 드는 경우 소비를 배제하지 않는 경우도 있다. 예를 들면, 교통체증이 심한 간선도로의 경우 소비를 배제하기 위해 요금정산소를 설치할 수 있으나 막대한 비용이 들기 때문에 소비를 배제하지 않는다. 또한 민간부문에서 제공하는 미술관, 수영장, 극장 같은 서비스도 동시에 이용할 수 있다는 점에서 소비가 비경합적인 특성을 갖기도 한다. 이렇게 재화와 서비스에 대한 배제의 용이성과 어려움의 차이가 공공부문과 민간부문의 공급 책임을 결정하는 데 중요한 기준이 된다.

비경합성과 비배제성이라는 특성을 갖춘 공공재에는 국방, 치안, 가로등, 깨끗한 공기 등이 포함된다. 그러나 보건의료서비스나 교육, 소득보장에 대해서는 공공재로 분류하지 않기도 하는데, 그 이유는 이와 같은 서비스들은 개인적으로 소비될 수 있기 때문이다. 그러나 공공재는 아니면서 개인적으로 소비된다 하더라도 개인이 구입하기에는 지나치게 비싸거나 또는 이들 재화와 서비스 공급을 통해 사회적인 이익이 발생함으로써 사회 전체가 혜택을 얻을 수 있는 재화와 서비스를 가치재라 한다.

공공부문인 정부가 생산 · 공급하는 공공재와 민간부문인 시장에서 사적으로 소유되는 사적재의 중간성격을 갖는 재화와 서비스는 가치재 · 공유자산 또는 준공공재로 분류한다. 가치재 · 공유자산과 준공공재는 공공부문과 민간부문 모두 공급할 수 있고, 배제성과 경합성의 기준이 명확하지 않고, 여건에 따라 다양한 영역을 포괄하기 때문에 다양하게 정의된다. 사회적으로 바람직하지만 개인들이 욕구를 숨기거나 또는 인식하지 못해 필요를 느끼지 못할 때 제공해야 하는 재화나 서비스가 가치재나 준공공재이며, 이것들은 시장에서 적게 생산되기 때문에 이들을 적정수준으로 공급하기 위해서는 집합적 행위가 필요하다.

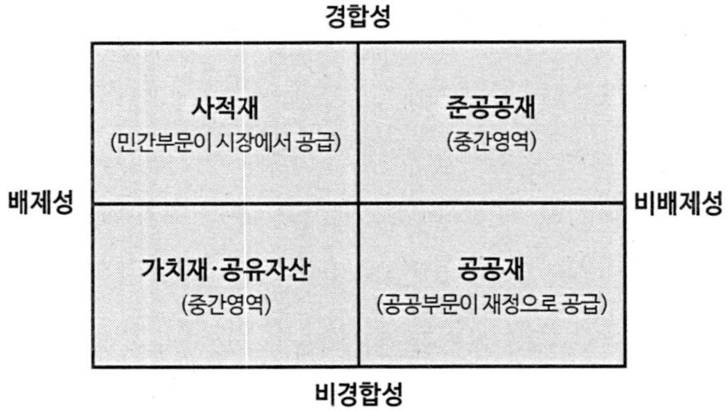

|그림 2-6| **재화·서비스 공급방식과 소비유형에 의한 특성**

6 외부효과와 코스 정리(Coase theorem)

1) 외부효과

외부효과(externality)는 어떤 경제주체의 경제활동이 다른 경제주체에게 편익이나 비용을 끼치지만 편익에 대해 보상을 받지 못하거나 피해에 대해 보상을 하지 않아도 되어 자원배분이 비효율적이 되는 것을 말한다. 즉, 특정 행위가 제3자에게 의도하지 않은 혜택이나 손해를 가져다주면서도 이에 대한 대가를 받지도 지불하지도 않는 상태를 의미한다. 외부효과에는 다른 사람에게 의도하지 않은 혜택을 주면서 이에 대한 보상을 받지 못하는 '긍정적 외부효과(외부경제, 외부편익)'(예 자신의 집에서 가꾼 나무가 이웃집까지 좋은 향기를 공급하는 것)와 다른 사람에게 의도하지 않은 손해를 입히고도 이에 대한 대가를 지불하지 않는 '부정적 외부효과(외부불경제, 외부비용)'(예 자동차 매연에 의한 공기오염, 공장 폐수 방류에 의한 수질오염)가 있다.

외부효과는 사적 비용(private cost)[6]과 사회적 비용(social cost)[7]이 같지 않을 때 발생하는데, 거래가 이루어질 때 그 거래와 상관없는 사람들이나 집단과 같은 '외적인' 대상에 영향을 주기 때문이다. 즉, 어떤 거래의 효과가 다른 사람들에게 파급 외에 이 거래와 직접 관련되지 않은 사람들에게까지 그 비용이나 편익을 가져다주기 때문이다. 외부효과가 존재하면 시장가격기구가 효율적인 자원배분 기능을 하지 못하게 되어 시장실패가 발생한다.

경쟁시장에 외부효과가 존재하는 이유는 비용과 편익의 일부만 계약에 반영되고 나머지는 계약에 반영되지 못하는 '불완전한 계약' 문제 때문이다. 판매자가 구매자에게 상품을 판매할 때 구매자는 계약 혹은 상품에 명시된 가격을 지불한다. 그러나 공해처럼 사회적 비용이 발생하는 경우, 이때 계약에 명시된 가격은

---

6 개인이 재화나 서비스를 이용할 때 부담해야 하는 비용

7 사회구성원 전체가 부담해야 하는 비용

공해 때문에 사람들이 부담해야 하는 의료비, 오염물질 제거비용, 구매자나 판매자 또는 사회구성원 모두에게 비자발적으로 부여되는 기타 비용 등을 반영하지 않는다. 이러한 이유 때문에 외부효과는 자원배분의 비효율성을 초래한다. 외부효과를 발생시키는 경제주체가 상품을 공급할 때 자신의 편익과 비용을 계산하면서 외부편익이나 외부비용을 고려하지 않기 때문이다. 만약 경제주체가 외부편익이나 외부비용을 자신의 편익과 비용에 포함시킨다면 비효율성은 제거될 수 있다. 폐수를 배출하는 공장 비용에 주민들이 입는 피해를 포함하면 공장 폐수 방류에 의한 수질오염문제는 해결된다.

2) 코스 정리(Coase theorem)

로널드 코스(R. H. Coase)[8]는 외부효과 문제에 대해 '코스 정리(Coase theorem)'라는 중요한 이론을 제시했다. 코스는 그의 논문 「기업의 본질」에서 "노동자가 한 기업에 고용될 때 맺는 계약의 성격에 주목하는 것이 아주 중요하다"고 말하고, 여기서 고용계약의 성격은 노동자가 "일정한 급여를 받는 것을 조건으로 고용주(기업가)의 지시에 복종하겠다고 합의하는 것"이라고 했다. 이 논문에서 그는 기업조직에 대한 이론을 설명하기 위해 거래 비용에 대한 부분에 중점을 두어 설명했으며, 시장에서 기업이 존재하는 이유는 '거래비용의 절감'이라고 주장했다. 거래비용은 교환상대를 찾거나, 가격을 흥정하거나, 계약 이행 여부의 확인 등 교환이 이루어지기 위해 따르는 비용을 말한다. 코스는 기업은 제품과 서비스를 생산하고 팔고 유통하는 데에 반복적으로 들어가는 비용을 절감하기 위해 조직된다고 발표하였고 처음으로 '거래비용'이라는 말을 사용했다.

코스는 "시장가격기제의 역할을 믿으며 중앙집중적 경제계획이 불가능하다

8 로널드 코스(Ronald. H. Coase, 1910~2013)는 1991년 노벨경제학상을 수상한 영국 경제학자로서 1937년에 기업의 본질과 한계를 설명하기 위해 거래비용 개념을 소개한 소논문 「기업의 본질」(The Nature of the Firm)을 발표했고, 1960년에 「사회 비용의 문제」(The Problem of Social Cost)에서 재산권과 외부효과의 문제를 다루었다.

고 생각하는 경제학들의 견해와, 명백하게 계획된 사회와 기업이 존재하고 이들이 작동하고 있다는 사실을 우리는 어떻게 양립시킬 수 있을까"라는 스스로 던진 질문에 답하면서 교환이 이루어지기 위해서는 비용이 든다는 사실을 지적했다(Coase, 김일태 · 이상호 공역, 2002).

코스는 신고전파경제학에서 다루지 않았던 거래비용을 경제 분석의 핵심 주제로 설정했는데, 그 이유는 가격기제를 통해 경제체계를 조정할 수 있다는 애덤 스미스의 관점에서 벗어나 제도적 경제 구조 문제에 관심을 가졌기 때문이었다. 기업은 추가거래를 위해 기업 내부에서 처리하는 비용과 외부의 시장에서 처리하는 비용과 비교해서 같아질 때까지 조직이 확대되는 경향을 가진다. 즉, 거래비용 감소에 따라 기업 내의 조직의 복잡성이나 기업 수는 감소한다는 정리이다. 내부적으로 처리하는 비용이 더 낮으면 조직은 유지될 수 있다. 따라서 기본적으로는 개인이 1 : 1로 거래할 때 드는 비용보다 기업을 조직하고 유지하는 데 드는 비용이 더 저렴하기 때문에 기업이 본질적 가치를 갖게 된다. 기업 내에서 명령으로 조직할 때 발생하는 거래비용이 시장 교환으로 같은 일을 조직할 때 드는 거래비용보다 작기 때문에 기업이 존재하게 된다.

코스 정리의 핵심은 "만약 거래비용이 존재하지 않는다면 재산권이 처음부터 누구에게 배정되는지는 자원배분의 효율성에 아무런 영향을 미치지 않는다"는 점이다. 이 주제는 그의 논문 「사회비용의 문제」가 발표되면서 많은 논쟁을 일으켰다. 거래비용이 제로인 체제에서 이루어지는 자원배분은 책임(liability)에 관한 법적 입장과는 무관하다는 코스의 주장은 스티글러(G. Stigler)에 의해 공식화되었고 "코스 정리"라는 이름이 붙여졌다. 코스 정리에서의 거래비용은 재산권의 교환비용을 뜻할 수도 있고, 재산권 자체의 확립과 행사에 드는 비용을 뜻할 수도 있다.

코스 정리에 의하면, 외부효과로 인해 발생하는 비효율성은 자원배분과정에서 거래비용없이 협상할 수 있을 경우 민간경제주체들이 스스로 해결할 수 있다고 보았다. 외부효과를 발생시키는 권리[9]도 재산권으로 볼 수 있으며, 이 권리가 자유롭게 시장에서 거래될 수 있고 거래비용이 존재하지 않는다면 생산과 소비는 최적 수준에 도달할 수 있다. 이때 어떤 권리가 우선하는지에 따라 거래 당사자들의 경제적 후생이 달라질 수 있지만, 법적 권리에 앞서 시장은 효율적인 결과를 도출한다고 본다.

코스 정리는 정부의 경제적 역할을 제한하고 시장 자율성의 확대를 주장하는 듯해 보였기 때문에 많은 신고전파경제학자들과 기업가들이 그의 이론을 따랐지만 실제로 코스는 신고전파 경제학에 대해 비판적 입장이었다. 사실 코스가 1991년 노벨경제학상을 타게 된 그의 논문 「기업의 본질」에는 어떤 수학공식도 전혀 등장하지 않는다.

코스의 논문 「기업의 본질」은 신고전파경제학자들이 시장경제 모델과 잘 맞지 않아 무시해 오던 사각지대를 다룬 연구였으며, 당시 소련이 시도하려던 사회주의 계획경제체제에 대한 의미를 모색하려는 연구였다. 그것은 기업 내부가 비가격기제로 운영되고 있다는 점에서 신고전파경제학이 상정하는 시장경제모델보다는 계획경제모델과과 비슷한 점이 많다는 것을 공개적으로 인정하면서 두 모델의 다른 점은 어디서 시작되는지를 탐색한 논문이었다. 신고전파경제학자들은 시장경제체제가 시장가격기제에 의해 조정된다고 주장했지만 시장을 이용하는 데 비용이 수반된다는 사실은 무시하고 있었다. 시장 이용 외의 다른 조정수단이 비효율적인 것으로 배제될 수 없는 이유가 바로 여기에 있었는데, 다른 조정수단은 그 비용이 시장을 이용할 때 발생하는 비용과 비교하여 어느 정도인지에 크게 좌우되었다. 이런 접근방식이 중앙계획경제에 대한 관점 자체에 영향을 미칠 수 있다는 점을 알게 된 것이다. 시장을 통해서도 조정이 가능하지만 생산요소들을 적절히 고용하여 경영을 하는 것이 기업의 존재 이유라는 점을 이해하게 된 것이다(Breit 외 편, 김민주 역, 2008).

---

9 탄소배출권이 이와 같은 사례이다.

Chapter 03

사회적기업 현상과 발전 과정

1 사회적기업 개념과 특성

1) 사회적기업 등장 배경

자본주의 경제체제는 자유시장, 국가, 시민사회가 구성체로 결합하여 이루어진 체제이며 '경제적 성과'를 중요시하는 특성을 가진다. 시장은 재화와 서비스를 생산하여 고용과 임금 등의 시장기제를 통해 자원을 분배하며, 국가는 시장에 개입하면서 조세와 사회보장제도를 활용하여 공공재를 전달하며 소득재분배 기능을 수행한다. 시민사회는 정부와 같은 공공부문이나 시장 등의 민간부문과는 구분되는 조직이나 집단으로 이루어지며, 주로 충족되지 않는 사회적 욕구를 가지고 있는 사람들에게 서비스를 제공하는 자원봉사단체나 지역사회기관들로 구성된다. 이러한 시민사회조직들을 제3섹터로 구분하는데, 유럽에서는 영리와 비영리를 모두 포함하는 사회적경제 영역을, 미국 등 북미지역에서는 비영리조직으로 구분한다.

자본주의 경제체제가 갖는 특징 중 하나는 기업을 중심으로 경제활동을 전개하고[1] '기업가(entrepreneur)' 또는 '기업가정신(entrepreneurship)'을 강조한다는 점이

---

1 자본주의 경제체제에서 기업이 발생한 이유에 대해서는 노벨경제학상을 받은 코스(R. H. Coase)의 논문 「기업의 본질(The Nature of the Firm)」(1937) 및 이 책 '2장, 6. 외부효과와 코스 정리(Coase theorem)' 참조.

다. 여기에는 사업기회를 인지하는 능력과 그 기회를 활용하여 재화와 서비스를 만들고 혁신하는 능력, 생산한 재화와 서비스를 시장에서 판매하여 재무적 이익을 창출하여 투자자들에게 그 수익을 돌려주는 능력 등을 중요하게 본다. 기업가 정신은 자본주의 경제성장을 이끌어 온 추동력이었고, 특히 서구사회에서 대부분 성공적인 모험기업(venture)들을 떠받치는 역할을 해오고 있다. 현대사회에서 기업을 운영하거나 혁신적인 방법으로 어떤 일을 성취한다는 것은 조직이 성공하는 데 있어서 아주 중요한 내용이라 할 수 있다.

프랑스에서 경제학자들이 기업가라는 용어를 사용한 것은 17세기 초이며 19세기에 이르러 장 바티스트 세(J. B. Say)가 기업가를 경제발전을 촉진하는 모험적인 개인으로 묘사하면서 사용되기 시작했다. 세는 기업가를 어떤 일을 하는데 새롭고 더 나은 방법을 찾아 실행하는 사람으로 표현했다. 19세기 말에 이르러서 '가치를 창조하는' 기업가 개념이 수립되는데, 20세기 들어 슘페터(J. Schumpeter)는 기업가 용어에 '혁신' 개념을 덧붙여 기업가가 어떻게 새로운 시장을 개척하고, 어떤 일을 수행하는 데 있어 새로운 방법들을 창조하여 경제변화를 이끌고 혁신하는지에 대해 연구했다.

유럽에서는 19세기 초에 사회적경제가 일어나기 시작했지만 20세기 중반 전통적 복지국가가 수립되면서 그 역할이 축소되기 시작했다. 1970년대 사회적기업이라는 새로운 형태의 조직이 등장하고, 1980년대 이후 이른바 '새로운 사회적경제'(new social economy)가 유럽에서 일어나면서 사회적기업이 많은 사람들에게 알려지게 되었다.

1970년대 경기침체와 함께 국가에 의한 복지서비스 제공이 점차 감소하고, 1980년대 들어 복지급여 전달체계에서 신자유주의 민간관리방식이 도입되면서 충족되어야 할 욕구와 실제 서비스 제공 사이에 간극이 생겨나기 시작했다. 이에 따라 지속가능하면서 건강한 지역사회를 만들기 위한 새로운 복지급여 전달체계 방식이 모색되었다. 이러한 유럽에서의 전통적 복지서비스 공급에 대한 도전은 사회 · 정치 · 경제체계에서 새로운 변화를 지원하고 보상할 수 있는 창조적이며 효과적인 방법들을 찾게 했다. 이러한 방법들 중 활용 가능한 실제적 사례가 사회적기업이었고, 21세기로 접어들면서 개인과 지역사회의 잠재력을 일깨울 수 있는 새로운 기업형태라는 인식이 확산되었다(Cratford, 1998).

자본주의 시장기제는 넓은 의미에서 볼 때 사람들의 욕구를 공평하게 충족시키는 데 실패했다. 사회복지기관 등 사회적 목적을 수행하는 비영리조직의 존재 근거 중 하나가 영리부문인 시장이 사회적 욕구를 충분히 충족시키지 못할 때 관여하는 것이다. 유럽에서 지난 몇십 년 동안 자립과 사회적 책임감을 강조하는 사회적기업이 등장하면서 그 영향력이 공공부문과 민간부문, 그리고 제3섹터 조직으로 확산되고 있다(Bull, 2008).

2) 사회적기업 정의

사회적기업은 여러 분야에서 각기 다른 의미를 나타내고 정의나 해석 또한 국가별로 조금씩 차이가 있다. 미국에서 사회적기업은 기업문화와 밀접한 관련이 있고 기관이나 지역사회보다는 개인기업에 초점을 맞춘다. 이러한 접근 방식은 사회적기업에 대한 총체적인 논의의 초점이 일반기업에서 사업가를 이해하고 육성하려는 노력과 유사한데, 기업가는 위험감수자(risk taker)가 되지만 무모한 사람이 되지 않으면서 계산된 위험들에 대해 어떤 의사결정을 할 수 있는지와 관련된다.

조셉 A. 뱅크스(J. A. Banks)가 그의 저서 『사회운동의 사회학』(The Sociology of Social Movement, 1972)에서 사회적기업이라는 용어를 처음으로 소개했다. 그는 이 책에서 사회적기업을 사회문제와 비즈니스 도전에 대해 경영적 기법의 활용 필요성을 역설하기 위해 사용했다. 사회적기업가 활동은 1980년대 들어서 아쇼카재단(The Ashoka Foundation)[2]의 지원을 통해 더욱 활발해졌다. 사회적기업은 혁신적인 비즈니스모델을 전통적 기업이 가지고 있는 풍부한 기량들에 적용 또는 통

---

2 1980년 설립되어 미국 워싱턴DC에 본부를 두고 전 세계 사회적기업가를 지원하는 비영리기관으로 사회혁신을 실천하는 사회적기업가인 아쇼카펠로우 선발하고 있으며 대표적인 아쇼카펠로우로 2006년 노벨평화상 수상자인 그라민은행 설립자 무하마드 유누스가 있다.

합하면서 불합리한 사회 조건들을 개선시키고 사회문제를 해결하는 동력이 되고 있다. 특히 심각한 사회적 욕구에 주목하지 못하게 만드는 부정부패 및 자원결핍을 겪는 저개발국가와 신흥시장에 많은 기여를 하고 있다.

최근 몇 년 동안 유럽, 북미, 아시아에서 사회적기업은 사회적경제영역에서 괄목할 만한 현상으로 부상하고 있다. 사회적기업 용어가 보편적으로 정의되어 있지 않음에도 불구하고 유럽에서 사회적기업 개념은 특별히 사회적 목표를 수행하려는 기업이 어떤 사업방식을 수립할 때 이를 확인하기 위한 기준 틀로 점점 더 많이 사용되고 있다. 유럽에서 사회적기업 용어는 '지역사회주민', '이해관계자 민주주의', '다수에 의한 조직 통제'라는 특징을 가진다.

유럽에서 사회적기업 개념은 EMES[3] 정의를 따르는데, 자본 소유에 기초하지 않는 집단 구성원, 공유된 목표, 공동의 의사결정과 함께 지역사회에 이익을 주는 자율적인 조직으로 규정한다(Bull, 2008). 유럽연합위원회(European Commission)는 EMES의 정의에 기초하여 사회적기업을 다음과 같이 정의한다.

- 종종 높은 수준의 사회 혁신의 형태를 갖추고 공공재 공급을 통해 사회적 목표를 상업 활동의 목표로 두는 기업
- 이러한 사회적 목표를 달성하기 위해 이윤을 재투자하는 기업
- 조직 방법이나 소유 구조가 기업의 사명을 반영하며 민주적 혹은 참여적 원칙을 이용하여 사회 정의에 초점을 맞추는 기업

유럽에서는 사회적기업을 위한 단일한 법적 형식은 없다. 많은 사회적기업들은 사회적협동조합의 형태로 운영되고 있으며, 일부는 보증에 의해 민간기업으로 등록되어 있고, 일부는 상호부조조직으로, 그리고 대부분의 결사체, 협회, 자원봉사활동조직, 자선단체 또는 재단과 같은 비영리조직도 사회적기업에 포함된다.

영국의 사회적기업 개념은 유럽과 미국의 개념을 모두 포함한다(Hulgard &

---

3 L'Emergence des enterprisen sociales en Europe(The Emergence of Social Enterprises in Europe)

Spear, 2006). 영국 무역상무부[4]는 "사회적기업은 주주와 기업 소유주의 이익 극대화를 위해 운영되는 것이 아닌 일차적으로 사업이나 지역사회 내의 목표를 위해 잉여수익을 재투자하는 사회적 목적을 갖는 사업조직"으로 규정한다(DTI, 2002). DTI의 정의는 사회적 조직으로 사회적기업의 기본적인 목적을 강조하며 사적 이익을 위해 운영되지 않는다는 점을 분명하게 제시한다. 또한 잉여수익을 창출하는 사업조직으로서 기업에 초점을 맞추며 이에 따라 여타의 자선단체와 같은 사회적 기관의 활동과 구분한다. 따라서 사회적기업은 그 법적 지위에 의해 규정되기보다는 사회적 목적과 성과, 기업구조와 거버넌스 체계 내에 담긴 사회적 임무, 사업을 통해 창출한 이윤을 사용하는 방법 등과 같은 내용들에 의해 규정된다(New Economics Foundation/Shorebank Advisory Services, 2004).

사회적기업에 대한 정의는 각 대륙 또는 국가별로 조금씩 차이가 있고 그 범주도 광의와 협의를 모두 아우른다. 넓은 의미에서 사회적기업은 '영리부문과 비영리부문 내에서 사회적 목적을 갖는 활동으로 창출되는 혁신적 가치'(Hulgard, 2008)를 창출하는 조직이다. 여기에는 공정무역과 같은 사회적 목표를 갖는 상업적인 모험기업들도 해당된다. 또한 비영리영역이나 중고물품들을 기증받아 재사용을 위해 저렴하게 판매하는 이른바 업사이클링 상점처럼 영리와 비영리가 혼합된 영역인 하이브리드 조직형태가 포함된다.

좁은 의미에서 사회적기업은 '비즈니스 전문성과 시장 기반 기량을 비영리부문에 적용하는 것'(Wei-Skillern, et al., 2007)으로 정의하며, 일반적으로 비영리조직이 매출원을 만들어 내고 수입을 벌어들이기 위한 혁신적인 방법을 개발하는 것을 말한다. 사회적기업에 대한 모든 정의의 공통적인 내용에는 사회적기업가정신을 추동하기 위한 '시민사회영역의 경제활동으로 사회혁신에 참여하는 사람들과 기관들과의 협력을 통한 사회적 가치 창출'이 포함된다(Hulgard, 2008).

드푸어니와 니센스(Defourny & Nissens, 2008)는 사회적기업이 반드시 갖추어야 할 요소들을 '더블 보텀 라인(double bottom-line)'으로 설명한다. 사회적기업이 갖는 더

4 Department of Trade and Industry, DTI.

블 보텀 라인은 경제적/기업적 차원과 사회적 차원이며 그 내용은 다음과 같다.

- 경제적/기업적 차원
  - 지속적인 상품 · 서비스 생산과 판매 활동
  - 높은 자율성
  - 경제적 위험 수준
  - 임금노동자의 최저임금

- 사회적 차원
  - 지역사회 이익을 위한 명확한 목표
  - 시민조직이 주도하는 계획
  - 자본 소유에 기반하지 않는 의사결정
  - 특정 활동으로 주도권을 갖지 않는 다양한 부분들의 참여 유형

디스(Dees, 1998)는 사회영역에서 변화매개자로서 사회적기업의 역할을 다음과 같이 정의한다.

> "사회적 가치를 창출하고 지속하기 위한 임무를 수용하며, 그 임무를 수행하기 위한 새로운 기회를 인식하고 실행하며, 현재 있는 자원에 제한받지 않고 대담하게 행동하며, 수익 창출의 책임감을 보여주는 것"

사회적기업에 대한 정의는 〈표 3-1〉에서 보여주듯 다양하다. 〈표 3-1〉에 나타난 정의들을 살펴보면 사회적기업을 이끄는 주요 동력은 드러난 사회문제이며 따라서 사회적기업의 궁극적 목표는 사회적 가치를 이끌고 직접적으로 그것을 수행할 수 있는 수익 창출 전략에 대한 설계를 통해 사회적 임무를 완수하는 데 있다. 다양한 사회적기업 정의에는 비영리조직과 영리기업 모두 포함된다.

사회적기업 조직형태는 다음 네 개의 유형으로 구분할 수 있다.

① 전통적인 자선단체와 NGO조직
② 비영리 사회적기업
③ 영리 사회적기업
④ 전통적 기업

국가별 혹은 거버넌스 방식에서 차이가 있지만 대체적으로 사회적기업 개념에는 공통적으로 다음 네 가지 요소를 포함한다.

① 사회적 욕구 선정
② 사회적 가치 창출에 대한 초점
③ 사회적 영향에 대한 강조
④ 사회적 임무 수행을 위한 수단으로 박애정신, 영리와 비영리의 혼합(hybrid), 시장활동 기제에 대한 인지

〈표 3-1〉 **사회적기업 정의**

자 료	정 의
Thake & Zadek (1997)	사회적기업은 사회정의 실현을 위해 운영되며 사회적기업가는 자신들과 같이 일하고 또 자신들이 지원하는 사람들의 삶의 질 향상과 그것을 이루기 위한 행동을 직접 연결하려는 사람들의 집합
Reis(1999) (Kellog Foundation)	혁신과 사회경제적/지역사회발전을 위한 재정자원 활용을 통해 사회적 가치를 창출하는 조직
OECD(1999)	공공이익을 위해 수행되는 어떠한 개인적 행동이며 기업적 전략으로 이루어지지만 이윤 극대화를 목표로 하지 않고 특정한 경제적·사회적 목표를 성취하는 조직
Evans 외(2003)	비영리조직으로서 경제적·상업적 활동을 통해 사회적 목적을 이루는 조직
Alford 외(2004)	즉각적인 사회문제에 대한 혁신적 방안을 창출하고 사회변화에 필요한 아이디어, 능력, 자원, 사회적 준비를 동원하는 조직
Schwab Foundation(2005)	실제적이고 혁신적이며 지속가능한 방법들을 빈곤층과 소외계층에 대한 관심과 함께 사회에 이익을 주기 위해 적용하는 기업

MacMillan(2005) (Wharton Center)	새로운 비즈니스 창출로 사회적 부를 증가시켜 사회와 기업 이익을 향상시키는 과정
Tracey & Philips(2007)	사회적기업은 사회적 목적을 위해 설립된 조직이며 사회적기업가는 재정적으로 자립하며 사회적으로 건설적인 능력을 갖춘 조직 설립과 연관된 사람
한국사회적기업진흥원	영리기업과 비영리조직의 중간 형태로 사회적 목적을 우선적으로 추구하면서 재화·서비스의 생산·판매 등 영업활동을 수행하는 기업 조직
사회적기업육성법	취약계층에게 사회서비스 또는 일자리를 제공하거나 지역사회에 공헌함으로써 지역주민의 삶의 질을 높이는 등의 사회적 목적을 추구하면서 재화 및 서비스의 생산·판매 등 영업활동을 하는 기업으로서 제7조에 따라 인증받은 자(제2조 제1항)

3) 사회적기업 특성

(1) 사회적 지향/사회경제적 지향

사회적기업 특성은 사회적 지향(social orientation)과 사회경제적 지향(socio-economic orientation) 유형으로 구분할 수 있다. 사회적 지향은 사회적 임무와 함께 가치창조 과정으로 이끄는 혁신을 설계하고 수행하는 데 초점을 두는 사회변화 관점과 연관된다. 이 유형에 따라 조직자원, 구조, 과정, 지표들이 서비스 수혜자와 이들을 위한 지원활동 측면에서 설계되고 실행된다.

사회경제적 지향은 사회적 욕구 충족을 위한 혁신적인 자기지속가능성(self-sustainable) 사업모델을 설계하고 수행하는 데 초점을 두는 것과 관련된다. 이 유형에 따라서 조직자원, 구조, 과정, 지표들은 가치창조 지향의 혁신적인 시장기반방법과 소외계층에 대한 전달로 이루어진다.

(2) 혼합형 조직

사회적기업은 비영리부문과 영리부문이 결합되어 이루어지는 혼합형 조직(hybrid organization)이다. 사회적기업이 사회적 욕구를 충족시키기 위해 서로 다른 세 가지 경제축이 어떻게 혼합하는지에 관한 논의가 오래전부터 있어왔다. 이 세 가지 경제축은 다음과 같다.

- 시장경제 : 재화와 서비스 순환이 시장 환경에서 이루어지는 영역
- 비시장경제 : 재화와 서비스 순환이 재분배가 이루어지는 복지국가의 지원과 관할하에서 이루어지는 영역
- 비화폐경제 : 재화와 서비스 교환이 호혜 기반에서 이루어지는 영역

여기에서 사회적기업은 자본주의의 혼합형태이며 동시에 자본주의의 높은 혁신적 형태라고 말할 수 있다. 일반기업과 사회적기업을 구분하는 중요한 특성은, 사회적기업은 '집합적 이익(collective benefit)'에 초점을 두며 그 이익은 자본소유자를 위해서가 아니라 사회적기업이 활동하고 있는 전체 지역사회를 위해 축적된다. 집합적 이익은 단순히 경제활동을 통해 얻어지는 것이 아니라 오히려 실제적으로 활동을 수행하고 촉진하는 사람들이 이끌어 내는 차원이다. 집합적 이익을 위한 계획적인 실천은 사회적기업 환경을 고무시키고 동기부여를 자극한다(Laville & Nyssens, 2001). 반면 일반기업 안에서는 긍정적 외부효과들이 이익을 사회화함으로써 사적 투자를 감소시키지만, 사회적기업 안에서는 긍정적 외부효과들이 경제활동을 하기 위해 이해관계자들이 왜 집합적 행동에 함께 참여하는지에 대한 이유가 된다.

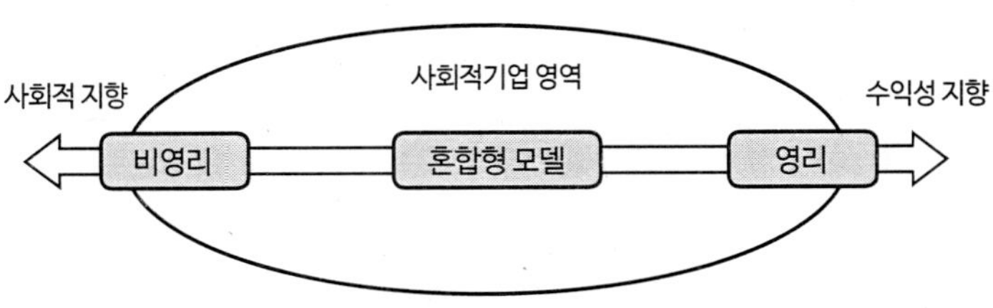

|그림 3-1| **사회적기업 스펙트럼**

|그림 3-1|에서 보여주듯 사회적기업은 이윤을 목표로 하는 전통적인 사업영역과 사회적 지향의 자선영역을 모두 포함하는 공간에 위치한다. 전 세계 많은 국

가들에는 사회적 목적을 가진 조직과 비즈니스 조직 사이에 커다란 공백이 있고 사회적기업은 그 공백을 채우는 목표를 가진다. 이 새로운 혼합형 모델은 전통적으로 비영리부문과 결합된 사회적 목적과 영리부문이 결합된 경제적 목적 그리고 시장 기반 방식을 병합하고 있다. 혼합형 모델은 직원과 고객에 초점을 두는 것과 가치창조에 대한 총체적 접근과 같이 우선순위 측면에서도 전통적 벤처기업들과는 차이가 있다.

사회적기업에 중요한 요소 중 하나는 네트워크이다. 사회적기업은 어떤 사회문제에 초점을 두기 위해 사람들과 조직을 모으고, 해결방안 실현을 위해 다양한 곳에서 자원을 확보하며, 성과들에 대해 효과적으로 소통하는 일을 잘 수행해야 성공할 수 있다. 국경을 넘어 국제적 소명을 가진 다양한 소셜벤처(social venture)나 국제 조직들과 연대사업을 통해 연계하는 일도 중요하다. 국제적인 소셜벤처들은 지구적으로 직면하고 있는 사회적 도전들에 대한 해결방법을 창조하기 위한 차별된 소명을 가지고 있는 혁신적 벤처기업들이다.

(3) 사회혁신 – 사회변동과 사회전환

사회혁신은 사회적기업을 이해하는 데 중요한 요소이다. 사회혁신은 빈곤층 지원이나 사회적 배제에 대해 혁신적인 해결방법을 개발하는 것이며, 사회적 목표들을 직면하면서 작동하는 새로운 생각들이다. 따라서 사회혁신은 사회적 욕구 충족의 목표로 동기부여된 혁신적 활동들과 서비스의 발전을 의미한다(Mulgan, 2006). 이러한 발전은 대부분 사회적 목적을 가진 조직들을 통해 확산된다. 이 조직들은 특별한 사회적 임무를 갖는 조직들이다.

지난 수 세기 동안 인류가 만들어 온 엄청난 과학기술혁신과 진보는 과학기술분야뿐만 아니라 생활방식, 사회문화 구조, 경제체계와 활동 등에 있어서 긍정적 · 부정적 변화와 전환들을 동시에 가져왔다. 이런 측면에서 사회변화(social change) 개념은 최근 몇 년간 가장 많이 오르내리는 주제들 중 하나가 되었다. 특히 산업화와 도시화 증가 이후 사회변화와 사회문제들은 개인 삶에서 지속적으로 일어나고 있으며 많은 연구자들이 이 주제에 대해 심각하게 주목한다.

지금의 세계는 정치 · 경제 · 문화적 변화가 사회의 전 영역에 걸쳐 수시로 일어나고 있다. 사회변화는 정부와 법적 · 행정적 조치 그리고 조직화된 시민사회운동 등에 의해 주도되고 있고 이러한 사회운동은 하나의 문화에서 다른 문화로 전파되며, 기술에 있어서도 계획되거나 계획되지 않은 결과들이 나오기도 한다.

사회과학에서 일반적으로 받아들이는 사회변화에 대한 관점은 사회체계 내에서 그 체계와 구성요소들의 기능에 어떤 결과를 일으키는 변화를 말하며, 이런 구성요소들의 활동적 중요성을 일컬어 사회변화라고 한다. 달리 말하면 사회적 관계 내에서 일어나는 중요하고 지속적인 변화들을 사회변화로 규정할 수 있다.

파슨스(T. Parsons, 1951)는 사회변화 개념을 삼중 분리(triple separation)-사회적 가치 변화, 제도적 변화, 사람들의 변화-측면에서 규정한다. 사회적 가치는 그 자체로 중요한 구조적 변화이다. 사회적 가치는 태도나 행동 등에 대한 감독자이며 사회적 역할과 관계에서 중요한 영향을 끼친다. 일반적으로 가치체계 구조의 변화는 오랜 기간에 걸쳐 일어난다. 제도적 변화은 사회 내에서 위치, 역할, 규범, 기타 조직형태 등의 변화이며, 사람들의 변화는 사회체계 안에서 지위와 역할을 받은 사람에게 일어나는 변화를 말한다. 파슨스는 이러한 변화들은 구조적 변화로 볼 수 없고 반대로 사회적 지위와 역할을 얻으려는 사람들의 선택에 대한 규칙과 자원의 변화가 사회구조에 영향을 끼치게 되는데 이것을 구조적 변화로 볼 수 있다고 본다.

사회적기업은 평범한 상식으로 욕구를 가진 사람들을 돕고 기부하는 차원을 넘어 사회문제 해결이라는 이름으로 그 사회의 사회문화적 가치 안에서 체계적인 사회변화에 초점을 둔다.

고전적인 의미에서 기업가는 '변화의 매개자'를 필요로 하며, 디즈(Dees, 1998)는 이런 측면에서 사회적기업을 높은 책임의식을 지닌 중개자로 묘사하면서 사회변화에 초점을 두는 사회적기업 활동의 필요성을 강조했다. 본슈타인(Bornstein, 2007)에 따르면 사회적기업가는 긍정적인 사회변화을 창조하는 사람이며 존재하는 사회문제들을 해결하기 위해 필요한 기량, 창의성, 결단력을 가진 사람이다. 달리 말하면 변화시키는 힘, 즉 '전환력(transformative force)'을 가진 사람들이다. 본슈타인이 말한 전환력은 다양한 사회적기업가 개념에서 아주 중요한 지점이 되었으며, 이 개념은 사회적기업가들이 사회문제 해결방안을 찾고 이를 통해 사회를 바람직하게 변화시키는 일을 강조한다.

사회변화와 사회전환은 사적기업, NGO, 지방자치단체, 사회봉사기관 및 특히 사회문제 해결에 참여하는 사회적기업을 통해 이루어질 수 있다. 사회문제에 대한 갈등이 발생할 때 그 해결방안은 중앙정부, 지방자치단체, 자원봉사조직, 사회운동단체 등이 추진할 수 있지만 그 내용과 사업에 있어서는 문제 영역과 관련된 제한된 변화에만 초점을 맞추게 된다. 그러나 사회적기업의 해결방안은 제한된 변화가 아닌 문제를 발생시키는 제도를 포함하여 사회적으로 불리한 여건에 있는 대상자들뿐 아니라 더 넓은 범주의 전환까지 목표로 삼는다.

사회적기업의 중요한 특성 중 하나는 사회문제 해결에서 체계적인 변화를 목표로 하고 비슷한 문제들을 바로잡는 노력에만 머물지 않고 장기간 사회적 지지를 얻기 위해서도 노력한다. 이런 맥락에서 사회적기업은 여성, 아동, 노인, 장애인 등 다양한 사회적 욕구를 가진 대상자들의 문제해결을 위한 방안들을 창조함으로써 개인과 지역사회의 역량강화 기회를 제공한다. 이런 경우 재무적 수익활동은 직접적인 사회변화를 위한 목표라기보다 수단이 된다.

2 사회적기업 제도화 과정

1) 새로운 기업 현상으로서 사회적기업

사회적기업은 일반적으로 구체적이고 잘 정의된 사회적 목표를 공유하는 시민들로 구성된 설립 주도 집단이 사회적기업 특성을 갖춘 조직을 성공적으로 만들 때 설립될 수 있다. 사회적기업 특성은 일반적인 관심사나 인지된 사회문제들을 통해 사업 기회를 찾아내고, 정치 · 경제적 차원에서 일정한 균형을 유지하기 위해 노력하면서 기업적 방법으로 관리하는 데 있다. 사회적기업이 갖는 참신성은 기업 및 비즈니스영역을 공공이익 목적의 사회서비스 제공과 사회문제 해결로 가져오는 능력이다.

1990년대 말부터 세계적인 정치 · 경제 · 환경적 상황 변화들이 일어나면서 사회적기업에 대한 관심이 점차 확산되고 있다. 이러한 변화들은 정책입안자, 의식 있는 시민, 열악한 조건의 지역사회로 하여금 세계적으로 가장 심각한 사회문제인 빈곤의 근본적인 원인이자 부의 불공평한 분배에 대해 혁신적이고 지속가능한 해결방안을 모색하면서 사회적기업에 주목하기 시작했다. 지속가능한 경제발전을 위한 대안적 접근은 개인이익보다는 사회공헌 맥락에서 기업 행위와 방법에 대해 연구하는 학자들이 특별히 관심을 가져온 영역이다. 사실 그동안 경제성장을 목표로 하는 기업현상에만 대부분 학문적 관심을 두어 왔고 사회진보를 촉진하는 과정으로서 기업에 대한 관심은 불과 10여 년 정도밖에 되지 않는다.

사회적기업은 새로운 '개념'이 아니라 새로운 '현상'이다(Dees, 2001). 사회적기업 용어가 1970년대에 처음 사용되었지만 전 지구적 사회문제 해결을 위한 대안 조직으로까지 발전한 것은 1990년대 들어서면서부터였다. 사회적기업에 대한 연구는 분명 기존의 기업 연구들에 대한 성과로부터 나름의 편의를 가져왔다. 때문에 기업 비즈니스 조사연구에 근거한 접근방법과 내용이 일차적으로 사회적기업 개념의 일부를 구성했다. 사회적기업 개념 중에는 새로운 상품 및 서비스 생산비와 판매가격 조정을 통한 수익확보 방안으로 사업기회파악, 사업기회개척, 사업기회평가 등을 담고 있다. 이 개념은 기업 활동의 기본적인 임무로서 재무적 수익창출을 의미한다(Eckhardt & Shane, 2003). 일반기업에서 수익창출은 기업소유주와 주주들의 개인적 부의 축적에 도움을 주지만 사회적기업이 파악하는 사업기회는 개인이나 주주를 위한 재산분배와는 달리 사회적 가치로 귀결된다. 사업기회 인식의 중요성은 사회적 · 전통적 의미에서 볼 때 기업의 심장과도 같다. 그러나 사회적기업의 사업기회는 전통적인 사업기회의 의미와는 차이가 있다. 사회적기업이 인식하는 사업기회는 사회문제에서 발생하며 사회적 가치를 창조하기 위한 조직적 시도이다.

2) 제도적 환경

(1) 국가와 시장의 한계

인류가 시대 흐름에 따라 발생하는 새로운 욕구 충족을 위해 다양한 방법들로 대응해온 것처럼 국가와 지역 차원뿐만 아니라 지구적 차원에서 미증유의 도전인 현재 인류가 직면한 다양한 위기 해결을 위해 새로운 전략과 수단들이 요구되고 있다. 사회문제 해결을 국가 책임으로 수행해 온 전통적 복지국가가 1980년 이후 축소되고 재편되는 과정에서 사회구성원들의 기본적 욕구 충족과 개인적 권리를 보장하고 대응하는 방식도 많은 변화를 겪고 있다. 새로운 서비스 제공방식의 필요성은 시민의 자조를 강조하는 정치적 이념이 강화되면서 공공재 공급방식에 대한 정부의 구조적인 후퇴와 시장 주도의 사회서비스 모델을 우선하는 현상으로 나타나고 있다.

시장 관점으로 볼 때 많은 산업들이 경제위기의 타격을 받아 왔고 또한 기업의 이윤추구 목표도 소비자들의 소비감소 위협을 받는다. 특히 소비자들이 사회공헌과 같은 기업의 사회공익활동 여부에 따라 기업을 평가하고, 소비자들의 구매행위가 기업활동에 대한 보상이 되거나 또는 처벌 수단이 되고 있다.

지난 30여 년간 지속되어 온 지구적 세계화는 사람들의 생활조건을 향상시키는 많은 계기를 제공했지만, 한편으로 꾸준한 사회체계 재구조화와 변화를 위한 동시적 열망은 지속가능한 사회경제적 발전에 있어서 완전히 새로운 방법을 요구하고 있다. IT산업에서 벤처기업은 혁신과정 조성을 위한 중요한 역할을 해왔는데, 그 이유는 벤처기업은 기술과 경쟁력, 시장변화에서 비롯되는 사업기회를 인식하고 활용할 수 있는 능력을 가지고 있기 때문이다(OECD, 2010). 이러한 이유로 단순히 특정한 산업분야를 넘어 사회문제해결을 위한 세계를 변화시키려는 목적을 가진 소셜벤처기업들의 등장은 점점 더 고무적이 현상이 되고 있다.

충족되지 않은 사회적 욕구 해결을 모색하고 구상하는 사회적기업가들의 사례는 다른 사람들에 대한 도움 제공을 최우선으로 하며 전통적 기업들이 활동하는 시장에서 자신들에 대한 인정과 정당성을 얻기 위한 희망의 원천이 된다. 민간부문인 시장과 공공부문인 정부가 제 역할을 못할 때 사회적기업은 여러 유형의 도전들과 씨름하며 대응한다. 따라서 전통적 기업과는 구별되는 사회적기업은 '가치창조'와 '가치점유'의 이중적 특징으로 언급되기도 한다(Santos, 2012). 가치창조는 일반적으로 사회를 위해 강력하고 의미 있는 영향력을 창출하는 것과 관련되고, 가치점유는 이윤창출을 목표로 창조되는 가치의 본질적인 부분과 관련된다. 이윤추구기업이나 정부 모두 가치창조의 높은 잠재력을 갖는 분야나 활동에는 조직적으로 참여하지만 가치점유를 위한 잠재력 제고를 위한 활동에는 거의 참여하지 않는다. 이러한 상황이 사회적기업 영역으로 남게 된다. 따라서 사회적기업은 정부와 시장 간의 간극을 채우는 역할을 수행하며, 사회적 사명을 위한 사회적기업의 노력은 개별기업의 수익창출 목표와 함께 총체적인 사회편익 증가를 목표로 한다.

(2) 공공비용 지출

정부활동에서 공공비용지출은 중요한 부분을 차지한다. 사회보장수준이 높은 국가나 그렇지 않은 국가들 모두 시장 주도의 복지모델을 우선시하는 새로운 정치적 이념의 확대로 정부의 공공비용지출이 계속 삭감되는 추세에 있다. 그 결과 많은 영역에서 공공재로 활용 가능한 자원들의 공급이 고정되거나 감소하여 보건, 문화, 복지 등 사회서비스 공급을 수행하는 공공부문 제공이 줄어들면서 사회적기업 역할이 중요한 의미를 갖게 되었다. 그러나 초기에는 공공부문이 공공재 공급방식에 오랜 기간 많은 노력을 해온 터라 사회적기업은 보충적인 역할에 머물렀고 공공부문도 효율성과 효과성을 유지하기 위한 적합한 모델을 선택하는 것이 쉽지 않았다. 이런 측면에서 사회적기업의 공공재 공급을 위한 노력은 사회서비스 공급 측면에서 의미가 있었다. 이후 공공비용 지출 감소는 사회적기업과 정부와의 거버넌스체계에서 부정적인 영향을 가져오기는 했으나 사회적기업의 사회서비스 제공 비율은 계속 증가하고 있다.

(3) 자금 확보

자본 가용성은 사회적기업이 사회조직으로서 기반을 갖추는 데 중요한 부분이다. 많은 연구 결과에 의하면 개인들이 기업가가 되기 위한 결심에서 많은 제약을 받는 원인이 자금 확보이다(Grimes, 2010). 사회적기업 설립 과정에서 재정적 제약과 같은 장애물은 사회적기업이 사회적 사명을 수행하기 위해 반드시 겪어야 할 단계라는 점을 강조하기도 한다. 이런 이유로 유럽 국가들의 경우 많은 비영리기관들이 자선단체 기부금과 국가보조금 의존에서 벗어나기 위한 대안으로 사회적기업 전환을 선택하지만 한편으로 이러한 사회적기업 전환과 함께 이루어지는 새로운 사업방식을 사회개혁의 동력으로 보기도 한다(Borzaga & Defourny, 2001). 경제적 목표를 갖는 기업으로서 사회적기업이 예산 불확실성과 정부보조금 지원 삭감 등과 같은 자금 확보 장벽을 줄이기 위해서는 새로운 사업프로젝트들을 기획하여 실행해야 한다. 때문에 사업개발을 통한 새로운 자금 접근성은 사회적기업 활동에 긍정적인 영향을 줄 수 있다.

3) 대륙별 사회적기업 제도화 과정

사회적기업 현상을 어떻게 명료하게 규정할 것인지에 대한 논의들은 전 세계에 걸쳐 사회적기업이 존재하는 지역에서 파악하는 만큼이나 그 개념과 정의에 차이가 있다. 사회적기업이 등장하는 상황은 어떻게 지속적으로 사회적기업 발전을 전개할 수 있는지와 한 국가 내에서 사회적기업 설립이나 사업활동에 영향을 미칠 수 있는 요소들을 파악하고 어떤 결과들을 이끌어 낼 수 있는지에 대한 문제이기도 하다. 이런 요소들은 대부분 특정한 사회경제적 조건들을 말하며 비영리부문에도 영향을 줄 수 있다. 국가별 사회적기업 흐름은 정부 및 시민사회와 연관된다. 특히 정부는 사회적기업 유형에 중요한 역할을 한다. 왜냐하면 사회적기업 발전은 경제적 상황과 시민사회로부터 영향을 받지만 동시에 문화, 관료, 정치 · 경제발전 역사의 혼합으로서 정부의 영향력을 많이 받기 때문이다(Kerlin, 2013).

정부의 영향력은 개인적 차원에서 기업을 결정하는 방식에도 영향을 줄 수 있다. 에스트린 등은(Estrin, et al., 2013)은 사회적기업과 일반기업간의 관계에 대해 분석하고 두 형태의 기업 설립을 촉진하는 사회제도에 대한 이론을 제시했다. 이 연구에 따르면 국가별 사회적기업 확산율은 한 나라에서 사업을 시작하려는 개인들의 창업의지에 긍정적인 영향을 끼친다. 또한 정부가 유지하는 제도적 틀의 질도 동일하게 기업 창업에 영향을 주지만 때로는 정부의 규제 · 감독 기능은 부정적 영향을 끼치기도 하는데 사회적기업보다 일반기업에 대해서 더욱 그런 것으로 나타났다. 이렇게 사회적기업이 서로 다른 상황에서 어떻게 형성되었는가 하는 것은 중요한 문제인데, 그 이유는 사회적기업 현상의 거시적인 흐름을 파악하고 특정한 지역에서 사회적기업 가능성과 이러한 사회적기업들의 특성을 파악하는 데 도움이 되기 때문이다. 세계적인 사회적기업의 흐름은 크게 미국 유형과 유럽 유형으로 구분된다.

(1) 미국 유형 : 근로소득 학파와 사회혁신 학파

미국에서는 1980년대 초반부터 사회적 목적을 가진 기업 활동에 대해 다양한 개념들을 사용하고 있다. 비영리부문에 속하는 개념들은 '비영리벤처', '비영리기업', '사회적 목적 활동(social-purpose endeavour)', '사회혁신', '사회적 목적 사업(social-purpose business)', '지역사회자산기업(community wealth enterprise)',[5] '공공기업

---

5 지역사회 자산 조성(The community wealth building) 분야는 지난 30년 이상 지속적으로 구축해 온 다양한 형태의 협동조합, 직원 소유 기업, 사회적 기업, 토지 신탁, 지역사회개발 금융 기관, 지역사회 은행 등 다양한 모델과 혁신사업으로 구성되어 있다. 이러한 지역사회 발전 모델은 지역사회와 개인의 능력 향상을 목적으로 성장하는 생태계의 한 부분으로서 (1) 자산 소유 증가, (2) 자본에 대한 소유권을 확대하여 현지에서 일자리를 확보, (3) 주요 환경 목표(탄소 배출 감소 포함)를 달성 지원, (4) 공공 서비스의 제공 확대와 지방세 기반 강화, (5) 지역 경제 안정을 보장 등을 목표로 한다.

(public entrepreneurship)', '사회적기업(social enterprise)' 등이다. 디즈와 앤더슨(Dees & Anderson, 2006)은 비영리기관에 대한 연구를 '근로소득 학파(earned income school)'와 '사회혁신 학파(social innovation school)'로 구분하여 사용할 것을 제안했다. 근로소득 학파는 비영리조직이 사회적 임무를 수행하기 위한 영리활동에 초점을 두며, 사회혁신 학파는 아쇼카재단과 같이 사회적으로 영향력을 갖는 비영리기관에 초점을 맞춘다.

근로소득 학파는 사회적기업 개념을 근로소득 전략으로 정의한다. 이와 관련된 일련의 연구들은 영리성을 갖추려는 비영리기관들을 기초로 한다. 2000년대 초반 사회적기업연맹(Social Enterprise Alliance)[6]은 사회적기업을 "사회적 임무 실천의 기반으로서 수익 창출을 위해 비영리조직이 수행하는 특정한 수익사업 혹은 전략"으로 정의한다(Kerlin, 2006). 이런 관점에서 이 학파의 견해를 첫 '근로소득 학파'라고 부를 수는 있으나 비영리조직과 상업적 비영리조직에 대한 접근방법의 차이는 구분할 필요가 있다. 좀 더 넓은 관점에서 보면 모든 사업조직 형태를 망라해서 볼 때 이런 접근방법은 사명주도형 접근(mission-driven approach)으로 볼 수 있다. 이 접근방법은 영리회사를 포함하여 사회적 목적을 위해 사업활동을 하는 사회적 목적 기업분야의 모든 조직들을 포괄한다.

에머슨이나 트워스키(Emerson & Twersky, 1996)는 사회조직의 효과성 증대를 달성하기 위한 방안으로 단순한 기금조성뿐만 아니라 단일시장 지향에서 사업방법의 비전으로 분석방법을 전환했다. 보쉬(Boschee, 1995)나 오스틴(Austin, 2000)은 이보다 더 나아가 사회적기업의 넓은 스펙트럼의 한 부분으로서 기업사회공헌(CSR)을 강조하는 영리기업들의 다양한 활동들에도 주목한다.

사회혁신 학파는 슘페터 관점에서 사회적기업의 구조나 활동 등을 강조한다. 이런 기준에 따라 비영리부문은 새로운 서비스, 새로운 서비스 품질, 새로운 생산

---

6 사회적기업이 더 효과적이고 지속가능한 사회적 영향을 발휘하도록 잠재력을 지원하며, 사회적기업들과 사회적기업가들의 성공을 위해 필요한 도구와 자원을 통해 역량을 강화하며, 이들이 번창할 수 있는 사회적기업 생태계 육성을 위한 노력을 목적으로 하는 미국 내 사회적기업들의 연합조직이다.

방법, 새로운 생산요소, 새로운 조직형태, 새로운 시장 중 적어도 한 가지 방법으로 새로운 조합을 수행하는 변화창작자(change maker)이다(Young, 1986). 때문에 사회적기업은 소득문제보다는 성과문제가 될 수 있다.

사회적기업이 많은 비영리조직들로 구성되지만 사회혁신 학파의 최근 견해들은 민간 영리부문과 공공영역에서 기업적인 사회혁신을 기회로 삼고 참여하는 사회적기업들이 있다는 것과 적극적인 개척자들을 강조하는 흐름을 보여준다.

사회혁신 학파와 근로소득 학파 간의 차이를 너무 확대 해석할 필요는 없다. 사회적기업을 사명주도형 사업조직으로 보는 관점이 널리 확산되고 있는데, 이것은 사회혁신을 위한 경로로서 단순한 근로소득 전략이 아닌 더 넓은 차원의 사업방법으로 확대로 볼 수 있다. 기업들이 갖는 전형적인 목적형태 유형인 더블 보텀 라인(double-bottom line) 혹은 트리플 보텀 라인(triple-bottom line) 이론은 경제적 · 사회적 목적과 전략을 더 훌륭하게 통합하고 균형을 이루기 위해 두 학파의 입장을 결합하여 '혼합가치'를 만들어 낼 수 있다.

(2) 유럽 유형 : 사회적기업의 뿌리

유럽에서 사회적기업이 처음 등장한 나라는 이탈리아이며 1990년「사회적기업」(Impresa Sociale)이라는 저널을 통해 소개되었다. 그러나 1980년대 후반에 이미 협동조합과 유사한 조직이 출현하여 충족되지 않은 사회적 욕구에 대응하기 시작했고, 특히 대인서비스분야뿐 아니라 장애인 등 고용취약계층을 위한 노동통합 활동을 전개했다. 당시에는 관련법이 존재하지 않아 이러한 결사체(association)들을 지원할 수 없었으나 1991년 이탈리아 의회는「사회적협동조합법」을 제정하였고 이 법은 사회적기업을 개척하는 역할을 했다.

이후 20여 년 동안 이탈리아에서 사회적기업의 괄목할 만한 성장은 주변 유럽 국가들에게 많은 자극을 주었고 한국의 경우처럼 유럽 대륙을 넘어서까지 사회적기업에 대해 열의를 갖도록 고무시켰다. 여러 유럽 국가들에서 다수의 비영리조직들을 포함하는 새로운 법안들을 도입했지만 사회적기업이라는 용어를 모두 사용한 것은 아니었다(Defourny & M. Nyssens, 2014). 프랑스, 포르투갈, 스페인, 그리스에서는 협동조합 유형으로, 벨기에, 영국, 이탈리아는 사회적기업 유형으로 발전했다.

유럽에는 협동조합과 사회적기업이라는 양분된 유형을 넘어 많은 차이들이 존재한다. 예를 들면, 프랑스와 이탈리아 법체계는 다중이해당사자형(multi-stakeholder type)을 특징으로 하는데, 직원, 사용자, 자원봉사자 등 다양한 이해당사자들이 모여 사회적 목적 사업을 수행한다. 벨기에의 「사회적목적회사법」과 이탈리아의 「사회적기업법」은 모든 법적 체계의 경계를 넘어 협동조합과 비영리조직뿐 아니라 투자자소유기업까지 여러 유형의 조직들을 받아들여 포괄적으로 정의하고 있다.

영국 정부는 2002년 사회적기업에 대해 "주주와 기업소유주의 이익극대화 필요성으로 운영하지 않으며 초과이윤에 대해서는 원칙적으로 사업이나 지역사회의 목적을 위해 재투자하는 사회적 목적을 가진 사업체"로 정의한 법안을 의회에 제출하였고, 이후 2004년 영국 의회는 이러한 내용을 기초로 하는 "지역사회이익회사법"(Community Interest Company Law)을 제정하였다(DTI, 2002).

많은 유럽 국가들이 1990년대에 사회적기업 및 협동조합과 관련된 새로운 법체계나 틀을 만드는 것 이외에도 노동통합분야를 대상으로 하는 특정한 공공 프로그램들을 개발했다. 사회적기업은 노동통합 프로그램에 폭넓게 참여하였고 사회적 목적도 아주 다양한 분야와 관련되었다. 1990년대 중반부터 유럽 전역에서 하나의 새로운 사회적기업 유형이 주목을 받기 시작했는데 이른바 '노동통합형 사회적기업'[7]이었다. 노동통합형 사회적기업은 노동시장에서 영원히 퇴출될 위기에 놓인 저숙련 실업자들을 돕고 생산적인 활동을 통해 이들을 사회와 노동으로 통합하는 것을 목적으로 한다. 지금도 사회적기업 지평에서 체계적으로 일자리 창출을 주도하는 이러한 노동통합형 사회적기업의 중요성이 강조되고 있다.

7 Work Integration Social Enterprise(WISEs)

〈표 3-2〉 **사회적기업 유럽 유형과 미국 유형 비교**

유럽 유형	미국 유형
집단적 행동	개인적 행동
노동운동과 사회문제에 대한 정부의 대응	사회문제에 대한 기업(시장)적 대응
사회자본 및 사회자산의 점증적 구축	사회적 성과에 대한 빠르고 효과적인 성취
연대와 상호성	승자와 변화매개자
이해당사자 수용	비전에 충실
민주주의(상향식 협치 구조)	인도주의(하향식 협치 구조)
사회적경제	특정 부문

출처 : Rindley-Duff & Bull(2015), p. 60.

유럽 사회적기업 유형의 대표적 세 형태

▣ 이탈리아 : 사회적협동조합(Cooperativa Sociali)

사회적협동조합은 대표적인 사회적기업 모델이며 사회적 목표에 대한 깊은 애착과 기업 운영 방식을 결합한다. 사회적협동조합과 일반협동조합의 차이는 목표와 다수의 이해당사자 지배구조에 있다. 이탈리아에서는 사회적 협동조합을 법381/91에 따라 다음과 같이 정의한다.

- 목표는 지역사회의 일반적인 이익과 시민의 사회적 통합(A형 사회적협동조합이 보건, 사회 또는 교육 서비스를 제공하고, B형 사회적협동조합은 취약계층을 노동시장으로 통합)이다. 취약계층 대상에는 육체적정신적 장애, 약물, 알코올중독, 발달장애, 기타 법에서 규정하는 사회문제들이 포함된다.
- 다양한 범주의 이해당사자는 유급직원, 서비스 수혜자, 자원봉사자(회원 중 최대 50%까지), 금융투자자 및 공공기관을 포함하여 조합원이 될 수 있다. B형 협동조합에서는 회원 중 최소한 30%가 취약계층이어야 한다.
- 협동조합은 법인이며 유한책임을 갖는다.
- 투표는 1인 1표제
- 이익의 70% 이상은 분배될 수 없으며, 배당금은 채권에 한정된다.
- 이자와 자산은 분배하지 않을 수 있다.

▣ 프랑스 : 공동이익협동회사(Societe Cooperative d'interet collectif, SCIC)

SCIC는 다음과 같은 특성을 가진 새로운 종류의 협동회사다.

- 모든 유형의 행위자들은 동일한 프로젝트에 참여할 수 있다(유급직원과 자원봉사자직원, 사용자, 공공기관, 회사, 결사체, 개인).
- 최소한 세 가지 유형의 이해당사자가 있어야 한다.
- 경제 · 사회적 자원을 최대한 동원할 수 있는 지역의 공동욕구 충족을 위해 모든 종류의 상품과 서비스를 생산한다.

SCIC의 사회적 효용성은 모든 행위자들 사이에서 대화, 민주적인 토론 그리고 시민권 형성을 조직하려는 목적에 의해 보장된다. 협동 규칙을 존중하며, 1인 1표 원칙에 근거하여 권력을 분산한다(평의회를 구성하여 총회에서 승인된 규정에 따라 다양한 의견들의 균형을 맞출 수 있다). 회사경영뿐만 아니라 회사생활에 관계자를 모두가 참여한다. 회사의 모든 이익이나 결과물 중 일부를 배분할 수 없는 적립금으로 유지하는 것은 회사의 자율성과 지속적인 특징을 담보하기 위함이다. 지역과 지속가능한 발전 논리로 운영하면서 일정 영역에 뿌리를 두고 같은 경제권 행위자들 간의 연계를 촉진한다.

▣ 영국 : 지역사회이익회사(Community Interest Company, CIC)

영국의 회사법에 따르면, CIC는 어떤 합법적인 교역활동도 가능한 유한책임회사 또는 자신들의 지역사회에 관심을 갖는 기업으로 분류된다. CIC는 아동보호 서비스, 사회주택, 지역사회교통이나 레저 등의 분야에서 지역사회 차원의 서비스 제공을 위해 설립된다. CIC 체계는 기본적으로 생산적인 비영리단체를 위한 구상이었으나, 한편으로 자선단체가 될 수 없는 비영리단체를 포함하여 지역사회에 어떠한 형태의 혜택을 제공하는 대다수 기관들에 적합하도록 구성되어 있다. CIC가 지역사회이익 테스트(이 테스트에 적합판정을 받으면 2007년 CIC 규정에 따라 지역사회 이익이나 지역사회 활동을 하는 것으로 인정)를 통과하면 경제 활동 분야에서 어떠한 제한도 받지 않는다. 자산잠금규정(asset locked rule)을 준수하고 연례지역사회 이익 보고서를 제출한다. 이러한 기업형식의 도입은 사회적기업 공동체가 주도하는 수요에 대응하여 이용 가능한 선택 범위의 격차를 메우기 위한 것이었다. CIC법은 재정적인 특혜를 제공하지 않지만 자선단체에 비해 유연한 법적 구조와 경미한 규제를 제시한다. 여기에 재정적 특혜 부족은 이윤을 부분적으로 재분배하는 것으로 보상받는다. 또한 CIC는 주식 발행이 허용되는데, 이것은 지역사회 노력을 위한 자본조달과 지역 주민을 위한 지역 기업을 지원하는 데 기여할 수 있다. 이 새로운 형태의 기업은 상당한 관심과 성공을 거두고 있다. 지역사회이익회사의 감독기관(2011/2012 연례 보고서)에 따르면, 6천 개의 CIC가 예술, 교육, 환경, 보건, 산업, 교통을 포함한 많은 분야에서 운영되고 있다. CIC는 마을상점에서부터 대기업에 이르기까지 다양하며, 사회서비스를 유지하고자 하는 전문가에서부터 지역 자산을 인수하는 지역사회단체까지 모든 영역에 있는 사람들이 설립하고 있다.

출처 : European Commission(2014).

1990년대 초 이탈리아에서 시작된 사회적협동조합이 불과 몇 년 안에 유럽 전역에 사회적기업 개념으로 확산된 것은 1990년대 중반부터 EMES 유럽연구네트워트(EMES European Research Network)[8]의 연구노력에 의한 바가 크다. 1996년 이전까지 사회적기업에 대한 유럽연합의 공공정책은 거의 없었고 유럽연합 회원국가에서 온 연구자들이 모여 EMES 유럽연구네트워트를 구성하여 유럽위원회(European Commission)로부터 기금을 받아 연구에 착수했다. EMES는 당시 유럽연합에 포함된 15개 국가에서 공통적으로 부르는 사회적기업에 대한 연구를 꾸준히 발전시켜갔다.

EMES의 사회적기업 연구는 이론연구와 실증조사를 모두 포함해서 이루어졌으며 사회적기업에 대해 간결하고 흥미로운 개념 정의 차원을 넘어 명확한 지표 설정을 통해 구체적인 지표를 제시한다. 지표는 세 개의 구분된 영역에서 각각 세 개의 세부내용으로 구성되어 있지만 그렇다고 이 지표가 사회적기업으로서 자격을 갖기 위해 충족시켜야 하는 조건을 나타내는 것은 아니다. 오히려 규정 기준을 제시를 통해 사회적기업 분야에서 자신들을 자리매김할 수 있도록 돕는 일종의 추상적인 구성물이다. EMES 연구를 재구성한 세 가지 영역별 지표 구성은 다음과 같다.

---

8 EMES(the Emergence of Social Enterprise) European Research Network는 1996년 유럽 전역의 연구네트워크로 설립되었고 제3섹터 및 사회적기업과 관련된 유럽 네트워크를 이끄는 주도적인 조직으로 평가된다. EMES는 아시아, 북미, 남미, 아프리카 지역에 있는 다양한 기관 및 센터들과 국제적인 협력과 연결망을 가지고 있다. 사회적기업, 사회적기업가정신, 사회적경제, 연대경제, 사회혁신, 제3섹터 등에 대한 이론적 · 실증적 연구를 수행하며 격년으로 학술대회를 개최하고 연구 프로그램도 조직한다.

〈표 3-3〉 **사회적기업의 영역별 세부 지표**

구 분	지 표
경제적 · 기업적 영역	지속적인 상품·서비스 생산·판매 활동 중요한 경제적 위험 수준 지불노동의 최저임금
사회적 영역	지역사회 이익을 위한 명확한 목표 시민사회단체가 주도하는 계획 제한적인 이윤 배분
거버넌스 영역	높은 자율성 정도 자본 소유에 따르지 않는 의사결정 활동에 영향을 주는 다양한 단체들과 연관된 참여 성격

출처 : Defourny & Nyssens(2014).

3 사회적기업 가치와 지표

1) 사회적기업의 가치

(1) 기업과 가치

자본주의 발전과정에서 수많은 경제위기가 발생했고 그때마다 주류경제학자들은 정책대안들을 제시하면서 위기를 해결해 왔다. 1929년 미국에서 일어난 대공황(Great Depression)으로 인한 경제위기는 케인즈의 유효수효이론에 기초한 정부의 재정확대정책으로 극복되었고 이를 토대로 전통적 복지국가가 수립되면서 시장에 대한 정부개입이 강화되기 시작했다.

1970년대 두 번의 석유파동으로 인한 경기침체는 1980년 초반 신자유주의정책의 등장으로 복지국가 역할 축소와 시장의 자율기능을 확대하는 방향으로 선회했다. 1990년대 초 사회주의권 국가들의 몰락으로 신자유주의 세계화는 지구적 금융자본주의로 전성기를 누리는 듯했으나 2008년 미국에서 일어난 금융위기는 사실상 30여 년간의 신자유주의 흐름에 제동을 거는 경제위기였다.

2008년 경제 위기는 신고전파경제학자들뿐 아니라 정치인, 정책입안자, 기업인 등 다양한 여론 주도층에게 경제, 사회, 국가에 대한 가치를 재발견할 수 있는 기회가 되었다. 경제 불황보다 더 중요한 것은 '가치의 위기'라는 공감이 형성되고 개인, 시장, 국가의 존재 근거에 대한 논의가 확산되었다. 여기에는 그동안 신자유주의가 주도해 온 시장자본주의에 대한 근본적인 성찰이 있었다.[9]

자본주의 경제체제에서 시장은 본질적으로 '도덕'보다는 '거래'를 중요시한다. 시장의 덕목은 '도덕가치'보다 '상품가격'이기 때문이다. 가격을 통해 재화와 서비스를 공급하고 필요에 따라 소비하는 시장 구조에서 효율성(원하는 것을 어떻게 얻을 수 있을 것인가)이 중요한 가치로 작동하지만 항상 정상적으로 작동하지는 않기 때문에 시장실패를 겪는다. 신고전파경제학은 자신의 뿌리인 애덤 스미스의 『국부론』에서 언급한 보이지 않는 손이 시장을 제대로 돌아가도록 만들고 의사결정에서 도덕을 이야기할 필요가 없다고 말해왔다. 그러나 시장의 보이지 않는 손은 공공선(common good)과 같은 중요한 이상을 폐기해 버렸다. 신고전파경제학에서 경제적인 결정을 내릴 때 공공선을 말하는 경우는 거의 없었다.

경제 위기 이후 시장과 기업에게 새로운 도전이 다가왔다. 시장과 기업 활동에서 부차적인 것으로 취급받거나 혹은 필요치 않았던 사회적 목적 혹은 사회적 양심과 같은 공공선의 가치를 가져야 한다는 인식이 높아지면서 사회적기업에 대한 관심이 커지지 시작했다. 시장에서 기업의 가치는 이윤을 최대로 창출하는 것이다. 그러나 이윤 창출을 위해 부적절한 수단까지 동원한다면 이는 오히려 사회적 부를 파괴하고 불평등한 소득구조를 만들 수 있다. 사회적기업은 기업의 활동 영역인 시장에서 합당한 자리를 파악하고 비즈니스를 사회적 가치라는 올바른 토대 위에 세워 공동선을 지향하는 기업이다. 시장실패가 비효율성으로 나타나면서 공평한 부의 분배는 탐욕의 문화로 내팽개쳐졌다. 탐욕의 문화가 지배하

9 2009년 1월 스위스 다보스(Davos)에서 열린 세계경제포럼(World Economic Forum)의 전체 회의의 주제는 "시장자본주의 이면의 가치"였다.

는 시장을 공공선의 문화로 바꾸어야 할 때이다. 그러기 위해서는 새로운 가치로 시장을 이끌 사회적기업과 같은 경제조직 및 시민단체들이 더 많이 만들어져야 한다. 이러한 가치 지향적 조직들을 통해 사회자본을 창출하고, 신뢰를 창조하며, 지역사회를 개발할 수 있다. 중요한 것은 도덕가치와 경제윤리를 성장하는 기업 혹은 좋은 기업이나 잘 작동하는 시장과는 대치적 관계로 보아서는 안 된다는 점이다 오히려 좋은 기업과 건강한 시장을 위해서는 도덕가치와 경제윤리가 반드시 필요한 구성 요소이며 견제장치 역할을 할 수 있다.

〈표 3-4〉 **영역별 조직과 가치 관계**

영역별 조직	비영리 조직	사회적기업			사회적 목적조직	사업조직
가치 지향	비수익 활동	비영리 수준 조직 : 긴급 지원은 부조 방식	비영리 혼합조직 : 상호부조와 수익창출	사회적 기업 : 수익 창출	사회지향과 기업사회공헌 간의 적절한 분배	높은 수준의 수익 창출

(2) 사회적기업을 위한 문화적 가치

문화는 다차원적 현상이며 개인의 인지 양식과 문화적 상황에 조응하는 행동유형을 형성한다. 개인적 행위는 어느 정도 문화의 영향을 받는다. 이런 측면에서 기업가정신과 관련이 있고 더 나아가서 사회적기업가정신과 분명한 관련을 가진다. 슈바르츠의 문화적 가치이론은 문화적 가치를 한 사회의 기초로서 개인적 가치를 수용하는 대안으로 본다(Schwartz, et al., 2001). 그의 이론은 인간행동을 이끄는 일련의 보편적 가치기제에 기초하며, 이 기제는 사회제도와 그 실행구조(법, 정부 정책, 교육제도 등)를 통해 작동한다. 사회제도는 우선순위 가치들과 일치되는 방식으로 만들어지며 그 가치에 부합되는 행동들을 하도록 조장한다. 이런 의미에서 사람들은 사회적으로 받아들여진다고 믿는 가치들을 행위로 나타낸다.

슈바르츠는 종합적 차원에서 배태성, 지적 자율성, 감성적 자율성, 위계질서,

인도주의, 숙달, 조화 등 7개 유형의 문화적 가치 성향을 제시한다(그림 3-2). 다음 가치들은 두 개씩 짝으로 묶어 세 그룹으로 나눌 수 있다.

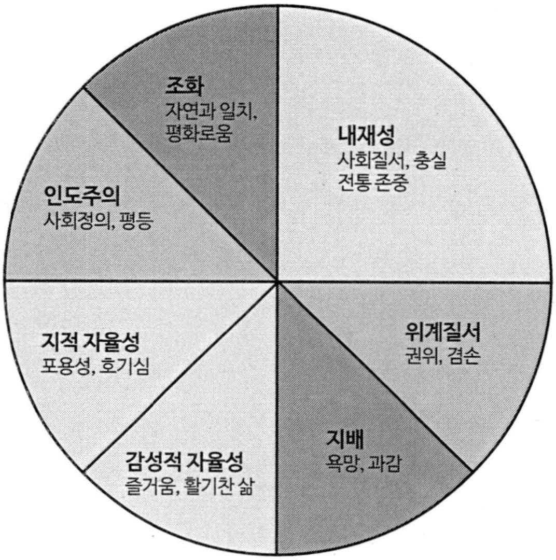

|그림 3-2| **문화적 가치의 차원**

출처 : Schwartz(2004).

- **자율성(지적 / 감성적) 대 내재성** : 이 차원은 개인과 집단 간의 갈등 관계에 기초한다. 자율성 축에는 차이의 의미를 발견하는 자율적 신체를 가진 사람이 있다. 그러는 사이 다른 축에는 지역사회에 통합된 실체로 보이는 사람이 있다.
- **인도주의 대 위계질서** : 사회가 직면하는 두 번째 문제는 사회구조를 유지하는 책임 있는 행동을 확보하는 일이다. 인도주의 축에는 공동선을 실천하면서 협동하는 사람들이 서로를 평등하게 대하는 사람들이 있다. 그러면서 위계질서 축에는 권력과 역할의 불공평한 분배가 있다.
- **조화 대 지배** : 이 차원은 사람들이 자연자원과 인적자원을 다루는 방법을 조정할 수 있도록 도움을 준다. 또한 사람 간의 관계뿐 아니라 사람과 자연 간

의 관계에서 발생하는 문제를 해결한다. 조화 축에는 사회와 자연의 조화를 맞추려는 개인이 추구하는 문화가 위치한다. 반면 지배 축을 강하게 지향하는 문화들은 자연 훼손과 점령, 그리고 다른 사람들을 도구로 여기면서 개인적인 부를 얻으려 한다.

문화적 가치와 기업 활동 관계는 복잡하다. 문화는 다음 두 기제를 통해 기업 활동에 영향을 준다. 첫째, 우호적인 국민 문화는 사회적 정당성을 이끌고, 기업 활동을 사회적으로 더 가치 있고 인정받게 만들며 유익한 제도적 환경을 창조한다. 그에 따라 개인적인 신념이나 태도와 상관없이 창업을 하려는 사람들이 많아진다. 둘째, 친기업적 가치와 사고방식을 공유하는 문화는 기업 활동과 조응하는 심리적 특성이나 태도를 보이는 개인들을 이끌게 된다. 그 때문에 더 많은 개인들이 기업 창업에 나서게 된다(Mueller & Thomas, 2001).

사회적기업은 사회적 목표를 가진다는 사실이 다른 시장기업들과의 차이를 만든다. 따라서 사회적기업과 시장기업들과의 구분선은 복지서비스 기여와 같은 사회적 영향에 대한 관심이다. 사회적기업은 사회영역에서 변화매개자로서 행동하며 지속가능한 사회적 가치를 창조하기 위해 혁신하고 실천한다. 사회적기업은 사회변화, 조직의 지속가능성, 사회서비스 제공을 위한 열망에 강력한 영향을 받는다.

이런 면에서 슈바르츠가 정의한 문화적 차원에서 인도주의(egalitarianism)는 사회적기업이나 사회적기업가정신에 긍정적인 영향을 준다. 반면 위계적 사회에서는 불평등을 자연스러운 것으로 받아들이면서 사회적기업이 제한된다.

조화(harmony)의 경우 그 확산은 자연이나 사회를 있는 그대로 받아들이고, 이해하고, 존중하는 것과 관련된다. 이것은 높은 수준의 사회적기업가정신과도 연관이 있는데, 개인은 사회에서 더 큰 조화를 이루는 데 공헌하려고 하기 때문이다. 반대로 지배(mastery)가 우세한 사회에서는 자연 · 사회 환경을 지배하고, 점령하고 바꾸는 것에 고무되어 있고 이런 방법으로 개인의 목표를 성취하려고 한다.

마지막으로 자율성(autonomy)과 사회적기업의 관계는 그렇게 명확하지 않다. 많은 연구자들은 개인주의가 개인적 목표의 실행과 관련된다고 믿는다. 그러나 이기심은 자율성과 내재성(embeddedness)의 두 차원에서 같이 나타난다. 자율성이 우세한 사회에서는 사람들이 자신만의 차별성을 찾아내는 자율적 조직을 고려한다. 많은 사람들은 개인적인 성취를 위해 사업을 시작할 결심을 한다. 따라서 사회적기업이 특정한 기업 형태라는 점에서 자율성 우위의 문화적 가치는 사회적 기업을 더 높은 수준으로 이끌게 된다.

2) 사회적기업 지표

사회적기업 지표는 EMES의 사회적기업 개념을 기초로 경제적 · 사회적 · 정치적 영역의 기준을 토대로 한 모형이다. 이 모형은 EMES가 제시한 연대경제(solidarity economy)관점에서 이상적인 사회적기업 모습을 보여주며 세 영역별로 다른 지표 기준을 제시한다(표 3-5).

〈표 3-5〉 **연대경제 관점에서 사회적기업 지표**

지 표	연대경제 사회적기업 지표
경제적 지표	경제원리와 연대논리 혼합화 경제·사회·환경에 대한 공약의 일관성 일의 가치화
사회적 지표	전환과 개선의 목적 민주적 연대 자율성
정치적 지표	공적 차원 중간 공공영역 제도적 기업 및 정치적 배태성

(1) 경제적 지표

▌경제원리와 연대논리 혼합화

EMES는 이해관계와 자원배분에 따른 사회적기업과 비영리조직의 구분을 위해 사회적기업 모형을 폴라니(K. Polanyi)의 실제적 연구방법에 기초한 지표로서 지속적인 재화와 서비스 생산으로 설정한다. 그러나 이 모형은 재화 서비스 생산이라는 시장논리를 배타적으로 따르고 다른 원리들과의 관련성 측면에서는 사회적기업의 차이를 구분하지 못한다. 북미모형을 포함하는 이 모형은 연대경제라는 특성을 갖는 사회적기업의 특징을 제외하고 일반적인 경제원리와 연대논리를 합쳐놓은 설명이 된다.

때문에 사회적기업의 연대경제 특성을 구분하기 위해서는 폴라니의 '자원의 다원성'을 이해하는 것이 중요하다. 자원의 다원성은 시장자원뿐 아니라 비시장자원과 비화폐자원을 모두 포함하는 의미이다. 시장을 통해 얻은 자원에 추가하여 상호간에 대가 없이 주고받은 '호혜'와 가정에서 사용하기 위해 생산한 '살림'도 포함된다. 제도경제와 정치구조하에서 폴라니의 경제이론에 따라 사회적기업을 자원의 다양한 유형에 따라 구분하면 애매한 부분도 있다. 민주화라는 관점에서 보면 가부장제에서 살림살이나 호혜원리는 긍정적인 범주에 포함되지 않는다. 이러한 내용들은 지역사회유형에 따라 강제적으로 편입될 수 있을 것이다.

호혜가 자발적으로 제도화된다는 것은 인도주의를 수용하여 참여적이고 숙의적인 민주화 과정의 기초를 만드는 것이다. 같은 식으로 조세와 같이 공공부문에 의한 재분배나 자원 할당은 지역 수준을 포함하여 마치 권위적인 방법으로 관리될 수 있는 것 같은 민주주의 수준을 나타내는 방식이다. 이런 논리에서 연대경제기업은 호혜와 살림살이를 자발적으로 인도주의적 토대 위에서 제도화한다. 또한 이러한 사회적기업은 '공식 · 비공식적 동의 혼합'으로서 인도적 호혜의 지지하에 혼합된 경제원리 토대 위에 서게 된다.

경제·사회·환경에 대한 공약의 일관성

이 기준은 기업 창업자들의 경제적 헌신 정도를 측정하며 사회 · 환경 공약이 고려되지 않으면 불충분한 것이 된다. 사회적기업 창업자들은 다양한 영역에서의 활동에 일관성을 가져야 한다. 기업 규모가 작더라도 자신들의 활동이 환경적으로, 사회적으로 어떤 영향을 끼치는지 민주적 토론을 통해 끊임없이 활동을 발전시키는 과정을 거쳐 지역자원 확보와 활용에서 경제 · 사회 · 환경적 목표를 우선순위로 놓은 방법들을 개발할 수 있다.

일의 가치화

이 기준은 사회적기업에 고용된 직원들의 임금노동에 대해 최저임금 수준을 보장하는 것과 관련된다. 연대경제기업은 자본과 노동의 사회적 분화와 일정 정도 대척 지점에 있으며 조합원 혹은 결사체들 사이에서 노동관계에 초점을 두고 조합원이 아닌 사람들을 고용하는 것에 제한을 둔다. 일의 가치화는 근로 조직을 관리하고 민주적 의사결정을 통해 임금을 결정하며 자기관리와 협동모델로서 자본 배당에 개의치 않아야 한다.

(2) 사회적 지표

전환과 개선의 목적

사회적기업의 사회적 임무는 전환과 개선의 두 목적을 통해 연대경제 내에서 구체적으로 파악할 수 있다. 더 평등하고 다른 세상을 향한 열망, 그리고 위기 상황 해결을 위해 동기 부여된 사회적기업은 전환적이면서 개선을 지향한다. '저항 논리(현재의 질서와 가치)'가 반드시 '일시적인 논리(이미 있는 것을 개선하는 것)'와 분리되는 것은 아니다. 단기간의 실용주의와 결합된 장기간의 전환에 대한 열망은 '현재의 결정에서 벗어난 새로운 총체'를 외치는 것이 아니라 '생활 조건의 개선'을 제공하는 사회변화 개념을 만들어 낸다. 전환과 개선의 목적은 사회혁신과 사회적 가치 창조와 동일하며 이것은 단순한 참여가 아닌 혁신의 과정에서 이루어진다.

민주적 연대

민주적 관점에서 볼 때 사회적기업의 전환과 개선을 단순히 수익 분배를 제한하는 것으로 해석해서는 안 된다. 더 보편적으로 보면 민주주의 실현이며 밑으로부터의 연대를 통해 기업의 목표를 유지하기 위한 것이다. 연대경제기업은 정치질서 내에서 평등의 공존에서 비롯된 민주적인 연대에 기초한다. 따라서 필연적인 결과로 빈곤과의 싸움이 우선은 아니다. 자선단체들처럼 서비스 수혜자들에게 동정이나 친절을 보여주기 위한 것도 아니다. 사회적기업은 우애조합, 자조, 지역사회개발처럼 사람들에게 스스로 문제해결을 주도할 수 있게 한다. 이 지표기준은 사회적기업 임무에 대한 개념이나 수행에 있어서 수혜자들이 적극적으로 참여하는 정도를 의미한다.

자율성

자율성은 상호부조와 사회전환동력이 혼합된 구성논리에 따른 자율적 형성을 의미한다. 조직 내부적 기능인 자주관리(self-management)는 의사결정과 전략적 지식에 접근하는 데 있어서 자율성과 불가분의 관계이다. 만약 연대경제기업이 다른 기관들과 관계를 유지하고 시장진입, 자금동원, 기술 또는 경영지식에 접근할 수 있게 하는 자원들을 제공받는다고 할 때 이런 도움이 다른 기관들에 대한 관리를 포기하게 만드는 원인이 되면 안 된다. 또한 연대경제기업은 단순히 정부 프로그램이나 민간재단들이 운영하는 사회적 프로젝트 수행자가 되어서는 안 된다. 사회적기업은 특정한 프로젝트에 기초한 사람들이 모인 집단이 만들고 이들이 운영하는 조직이다. 이들은 자신들의 목소리에 귀 기울이라고 요청할 권리가 있고 탈퇴할 권리가 있다는 점이 중요하다.

(3) 정치적 지표

공적 차원

연대경제기업의 역할은 단지 경제적인 것에만 국한하지 않는다. 시민들이 자신들의 의견을 표출하는 공공영역의 역할을 인정하는 정치구조에 맞게 공공이슈를 형성하는 데 참여한다. 사회적 욕구는 취약계층을 위한 시장거래과정을 활용해서 파악되지 않는다. 취약계층들은 자율적인 소규모 공공조직들에게 감사를 표하기도 하는데, 이렇게 함으로써 참여자로서 자신들의 이해와 가치들을 재평가받을 수 있기 때문이다. 직접적인 접촉과 원활한 교환과정을 통한 이러한 반복적인 창조는 주인공들이 가지고 있는 정보가 아주 불완전하고 입증된 행위들을 할 수 있는 사회구조와 밀접하게 관련된다. 이렇게 근접성에 기초한 자율적인 공공영역은 사회적기업의 참여 동력을 특징짓는다.

중간 공공영역

단순한 경험 차원의 자율적인 소규모 공공조직들은 제도적으로 공공부문의 규제나 압력 등에 대해 지적하는 변화가 있을 때 유지된다. 지역이나 영역별 그룹과 포럼 창립 혹은 더 넓은 모임들은 중간 수준의 공공조직을 통해 이러한 발전을 자극하는 데 중요한 요인이 된다. 자율적인 소규모 공공조직과 중간 공공조직에 비자본주의 경제전략 실행을 위한 동력을 불어넣는 것이 중요하며 이것은 주류경제의 무질서에 맞서는 대중들이나 중간계층들이 이끌게 한다. 이러한 공공조직은 대의민주주의로만 시민의 안전을 보장할 수 없다는 것을 깨닫게 하는 데 결정적인 역할을 한다.

제도적 기업 및 정치적 배태성

연대경제기업이 자신의 경제적 활동으로만 성공할 수 있다고 믿는다면 이는 아주 순진한 생각일 것이다. 넓은 의미에서 보면 제도적으로 도전을 받을 수 있다. 때문에 이런 차원에서 변화는 절대적으로 필요하며, 특히 법제도화와 공공정책을 새롭게 구성할 필요가 있다. 제도 변화에 도움이 되는 활동을 하는 사회적기업은 제도적으로 인정된 기업이며 그 중요성은 유네스코(UNESCO)가 2001년에 발표한 문화적 다양성 선언에도 나타나 있다.

정치적 배태성은 공공복지와 법제화, 공공정책을 위한 시민사회단체 간의 상호활동을 의미한다. 다른 사회운동처럼 사회적기업은 지금 존재하는 형태들의 순수한 재생산이나 혁신의 제도화 과정이 아닌 방식으로 공적인 행동방식에 영향을 줄 수 있어야 하고 동시에 공권력에 의한 표준화를 이루어야 한다.

Chapter 04 사회적경제와 사회적기업

1 사회적경제 개념과 발전

1) 사회적경제 개념

19세기 유럽에서 협동조합운동으로 처음 등장했던 사회적경제는 산업혁명 이후 임금노동자들의 복지와 생계를 위협하는 다양한 사회문제들을 해결하기 위한 상호부조와 자조를 위한 역할을 수행했다, 20세기 들어서면서 유럽 각국이 사회보장제도 수립으로 국가의 역할을 확대하면서 그간 협동조합들이 담당했던 자조집단으로서의 기능은 복지국가로 편입 · 흡수되기 시작했고 사회적 파급력도 약해져 갔다. 그러나 1970년대 들어서면서 1차 오일쇼크와 경기침체로 유럽 국가들이 사회보장재정을 축소하고 다양한 복지급여를 민간으로 위탁하기 시작했고 한편으로 사회적경제영역에서 사회적기업이 처음으로 등장했다. 이후 사회적기업과 협동조합이 사회서비스를 제공하는 기관으로 공공부문과 거버넌스체계를 구축하면서 사회적경제의 역할이 더욱 커지고 있다.

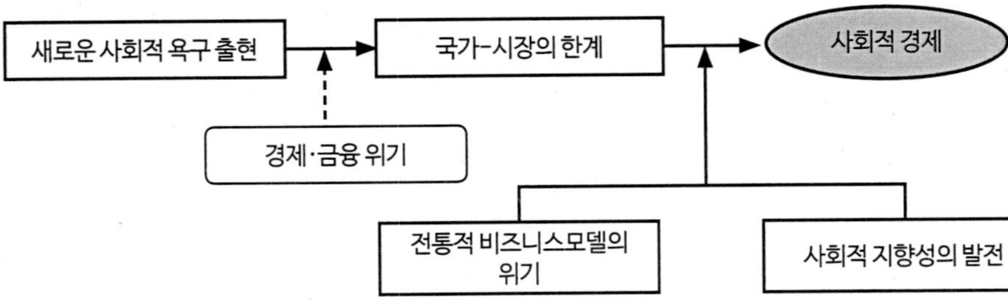

|그림 4-1| **사회적경제 등장 배경**

한국의 사회적경제는 유럽 사회적경제와는 다른 역사적 · 문화적 배경 속에서 시작되었다. 출발과정이 유럽과는 전혀 다른 한국 사회적경제는 다소 급한 법제화과정을 거치면서 양적 확대만 목표로 삼는 관변 사회적경제로 출발하면서 그 영역을 확대해 왔다(정관영, 2013). 그 결과 사회적기업은 행정의 지원 없이는 자생하기 힘든 기업구조로 출발했고, 사회적경제 조직들의 물적 토대인 금융기반은 거의 제로에 가깝다. 초기부터 금융기반 구축을 통해 사회적경제 조직들의 생존력을 강화해온 유럽과 캐나다 등 선진국가들의 사회적경제 발전 과정과는 전혀 다른 행태의 사회적경제 환경이 조성되었다. 또한 유형별로 총괄하는 중앙부처도 사회적기업은 고용노동부, 협동조합은 기획재정부, 자활기업은 보건복지부, 마을기업은 행정자치부 등으로 나뉘어 업무를 관장하고 있다.

사회적경제를 규정하는 개념은 법제화를 통해 정의될 수 있으나, 2014년부터 국회에서 「사회적경제기본법」이 발의되었지만 아직 제정되지 않고 있다. 사회적경제의 핵심은 '사회'와 경제'의 관계 정립에 있다. 즉, 경제보다 사회가 우위에 있음을 전제로 하는 경제방식이다. 사회는 자원의 원천이며 이 자원을 교환이 이루어지는 시장에서 독점적으로 점유되는 것을 막고 시장과 국가, 시민사회의 동등한 참여를 통한 경제적 자원배분을 이루는 것에 사회적경제의 목표를 둔다. 사회적경제는 구성영역에서 1) 교환방식과 경제주체, 2) 소유방식, 3) 운영방식 등 세 가지 내용을 가진다. 이 세 구성영역을 축으로 사회적경제를 정치경제학적 개념으로 정의하면 다음과 같다.

> 화폐경제, 비화폐경제, 비시장경제영역에서 공동의 사회적 욕구를 가진 이해당사자들이 자발적으로 참여하여 결성한 결사조직을 통해 생산수단과 생산요소의 사회적 소유관계를 이루면서 호혜와 협동, 민주적 운영방식으로 작동하는 경제시스템

화폐경제, 비화폐경제, 비시장경제영역에서 공동의 사회적 욕구를 가진 이해당사자들

화폐경제는 흔히 시장이라고 일컫는, 즉 상품을 판매하려는 생산자(공급)에게 상품을 구입하려는 구매자(수요)가 상품 가치와 동등한 돈을 지불하여 교환이 이루어지는 경제이며, 비화폐경제는 화폐를 매개로 하는 교환이 아닌 자원봉사, 기부, 후원 등과 같은 배려와 나눔으로 상대방에게 재화나 서비스를 제공하는 호혜경제를 의미한다. 비시장경제영역은 국가가 세금을 재원으로 해서 사회보장(사회복지)제도를 통해 소득재분배를 시행하는 영역이다.

이러한 화폐경제, 비화폐경제, 비시장경제영역 등의 다원경제영역 안에서는 항상 균등한 분배가 이루어지는 것이 아니어서 누군가는 부족한 상태가 된다. 또한 일정한 지역공간 안에서 발생하는 범죄, 빈곤, 질병 등과 같은 사회적 위험들에 대해 그 문제가 해결되기 바라는 욕구를 가지고 있는 사람들이 존재한다. '사회적'이라는 것은 개인 차원이 아닌 다수의 구성원들에 의해 이루어지는 집단성을 의미하기 때문에 이러한 욕구를 한 사람만이 아니고 여러 사람들이 똑같이 느끼거나 경험한다면 이는 '사회적 욕구'로 나타나게 된다.

사람들이 사회적 욕구를 해결하기 위해 방법을 찾고 또 실천적인 행동으로 이어지면서 그 문제를 둘러싸고 이해당사자가 형성된다. 즉, 문제 해결의 주체가 만들어지는 것이다. 환경파괴, 자원고갈 등 다양한 사회문제에 직면하여 많은 환경운동가들과 생활 속에서 환경운동을 실천하는 사람들은 환경문제를 해결하기 위해 결집된 이해당사자들이다.

어떤 공동의 문제를 해결하거나 또는 사회적 가치를 위해 모인 사람들인 이해당사자들의 실천행위는 철저하게 자발적으로 이루어지는데 법적 · 제도적 강제

로 이루어지는 행위는 자율성을 해치게 된다. 결사조직(association)은 이해관계자들이 스스로 문제 해결과 욕구를 충족하기 위해 만든 일종의 자율 조직이다. 협동조합이 대표적인 예이다. 협동조합의 결성과 운영에 대해 행정기관의 불필요한 통제와 간섭이 이루어진다면 협동조합이 이해관계자들의 자율적 참여에 의한 결사조직으로서 뿌리 내릴 수 없다.

자율적인 결사조직의 특징은 뿌리를 땅 밑으로 깊게 박으면서 성장하는 것인데 행정조직이 법 · 제도로 지나치게 관여하게 되면 땅 위로 자라는 줄기를 들어내고 나중에는 뿌리가 뽑혀버리게 되는 결과를 가져오게 된다. 2007년 「사회적기업육성법」 시행 이후 '사회적기업 육성 정책'이 그러했고, 더 거슬러 올라가면 2000년대 초 '벤처기업 육성 정책'이 그런 역사적 사례들이다.

생산수단과 생산요소의 사회적 소유관계 형성

생산수단은 상품을 생산하기 위한 도구로서 기계 · 설비 등을 말한다. 생산요소는 상품 생산을 위해 투입되는 재료로서 자본 · 노동 · 토지 등을 의미한다. 역사적으로 생산수단은 계속 발전되어 왔다. 자본주의가 태동하면서 기술이 발전하고 이에 따라 생산수단도 급격한 발전을 이루었다. 자본주의 생산양식은 기본적으로 상품 생산을 위한 생산수단과 생산요소가 자본가의 소유가 되며 이는 사유재산의 법적 보장을 통해 계속 확대되어 왔다.

자본주의 시장경제는 이러한 생산수단과 생산요소의 사적 소유를 통해 창출되는 이윤을 계속 쌓아오는 자본 축적이 이루어지면서 부의 쏠림과 분배의 불균형이라는 결과를 불러왔다. 시장에서의 일차적 분배(임금)가 원칙적으로 불평등하기 때문에 시장의 실패가 나타났고, 이를 해결하기 위해 국가가 공공부조나 사회보험 등의 사회보장제도를 통해 소득재분배를 시행하고 있다. 그러나 임금의 불균형 분배나 소득 불평등은 '사적 소유'가 심화될수록 더욱 악화된다. 그래서 이러한 문제를 해결하기 위한 방법으로 생산수단과 생산요소의 '사회적 소유'가 필요하다. 생산수단과 생산요소 일부를 개인이 소유하는 것이 아니고 구성원 전체의 것으로 만드는 것이다. 이러한 사회적 소유를 실현하는 조직체가 협동조합이며, 협동조합에서의 고용과 노동은 주식회사처럼 '갑과 을'의 계약관계로 노동자는 상품으로서 자신의 노동을 팔고 그 노동력을 구매한 사용자가 소유하는 관계로 존재하지 않게 된다. 협동조합을 통해 생산수단과 생산요소를 조합원 모두가 가지고 이용하는 사회적 소유를 실현하게 된다.

호혜와 협동, 민주적 운영방식으로 작동하는 경제시스템

'호혜'는 이해관계자들 간의 사회적 관계에서 집단이나 사람들이 서로 의미 있는 답례를 제공하는 관계를 의미한다. 호혜의 순환관계는 시장의 교환관계와는 다른데, 호혜적 순환은 사람에 대한 인정과 배려라는 인간관계와 분리할 수 없다. 호혜는 국가권력에 의해 이루어지지 않는다는 점에서 재분배와는 다르다. 호혜는 화폐교환을 통해 이루어지는 등가교환이 아니기 때문에 자원봉사활동이나 지역통화(LETS, Local Exchange Trading System)와 같은 대안화폐를 통해 이루어지기도 한다.

'협동'은 사회적경제 조직들이 함께 일하는 것을 뜻하며, 사회적경제 영역을 강화할 수 있는 '신뢰', '공동의 사회자원'과 같은 사회자본을 만들고, 필요할 때 한목소리를 내서 공동의 가치와 정신을 만드는 일이다. 이론적으로는 대부분의 많은 사람들이 '협동의 원칙'에 동의하지만 실제로 경쟁으로 이루어지는 자본주의 일상생활에서 협동을 실현하는 것이 그리 쉬운 일은 아니다.

사회적경제는 구성원들의 민주적 운영을 핵심 기제로 한다. 대부분의 국가에서 시행하는 대의민주주의는 한 사람이 한 표의 권리만 행사하는 원리이다. 협동조합도 이러한 민주의 방식대로 출자금액에 상관없이 모든 조합원에게 1인 1표만 허용한다. 시장경제의 대표적 조직체인 주식회사는 의사결정방식에서 1인 1표가 아닌 주주의 현금으로 출자한 금액을 주식으로 표시하는 주식 수에 따라 의결권을 부여한다.

협동조합 운영 원칙에는 '배분 불가능한 적립금(indivisible reserve)' 제도가 있어서 잉여금의 일부를 적립한다. 이는 현재 조합원 세대들의 소비를 줄이고 다음 세대에게 잉여를 넘기는 '소득의 세대 간 이전' 기능을 한다. 협동조합 원리의 중요한 부분이기도 하며 지속가능한 경제를 만드는 원리이기도 하다.

2) 사회적경제 조직의 발전

디푸어니는 사회적경제를 그 조직 유형을 토대로 크게 세 부분으로 구분한다. 첫째, 19세기 중반부터 유럽 전역으로 퍼지기 시작해 엄청난 생산량에 참여한 '협동조합', 둘째, 다른 나라에서는 자조조직을 구성하려는 지역사회욕구에 부응하는 제3섹터의 중요한 구성부분이며 일부 국가에서는 복지국가로 통합된 '상호부조조직', 셋째, 조합원뿐 아니라 사회에 대해 자율적인 옹호기관이자 서비스 제공기관으로 국가가 인정한 '결사체'이다(Defourny, 2001).

페스토프(Pestoff, 2009)는 사회적경제 발전 과정을 '구 사회적경제'와 '새로운 사회적경제'로 구분한다. 구 사회적경제는 19세기 노동자와 소작농이 중심이 된 대중운동에서 비롯된 초기 협동조합과 상호공제보험회사로 구성된다. 그러나 초기 협동조합에서는 평범한 시민들이 자신들의 노력으로 생활조건을 개선시키고자 시작했지만 오늘날 대부분의 성공적인 협동조합들은 자신의 '협동조합 정체성'을 유지하는 데 많은 어려움을 가지고 있다는 것과 지역사회참여라는 근본 구조가 많이 변했다는 점을 기억하는 것이 중요하다. 많은 협동조합들이 민간 대기업처럼 관료조직화되었다. 스칸디나비아국가들에서는 1990년대 기업합병으로 이러한 결과가 나타났고, 의사결정이나 조합원 참여, 그리고 시민사회단체들이 비즈니스 기업방식으로 전환하면서 참여형 구조에 결함이 생겨나게 되었다.

새로운 사회적경제는 '새로운 사회서비스협동조합', 자원봉사조직, 새로운 사회적 욕구를 충족하려는 '사회적기업' 등으로 구성된다. 새로운 사회적경제는 국가별, 지역별 차이에 따라 빠른 속도로 등장하고 있는 엄청나게 다양한 조직 형태를 보여준다. 새로운 사회적경제는 협동조합 전통과 관련되고 현재의 사회정책과 사회복지의 변화와 관련이 있다. 이런 변화는 한편으로 더욱 참여적이고 지역

중심적 프로그램을 지향하며, 다른 면으로는 사회문제 해결을 위한 수단으로서 기업의 활용을 강조하는 기업접근방식을 지향한다.

새로운 사회적경제의 전형적인 유형은 회사가 생산한 자산을 지역사회 목적에 묶어두고 사적인 이익을 취할 수 없게 하는 영국의 '지역사회이익회사(CIC)'이다. 또 다른 유형은 이탈리아에서 공공부문과 시장이 제공하는 사회적 급여와 지역사회보호서비스에 만족하지 못한 노동자들과 소규모 자원봉사단체들이 1970년대 후반에 주도했던 진정한 상향식 방식의 '사회적협동조합'이다. 세 번째 유형은 자원봉사조직이 점차 공식적인 사회서비스 생산과 제공에 참여하는 '기업형 파생' 유형이다. 이 유형은 덴마크에서 노숙인, 청각장애인, 정신장애인, 기타 잠재적인 소외계층사람들을 위한 전통적인 권익옹호조직에서 기업형 파생기관으로 발전한 유형이다. 새로운 사회적경제에서 21세기 들어서 특별히 주목하는 유형은 '노동통합형 사회적기업'이다. 이 유형은 노동시장의 벼랑에 있는 사회적 취약계층들을 위한 사회통합과 신분이동을 촉진시킨다.

새로운 사회적경제를 구성하는 주요 핵심 개념인 사회적기업, 사회적기업가, 사회적기업정신 등은 공식적으로나 공통적으로 많이 사용하는 용어이지만 앞에서도 설명한 바와 같이 여러 문헌에서 나타나듯 단일한 개념으로 정리되어 있지 않고 그 의미도 계속 발전하고 있다. 그러나 주요 대륙별로 그 발전 과정의 특징을 요약할 수 있는데 유럽은 사회적경제와 협동조합에 관한 용어와 정의가 중심을 이루고, 영국은 명확한 개념 정의를 국가가 주도했고, 미국은 독자적인 정체성을 갖는 대규모 민간재단이 많은 영향을 끼쳤다.

브루아르와 라리베(Brouard & Larivet, 2010)는 페인터(Painter, 2006)의 연구를 토대로 하여 사회적경제, 사회적기업, 사회적기업가의 위치를 다음과 같이 제시한다.

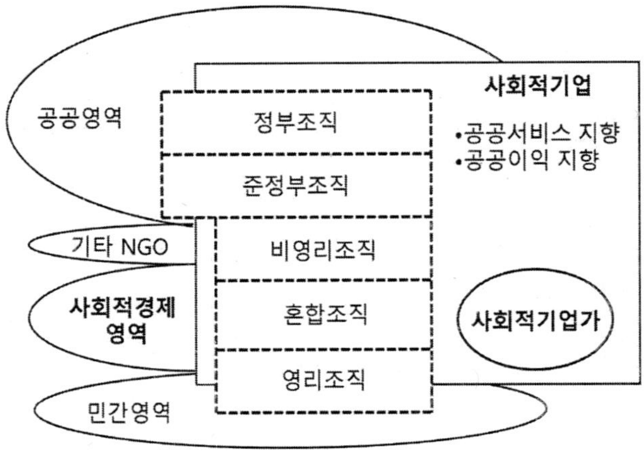

|그림 4-2| **사회적경제, 사회적기업, 사회적기업가의 영역 위치**

출처 : Brouard & Larivet(2010), p. 31.

|그림 4-2| 왼편은 공공영역, 비영리(NGO)영역, 사회적경제영역, 민간영역으로 나뉜다. 중앙정부, 지방정부, 공공기관 등이 포함된 공공영역은 나름대로의 사회적 사명을 가지고 있으며 사회적기업과 같은 지향 특성으로 사회적기업으로 보기도 하지만, 한편으로 사회적기업조직을 포함한 사회적경제영역으로 볼 수도 있다. 민간영역은 이윤을 목적으로 하는 조직들을 포함하며, 기타 NGO에는 교회나 지역사회에 사회서비스와 재화를 제공하는 사회복지기관과 자원봉사단체 등이 포함된다.

오른편에서는 사회적기업과 사회적기업가를 구분하고 있다. 사회적기업가는 사회적 가치 창출을 위해 자신의 기업적 기량을 활용하여 사회변화 매개자로서 활동하는 개인이나 집단이다. 이 그림에서는 디즈(Dees, 1998)의 개념과는 달리 사회적기업가정신을 사회적기업의 하위 개념으로 설정하지 않고 있다. 이것은 사회적기업이 반드시 사회적기업가정신을 그 구성물로 하지 않는다는 의미이다. 이런 측면에서 사회적기업과 사회적기업가정신의 관계를 EMES의 정의와 맥락을 같이하고 있다. 즉, 사회적기업의 사명은 공동의 이익 혹은 공공서비스 제공이 목적이 되어야 한다는 점이다.

3) 사회적경제 영역

새로운 사회적경제는 국가, 시장, 시민사회의 교차점에 위치한다(그림 4-3). 사회적기업은 시장소득, 국가가 할당한 소득재분배, 시민사회의 호혜로부터 나온 다양한 자원들을 기반으로 하는 혼합현상으로 위치지어진다.

|그림 4-3|은 하나의 영역으로서 사회적경제가 변화된 균형과 시장, 국가, 시민사회 사이에 제도적 역동성의 결과로 나타났음을 보여준다. 더 정확하게 표현하면 사회적경제는 그 혼합적 특성과 조직들 간의 관계 그리고 국가, 시장, 시민사회에서 이루어지는 관계들을 고려하지 않으면 연구할 수 없다. 사회적경제조직들은 공공기관, 민간기업, 자원활동단체와 NGO활동에 영향을 주면서 동시에 영향을 받으며 사회적 도전에 직면했을 때 다른 기관들과 상호작용하는 제도적 특징을 가진다. 국가, 시장, 시민사회는 사회적경제에서 중요한 파트너들이다. 때문에 종종 사회적기업가 개인과 좀 더 확장된 사회적기업 조직은 주류시장경제 영역과 사회적경제영역을 포함하는 실천을 위한 개념인지에 대해 혼란을 갖기도 한다. 사회적경제 영역으로 국가, 시장, 시민사회와의 관계에 대해 살펴보면 다음과 같다.

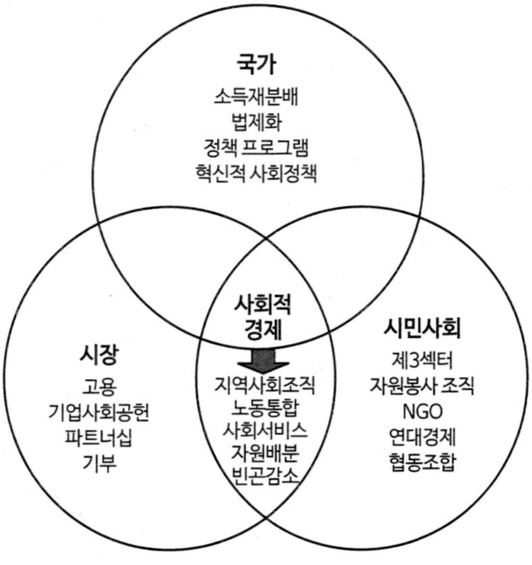

|그림 4-3| **사회적경제 영역**

(1) 국가

중앙 및 지역행정기관을 포함하는 국가는 새로운 사회적경제에서 사회적기업의 등장과 함께 다양한 공식/비공식활동에 결정적인 영향을 끼친다. 국가 기반 활동은 사회적기업을 위한 법제화뿐만 아니라 사회혁신 설계와 실행의 적극적인 파트너 측면에서 중요하다. 많은 나라들에서 사회적기업의 역량강화를 위한 방안으로 정부의 공공조달 입찰에 사회적 기준을 설정하여 사회적기업들이 공공구매에 참여할 수 있는 기회를 제공한다. 지역사회에서 주민참여와 민관거버넌스뿐 아니라 제3섹터의 역량강화는 참여와 사회정책의 발전을 위한 공공기관과 프로그램의 적극적인 연계가 없으면 쉽게 이루어지지 않는다.

(2) 시장

사회적기업가들은 사회적 가치를 생산하는 영역에서 활동하며 사회계층구조의 피라미드저변(Bottom of Pyramid, BOP)에 있는 사람들에게 다가가기 위한 사업전략들을 개발한다. 많은 연구조사단체들이 이들의 더 나은 욕구 충족을 위한 시장기반 접근방법의 활용과 생산성과 수입 증대, 그리고 공식경제부문으로 진입할 수 있는 역량강화에 대해 지속적으로 연구하고 있다.

시장경제에 있는 일반기업들도 사회적기업과 사회적기업가들에 대한 투자를 위해 기업이윤의 일부를 사용하기도 한다. 세계 최대 낙농제조기업인 다농(Danone)이 방글라데시의 그라민은행과 합작 투자하여 설립한 '그라민 다농푸드'가 대표적인 예이다.

그라민 다농푸드(Gramin Danone Food)

그라민 다농푸드는 2006년 3월, 방글라데시의 그라민은행과 다국적 기업 다농이 각각 50:50의 지분으로 설립한 합작회사이며, 사회적 목적과 재무적 목적을 함께 충족시키는 사회적기업이다. 그라민은행은 '자국 어린이의 영양 보충'이라는 목적을, 다농은 '사회공헌'이라는 목적을 세웠다.

이 회사는 2007년 2월에 첫 상품 판매를 시작했다. 만성적인 영양부족으로 설사와 각종 질병에 노출된 방글라데시의 어린이들에게 각종 비타민과 유산균이 풍부한 요거트를 저렴한 가격에 판매하고 있다. 그라민 다농푸드의 가장 중요한 원칙은 '근접성(proximity)'이며, 요거트 재료의 구매는 물론 요거트 판매까지 공장이 위치한 보그라(Bogra) 인근 지역에 한정한다.

사회적 효과는 매일 10만 개의 요거트를 판매하고 있으며, 30만 명의 수혜자와 470여 명의 농부들이 그라민 다농에 판매하여 더 나은 삶을 살고 있고, 250명의 여성소기업인들이 참여하고 있다.

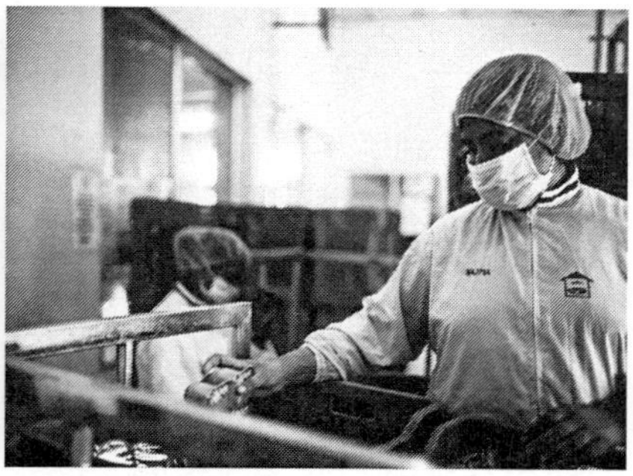

출처 : 다농 커뮤니티(http://www.danonecommunities.com).

(3) 시민사회

시민사회 또는 제3섹터는 사회적기업과 사회적기업가정신의 초석이다. 사회적기업 개념을 말할 때 자주 강조되는 것이 시민조직들(자원활동기관, NGO, 비영리단체 등)에 의해 주도되어야 한다는 점이다. 또한 참여적인 의사결정구조를 창조한다는 열정이 있어야 하며, 시민주도와 참여적 의사결정구조는 사회적기업의 활동 및 협치와 긴밀한 관련이 있다.

2 제3섹터와 사회적기업

1) 제3섹터와 영리/비영리

1990년 중반 이후 유럽 15개 국가에 걸친 사회적기업에 대한 광범위한 연구가 유럽연합의 재정지원을 통해 시행되면서 사회적기업 발전의 토대가 되었다. 특히 사회적기업의 첫 출발점이 이탈리아이고 이것이 협동조합운동과 연계되면서 새로운 기업가정신을 조명하고 기본적으로 공공부문이 제공하는 사회복지급여가 충분하지 못한 취약계층들과 또는 새로운 사회적 욕구를 갖는 계층들에 대한 대응으로 이어졌다. 또한 같은 시기에 미국에서도 사회적기업 용어가 사용되기 시작하면서 '사회적기업'과 '사회적기업가정신'이라는 관련된 두 개념으로 발전했다.

미국에서는 1976년 '파일러위원회(the Filer Commission)'[1]가 비영리조직(NPO)과 비영리부문에 대한 결정적인 발걸음을 내딛는 데 중요한 이정표가 되었다. 이후 비영리조직에 관한 방대한 연구문헌들이 발표되었는데 경제학, 사회학, 정치학, 경영학, 역사학, 법학 등 다양한 분야에서 연구가 이루어졌다.

미국과 달리 유럽은 1996년 설립된 EMES 연구네트워크의 연구 흐름의 특징으로 사회적기업 개념을 제3섹터와 깊은 연관성에서 찾고 이를 이론적 · 실증적 · 실천적으로 규명하는 데 있었다. 그 이유는 유럽 사회적기업은 실제로 제3섹터에서 발생한 새로운 기업이자 실천이었고 현재도 그렇기 때문에 유럽 사회적기업은 제3섹터 주제의 새로운 조명이며 이와 불가분의 관계에 있다. 또한 유럽에서는 국가별로 서로 다른 사회경제 · 문화 · 정치 · 경제적 환경으로 인해 제3섹터에 관한 광범위하고 빠른 발전을 이루지는 못했다. 그러나 대부분 국가들이 제3섹터 연구방법에 경제적 접근의 중요성을 인식했고 제3섹터의 뿌리라 할 수 있는

1 파일러위원회(The Filer Commission)는 1973년 11월에 시작된 비영리 자선단체이며, 미국 내 기부활동과 비영리단체 수혜자들을 연구하고 기부활동 권장을 목적으로 한다.

오랜 전통으로서 상호공제조합(mutual organization)과 협동조합이 거의 모든 지역에 100년 이상 존재하고 있고 결사체 기반의 경제조직들도 상당 기간 증가하고 있었다.

제3섹터와 관련해서 크게 두 개의 개념으로 대중들의 견해를 이끌어 왔는데, 하나는 앞서 언급한 '비영리부문 접근'이고 다른 하나는 프랑스에 기원을 두고 있는 '사회적경제 접근이다. 비영리부문 접근은 주로 영어권 국가들로 전파되는 특징이 있고 사회적경제 접근은 유럽과 전 세계 다른 국가들로부터 많은 반향을 불러일으키고 있다. 특히 사회적경제 접근은 같은 의미는 아니더라도 그 확산에 있어서는 유럽연합 기구들이 주된 역할을 하고 있다.

다른 제3섹터 개념들도 국제적인 차원에서 연구되고 긍정적인 반응을 얻어 왔다. 이것은 경제주체의 세 축-기업, 정부, 가계-이라는 관점에서 중요한 접근이며 교환규칙형태-시장, 공공부문에 의한 재분배, 호혜-나 논리와 상응하면서 자원 관련 형태(시장, 비시장, 비화폐)로 설명된다. 이런 관점에서 제3섹터는 서로 상이한 축을 연결하는 중재공간으로 볼 수 있는데 연대기반경제(solidarity-based economy)가 여기에 속한다. 이러한 접근은 비영리부문과 사회적경제 이해를 풍부하게 해주는 분석적 틀을 제공한다.

오늘날 제3섹터의 중요성은 공공기관의 주요한 경제적 역할과 폭넓게 연결되어 있다는 점이다. 제3섹터는 다수의 유사 공공재와 서비스(보건, 문화, 교육, 사회서비스, 자원접근 서비스, 스포츠, 환경, 옹호 등)생산을 통해 자원배분과 폭넓게 연관된다. 또한 자발적인 기여(취약계층에게 무상으로 제공하는 넓은 범위의 현금, 현물, 등)는 저숙련 실업자들을 돕기 위한 공공기관 업무에 소중한 자원이 된다.

세계경제의 저성장 추세와 일자리 감소로 많은 나라들에서 구조적인 높은 실업률이 계속되고 있다. 새로운 경제문제와 사회적 도전에 전통적인 공공정책들의 어려움도 커지는 추세인데 제3섹터가 이러한 도전들에 직면하여 어떻게 도울 수 있을지에 대한 문제가 자연스럽게 떠오르고 있다. 물론 이 질문에 답하는 것이 간단하지 않으며 논란들은 계속 이어지고 있다. 일부는 결사체들과 다른 제3섹터

기관들이 새로운 책임 이행을 위한 파트너가 되어 공공비용을 축소하는 데 함께 해야 한다고 주장한다. 반면 다른 이들은 제3섹터가 탈규제와 사회권 약화를 위한 수단이 될지 모른다는 두려움도 있다. 때문에 이들은 우리 사회가 개인, 시민사회와 국가의 중재적 구조 사이의 관계를 다시 설정하는 방향으로 가야 한다고 강조한다. 어떤 경우이든 대부분의 학자들은 서유럽국가들이 '복지국가'에서 새로운 '복지혼합'으로 가고 있다는 견해에 동의하고 있다. 복지혼합은 공공기관, 민간영리조직, 제3섹터조직 간에 책임을 공유하는 새로운 기반이다.

2) 제3섹터와 사회적경제

사회적경제는 제3섹터 개념과 밀접히 연관되어 있지만 〈표 4-1〉에 보듯 분명한 차이점들도 있다. 사회적경제는 영리조직과 비영리조직을 모두 포함한다는 점에서 제3섹터 개념보다 더 넓다. 사회적경제는 어떤 조직이 수익을 창출하는지 여부가 아닌 창출된 수익으로 어떤 사업들을 수행하는지가 결정적인 문제이지만 제3섹터 개념은 수익을 목적으로 하는 조직을 제외한다. 많은 학자들이 제3섹터의 개념이 자원봉사와 비영리연구의 전통을 가지고 있는 북미지역에서 유래하지만 사회적경제는 유럽에서 비롯된 제3섹터의 또 다른 접근 방법이라고 주장한다 (Alexander, 2010; Laville, 2010; Borzaga & Santuari, 2003; Pestoff, 2009).

〈표 4-1〉 **제3섹터와 사회적경제의 특징**[2]

제3섹터	사회적경제
북미 개념	유럽 개념
비영리부문	수익성이 결정적 문제가 아님
비영리로 제한	비자본주의 경제
자원봉사 및 비영리단체	재단과 사회적기업
협동조합과 상호부조조직 제외	협동조합과 상호부조조직 포함

2 표 내용은 EMES 연구네트워크의 기준이며 존스 홉킨스의 자원봉사부문연구(Salamon & Anheier 1997)와 차별성을 나타낸다. 제3섹터부문은 Evers & Laville(2004), Laville(2010), Alexander(2010) 연구에 기초.

유럽의 '사회적경제 전통'과 북미의 '제3섹터 전통'은 일부분 비슷하지만 몇 가지 중요한 방법에서 차이가 있다. 존스 홉킨스 프로젝트는 제3섹터 이해를 위한 중요한 연구가 되어왔다. 존스 홉킨스 프로젝트 방법론은 자원봉사부문이나 비영리부분으로 알려진 제3섹터를 정의하는 다음 다섯 가지 기준을 기초로 한다 (Salamon & Anheier, 1997).

① 내부적으로 어느 정도 수준의 조직적 구조를 갖추고 있는 단체만 제3섹터에 포함되고 조직적인 정체성이 없는 순수한 특별모임들은 제외된다.
② 반드시 민간조직이어야 한다. 즉, 비정부기관이어야 하고 정부와 분리되어야 한다.
③ 비영리 목적의 수익분배 제한 규정을 반드시 포함해야 한다. 기관 소유자나 회원들 일부에게 수익을 분배하는 조직은 제외된다.
④ 자치조직만 비영리부문에 포함된다. 기관은 반드시 자율적이어야 한다. 정부와 이해관계가 있거나 또는 민간기업에 의해 통제를 받는 기관은 다른 기준을 충족하더라도 제3섹터에 포함되지 않는다.
⑤ 기관은 반드시 자원봉사활동이 이루어져야 한다. 이 기준은 다음 두 가지로 구성된다. 자원봉사자들은 반드시 기관 운영에 참여해야 하고, 기관의 회원들은 강제적인 것에 대해 반대해야 한다.

그러나 이 제3섹터 개념 기준들은 지속적이고 강한 비판을 받아 왔는데, 특히 사회적경제 전통을 가지고 있는 유럽학자들이 특히 비판을 해왔다(Pestoff, 2009; Laville, 2010). 그 비판들은 다양한 주제들로 향했지만 유럽 관점에서 중요한 관심사는 비영리부문이 역사와 제도적 상황과 관계없이 분리된 사회영역으로 구성되는가 하는 점이다(Evers & Laville, 2004). 이 관점은 역사적 맥락을 고려해야 한다는 입장이다.

제3섹터 연구에서 역사, 사회적 기원, 상황은 근본적인 관점을 바꾸게 만드는데, 그 이유는 자원봉사 차원이나 비영리조직으로의 제한 모두 결정적인 기준이 될 수 없기 때문이다. 스웨덴이나 북유럽 복지국가 관점에서 페스토프는 비영리 조직으로의 제한을 제4섹터 분석에 적용할 때 복지국가를 이룩한 사회운동이 아주 거대한 부분으로 주목을 받을 수 없게 되고 더 나아가 사회적경제의 비자본주의 측면을 가볍게 지나치게 된다고 본다(Pestoff, 2009).

존스 홉킨스 연구는 비영리, 자원봉사기관들이 제3섹터를 구성하지만 사회운동과 사회연대 차원의 연구자들은 제3섹터는 비영리부문보다 비자본주의경제 문제를 더 부각시킨다고 주장한다. |그림 4-4|는 존스 홉킨스 연구보다 더 폭넓은 제3섹터를 보여주며, 더 나아가 지역, 지방, 국가 차원에서의 변화에 주목한다. 삼각형 안은 공식부문, 비영리부문, 정부와 분리된 민간부문의 세 기준을 충족하는 결사체로 구성된 자원봉사부문을 나타내는 반면, 원은 자원봉사부문과 더 혼합된 형태의 조직을 모두 포함하는 제3섹터를 의미한다. 이러한 제3섹터 접근방법의 결정적인 특징은 기관이 순수하게 비영리로 제한된 자원봉사나 사업을 의미하지 않고 사회서비스 생산과 노동통합에 참여하는 사회적경제의 일부이며 중요한 사회적 문제가 발생될 때 공공기관들의 주된 경제적 역할과 광범위하게 연계된다(Defourny, 2010).

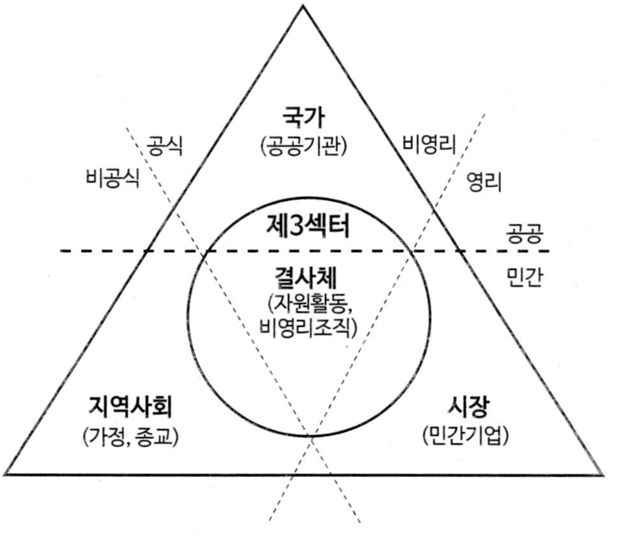

|그림 4-4| **복지혼합 삼각형과 제3섹터**

출처 : Pestoff(1998; 2005).

3 지역사회 욕구와 사회적기업

1) 욕구 개념과 유형

사람이 살아가기 위해서 반드시 필요한 소비필수품들이 있는데 생존을 위해 이러한 소비필수품을 소비하고자 하는 유기체적인 본질 상태를 욕구(need)라 한다. 욕구는 단순히 육체적인 필요에 따라 소비를 하고자 하는 것뿐 아니라 타인들과 함께 살아가는 사회 속에서 이루어지기 때문에 사람들의 욕구는 개인적 차원과 함께 사회적 의미를 갖는다. 그러므로 사람이 살아가는 데 있어서 해결되어야 하는 욕구가 충족되지 못하면 욕구 불충족 상태가 되어 다양한 문제들이 발생하게 된다.

인간의 욕구와 개인이 원하는 욕구를 스스로 충족할 수 없을 때 제도적 기능을 통해 사회적이고 집단적으로 욕구 충족을 돕게 되는데, 일반적으로 이러한 제도적 욕구 충족 기제는 사회복지를 통해 이루어진다. 사회복지를 통해 원조하는 욕구는 크게 '기본적 욕구(basic need)'와 '사회적 욕구(social need)'로 구분된다.

기본적 욕구는 모든 개인들에게 공통적인 최소한의 필요와 동시에 필요불가결한 욕구를 말한다. 즉, 어떤 개인이 성, 연령, 종교, 인종, 교육 수준, 사회경제적 지위에 상관없이 인간으로서 누구나 갖게 되는 욕구이다. 기본적 욕구는 인간으로서의 생존이라는 1차적 목적에만 국한되는 것이 아니라 사회적 존재로서 생활하는 데 적절한 내용이 포함되어 있는 것을 의미한다. 인간으로서의 생활을 할 수 있는 적절한 수준은 '국민 최저 수준(national minimum)' 또는 '사회적 최저 수준(social minimum)'으로 표현하여 한 국가나 사회의 사회보장정책 기본 원리로 설정한다.

문명 발전과 사회이론의 발달은 사회변화로 인해 발생하는 개인의 욕구와 불만족의 원인을 개인적인 것에서 사회적인 것으로 인식할 수 있는 길을 열었다. 자본주의 경제체제가 이룩되면서 경기변동으로 인한 실업은 이전 사회에서는 나타나지 않았던 사회 현상이었다. 자본주의경제에서 생존을 위한 임노동을 계속 영위할 수 없게 만드는 실업, 산업재해, 질병 등이 구조적인 빈곤의 원인이 된다는 사회과학적 인식은 빈곤의 사회적 상황이나 사회구조적 요인들을 발견하게 됨으로써 개인의 기본적 욕구에 대한 사회적 개입 근거를 확고하게 만들었다. 현대사회에서 모든 사람들이 겪는 환경오염, 교통사고, 노인소득보장 등은 산업사회가 만든 사회적 위험으로 이에 대한 해결 및 충족을 위한 사회적 욕구로 나타난다.

사회적 욕구는 인간이 갖고 있는 기본 욕구가 개인적 차원이 아닌 사회적 차원에서 발생 가능하다는 인식이 이루어졌을 때 나타나게 되며 기본적 욕구 중 사회적 상황과 관련된 욕구를 의미한다. 때문에 사회적 욕구는 기본적 욕구의 사회적 특성을 반영한다. 즉, 사회적 욕구는 어떤 특정한 사회적 위험의 문제 해결을 위해 서비스나 시설의 개선 등과 관련된 개인적 자율성, 안전한 환경을 만들고 시민활동과 정치적 행동에 참여하기 위한 지원조직을 만드는 일 등도 포함된다.

브래드쇼(Bradshaw, 1972)는 사람들이 갖는 사회적 욕구를 규범적 욕구(normative need), 느낀 욕구(felt need), 표현된 욕구(expressed need), 비교 욕구(comparative need) 네 가지로 분류했다.

규범적 욕구

규범적 욕구는 전문가, 정책입안자가 욕구라고 정의한 것으로, 바람직한 수준이 정해지고 실제로 존재하는 수준과 비교된 욕구이며 개인이나 집단이 바람직한 수준에 미치지 못하면 욕구상태에 있는 것이다. 규범적 요구는 지역사회나 지역조직들에게 자원을 할당하는 데 중요한 영향을 미친다.

느낀 욕구

느낀 욕구는 규범적 욕구의 범위에서 다른 쪽 끝에 있는 욕구이다. 규범적 요구는 객관적으로 규명되지만 느끼는 요구는 본질적으로 욕구에 대한 자기 판단에 기초하고, 삶의 경험을 반영하며, 주관적인 감정과 기대에 기초한다. 느낀 욕구는 '원하는 것(want)'과 동일시될 수 있으며 과거에는 '실제 욕구(real need)'를 측정하는 수단으로 느낀 욕구를 사용하는 것에 회의적이었다.

느낀 욕구는 그 자체로 '실제 욕구'를 측정하기에 불충분한데 개인의 인식에 한계가 있어서 개인들은 이용 가능한 서비스가 있는지와 여러 상황에서 자립성을 상실할 수 있다는 것 때문에 망설이기도 한다. 반면 실제로 그것이 필요하지 않으면서 도움을 요청하는 사람들로 인해 욕구가 부풀려질 수 있다고 생각한다(Bradshaw, 1972).

표현된 욕구

표현된 욕구는 어떤 욕구를 느끼면서 그 욕구 충족에 필요한 서비스를 정부 기관이나 시설에 요청하거나 요구하는 행동을 하는 경우의 욕구를 말한다. 보육시설 이용을 위해 대기표에 이름을 올리거나 공공병원 입원을 위해 순번을 올려놓는 것들이 표현된 욕구를 나타내는 예이다. 지역 차원에서 지역사회 모임들은 지역 환경과 서비스와 관련된 폭넓은 문제들과 관련된 느낀 욕구들을 표현하는 대변자 역할을 할 수 있다. 그러나 느낀 욕구가 항상 표현되는 것은 아니고 종종 숨어 있는 채로 남을 때가 있다. 개인이나 집단은 차별이나 자신들의 자립성 상실에 대한 두려움, 이용 가능한 서비스에 대한 지식 부족, 자신들의 욕구와 관련 있는 공공기관에 대한 자신감 부족 등으로 욕구 표현을 망설일 수 있다.

비교 욕구

비교 욕구는 다른 지역의 비슷한 집단의 욕구와 환경을 비교 연구하여 정의하는 욕구이다. 예를 들면, 어느 지역에서 학습장애를 가진 사람이 다른 지역의 비슷한 사람과 비교하여 같은 수준의 사회서비스를 제공받을 수 없다면 이들은 비교욕구를 가지고 있다고 볼 수 있다. 비교욕구는 규범적 욕구에 기초하며 전국적인 사회 환경의 범위와 관련하여 욕구 지도를 만드는 데 사용될 수 있다. 지역사회기관들에게 비교욕구자료는 재원 확보와 지역모임들이 활동하는 지역 내 사회경제적 상황에 대해 더 넓은 관심을 불러일으킬 수 있다.

2) 지역사회 욕구 파악

(1) 지역사회 프로파일

지역사회 프로파일(community profiles)과 평가(appraisals)는 영국에서 지역 내 욕구 조사와 파악을 위해 활용되는 기법이다. 도시에서부터 농촌까지 2,000여 마을을 대상으로 시행되었다. 영국에서 1980년대부터 지역사회개발을 위한 기법으로 욕구사정(needs assessment), 사회감사(social audits), 지역사회자문(community consultations) 등의 기법을 사용해 오다 1990년대 들어서 지역사회 프로파일을 폭넓게 활용하고 있다.

지역사회 프로파일과 다른 지역사회 개발 기법의 차이는 지역 내 자원범위를 매우 넓게 포괄하는 가장 광범위한 방법으로서 지역사회 자체, 법적 기관, 자원봉사기관들을 포함하여 서로 다른 조직들에 의해 수행되거나 주도되는 프로젝트를 포괄하는 의미로 사용된다. 호틴과 퍼스-스미스는 지역사회 프로파일을 다음과 같이 정의한다(Hawtin & Percy-Smith, 김영란 외 공역, 2016 : 39).

> 해당 지역사회의 삶의 질을 향상시키는 실행계획이나 기타 수단을 개발할 목적으로, 지역사회라고 정의되거나 스스로 지역사회라고 정의한 곳의 주민들의 욕구와 그 지역사회 안에 존재하는 자원에 대해 지역사회의 적극적인 관여로 수행되는 포괄적인 설명

이 정의는 프로파일의 주요 요소들은 욕구와 문제에 대한 포괄적인 범주를 포함해야 한다는 것을 강조한다. 이 범주에는 다음과 같은 내용들이 포함된다.

- 기량, 네트워크, 비공식적 지원을 포함하여 욕구뿐만 아니라 자원 파악
- 지역 모임들과 주민들의 적극적인 참여
- 지역 내 삶의 질 향상을 위해 수집된 정보를 활용하는 행동계획의 개발

실제로 지역사회가 포함하는 프로파일은 특정한 문제들과 관련된 지역모임의 의제나 인적자원의 기술적인 부족과 같은 요인 때문에 기대보다 미흡할 수 있다. 많은 지역의 프로파일은 욕구 범위에 있어서 포괄적이지 못하고 주택, 고용, 청년세대와 고령세대의 욕구와 같은 지역 내 특정한 문제와 관련된 욕구에 집중하기도 한다. 또한 신뢰와 상호성의 공유 규범에 기초한 사회적 네트워크로서 설명되는 지역의 사회자원에 대한 정보들을 충분히 수집하는 것도 지역모임에게는 도전이 되기도 하는데 종종 이런 관계들이 불분명하고 사적인 특성을 갖고 있기 때문이다.

포괄적인 지역사회 프로파일은 사람들의 생활과 관련되어 다음과 같은 측면을 반드시 다루어야 한다(위의 책, p. 32)

- **살고 있는 장소로서의 영역** : 물리적 환경의 질과 그곳에 거주한다는 것에 대한 사람들의 태도, 자원과 상응하는 욕구 범위, 사람들의 목적과 열망을 충족하는 지역 소재 시설의 범위를 포함
- **사회적 커뮤니티로서의 영역** : 지역사회의 사회적 삶에 주민 참여, 지역사회 지지 정도, 공식 · 비공식 네트워크
- **경제적 커뮤니티로서의 영역** : 지역주민들의 수입 수준과 고용 상태, 지역 상점들의 활성화
- **정치적 커뮤니티로서의 영역** : 정치적 대표성과 지역관리 체계 구조, 주역 주민들이 자신들에게 불리하게 작용하는 일을 결정하는 데 영향력을 발휘할 수 있는 정도, 지역 내 의사결정에 관여하는 정도, 지역사회기관들에 대한 참여
- **개인 공간으로서의 영역** : 지역에 대한 사람들의 애정 정도, 지역 주민들의 추억과 삶의 경험
- **도시 일부로서의 영역** : 지역과 그 지역의 일부인 도시 혹은 구역 사이를 잇는 인프라, 경제적 · 사회적 연결고리, 권역/구역의 나머지와 지역사회를 구분하는 구체적인 지역 정체성

지역사회 프로파일은 보통 1차, 2차 자료에서 얻은 양적 · 질적 정보들로 구성된다. 양적 정보는 지역인구통계와 같은 수치이며 질적 정보는 문제, 활동, 개인이나 집단 경험들에 관한 설명이다. 1차 자료는 개인과 집단에 관한 새로운 정보를 수집과 관련되며 2차 자료는 이미 존재하고 있는 자료와 관련된다.

양적 자료에 덧붙여서 지역 내 사회문제와 자원활동과 관련한 정보를 제공해 줄 수 있는 다른 자료들도 있는데 다음과 같은 것들이다.

- 신문 기사와 논평
- 법적 기관과 자원활동기관이 제공하는 서비스 안내
- 지역사회모임에서 만든 연례보고서
- 지역모임 회의록
- 지역단체에서 만든 보고서
- 지역사회 역사
- 대학에서 출간한 지역연구자료와 현장연구보고서

1차 자료 수집에 사용할 수 있는 접근방법과 기술을 위한 다른 범주들은 다음과 같다.

- 집단토론
- 구술사
- 길거리 인터뷰
- 사진과 그림 등의 활용
- 회의와 지역사회 행사 기록 및 관찰자

이러한 대부분의 접근 방법을 지역모임 및 주민들과 함께 적극적으로 활용하면서 질적 정보와 느낀 욕구에 대한 통찰력을 가질 수 있다. 또한 이 접근 방법들은 이미 많이 알려진 '참여평가'를 통해 대중화되고 있다.

(2) 참여평가

참여평가(participatory appraisal)는 지역주민과 집단들이 자신들의 욕구를 파악하고, 경험들을 반영하며, 우선사항들을 정하고 집합적인 행동을 할 수 있게 하는 접근방법과 기법을 말한다. 참여평가는 브라질의 교육학자였던 파울로 프레이리(Paulo Freire)의 민중교육론에 영향을 받은 남미의 지역사회운동이 그 기원이다. 그는 빈곤 및 기아를 경험하면서 빈민문제와 대중교육에 대한 관심을 갖게 되고 교육 혜택을 받지 못한 농부들에게 자신의 삶과 생활을 변화시키는 '의식화'의 수단으로 읽기/쓰기를 가르치는 급진적인 교육운동을 펼쳐 큰 성공을 거두었다. 또한 도회지 공장노동자들을 위한 교육 프로그램을 만들고 운영하면서 처음으로 성인들의 문맹문제와 민중교육에 관심을 쏟게 되었다. 프레이리는 문해(文解)교육 캠페인과 민중교육운동을 통해 여러 정치 · 교육사업에 참여함으로써 국제적으로 교육학의 의미 · 역사 형성과 교육학의 관계에 대한 대변혁을 일으켰다. 이를 통해서 전 세계 피억압 민중 스스로가 사회 · 정치적 자각을 하고 억압적 현실상황에서 개인이 사회, 문화, 제도적 맥락에서 자본에 봉사하는 합리적이고 명료한 의미를 갖는 지배논리관계에 대해 문제를 제기하고 민중들이 현재 상황에 도전하고 변화시킬 수 있는 힘을 키울 수 있도록 했다.

참여평가는 이후 남미, 아프리카, 아시아의 비정부기구(NGO) 및 국제개발에 관여하는 많은 기관들이 사용하는 접근법이 되었고, 2000년 이후에는 북미와 유럽에서도 이 접근법을 받아들이고 적용하고 있다. 참여평가는 지역사회가 생활과 여건에 대한 지식을 공유하고, 개발하고, 분석할 수 있게 해주는 접근방법이다. 지역주민들이 자신들의 조사방식 수행을 위한 역량강화를 통해 지역사회에서 그 성과를 기반으로 계획을 세워 행동할 수 있다. 지역사회 목표 달성을 위해서는 연구자들이 지역에 관한 지식과 정보의 부와 가치를 인식해야 한다. 연구 중에는 중요하게 사용되지 않는 지식과 기술이 지역사회 내에 풍부하다.

지역사회 프로파일과 참여평가는 공통점과 차이점이 있다. 지역사회 프로파일은 보통 1차, 2차 자료들로부터 얻은 양적 · 질적 정보들로 구성되지만 참여평가는 단지 1차 자료와 느낀 욕구로부터 얻은 질적 정보에만 초점을 맞춘다. 지역사회 프로파일과 참여평가 모두 지역주민과 집단들의 적극적인 참여를 목표를 하지만 참여평가접근법은 정보 수집과정을 통한 지역사회 역량강화, 비판적 성찰, 집단적 행동에 중심을 둔다.

참여조사접근법은 지역주민들이 자신들의 정보를 모으고 조사하는 일을 지원하며 훈련한다. 또한 지역사회에서 소외될 수 있는 청년이나 노인들, 그리고 설문조사와 인터뷰에 응하기를 꺼릴 수 있는 지역주민들 중에서 개인이나 집단이 함께 참여하는 것에 중점을 둔다. 조사과정은 학교, 식당, 주점, 상점 등과 같은 다양한 공공장소에서 지역주민들을 접촉하여 소집단토론을 통해 마을지도를 만들어 거기에 문제들을 표시하는 방법 혹은 주민들이 자신들의 의견을 기록한 도표 작성이나 다양한 의사소통기법을 활용하여 욕구와 자원에 대한 구체적인 정보를 수집한다.

참여조사접근법은 욕구 파악과 관련하여 상당한 잠재력을 가지고 있다. 이 잠재력에는 느낀 욕구, 지역연구자들의 비공식적인 접촉과 노하우, 지역에서 소외된 집단들의 경험을 포착하기 위한 서면과 비언어적 기법의 활용 등이 포함된다. 잠재적인 한계는 서로 다른 다양한 자료들로부터 나온 견해와 경험들을 나열하는 데 많은 시간이 걸릴 수 있다는 점이다. 지역의 모든 부분을 포괄하는 지역사회 프로파일은 특히 광범위하고 상당한 양적 자료를 더 많이 만들어 내면서 지역사회의 속살까지 파악하는 데 도움이 되며 비공식적인 네트워크와 사람들 간의 관계의 질적 측면까지 볼 수 있는 통찰력을 만든다. 이상적이라면 지역사회 프로파일과 참여조사 두 접근법을 활용하여 만족스러운 지역사회를 세우는 것이라 할 수 있다.

지역사회 욕구는 개인적 욕구와 같이 끝이 없고 한계도 없다. 사회는 지속성을 갖기 위해 한계가 없는 일련의 욕구들을 충족해야 한다. 그렇지 않으면 사회문제는 해결되지 않은 채로 또 다른 사회문제들을 야기한다. 이런 의미에서 사회적기업은 사회의 욕구를 충족시키고 문제를 해결하기 위해 새로운 모색과 실천을 주도하는 조직이다.

02 PART

사회적기업가정신

Chapter 05

사회적기업가정신의 구성

1 기업가와 사회적기업가

1) 기업가와 기업가정신

기업가(entrepreneur)는 기업이 소유하고 있는 인적 · 물적 자원을 활용하여 기업이 나아갈 방향을 결정하며 그에 따른 미래 계획을 수립하고 그 계획대로 기업 활동을 수행할 수 있도록 조직하고 지휘하고 통제하는 역할을 통해 기업 경영과 관련한 모든 책임을 지는 사람이다. 때문에 기업이 성공하느냐 실패하느냐의 문제는 경영자로서 기업가의 역량에 달려 있다. 기업가의 경영 능력은 외부 환경의 변화에 빠르게 대응하면서 기업 목적인 소비자들이 원하는 가치를 만족시킬 수 있는지와 밀접한 관련을 가진다. 이러한 기업가의 능력은 구체적으로 창의력, 소통능력, 위기대처능력, 문제해결능력 등으로 형성된다. 슘페터는 기업가를 "기술혁신을 통해 '창조적 파괴'에 앞장서며 경제발전을 주도하는 혁신자"라고 정의했다.

기업가정신(entrepreneurship)은 지식정보사회에서 경제발전에 필요한 요소인 물적자본, 인적자본, 지식자본과 함께 혁신을 통한 지속가능한 경제발전의 중요한 생산요소의 하나로 여겨져 왔다. 기업가정신은 '새로운 가치창출 활동과정'으로 정의되며, 기업가는 새로운 가치창조자로 정의한다. 기업가정신은 기업 내 구성원들에게 비전을 제시하고 그 비전이 성취될 수 있도록 고객의 필요에 맞는 상품과 서비스를 제공하기 위해 가치를 창출할 수 있는 사업을 선정하고, 위기 상황에서도 기회를 포착하여 수익을 창출해 내는 정신을 말한다(강용현, 2018). 기업가정신은 새로운 사업을 시작하고 운영을 할 때 수반되는 잠재적인 위험의 존재와 자원 제약에도 불구하고 창업이나 새로운 시장을 개척하려는 기업가적 마인드라 할 수 있다.

밀러(Miller, 1983)는 기업가정신을 구성하는 특성으로 혁신성, 위험감수성, 진취성을 강조했는데, 여기에 럼프킨과 데스(Lumpkin & Dess, 1996)는 경쟁적 적극성과 자율성을 추가하여 기업가적 지향성을 나타내는 다섯 가지 요인으로 설명한다.

- 혁신성
  혁신은 슘페터가 강조한 기업가적 특성이며 기업발전과 자본주의 경제활동을 향상시키는 핵심적 요소이다. 그가 제시한 혁신은 새로운 기술로 새로운 제품과 서비스를 통합하는 창조적 과정을 통해 기존의 방식에서 벗어나는 새로운 시도를 의미한다.

- 위험감수성
  새로운 아이디어가 제품과 서비스로 생산되어 시장에서 판매되기 위해서는 상당한 시간이 걸릴 수 있지만, 기존 현상에 대한 도전과 기회를 추진할 때 따르는 불확실성 위험을 감수하려는 것이 기업가정신의 발휘이다. 위험을 회피하면 새로운 기회를 찾을 수 없으며 변화에 따른 적응력도 약해진다.

- 진취성
  제품과 서비스 순환주기에서 성숙기에 들었거나 쇠퇴기에 진입하는 활동은 제거하고 새로운 아이템과 브랜드를 도입하여 경쟁상대보다 더 먼저 기회를 탐색하고 새로운 성장전략을 수립하는 활동이다.

- 경쟁적 적극성
  새로운 제품과 서비스로 시장점유를 높이기 위한 성향이다. 유사한 제품과 서비스가 비슷한 시기에 출시된다면 가격전략과 과감한 투자를 통한 홍보로 경쟁에 적극적으로 대처한다. 그러나 경쟁력을 확보하기 위한 적극성이 지나칠 경우 기업 재무에 부정적인 영향을 줄 수 있으므로 충분한 시장조사와 탐색을 통해 틈새시장을 찾아 경쟁력을 갖춘다.

- 자율성

  개인이나 팀이 제시한 아이디어가 제품이나 서비스로 완성될 때까지 독립성이 보장되는 것으로 지나친 관료적 지휘체계는 새로운 가치와 아이디어를 추구하는 데 걸림돌이 된다. 높은 자율성으로 활발한 활동이 이루어질 때 조직의 성과는 높아진다.

2) 사회적기업가와 사회적기업가정신

세계적인 흐름으로 볼 때 사회적기업과 사회적기업가는 새로운 사회적경제의 초석이라 할 수 있다. 새로운 사회적경제는 두 가지 측면에서 중요성을 가진다. 첫째, 사회적기업은 사회적경제에서 새로운 조직 형태이다. 사회적기업과 사회적기업가는 이해당사자를 중심으로 하는 연대경제의 한 부분이고, 협동조합의 역사와 관련이 있으며, 최근에는 사회서비스 제공에서 혼합복지모형의 복지국가 전환과 관계가 있다. 둘째, 사회적기업과 사회적기업가는 지역사회 구축, 시민 참여, 거버넌스 등의 방법으로 사회문제 대응을 위한 혁신과 발전의 긴급성에 주목한다.

사회적기업가는 사회적경제에서 보게 되는 특별한 사례이다. 사회적기업가는 새로운 사회적경제 안에서 그리고 그 경계영역에서 활동한다. 사회적기업가는 다양한 방법을 통해 서비스 생산, 고용, 혁신과정에 주력하지만 그 성과들은 자본주의 시장경제영역뿐 아니라 비자본주의 경제영역의 부분이 될 수 있다. 그렇다고 비자본주의 경제영역의 성과들이 모두 사회적경제영역의 성과라고 말하기는 어렵다(Laville, 2010). 왜냐하면 어떤 사회적기업가들은 사회적경제 조직에서 활동하지만 일부는 기업사회공헌(CSR)분야에서 일하면서 트리플 보텀 라인이나 전통적인 기업들의 사회성과연계투자(social impact investment)에 참여하거나 혹은 저소득층을 위한 재화와 서비스를 생산하는 사업에 참여하기 때문이다.

디즈(Dees, 1998)는 사회적기업가를 “비즈니스를 위한 교육, 혁신, 결단으로 사회적 사명에 대한 열정을 가지고 혁신적인 사회문제 해결 방법을 추구하는 사람”으로 정의했다. 이러한 행동을 통해 얻게 되는 사회적 편익 측면에서 보면 사회적기업가는 ‘변화매개자(change-agent)’로 평가된다. 사회적기업가는 기업가정신을 통해 자원의 한계에도 불구하고 사회적 가치를 창조하는 역할을 한다.

엘킹턴과 하티건(Elkington & Hartigan, 2008)에 의하면 사회계층구조 피라미드 저변에 있는 사람들(BOP)이 사회적기업가들의 시장을 구성한다고 본다. 따라서 사회적기업가들은 ‘아직 성장하지 않은 시장’을 찾고 시장의 주류기업가들이 서비스를 제대로 제공하지 못하거나 하고 있지 않는 영역에서 충족되지 않은 사회저변계층(BOP)들의 욕구를 채울 수 있는 새로운 기회를 어떻게 찾을 것인지 알고자 한다. 그러나 주류시장경제 안에서 활동하는 사회적기업가들은 사회적경제 영역에서 일하는 사회적기업가들과는 다른 목적들을 가지고 있다는 사실에 주목하는 것이 중요하다. 주류시장경제에 있는 사회적기업가들은 전통적인 사업방식을 통해 사회 · 환경적으로 지속가능한 해결책들을 개발하는 데 참여하겠지만 지배적인 시장경제체제의 구조적 문제나 금융위기 등으로 시장경제를 깊은 구덩이로 몰아넣은 기업가들에 대해 이렇다 할 대안 제시는 어렵다.

1990년대 말까지 사회적기업가정신은 무엇보다 주류시장경제와 신자유주의에 대항하는 사회운동의 통합부분으로서 지역사회 회복과 발전을 위해 협력적인 공간에서 활동하는 시민기업가로서 스스로를 평가했던 성찰적 활동가들의 관심영역이었다. 그러나 2000년대로 접어들면서 이러한 관점은 변하기 시작하여 사회적기업가는 기업가이론의 한 부분으로 자리매김되기 시작했다.

〈표 5-1〉 **사회적기업가정신과 기업가정신의 지향점 비교**

구분	사회적기업가정신	기업가정신
목적	사회적 욕구 해결과 소득 창출	이윤 극대화
역량	개인적 행동·태도 및 공동체적 협력	개인적 지식기술기반의 역량강화
활동	다원경제에 참여하여 사회문제 해결	신규시장 진입과 경쟁력 확보
경영	공익성과 수익성을 동시에 확보	경쟁 우위를 통한 수익 최대화
조직	가치 존중과 수익 창출 동시적 고려	재정 수익을 위한 마케팅
수익	사회적 목적을 위한 재투자	미래 수익 창출을 위한 재투자
성과	사회적 가치와 재무적 가치의 동시적 달성을 통한 공공선 성취	재무 목표 달성

사회적기업가정신(social entrepreneurship)이라는 용어가 언제부터 사용되었는지 명확하지 않지만 그 의미는 사회변화를 위한 강력한 동력이라는 것이 증명되어 왔다. 사회적기업가정신에서 '사회적'이란 공공선을 위한 가치를 바탕으로 사회문제와 사회적 욕구 해결 등 공동의 이익(common interest)과 이타심을 목적으로 하는 지향성을 의미하여, 기업가정신은 앞에서 서술한 기업가정신이 담고 있는 기업가적 특성을 말한다(표 5-1).

사회적기업가정신은 사회적기업이 사회문제를 해결하는 데 있어서 위험 등을 감수하며 혁신을 통해 변화를 도모하는 기업가 마인드이다. 그러나 기업가정신 혹은 창업가정신이라는 의미의 entrepreneurship은 단순히 정신(mind)에 국한되는 것이 아니라 그에 따르는 태도(attitude)와 역량(capacity)을 포함한 자질(quality)을 의미한다. 태도는 가치관, 사명감, 신념과 같은 심리적 · 내면적 요소들을 말하며, 역량에는 지식, 능력, 기술, 경험, 창의성 등 기업 활동 과정에서 정해진 과업을 성공적으로 수행할 수 있는 실행 요소들이 포함된다.

사회적기업가정신 = 태도 + 역량

사회적기업가정신에 관한 문헌들은 크게 두 개의 다른 개념들을 보여준다. 간단하게는 자본주의/비자본주의경제와 상관없이 혁신을 통해 사회적 가치를 창조하는 것과 사회적경제 원리에 따라 혁신을 통한 사회적 가치 창조에 관한 것이다.

첫 번째 관점은 일반기업들을 제3섹터조직들의 지도자나 구성원 그리고 시민사회에서 활동하는 시민들만큼 사회적기업가정신에서 중요하고 의미 있는 중개자로 본다. 사회적기업가정신은 단순히 혁신을 통해 사회적 가치를 창조하는 것만 아니며 일반기업뿐 아니라 제3섹터와 사회적경제 모두 똑같이 관련을 갖는다. 사회적기업과 사회적기업가정신은 전통적 기업의 목표인 트리플 보텀 라인을 강화하기 위해 기업사회공헌을 수행하는 민간기업, 사회성과투자, 기업사회혁신, 사회책임투자 등 일반기업들의 전략들을 포함하기도 한다(Reich, 2011). 이 관점에 따르면 사회적기업가정신은 사회적 가치를 창조하고 유지하기 위해 새로운 방법들을 찾으려는 기본적인 목표를 지속하는 한 모든 사회영역에서 발생할 수 있다.

두 번째 관점은 사회적기업가정신과 사회적기업 모두 사회적경제영역에서 이루어지는 부분이다. 사회적경제에서 사회적기업가정신은 사회혁신에 참여하는 제3섹터의 사람들과 조직 간의 협력으로 생산된 사회적 가치 창조와 관련된다. 이러한 행위들은 경제활동을 의미하지만 늘 그렇지만은 아닌 이유가 많은 사회적기업가들이 사회정의, 복지권, 시민권, 평화운동 등과 같은 사회운동을 구축하는 데 참여하고 있기 때문이다. 이 관점에서의 사회적기업가정신 개념은 네 가지-사회적 가치, 혁신, 제3섹터, 경제활동-를 기준으로 한다. 사회적 가치와 혁신은 사회적기업가정신에 대한 접근방법으로 가장 많이 활용되고 있고, 제3섹터와 경제활동 역시 앞의 두 기준과 동일하게 중요하다. 혁신은 사회적기업가정신이 사회문제에 대한 새로운 접근방법을 개발하는 것과 관련이 있으며, 반드시 기업을 설립하는 열정이나 의지와 직접적인 관련을 갖는 것은 아니다(Mulgan, 2007; Light, 2008). 때문에 사회적기업가정신은 그 지역사회뿐만 아니라 일반기업에도 경제적 영향을 끼친다. 제3섹터는 사회적기업가정신을 일반기업의 기업전략인

기업사회공헌이나 혁신적인 공공정책과 분명하게 구분한다.

2007년 미국 발 금융위기로 전 지구적 신자유주의 확산이 멈춰서고 이후 지속되는 경기침체로 신자유주의에 대한 비판이 제기되면서 지속가능한 경제발전을 위해 사회적경제의 역할이 부각되기 시작하였다. 또한 장기적으로 사회적경제 영역 내에서 혁신적이고 창의적인 경제주체들이 사회적기업가정신을 발휘하면서 사회혁신을 추구한다면 앞으로 지속가능한 경제발전에 기여할 수 있다는 주장들이 등장하면서 사회적기업가정신은 사회적경제에서 중요한 개념으로 자리 잡기 시작했다.

각 국가별 사회적기업가정신 발휘수준에 대해서는 2009년 Global Entrepreneurship Monitor(GEM)가 「2009 Report on Social Entrepreneurship」을, 2015년에는 「Special Topic Report Social Entrepreneurship」을 발간했다. 사회적기업가정신 개념은 국가별로 그리고 연구자별로 서로 다른 개념들을 정의하고 있어서 일반적이고 구체적인 정의는 쉽지 않아서 포괄적인 의미로 사용되고 있다. GEM도 사회적기업가정신에 대한 선행연구들을 바탕으로 그 개념을 사회적 · 환경적 지역사회 목적을 추구하는 창의적이고 혁신적인 기업가정신을 발휘하는 개인이나 조직 활동으로 정의한다. GEM의 2009년 보고서는 전 세계 49개국에서 초기 사회적경제조직에 종사하는 성인 15만 명을 대상으로 한 설문조사를 통해 사회적기업가정신 발휘 활동 수준을 측정하였다. 조사 결과 전체 조사대상 국가들의 전체 평균값은 1.94%였고 최솟값과 최댓값은 0.2%(말레이시아)에서 4.9%(아랍에미레이트)로 나타났다(GEM, 2009). 2015년 보고서는 58개국 경제단위에서 총 167,793명의 성인들을 대상으로 조사한 결과, 초기 단계 사회적기업가정신 발휘 활동에서 전체 평균값은 3.2%였으며, 최솟값은 0.3%(한국) 최댓값은 10.1%(페루)였으며, 주도적으로 활동하는 사회적기업가정신의 전체 평균값은 3.7%, 최솟값 0.4%(이란)에서 최댓값 14.0%(세네갈)로 나타나 각국의 사회적기업가정신 발휘 활동은 전반적으로 상승하는 것으로 나타났다(GEM, 2015).

GEM과 TEA지수

GEM(Global Entrepreneurship Monitor)은 1999년 미국의 뱁슨칼리지(Babson College)와 영국의 런던경영대학원(London Business School)의 공동 프로젝트로 시작되었고 국가별 창업 및 기업가 활동 수준을 매년 평가하여 발표한다. 영국 런던에 본부를 둔 GEM은 기업가적 역동성에 대한 조사에서 개인의 행동·태도와 국가 상황 및 기업에 끼치는 영향 두 가지를 중요한 요소로 본다.

GEM 연구에서는 공식적으로 활동하는 기업들뿐만 아니라 창업을 준비하는 개인들의 태도와 행태까지 포함한 국가별 창업활동지수인 "TEA(Total Early-Stage Entrepreneurial Activity)"를 발표한다.

TEA지수는 잠재적 기업가(potential entrepreneur) 단계부터 예비창업가(nascent entrepreneur), 창업(start-up), 신규창업기업(owner manager of new business), 성장기업(owner of established business) 다섯 단계 중, 예비창업가, 창업, 신규창업기업과 관련된 활동을 종합하여 '초기창업활동(Total Early-Stage Entrepreneurial Activity, TEA)'이라하고 이를 기준으로 하여 창업활동지수를 산출한다. 사회적기업가정신과 관련한 활동 지수는 2009년과 2015년 두 차례 보고서를 발간했다.

〈GEM의 연구체계〉

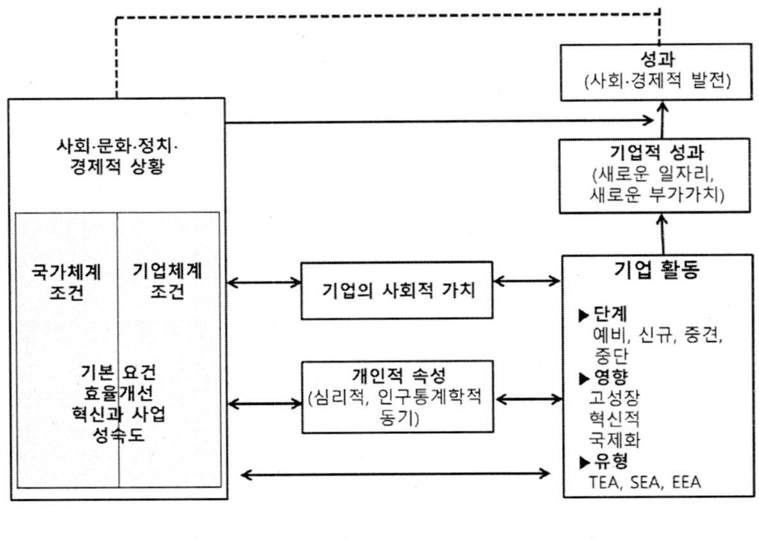

출처 : GEM(https://www.gemconsortium.org).

사회적기업가정신이 발휘되는 과정은 지역사회 욕구를 파악하고 그 욕구를 충족시킬 수 있는 기회를 인식하여 이를 기업적인 개념으로 변화시켜 필요한 제품과 서비스를 공급할 수 있는 가능성을 찾는 것에서 시작된다. 그런 다음 기업활동에 필요한 다양한 자원의 존재를 확보하고 확보 방안을 수립할 수 있다.

브루아르와 라리베는 사회적기업, 사회적기업, 사회적기업가정신 세 가지 개념의 이론적 관계를 |그림 5-1|과 같이 설명한다. 이 모델은 세 개념이 서로 어떻게 연관되는지를 분명하게 보여준다.

사회적기업가와 사회적기업가정신이 이론적으로는 둘로 분리된 개념이지만 실제적으로는 강하게 연결되어 있다(사회적기업가업가는 사회적기업가정신을 구현한다). 반대로 사회적기업은 이 두 개념이 없이도 존재할 수 있다. 사회적기업은 실제 기업가가 아닌 관리자에 의해 설립될 수도 있다. 따라서 사회적기업은 항상 사회적기업가정신과 연계되는 것은 아니다. 이 관계는 |그림 5-1|에서 2b와 3b이며 약한 연결관계인 점선으로 이어진다. 그러나 사회적기업가정신 과정에서 사회적기업가는 항상 조직 내에 자원들을 동원해야 하는데, 이것은 단순한 계획일 수도 있지만 어쨌든 사회적기업으로 불리게 된다. |그림 5-1|에 나타난 각 개념 간의 관계는 다음과 같다.

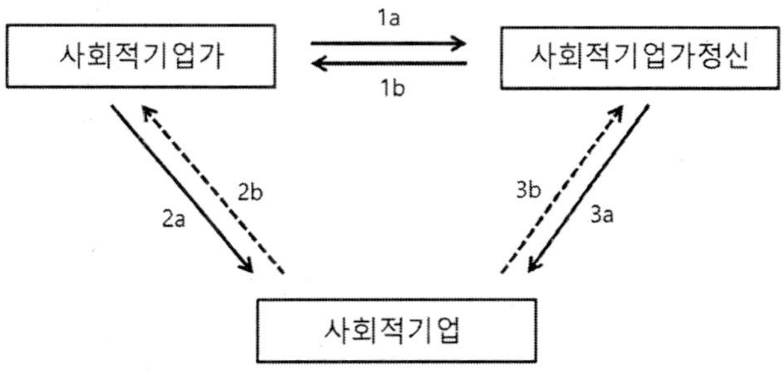

|그림 5-1| **세 가지 개념의 이론적 관계**

출처 : Brouard & Larivet(2010), p. 51.

- 1a. 사회적기업가는 반드시 사회적기업가정신과 연결되어 있다(강한 연계).
- 1b. 사회적기업가정신은 반드시 (적어도) 한 명의 사회적기업가를 통해 구현된다(강한 연계).

- 2a. 사회적기업의 계획은 사회적기업 조직 내에서 구체화되어야 한다(강한 연계).
- 2b. 사회적기업은 사회적기업가가 운영할 수 있지만 그렇지 않을 수도 있다(약한 연계).
- 3a. 사회적기업가정신은 사회적기업 설립 혹은 사회적기업 발전을 이끈다(강한 연계).
- 3b. 사회적기업은 반드시 혹은 영구히 사회적기업가정신 과정과 연결되는 것은 아니다(약한 연계).

민동권(2017)은 사회적기업가정신의 3대 속성을 기반으로 하여 기량과 태도 두 개의 자질로 구분하고 브록과 슈타이너(Brock & Steiner, 2008)가 제시한 모델 중 7개 영역에 관계능력과 경영일반 두 개 영역을 추가한 후, 밀러 등(Miller, et al., 2012)이 파악한 세부 자질을 배치하여 구성한 통합적 사회적기업가정신 모델을 제시한다.

〈표 5-2〉 **통합적 사회적기업가정신 모델**

속성	자질	영역	세부자질	비고
사회성	태도	가치 사명감 신념	도덕적 의무감/윤리의식	◎
			위험 감수에 대한 의지	◎
			도전적 임무를 달성할 수 있다는 신념	
			욕구를 가진 사람을 도우려는 의지	
			공감 혹은 동정심	
			문화의식	
			재무적 영향보다 사회적 영향에 더 큰 가치 부여	
사업성	기량	자원 확보	고객, 공급업체, 다른 이해당사자와 의사소통 능력	◎
			지역사회의 지지를 구축하는 능력	
			자원봉사자들의 지지 확보	
			협력 관계를 개발하는 능력	
		성과 측정	결과를 측정하는 기량	
		기회인식	사회문제를 파악하는 능력	
			기회 파악, 평가 및 활용	
		지속가능성	전략 개발 경영	
			사업계획 창출, 타당성 평가 및 실행	
		영향력/ 확장가능성	조직을 성장시키는 능력과 희망	◎
			중대한 사회적 영향력을 창출하려는 희망과 능력	

		관계능력	대인간의 의사소통 기술	◎
			친교기술	◎
			갈등해결 기술	
			집단목표에 집중하는 능력	
		경영일반	조직을 홍보하고 마케팅하는 능력	◎
			효과적인 팀 구축	◎
			다른 사람을 이끌고 개발하는 능력	◎
			관련 정보를 기반으로 의사결정하는 능력	◎
			피고용자 경영	
			행정적 업무 경영	
			물류와 기술경영	
			재무자산 경영	
혁신성		혁신	전통적 사고방식에 도전하는 능력	◎
			적은 자원의 창의적인 활용	◎
			낙관주의	◎
			혁신성과 창의성	
			문제해결 능력	

주 : ◎ 상대적으로 실무적 중요성을 높이 평가했으나 중요하게 교육되지 않는 세부 자질
○ 상대적으로 실무적 중요성을 높이 평가하지도 않고 중요하게 교육되지도 않는 세부 자질
• 상대적으로 실무적 중요성을 높이 평가하지 않으나 중요하게 교육되는 세부 자질

출처 : 민동권(2017), p. 12 재구성.

유럽에서는 국가가 제공하는 사회복지서비스 축소에 따른 자조활동으로 사회적기업이 등장했고 이후 공공부문과의 거버넌스를 통해 자생력을 갖추어 왔지만 미국의 사회적기업은 비영리단체들이 세제상의 혜택에서 벗어나 자립하는 과정에서 생겨났다. 유럽과 미국이 사회적기업의 출발과 제도에는 차이가 있지만 사회적 임무와 지속가능한 경영을 위한 이윤창출의 두 가지 목적을 동시에 추구한다는 점에서 새로운 기업의 형태로서 지속가능한 사회적기업 모델을 보여주고 있다. 한국의 사회적기업도 정부지원에 의존하는 기업이 아닌 일차적으로 자생력을 갖는 기업이 되는 과제를 안고 있으며, 이를 밑받침할 수 있는 사회적기업가

정신이 더욱 절실하게 요구되고 있다.

2007년 「사회적기업육성법」 시행 이전에는 사회복지서비스제공기관이나 자활사업 등이 사회적기업의 역할을 수행해 왔지만 법 시행과 함께 사회적기업 인증제도 실시로 사회적기업이 제도화된 이후 사회적기업의 인식 확대와 함께 사회적기업가, 사회적기업가정신 등의 용어가 확산되고 있다. 또한 사회적기업이 정부인증과 함께 사업자금 등을 지원받는 경우가 일반적이기 때문에 「사회적기업육성법」시행 초기에는 사회적기업이 스스로 생존력을 가지고 사업의 지속성을 유지할 수 있는지에 대한 많은 의문들이 있었다.

2 사회적기업가와 가치

1) 자본주의 경제위기와 가치문제

앞서 3장에서 새로운 기업으로서 사회적기업이 가져야 할 가치들을 문화적 배경을 토대로 살펴보았다. 주류경제학은 수요와 공급의 조절에 따른 가격기제로 시장체계가 움직이며, 외부 요인에 의해 시장 자율이 축소 또는 훼손되지 않기 위한 조건으로서 '자유'를 내세운다. 여기에 도덕과 윤리문제는 적용되지 않는다. 개인의 자유로운 시장 활동이 보장되는 것이 가장 바람직한 것으로 여기며, 기업은 이윤을 최대화하기 위해 재화와 서비스를 생산하며 구매능력을 가진 자유로운 개인들은 스스로 자신의 필요를 채우기 위한 소비활동을 할 뿐이다.

자본주의 시장경제는 20세기 들어 역사적으로 유례없는 높은 효율성과 규모의 재화와 서비스를 생산하고 공급했다. 그러나 이러한 발전과 함께 어두운 경제불황을 겪으면서 21세기에 접어든 지금은 전 지구적 위기로 확산되고 있다 또한 이 위기는 가장 근본적인 가치에 대해 근원적인 질문을 던지는 기회를 주고 있다.

2008년 미국 금융위기 여파 이후 장기간 지속되는 경기침체는 많은 경제분석가들로 하여금 자본주의가 더 이상 지속가능한 성장을 이어가기 어렵다는 판단을 하게 만들고 있다. 금융위기 발생 이전에는 신자유주의 경제정책의 중심축인 자유무역과 규제완화가 표준이었지만 경제 불황이 계속되면서 정부 · 기업 · 가계의 광범위한 디레버리지(deleverage)로 저성장 · 저소득 · 저수익의 3저 현상인 뉴 노멀(new normal)이 나타나고 있다. 세계경제 둔화와 한계에 다다른 자본주의 경제 성장은 일자리 축소와 산업구조 변화로 인한 실업 증가로 이어지고 있다. 지금의 심각한 자본주의 경제위기를 다루는 논의와 새로운 경제를 위한 대안담론 이면에는 '가치에 대한 질문'이 자리하고 있다. 이것은 자본주의 시장에서 재화와 서비스 생산을 위해 임금노동자를 고용하는 기업의 목적과 기업가들의 임무가 단지 이윤 창출에만 있는 것인지 아니면 그 이상의 무엇인가가 되어야 하는지에 대한 결정이기도 하다. 가치에 대한 질문은 우리 앞에 놓은 큰 도전이며 이 도전에 응전하기 위해 더 큰 생각과 이상이 필요하다.

가치란 특정한 개인이나 집단이 명시적으로나 혹은 암묵적으로 어떤 행동이나 행위들 가운데 선호하는 것을 설명할 때 사용하는 개념이다. 즉, 가치는 개인이나 집단이 바라거나 좋아하는 것을 결정할 때 자신에게 유익이 되는 '일반화된 추상적 기준'이다. 경제학에서 가치는 화폐로 측정할 수 있는 재화와 서비스의 가격을 의미하지만, 사회학적 의미에서 가치는 인지적 · 감성적 요소들로 특징되는 일련의 복합적인 대상들의 집합이다.

가치는 자본주의 위기라는 걸림돌을 뛰어넘기 위한 지렛대 역할을 하며 미래에 대한 비전은 변화와 혁신을 이끌고 가는 동력이 된다. 이 가치에는 경제적 가치와 사회적 가치가 모두 포함된다. 돈과 부의 소유, 자본과 권력, 부채와 책임감 있는 재정 선택, 도덕으로서의 미덕과 윤리로서의 정의, 개인적 책임과 사회적 책임에 대한 분명한 기준이다. 이 기준은 정부 · 시장 · 시민사회의 역할, 경제적 평등, 공동선과 같은 거시적인 목표 수립을 위한 중요한 초석이 된다.

가치는 사람과 집단행동을 설명하는 데 중요한 역할을 한다. 때문에 특정 사회의 사회문화적 내용에 대한 의미를 부여하는 데 가장 핵심적인 기준이다. 사회학에서는 기업가정신과 사회구조 또는 사회요인 간에 일정한 관계가 존재하는 것으로 보는데, 개인적 가치, 사회적 가치, 사건이나 상황 등이 사회적기업가정신에 직접적으로 영향을 주는 요인이 된다.

2) 사회적기업가와 사회적 가치

사회적기업가에 대한 많은 개념들이 있지만 그 핵심은 사회적기업가정신과 사회적 사명으로 압축된다. 사회적기업가정신은 사회적으로 공공이익을 목표로 하면서 수익을 창출하는 '사업성', 사회적기업가가 사회영역에서 변화매개자로서의 역할을 인지하고 수용하는 '사회성', 그리고 문제해결을 위한 새로운 방법을 추구하는 '혁신성'이 그 속성을 이룬다. 사회적기업가정신의 태도 중 사회적 기업가의 가치는 사회적기업가 안에 배태되어 있는 사회적 목적을 실현하기 위한 기업 활동 과정에서 발현되며 사회적 목적 활동의 동기와 방향 설정에 중요한 영향을 끼친다.

재화와 서비스 생산 · 공급을 통해 재무적 수익을 창출하는 것은 일반기업가나 사회적기업가 모두에게 공통적인 기업 활동의 기본 목적이지만 디즈는 기본적으로 사회적기업가가 반드시 갖추어야 할 다섯 가지 요소를 다음과 같이 제시한다.

- 개인적 가치를 위해서가 아닌 사회적 가치를 창출하고 지속하기 하기 위한 사명감
- 이 사명을 수행하기 위한 새로운 기회 파악과 지속적인 추구
- 꾸준한 혁신, 적용, 학습 과정에 참여
- 가용 자원에 제약받지 않는 자신감
- 사회봉사에 대한 인정과 수용을 나타내는 책임감

디즈는 사회적기업을 사회적 가치와 이익을 창조하고, 이러한 사회적 편익이 지속가능할 수 있도록 사회적 사명을 세우며, 이 사명에 따른 사회적 책임감에 대

한 인식을 바탕으로 기회를 찾으며, 교육을 통해 꾸준한 혁신을 이루어 내는 과정으로 설명한다(Dees, 1998).

가치는 사회 집단이 공통적으로 갖는 감정, 생각, 목표, 관심 등을 반영하며 구성원 다수가 받아들이고 인정한 일반화된 도덕원리나 신념이다. 도덕원리와 신념으로서의 가치는 사람들의 삶에 지침이 되고 어떤 것이 우선하는가에 대한 선택을 이끈다. 사회생활의 중요한 일부로서 사회적기업가는 이런 가치 측면을 사회 분석을 위해 활용할 수 있다.

사회적 가치는 지역사회 발전을 독려하고 중요한 사회문제들 다루며 더 포용적이고 공정한 정치를 지켜내는 사회적 목적의 방향을 설정하는 데 있어서 기관이 제공하는 필수적인 재화와 서비스와 같은 기능을 한다. 사회적 가치의 가장 중요한 기능은 사회연대를 이루는 것이다. 때문에 사회적 가치는 사회가 혼란하거나 침체되었을 때 가장 효과적으로 작동한다. 이런 시기에 사회연대를 제안하고 가족, 연대의 중요성을 강조하는 사회적 가치의 역할이 더욱 중요하다. 건물을 지을 때 철, 모래 등을 단단하게 굳게 하는 시멘트의 역할이 필요하고 중요한 것처럼 사회제도가 제대로 기능하고 작동할 수 있도록 하는 사회적 가치의 역할이 반드시 필요하다.

사회적기업가에게 있어서 사회적 가치는 사회적기업가정신의 중요한 개념이 된다. 오스틴 등(Austin, et al., 2006)은 사회적기업가정신을 시장과 정부영역 안팎에서 일어날 수 있는 혁신적인 사회적 가치 창조로 정의했고, 첼(Chell, 2007)은 사회적기업가란 사회적 가치를 창조하기 위해 자신이 처한 환경 안에서 의식적으로 자본과 자원을 동원하는 사람이라는 것을 강조한다. 요약하면 사회적 가치에서 '사회적'이라는 수식어는 사회문제 해결과 사회적 효과를 극대화하고, 전략 주도적이고, 혁신적인 활동을 달성하기 위한 체계적인 사회적 가치 창조 기회를 만드는 사회적기업가 활동에 대한 기본적 의미가 된다.

사회적기업가정신의 바탕을 이루는 추동력은 개인적 부의 축적보다 사회적 가치를 창조하는 데 있다. 이런 의미에서 사회문제에 민감하게 반응하는 사회적기업가는 해결 지점의 가장 선두에서 사회적 가치를 구축해야 한다. 스미스-헌터와 컬리지는 사회적 가치를 구축하는 데 필요한 여덟 가지 변수를 제시한다 (Smith-Hunter & College, 2008).

- 기업가들의 사회적 네트워크
- 기업 성공에 대한 헌신
- 설립 단계에서의 자본
- 기업 구상에 대한 사회적 수용도
- 기업 팀의 통합
- 장기적으로 영리를 추구하지 않는 공공부문 안에서의 기업 설립
- 시장성 테스트에서 낙오하지 않고 유지할 수 있는 능력
- 기업 행정 경험

또한 영은 사회적기업가정신에서 사회적 가치의 분명한 특징을 다음 다섯 가지로 분류한다(Young, 2006).

- 첫째, 가치는 삶의 경험에서 개인의 관심사와 관련된 주관적 개념이다. 이것은 사회적 가치의 구축, 소비, 효과와 밀접한 관련이 있다.
- 둘째, 사회적 가치는 이해당사자들 사이에서 논란의 소지가 있다.
- 셋째, 사회적 가치는 조건적이고 재평가할 수 있다. 상업적 가치는 시간이 흐르면서 변하고 현대화했고 사회적 가치 또한 다시 정의될 수 있다. 그러나 사회적 가치의 결정에서 확실성은 없다는 문제가 있다. 특정 세대에게 가치 있는 것이 다른 세대에게는 가치 없는 것으로 보일 수 있기 때문이다.
- 넷째, 다른 특징들에 의하면 사회적 가치는 단순 척도로는 측정할 수 없는 다양한 구성을 이룬다.
- 다섯째, 사회적 이슈가 관심사가 되었을 때 각 사안별로 가치를 따로 분리할

수 없다. 가치 형성 과정은 모든 구성요소들에게 영향을 준다.

가치 창조는 모든 유형의 기업가정신의 심장이다. 일반기업가이든 사회적기업가이든 모두 기업가로서 가치를 창조하는 것을 목적으로 한다. 그러나 사회적기업가정신은 가치 창조와 관련해서 일반기업가정신과는 다르게 생각한다. 일반기업가는 경제적 가치에 관심을 두지만 사회적기업가는 사회적 가치를 염두에 둔다. 이외에도 사회적기업가는 사회적 가치 창조의 목적에서도 일반기업가와 구분된다. 사회적기업가의 주요 목표는 공공선을 위한 사회적 가치를 창조하는 것이지만 일반기업가는 사적 이윤을 창출하는 수익활동을 하는 것을 목적으로 한다. 다시 말하면 사회적기업가정신의 토대 위에는 사람들과 이해당사자들의 부와 이윤을 늘리기보다는 사회적 가치 창조의 동기가 강하게 자리 잡고 있다. 그렇다고 사회적기업가가 경제적 가치를 완전히 무시하는 것은 아니다. 사회적기업가에게는 사회적 가치가 우선이며 경제적 · 재무적 가치 창조는 기업의 지속가능한 유지를 위해 필요한 것으로서 사회적 가치에 이어 두 번째 계획이 된다.

Chapter 06

사회적기업가의 특성

1 사업적기업가의 성격 특성과 동기 요소

1) 사회적기업가의 역할 유형

사회적기업가는 일반기업가와 공통적인 특징들을 가지고 있지만 몇 가지 면에서 차이가 있다. 특히 사회문제에 대한 인식과 사업 기회 포착, 사회적 가치 창출과 사회연대와 같은 사회적기업가들의 자질을 구성하는 데 있어서 관련된 지식, 능력, 기술, 경험, 창의성 등과 같은 역량이 변수가 된다. 또한 가치관, 사명감, 신념 등과 같은 태도도 중요한 변수이기도 하다. 이러한 사회적기업가의 자질을 구성하는 역량과 태도는 개인적인 성격 특성과 동기 요소에 의해 영향을 받게 된다. 이러한 사회적기업가의 개인적 특징은 개인의 특정한 성품에 관한 규정이라기보다 사회적기업가의 역할을 어떻게 규정하는가와 관련이 있다. 앞 장에서 서술한 내용을 토대로 사회적기업가의 역할을 규정한다면 예술적으로는 사회적 브리콜라주,[1] 건축적으로는 사회적 건축가, 공학적으로 사회적 공학가 세 유형으로 표현할 수 있다(N. O. Iyigun, 2018).

---

1 bricolage는 'DIY' 또는 'do-it-yourself projects'의 프랑스어 표현으로 "이용 가능한 다양한 범위의 도구를 사용하여 작품을 구성하거나 창작하는 것"을 의미한다.

사회적 브리콜라주

브리콜라주(bricolage)는 프랑스 인류학자 레비-스트라우스(C. Levi-Strauss)가 어떤 것이든 손으로 만들거나 구성하는 것들을 표현할 때 사용한 용어이다. 이후 하이에크(F. Hayek)가 처음으로 기업분야 용어로 사용했다. 하이에크 이후 이 용어를 함께 사용한 베이커와 넬슨(Baker & Nelson, 2006)은 브리콜라주를 하는 사람(브리콜라주어)들은 정부정책의 제약에 대해 활용 가능한 자원을 이용하여 새로운 대안들을 창조하는 노력을 한다고 평가했다.

일반적으로 사회적 브리콜라주는 사회안전, 보건서비스, 교육기회 부족과 같은 주로 낙후된 지역의 사회적 관심사들에 대해 집중한다. 브리콜라주 실천가들은 인근 환경에서 활용 가능한 자원들과 기회를 찾아 지역문제를 해결하고자 한다. 지역의 사회문제나 욕구를 지리적/문화적 관점에서 환경 조건을 살펴보고 상황을 평가한다. 이들 기업가들에게 가장 중요한 이슈는 제한된 지역자원의 총량을 늘리는 것이다. 사회적 브리콜라주 실천가들은 사회적 욕구들을 알리거나 발견하고 자신들의 질 높은 전문지식과 경험을 이용하여 사회적 부를 증진시키는 일에 스스로 헌신한다.[2] 이들의 목표는 지역에서 가장 효용성이 높은 가치를 창조하는 것이다.

브리콜라주는 자원소유, 관계, 그리고 그것들 간의 상호관계를 지향한다. 현존하는 자원들은 특별한 상황과 지식에 기초하고 있고, 지역자원의 적용은 그 자원이 주는 이점을 가져다주기도 한다. 이것은 사회변화를 위한 새로운 혁신들을 개발하는데 있어서 브리콜라주가 필수적일 수 있음을 암시한다. 브리콜라주는 환경과 사회적기업 · 사회적기업가의 상호관계를 인식하고, 새로운 해결방안을 모색하며, 구별된 시장을 찾아 그것을 목표로 삼을 수 있게 한다. 또한 지식확산, 경제재생, 근접설계와 같은, 즉 전혀 비용을 들이지 않거나 혹은 아주 적은 비용으

---

2 사회적 브리콜라주어의 대표적 사례로 '북 페루 투자회사(North Peru Investment Company)' 대표인 오스월도 텔(Oswaldo Tell)이 있다. 그는 비영리단체인 '혁신과 비즈니스센터(Center for Innovation and Business)'를 설립했다.

로 지역 내 황폐지나 최소자원을 활용하는 기업개발을 통한 지역재생과 관련이 있다. 브리콜라주는 자원이 부족한 환경에서 운영되는 사회적기업이 어떻게 발전할 수 있는지에 대한 이해를 돕는 데 적절하고 실제로 적용가능한 방식이다. 제한된 정보와 지식 및 자본과 같은 어려운 여건 속에서도 사회적기업에 대한 기대는 여전히 존재한다.

이전의 브리콜라주 연구는 사회적기업가들이 외부적(고갈 또는 접근 가능성이 불가능한 자원)으로나 내부적(기술과 지식 부족)으로 겪는 상당한 자원제약에도 불구하고 사회적 목표를 향한 지속적 실천에 의미를 부여하는 것에 초점을 두었다. 브리콜라주는 창조적 과정이나 즉흥성과 관련된다. 예를 들면, 브리콜라주를 하는 사람들을 새롭고 기대하지 못했던 문화적 자원을 찾는 땜장이 같은 사람으로 묘사해 왔다. 사회적기업은 자원부족의 여건 속에서 종종 비전통적인 자원들을 확보하여 자신들의 미션 안에 사회적 도전을 담기 위한 새로운 방법들의 시도를 위해 그 자원들을 적용하는 데 있어서 창조적인 접근을 하도록 요구받기도 한다. 이러한 도전들 중 많은 것들이 한동안 지속되어 왔다. 아마도 사회적기업가들이 브리콜라주에 참여하는 경향이 높아지기 시작한 것은 이러한 배경 속에서 문제해결을 위한 전통적인 방법들로부터 벗어나기 위한 것일 수도 있다. 실제로 전통적인 문제해결 방법들은 쇠퇴하고 있고 그래서 사회적기업가들은 새로운 대안들을 찾아야 한다. 사회적기업가를 둘러싼 예측 불가능한 환경조건과 그들이 더블 보텀라인을 달성하려는 시도에서 경험할 수 있는 자원부족 상황을 고려할 때, 새로운 아이디어 생성과 평가를 장려하는 사회 분위기에 대한 사회적기업가들의 인식은 브리콜라주를 사회적기업 발전을 위한 수단으로 활용하고, 특히 혁신적인 활동을 수행하는 데 있어서 긍정적인 영향을 미칠 것이다.

사회적 건축가

사회적 건축가는 큰 규모의 사회적 관심사에 대한 새로운 접근이나 해결 방법을 창조하는 것을 목적으로 한다. 사회적 브리콜라주와는 달리 이들은 지역적인 범주에서 벗어나 다양한 자원들로부터 얻은 광범위한 지식을 필요로 한다. 넓은 사회문제 범주를 다루는 사회적 건축가들은 규모 있고 통합적인 조직을 만든다. 이들의 주요 장점은 다양한 범위의 기회, 자원을 인지하고 관리할 수 있는 능력과 사회적 부를 발전시키는 복잡한 과정을 창조하는 데 있다. 사회적 건축가들은 사회적 시장에서 틈새와 기회를 진단하고 파악하는 데 있어서 다른 사람들보다 앞서서 주도한다.

사회적 공학가

이 유형의 사회적기업가들은 폭넓은 사회적 목표를 가진다. 이들은 다수의 해결 방법과 지원이 필요한 큰 규모의 복잡한 이슈들에 집중한다. 반면 다양한 자원들로부터 심도 있고 포괄적인 지식을 활용한다.

사회적기업가는 일반기업가와 마찬가지로 기업가 마인드, 위험 감수, 성취 및 혁신 욕구와 같은 특성들을 가진다. 반면 사회적 욕구와 사회문제에 대한 관심은 사회적기업가의 활동과 우선순위를 일반기업가와 구분하는 기준이 되며, 이에 따라 다른 기업가적 특성들과 구별되는 이타주의, 공감, 연민과 같은 성격 특성을 필요로 한다.

2) 사회적기업가의 성격 특성

(1) 이타주의

이타주의(altruism)의 일반적 의미는 자신의 입장보다는 타인의 이해를 우선하는 것을 뜻한다. 이 개념은 심리학, 사회생물학, 정치학, 경제학 등에서 받아들이고 있다. 이타주의는 타인의 편익을 위한 박애정신에 입각한 행동의 하나이며 자아와 타인이 중요한 핵심이 된다.

이타주의에서 자신과 타인이 하나가 된다는 것은 도움을 주는 사람의 자아감이 다른 사람과 서로 섞이는 것이다. 볼링거와 로크만(Ballinger & Rockmann, 2010)은 이타주의란 도움을 주는 사람과 어려움에 처해 있거나 도움이 필요한 사람 사이에 서로 관계가 형성되는 것이라고 정의한다. 즉, 도움을 주는 사람은 자신과의 이해 관계없이 타인의 어려움이나 욕구를 해결해 주는 것을 목표로 한다.

사회심리학에서는 이타적 행동을 하는 두 가지 핵심적인 이유를 다음과 같이 설명한다(Kanungo & Conger, 1993).

- 사람들이 타인을 돕는 것은 자신이 어려움을 겪을 때 누군가 자신을 도와줄 수 있을 것이라고 생각하기 때문인데 이것을 호혜규범이라 부른다.
- 사람들이 타인을 돕는 것은 매우 높게 내면화된 사회적 책임감 때문이다. 그들은 자신의 개인적인 이익을 생각하지 않고 타인을 돕고자 하는 강한 열망을 가지고 있다. 그들의 행동은 기본적으로 도덕적 가치와 의무감에서 비롯된다.

이타주의는 일반기업가정신과 비교할 때 사회적기업가정신에서 뚜렷하게 나타나는 행동이다. 사회적기업가의 중요한 목표는 사회에 편익을 제공하는 것인데 이것은 다음 두 가지 형태로 나타난다. 첫째, 오직 사회를 위해 편익을 제공하는 것과 둘째, 사회와 자신을 위해 편익을 제공하는 것이다. 이 두 형태 중 첫 번째 형태가 두 번째 형태보다 편익이 높다.

이타주의는 사회적기업가의 자연스러운 특성이며 다른 사람의 어려움에 대해 책임감을 느끼거나 의무감을 갖는 것, 진심으로 다른 사람을 도우려는 의지 등이다. 이타주의 행동은 어떤 개인적인 이익을 기대하지 않고 사심 없는 자기희생에서 비롯된다. 다른 사람들의 삶의 조건이나 행복의 질을 증진시키고자 하는 사회적 목표와 도덕적 · 영성적 · 종교적 가치들은 사회적기업가의 이타주의적 행동들을 이끄는 근본적인 요소가 된다.

(2) 공감

공감(empathy)은 다른 사람의 감정이나 정서 상태를 수용하거나 이해하고 다른

사람의 입장에서 반응할 수 있는 능력이다. 메리엄-웹스터의학사전은 공감을 다음과 같이 정의한다.[3]

> 감정, 생각, 경험을 객관적으로 충분하게 명확한 방법으로 전달하지 않으면서 다른 사람의 과거나 현재의 감정, 생각, 경험을 감지하고 간접적으로 민감하게 경험하며 이해하는 행위

공감은 크게 정서적 공감, 인지적 공감, 행위적 공감 세 영역과 관련된다(London & Morfopoulos, 2009). 정서적 공감은 다른 사람의 감정을 함께 나누거나 경험하는 것을 의미한다. 정서적 공감은 다른 사람의 감정에 대해 같은 감정으로 반응하는 것이지만, 인지적 공감은 지적으로 다른 사람의 입장이나 역할을 받아들이는 것을 뜻한다. 행위적 공감은 다른 사람을 도와주기 위해 자신의 감정과 행동을 제어할 수 있는 능력이다.

공감을 위해서는 다른 사람이 어떻게 감정을 느끼는지 알고 이해할 필요가 있지만 공감 능력을 가진 사람이 반드시 친사회적이라는 의미는 아니다. 다른 사람이 어떻게 감정을 느끼는지 그리고 다른 사람의 복지나 염려에 대해 유심히 관심을 갖는 것이 중요하다. 만약 이러한 염려들에 대해 같은 생각을 갖거나 혹은 다른 사람의 감정과 같아진다면 친사회적이 될 수 있다.

사회적기업가의 본성에 있어서 중요한 요소는 강한 윤리적 기질이다. 사회적 기업의 가치에는 기본적으로 사회적 상황에 대해 민감한 관심이 포함되어 있으며 사람들과의 정서적 유대와 도움을 제공하려는 행동에 기초해 있다. 따라서 사회문제나 사회적 욕구를 가지고 있는 사람들과 사회적기업가 자신이 쉽게 공감을 형성하는 것은 자신이 속한 환경 안에서 기회를 결정할 수 있는 능력을 갖추는 데 결정적인 영향력을 갖게 된다.

사회적기업가에게 있어서 사람들과의 강한 공감관계 형성은 사회적기업을 시

---

3 https://www.merriam-webster.com/dictionary/empathy

작하는데 있어서 반드시 필요한 것을 확보하는 것이다. 기본적으로 사회적기업가는 사람들을 이해하고 그들이 겪는 사회적 염려에 동감하며 선도적이고 사회지향적인 행동으로 그들을 보호하려는 목표를 세운다.

(3) 연민

연민(compassion)은 다른 사람들의 고통과 불행에 대해 동정심으로 걱정하는 것을 의미한다. 연민은 누군가 어려움을 당하거나 도움을 필요로 할 때 발동하며 모든 종교에서 공통적으로 발견할 수 있다. 또한 연민은 사람들을 고통에서 돌보아 주는 이타주의적 성향과 함께 정서적 반응을 강조하는 윤리적 정서이며, 어떤 고통을 인지할 때 공손과 인내심, 공감과 차분함으로 그 고통을 감소시키거나 제거할 수 있는 능력을 의미한다. 자기연민(self-compassion)은 자신의 경험을 다른 사람의 경험과 연결하거나 강화하는 것을 말한다. 릴리우스 등(Lilius, et al., 2011)은 연민에 포함되는 세 가지 단계를 제시한다.

- **인지 단계** : 환경 내에서 일어난 모든 상황들에 대해 민감하게 대응하고 다른 사람들의 고통을 인식적으로 지각하고 알아차리는 단계이다.
- **느낌 단계** : 누군가의 상처, 고통, 괴로움에 대해 걱정과 정서적인 반응을 갖는 단계. 감정의 강도나 깊이, 지속은 고정적이지 않다. 특히 어떤 사람이 누군가와 비슷한 고통을 가지고 있을 경우 그 감정은 상당히 강해지고 오래 지속될 수 있다. 이것은 고통을 유발하는 문제의 특징이나 심각성과 관련이 있다.
- **반응 단계** : 마지막 단계로서 반응은 의식적으로 고통의 원인과 고통에 맞서는 행동을 하려는 열의와 관련된다.

밀러 등(Miller, et al., 2012)은 연민은 사회적기업가가 사회적기업을 설립하는 데 있어서 갖추어야 할 기본적인 요인으로 설명한다. 사회적기업가에 대해 친사회적 보상을 위한 동기부여 역할을 하는 연민은 통합적 사고, 친사회적 비용편익분석, 다른 사람의 고통에 대한 헌신 등을 포함한다. 통합적 사고는 집단이익을 파악하기 위해 폭넓은 관점을 가지면서 또 다른 측면의 어떤 사회문제에 집중하는 것이다. 친사회적 비용편익분석은 다른 사람의 고통을 완화시키기 위한 행동의 편익 증가를 유발하는 연민을 토대로 하여 다른 사람의 성과를 더 높은 가치로 본다. 다른 사람의 고통을 줄이거나 제거하기 위한 헌신은 동병상련의 감정 능력, 다른 사람의 고통과 문제에 대한 개별화, 문제 해결과 고통 해소에 대한 열의를 가진 타인지향적인 사람들이 갖는 전형적인 특징이다.

3) 사회적기업가의 동기 요소

동기 요소와 관련하여 사회적기업가와 일반기업가를 비교할 때 가장 분명한 차이는 목표에서 나타난다. 일반기업가들이 중요하게 생각하는 추진 동기는 재무적 이익이지만 사회적기업가에 있어서는 사회적 목적이다. 사회적기업가는 개인적 이익이나 경제적 소득보다 사회적 소득을 증대시키는 것을 우선으로 한다. 또 다른 동기 요소는 자신들의 사회적 사명을 성공적으로 완수하는 일이다. 덧붙여 말하자면 사회문제의 원인이 되는 결함을 가진 사회제도 회복과 현재의 방법이나 태도 변화 시도 등이 사회적기업가의 동기 요소가 된다.

일반기업가는 자신의 기호에 따라 외적 동기들을 갖는 반면 사회적기업가는 행복을 행위의 목적으로 여기는 내적 동기들에 영향을 받는다. 사회를 돕고, 비화폐적 가치에 집중하고, 사회문제에 대한 깊은 관심을 가지며, 사회적 목표에 대한 개인적인 성취욕구는 사회적기업가가 갖는 공통적인 특성이다. 특히 유용한 사회적 가치 창조는 사회적기업가에게 있어서 가장 중요한 동기 요소가 된다. 사회적기업가의 가치, 도덕 의식, 인간 존중에 대한 높은 감수성은 사회문제에 대해 효과적인 해결 방안들을 찾고 사회복지를 증진시키기 위한 행동 유발에 동기부여 작용을 한다.

(1) 친사회적 행동 동기

그랜트(Grant, 2008)는 친사회적 행동 동기를 "다른 사람들에게 혜택이 가도록 노력하려는 열망"이라고 정의한다. 친사회적 행동 동기는 어떤 사람에게 있어서 일에 대한 관심에서 나타나는 추진 요소이며 자기이익에 앞서 다른 사람의 편익과 복지에 집중하는 것이다. 사회적기업가는 공감과 연민으로 사회문제에 집중하며 공감에 있어서 다른 사람과 공통적인 삶의 경험들을 나누고 도움이 필요한 사람들에게 더 이타적인 행동을 하게 된다. 연민에 있어서는 비록 사회적기업가 자신이 고통스러운 경험이 없더라도 연민의 감정이나 고통에 대한 느낌으로 다른 사람에게 도움이 되는 일을 시도한다.

'즐거움'과 '강제성'은 친사회적 행동 동기와 관련되는 개념이다. 자기결정성 이론은 어떤 특정한 이유나 목표에서 비롯된 다른 두 가지 동기 유형을 제시하는데, 하나는 내적 만족이나 즐거움을 이유로 어떤 행동을 하고자 하는 내적 동기이고, 다른 하나는 동기 형성을 위해 성과나 보상에 집중하게 만드는 외적 동기이다. 즐거움에 기반한 친사회적 행동 동기는 내적 동기와 관련되며 내적인 마음의 평화나 즐거움을 위해 다른 사람을 돕는다. 반면 외적 동기로서 강제에 기반한 친사회적 행동 동기는 사회적 책임이나 사회적 규범을 준수하기 위해 다른 사람을 돕는다.

(2) 사회 연결망

1700년대 중반 증기기관의 발명으로 시작된 동력 발전은 상품생산방식이 수공업에서 대규모 공장생산으로 넘어가는 산업혁명을 촉발시켰다. 이후 전기와 화석연료 발견으로 자본주의 생산에서 동력의 획기적 변화는 19세기말과 20세기초에 걸쳐 2차 산업혁명을 일으켰다. 1960년 말과 1970년대 컴퓨터의 등장은 정보통신(IT)기술 발전으로 새로운 생산력의 변화를 야기하면서 엄청난 속도의 사회변동이 이루어지고 있다.

이러한 사회변동의 커다란 흐름으로 나타나는 공통적인 현상이 '분산화'이다.

사회과학뿐만 아니라 다양한 분야에서 분산화에 관심을 갖는 이유는 '집중화'로부터 얻을 수 없는 효율성을 얻을 수 때문이다(김용학, 2003). 산업화와 도시화로 많은 사람들이 모여 거대도시를 이루었지만 주거공간이 확대되면서 점차 도심을 떠나는 탈도시화 현상이 나타나고 있으며 근무시간도 자율적으로 정해지는 형태로 바뀌면서 공간적 · 시간적 분산화가 빠르게 진행되고 있다.

사회연결망(social network)은 분산화의 다른 측면으로서 분산화가 증가할수록 분산된 것들 간의 관계를 형성하고 유지해 줄 수 있는 연결망이 중요한 기능을 한다. 집중화되어 있던 사회체계 및 조직들이 분산화 될 수 있는 것도 분산화된 단위들을 이어주는 연결망이 있기 때문이다. 연결망은 분산화된 세계의 사회통합 기제로 작용한다.

근대 이후 다양한 학문영역이 성립되면서 인간에 대한 관점도 학문분야마다 다른 견해를 가진다. 고전경제학에서의 인간관은 '합리적 인간'으로 상정하며 최소 비용으로 최대 효과(효용)를 추구하며 이를 위한 적절한 수단을 계산하고 선택하는 존재로 본다. 때문에 시장은 이러한 인간의 합리성을 최고로 발휘할 수 있는 곳이며 가격기제를 통해 자신의 효용을 높이기 위한 결정과 이에 맞는 행위를 한다. 고전경제학의 인간은 항상 기대손실보다 기대이익이 큰 선택을 하기 때문에 이기적일 수밖에 없다. 한편 사회학은 고전경제학과는 반대로 사람은 사회 규범을 배우고 받아들이는 사회화 과정을 통해 자신에게 부여된 역할을 수행하는 '규범적 인간'으로 규정한다. 사회연결망은 인간의 행위 패턴을 나타내며 개인이 누구와 어떤 관계를 맺는가를 나타낸다. 사회연결망분석은 인간 행위를 사회관계망의 영향으로 보고 연결망에서 자신의 위치와 사회연결망 구조에 따라 다른 행동을 하는 '관계적 인간'으로 본다.

사회적기업가는 사업을 수립하고 유지하는 데 있어서 일반기업처럼 자원, 지식, 기량 등의 증대를 위해 사회연결망을 적극 활용해야 한다. 보통 기업 활동 초기에 기업가들은 사업에 대한 자신의 아이디어, 결심, 가능성 등을 자신과 가까운 사회연결망에 있는 소수의 사람들과 공유하지만 사업이 성장하면서 사회연결망

역시 확장된다.

사회적기업가들에 있어서 사회연결망은 또 다른 중요한 동기 부여요소이면서 지지자원이다. 사회연결망에 있는 사람들은 가족, 친척, 친구, 동료, 다른 사회적기업가들이며 이들은 사회적기업가와 가까운 경계에 있기는 하지만, 그렇다고 사회적기업가의 사회적 문제와 욕구에 대한 관심이 항상 가까운 경계에만 국한되지는 않는다. 사회연결망은 사회적기업가에게 중요한 동기 요소이며 사회적기업과 사회연결망에 있는 사람들과의 지지적 관계는 사회적기업가를 심리적으로나 생리적으로 강하게 만든다. 이러한 관계의 미덕을 통해 사회적기업가는 가치 있는 정보를 수집하고 혁신적인 생각을 하며 재정적인 지원을 받으면서 사회적기업을 유지할 수 있는 기업가 역량도 향상시킬 수 있다.

(3) 기회

기회는 발전이나 진전할 수 있는 좋은 계기를 의미한다. 사회적기업의 기회는 사회적 욕구나 사회문제들을 진단할 때 생겨난다. 사회적기업가의 기회는 의료서비스 제공, 장애인 지원, 실업이나 기후변화. 기회 불평등과 같은 사회문제들과 분투하는 과정에서 사회적 가치를 창조하는 데 매우 중요한 요소가 된다. 다른 사람들에게는 위협으로 보일 수 있는 문제나 욕구들은 사회적기업가에게 기회가 될 수 있다. 예를 들면, 재개발이나 주택노후로 인해 거주자가 없는 빈집이 많은 지역에서 그런 주택들을 게스트하우스나 문화예술인을 위한 레지던스 공간으로 활용하는 방안을 생각해 볼 수 있다.

사회적기업가의 특정한 개인적인 삶의 경험을 통해 새로운 기회를 창조하기도 한다. 빈곤, 질병, 가족문제 등의 경험들은 사회적기업가에게 기회를 찾게 하는 추진 요인이 될 수 있다. 사회적기업가는 경쟁력있는 특권을 추구하는 데 관심을 갖지 않는다. 이들은 해결되지 않는 사회적 문제들에 대해 지속가능한 해결방안과 대안들을 창조하고 지역으로 확산시키는 데 주력한다.

2 사회적기업가의 리더십과 경영 역량

1) 리더와 리더십

사회적기업가정신은 사회변동을 이끄는 사회개혁가로서의 정체성을 갖게 한다. 사회적기업가는 일반기업가들과는 달리 높은 사회적 비전을 가지고 사회적 욕구를 충족시키기 위해 모든 기회들을 탐색하며 더 나은 사회를 위한 가치 있는 변화들을 창조해 낸다. 이러한 변화를 창조하기 위해서 일반기업가와는 다른 기업가 리더십이 필요하다. 리더십과 경영 역량은 지속가능한 사회적기업이 되는 데 어떻게 기여를 하고 다른 조직을 운영하는 것과 어떤 차이가 있는가? 이에 대한 답은 사회적기업가의 리더십과 경영이 어떤 특별한 방법으로 개발되어야 하는지와 관련된다.

어떠한 형태의 조직이든 뛰어난 리더가 있어야 조직관리가 원활하게 이루어진다. 조직관리능력이 뛰어나면서 리더의 속성을 갖춘 사람들이 조직 내에 많다면 그 조직은 양질의 인적자원을 확보하고 있는 것이다. 리더는 조직을 단순히 관리하는 차원에서 머물지 않고 조직의 목적에 맞게 경영을 하며 목표를 달성하기 위해 조직을 이끌고 가는 사람이다. 리더의 능력인 리더십과 경영은 조직 운영에 있어서 동전의 양면처럼 함께 이루어진다. 경영자는 조직이 요구하는 과업을 달성하기 위해 공식적인 절차에 맞게 의사결정을 하고 구성원들에게 임무를 나누고 감독하고 통제하는 역할을 한다. 리더는 조직구성원들이 조직 목표를 위해 동기화되어 적극적이면서 자발적으로 일할 수 있도록 비전을 제시하고 이끌면서 조직과 구성원 전체의 변화와 혁신을 가져오는 사람이다.

1990년대 초기 리더십 이론에서는 리더가 태생적으로 타고나는지에 대한 질문들이 많이 있었고 이에 따라 리더의 특성이론(traits theory)은 개인주의 이념이 강했던 당시 서구사회에서 개인이 특특한 자질과 능력만 있으면 뛰어난 인물이 될 수 있다는 생각을 반영했다. 당시의 리더십 연구는 주로 군대의 지휘 통솔력을 판별하기 위해 리더가 어떤 자질들을 가져야 하는지 규정하는 것이었다(박수희, 1987).

그러나 지난 세기 많은 리더십 관련 이론들이 발전해 오면서 리더는 개발을 통해 만들어지고 리더십을 갖추게 된다는 시각을 반영하고 있다.

〈표 6-1〉 **리더십 이론의 흐름**

시 기	접근방법	주 제
1900년대 초반~1940년대 후반	개인적 특성	리더의 타고난 자질
1940년대 후반~1960년대 후반	행동 혹은 스타일	리더의 효과적 행동
1960년대 후반~1980년대 초반	상황	리더십의 효과적인 상황의존
1980년대 초반 이후	새로운 리더십 유형	비전, 영성, 카리스마, 정서적 친밀

출처 : Bryman(1992).

2) 사회적기업에서의 리더십과 경영

사회적기업과 다른 유형의 조직들-일반기업들 중 소규모기업이나 가족기업, 지역사회단체, 자원봉사기관, 사회복지기관 등-간에는 공통적인 몇 가지가 있다. 기관의 특성이나 목적에 따른 범주를 넘어 어떻게 기관을 이끌어 가고 운영하는지에 대한 공통적인 몇 가지가 있으며 그에 따라 조직을 이끌고 운영할 수 있는 역량이 필요하다. 모든 기관들을 이끌고 운영하는 데 필요한 몇 가지 공통점들은 다음과 같다(Griffith, 2017).

- 중점적인 과업에 대한 숙지
- 이 과업에 대한 내부 및 외부와 의사소통
- 과업 수행을 위해 자금과 사람을 포함한 자원 동원
- 자원 유지
- 주변 환경에서 발생하는 일들을 발견
- 변화를 포함하여 미래 업무에 대한 계획 수립

그러나 조직과 업무는 그 유형이나 성격 또는 환경에 따라 다르게 운영된다. 종교기관은 공공조직과 다른 방식으로 운영되고 은행이나 비영리단체들도 각기 고유의 특성에 따라 운영된다. 또한 조직의 성격에 따라 리더의 역할도 다르다. 일반기업의 최고경영자는 최대의 이윤을 추구하고, 공공조직의 리더는 일관성이 있는 공공정책의 집행이 운영 기준이 된다. 자원활동조직과 사회복지기관의 리더는 지역사회와 욕구를 가진 사람들에게 제공되는 서비스 및 활동의 질을 통해 평가받는다.

사회적기업은 규모, 연수, 목적, 문화적 배경, 소유형태 등에 따라 매우 다양하게 존재한다. 이것은 서로 다른 방식으로 일을 한다는 의미이고 따라서 리더의 운영 스타일에 큰 폭의 차이가 있게 된다. 사회적기업은 그 목적에서도 보듯 돈을 버는 목적이 사회적으로 바람직한 일들을 하기 위함이며 궁극적으로는 지원금이나 보조금에 의존하지 않으면서 지속가능한 경영을 하기 위한 것인데 이것이 사회적기업의 '더블 보텀 라인(double-bottom line; 재무적 목적과 사회적 목적)'이다. 사회적기업은 전통적 기업과 달리 이윤을 남기거나 최저생활임금을 보장하는 것에 만족하지 않는다. 기업회계결산에서 이 두 개의 보텀 라인이 긍정적인 결과를 가져오지 못하면 그 사회적기업은 실패한 것이다.

이런 측면에서 사회적기업가의 전반적인 리더십과 경영업무는 구성원 상호 간의 긴장 속에서 규정되는 균형잡힌 대상들의 내용과 관련되며 평범한 리더십이나 경영역량과는 다른 점이 요구된다. 사회적기업은 영리부문과 비영리부문에 걸쳐 있는 '혼합(hybrid)조직'이기 때문에 의사결정이나 기획에서 복잡한 단계들이 추가된다. 때문에 일반적인 리더십 훈련이나 경영 역량 개발 프로그램들은 사회적기업에 맞지 않을 수 있다.

3) 사회적기업 발전과 리더십

조직은 시대가 흐르면서 계속 변화한다. 대기업들도 초기에는 좌판에서 시작한 경우가 많았고, 큰 정부조직도 단순한 업무에서부터 출발했으며 수백 명의 자원봉사자들이 활동하는 기관들도 처음에서는 조촐한 대화 자리에서부터 모임을 구성했다.

기업을 설립할 때 단독으로 하기보다는 다수의 사람들이 함께 수익을 내는 사업 아이템으로 시작하고 경영에서는 한두 명이 지배권을 행사한다. 기업경영을 어떻게 할 것인지는 주식 지분이 많은 한두 명의 대주주에 의존하며 이들은 리더십이나 경영 훈련을 받을 필요는 없다. 이들은 기업이 생존하고 성장할 수 있도록 사업이 잘되기를 바라며 이를 위해 희생을 감수하며 직원들에게도 희생을 분담할 것을 요구한다. 기업주는 자신이 하는 일을 통해 지속적으로 학습하고 경영서적들을 읽으며 또는 적절한 훈련과정에 참여한다.

기업발전 과정이 안정기에 접어들면 상황은 바뀌게 된다. 설립부터 함께한 유급직원들은 어느 정도 권리를 갖게 되면서 훈련 프로그램들을 기대하게 된다. 또한 늦게 입사한 직원들과 똑같은 희생을 분담하기를 원하지 않기도 한다. 부서별 혹은 직무별로 자신의 과업을 수행하는 데 필요한 관리와 리더십 훈련의 필요성을 제시할 수 있다. 이러한 기업 내에서의 리더십과 경영에 대한 정형적인 스펙트럼은 다른 성격의 조직과 비교할 때 많은 편차가 있게 된다. 비영리조직을 세울 경우 초기에는 적은 인원보다는 더 많은 사람들이 참여하기를 원한다. 이때 활동력이 강한 한 두 명의 대표자가 있으면 사람들이 탈퇴하지 않고 지속적인 참여를 이끄는 데 유리할 수 있다.

사회적기업 조직의 성격은 앞서 언급했듯이 여러 영역 범주들을 포함한다. 틈새시장에서 사회적기업을 설립할 때는 전통적 기업이나 비영리조직과는 달리 초기 단계에서 사람 수를 최소화하는 것이 좋다.

기업성장의 마지막 단계에서 사회적기업가의 리더십과 경영의 특수성을 어느 정도 외부에 알릴 수 있다. 자리를 확실하게 잡은 사회적기업은 튼튼한 더블 보텀 라인을 구축하고 그에 대한 수준 높은 방법들을 구상하고 실행함으로써 민간부문이나 비영리부문에서 두드러질 수 있다. 다른 부문의 기관들과 경영방식은 다를 수 있지만 새로운 경영방식을 필요로 하는 기업의 요구가 높을수록 이런 역량을 갖춘 직원들이 나올 수 있으며 또한 그들의 능력을 발굴해서 유지시킬 수 있다.

반면 사회적기업은 같은 분야 활동이라도 공공부문이나 자원활동분야와 구분된다. 이때 사회적기업의 더블 보텀 라인은 기획서에만 존재하게 되고 실천적인 면에서도 그 차이가 적을 수 있다. 예를 들면, 거택보호 대상자에게 서비스를 제공할 때 사회적기업과 공공부문의 서비스 제공을 위한 리더십과 관리 방식은 어느 정도 비슷하다. 그러나 기업 규모가 커지면 다른 요인들이 리더십과 경영에 영향을 끼치기 시작한다. 직원들은 자신에게 필요한 경험을 가지고 있는 리더나 선임 직원들로부터 더 많은 훈련이나 조언을 받기 위해 다른 직원들과 경쟁을 할 수도 있다. 초창기 입사한 선임 직원들의 성공적인 경영과 리더십을 학습하기 위한 조직 내부에서의 경쟁은 사회적기업의 성장을 위한 기회가 될 수 있다.

공공부문이나 시장부문의 리더들과 경영자들은 정부나 시장에서 해야 할 일과 할 수 있는 일들을 찾아 실행한다. 그러나 사회적기업영역에서는 오랜 기간 지도자들과 경영자들이 법에 규정되어 있지 않거나 시장에서 결정되지 않는 행동들을 해야 하는 문제들이 발생할 때 이론가나 실천가 모두에게 도전이 되어 왔다. 20세기 초반 자선단체 책임자들은 신뢰, 책임의식, 행정에 대한 기준을 세워 자신들의 활동을 전개했다. 일부는 법적인 문제이기도 했지만 한편으로는 문화의 문제이기도 했다. 예를 들어, 옥스팜(Oxfam)은 1942년 처음 설립 당시 재활용상점을 동시에 개점했고 이것이 현재 사회적기업으로 변모했다. 이후 옥스팜은 국제적인 자선조직으로 성장하면서 기관의 리더십과 경영도 함께 발전해왔다.

옥스팜(Oxfam) 국제기아빈곤구호단체

'옥스팜'은 1942년 영국에서 설립된 '기아구제 옥스포드위원회(the Oxford Committee for Famine Relief)'에서 출발했다. 제2차 세계대전 당시 적군에게 점령당한 그리스에서 연합해상봉쇄를 통해 굶주린 여성과 어린이들에게 식량을 보내줄 것을 요구하는 캠페인을 벌였다.

빈민 및 기아구호를 위한 국제 비영리단체인 Oxfam International은 긴급구호뿐 아니라 취약한 지역사회를 위한 장기 개발 프로그램도 시행하고 있다. 또한 다른 국제NGO들과 연합하여 불공정한 무역법규 폐지와 더 나은 보건 및 교육서비스를 요구하고 기후변화대응을 위한 캠페인도 벌이고 있다.

1942년에 문을 연 옥스팜상점은 대표적인 사회적기업이 되었으며 온라인판매와 오프라인판매를 통해 번 수익금을 빈민과 기아구호를 위한 기금으로 사용하고 있다.

출처 : 옥스팜 인터내셔널(https://www.oxfam.org/en/campaigns).

모든 기업조직 영역에서 리더십과 경영은 다국적기업의 이사회 운영부터 일인기업 경영까지 굉장히 범위가 다양하다. 넓은 범주의 리더십과 경영 역량은 이러한 과업과 역할 수행을 위해 반드시 필요한 부분이다. 사회적기업은 일정 정도까지는 거대한 경제의 한 부분이며 다른 조직처럼 똑같은 리더십과 경영 역량이 요구되고 이 역량의 일부는 일반기업과 같은 방식으로 개발될 수 있다. 예를 들어, 노인을 위한 사회서비스 제공사업을 기획한다면 대상자 욕구에 따른 시장과 서비스 제공을 하려는 사회적기업 조직 내부 조건을 파악하여 기획, 자원 확보, 재화 및 서비스 생산에서 조직 내부와 외부 사람들을 참여시키고 소통하며 안정적이고 자신 있는 서비스 제공을 유지해야 한다.

사회적기업은 일반기업과 비교할 때 대부분 규모가 작은 편이지만 활용할 수 있는 개발 기회는 많이 있다. 그러나 사회적기업 경영에 필요한 리더십과 경영 역량에 대한 특별한 개발 방법은 그리 많지 않다는 주장도 있다(Griffith, 2017). 사회적기업가의 리더십과 경영은 다른 중소기업의 역량과 크게 다르지 않고 똑같은 방법으로 개발할 수 있다고 주장한다. 그러나 이 주장에 대해 우리가 알아야 할 것은 사회적기업은 더블 보텀 라인으로 구별된 특성을 가지고 있고 대부분 소규모인데 이것은 전통적인 기업관료제 경영을 할 만큼 많은 자원을 가지고 있지 않다는 의미이기도 하다. 이러한 두 가지 문제 해결을 위해 기술적인 지원으로 만들어진 것이 '사회적 투자수익률(Social Return on Investment, SROI)'이다.

시장경제를 기반으로 하는 일반기업의 경영학 배경을 갖는 미국이나 영국에서의 사회적기업 교육훈련은 1990년대 중반부터 대학에서 사회적기업가 리더십과 경영역량의 공백을 채우기 위한 과정들을 제공하고 있다. 이 과정들은 기업 지도력과 경영에 사용할 수 있는 일반적인 내용들과 연계되어 있고 사업 기획과 같은 실습기회를 제공한다.

사회적기업에서 리더십과 경영역량을 향상시키는 데 있어서 중요한 것은 조직 내에서 수립한 목표 달성을 위해 동원 가능한 모든 실천적인 경영 기술을 활용하여 조직의 리더나 경영자 뿐 아니라 직원 전체의 능력을 증진시켜 조직 내의 과업수행을 향상시키고 업무만족도와 사기를 높여야 한다는 점이다. 또한 경영자나 리더는 문제 해결능력 뿐 아니라 기업의 안정을 위협할 수 있는 정치 · 경제 · 사회적 원인들을 분석하고 대비할 수 있어야 한다. 어떠한 위기이든 그것으로 인해 조직이 붕괴될 수 있고 다른 한편 발전 기회로 활용할 수도 있다. 탁월한 리더십과 경영역량은 닥쳐진 상황에 따라 적절한 해결방안을 구상하여 구성원들 스스로 문제의 원인을 찾고 해결할 수 있도록 능력을 갖추게 만드는 것이다.

Chapter 07

지속가능한 사회와 사회적 기업가의 역할

1 지속가능성의 도전

1) 지속가능성 개념과 유엔 지속가능발전목표

(1) 지속가능성 개념

지속가능성이라는 용어는 1980년대 환경적 맥락에서 처음 사용되었으나 생명을 유지하는 데 필요한 외부 조건으로서 환경 개념은 19세기로 거슬러 올라가며, 최근에는 17세기부터 자연계를 지칭하는 용어로 사용되었던 '자연 경제(economy of nature)'를 대체하는 용어로 사용되고 있다. 지속가능성은 자연과 인간의 일체성에 대한 생각들을 담고 있으며, 지구 행성의 관리자로서 인류의 역할을 보여주기 위한 노력이기도 하다. 한편으로 인간은 천연자원을 끝없이 착취할 수 있는 무한한 자본의 원천으로 취급하고 있다. 인구가 적고, 기술이 제한적이며, 금융 시스템이 낮은 수준이라면 어느 정도 이런 경향들은 수용할 수 있었다. 그러나 오늘날 전례 없는 인구밀도와 기술혁신, 자본과 부의 창조는 자연이용과 유한한 자연환경에 대해 더 민감하게 의식하도록 만든다. 또한 천연자원을 이용하거나 보존하는 것뿐 아니라 어떻게 관리해야 하는지에 대해 생각하게 만들었다.

이러한 사고의 전환은 1960년대 살충제에 의한 피해를 밝힌 책인 『조용한 봄』[1]의 출간은 환경운동이 촉발하는 데 큰 역할을 하였다. 경제개발과 환경의 조화를 통해 환경을 파괴하지 않으면서 경제발전을 달성한다는 의미의 지속가능한 발전은 1972년 '로마클럽(Club of Rome)' 제1차 보고서인 「성장의 한계」에서 처음 사용되었다. 이 개념은 이후 1987년 '브룬틀란위원회(Brundtland Commission)'으로 잘 알려진 '세계환경개발위원회(World Commission on Economic Development)'가 2000년도와 그 이후까지 지속가능한 발전 달성을 위한 환경 전략에 초점을 두었고, 다음과 같은 '지속가능한 발전' 개념으로 공식화하였다.

> 인간은 자신의 욕구를 충족시킬 수 있는 미래 세대의 능력을 훼손하지 않고 현 세대의 욕구 충족을 보장하기 위한 지속가능한 발전을 이룰 수 있는 능력을 가지고 있다. 지속가능한 발전 개념은 한계와 절대적 한계를 의미하는 것이 아니라 현재의 기술 상태와 사회 조직이 환경 자원에 부과하는 제한과 인간 활동의 영향을 흡수하는 생물권의 능력에 의해 부과되는 제한이다.[2]

"자신의 욕구를 충족시킬 수 있는 미래 세대의 능력을 훼손하지 않고 현 세대의 욕구충족을 보장하는 것"으로 인용되는 지속가능성에 대한 정의는 흔히 '지구서밋(Earth Summit)'이라 불리는 1992년 리우 데 자네이로에서 개최된 유엔 환경개발회의(UN Conference on Environment and Development, UNCED)의 핵심이 되었고, 환경적으로 건강하고 지속가능한 발전(Environmentally Sound and Sustainable Development)을 기본 원칙으로 하는 "리우선언(Rio Earth Charter)"이 채택되어 환경관리 주제를 다루는 최초의 국제협약이 되었다.

브룬틀란보고서[3]가 '지속가능한 발전' 개념을 발표한 이후 많은 기업들이 사

---

1 「The Silent Spring」. Carson, Darling & Darling. 1962.

2 World Commission on Economic Development & Brundtland. 1987. 8.

3 1987년 유엔은 Gro Harlem Brundtland 의장의 이름을 따서 "브룬틀란위원회"(Brundtland Commission)라고 알려진 "환경개발위원회"(The Commission on Environment and Development)를 구성했다. 이후

명선언과 전략으로 지속가능성을 채택함으로써 프로그램과 프로젝트에서 지속가능성의 사회적 · 환경적 차원을 어떻게 통합할 것인지에 관한 문제가 대두되었다.

(2) 유엔 새천년개발목표(MDGs)와 지속가능발전목표(SDGs)

유엔은 지구환경에서 점점 더 심각해지고 있는 기후변화 및 도시화 등에 대응하고 지속가능한 발전에 대한 지향을 구체화하기 위해 2015년 유엔 정상회의에서 '지속가능발전목표(Sustainable Development Goals, SDGs)'를 최종 확정했다. SDGs는 향후 2030년까지 이행할 17개 목표와 169개 세부 목표들로 구성되어 있으며, 교육보장, 성 평등, 빈곤 퇴치와 같은 이전의 의제들과 함께 기후변화, 식량, 국가 간 불평등 완화 등 다양한 의제를 설정하고 있다.

SDGs 수립 이전인 2000년에 유엔총회는 새천년정상회의에서 새천년선언(Millenium Declaration)을 채택하면서 새천년개발목표(Millenium Development Goals, MDGs)를 수립했다. 이 선언은 지구적인 빈곤퇴치를 위한 국제협력을 촉구한 것으로 이를 위해 전 세계의 선도적인 연구기관들과 다음과 같은 8가지 정량적 목표들을 수립하였다. ① 극심한 빈곤과 기아 퇴치, ② 보편적 초등교육체계 수립, ③ 성 평등 증진과 여성인권 신장, ④ 유아 사망 감소, ⑤ 모자보건 증진, ⑥ HIV/AIDS, 말라리아 등 질병 퇴치, ⑦ 지속가능한 환경 보장, ⑧ 개발을 위한 국제협력.

MDGs를 통해 전 세계적인 빈곤수준을 50% 이상 감소시켰지만 MDGs가 주로 개발도상국에 적용되어 저소득층 지원과 문맹퇴치와 같은 부분적인 목표에만 치중하여 목표 달성과정에 지역과 의제 모두 불균형을 이루었다. 이후 MDGs에 대

브룬틀란위원회는 일명 '브룬틀란보고서'라고 부르는 「우리의 공동 미래」(Our Common Future)라는 제목의 문서를 발표했다. 이 보고서는 '리우 데 자네이루 환경개발 선언아젠다21'(The Rio Declaration on Environment and Development Agenda 21)의 40개 장과 27개 원칙의 주요 골격이 되었다. 이 보고서는 지속가능한 개발을 "미래세대들이 자신의 욕구를 충족시킬 수 있는 능력을 훼손하지 않으면서 현 세대의 욕구를 충족시키는 것"이라고 정의했다. https://www.sustainabledevelopment2015.org

해 문제 제기된 선진국과 개발도상국의 구분을 탈피하고 모든 국가에 보편적으로 적용할 후속 의제로 SDGs가 채택되었다. SDGs는 그 자체가 지속가능하면서 모든 국가에 대해 지속가능성을 위한 보편적 발전에 중점을 두고 있다. 특히 환경은 지속가능한 발전에서 부차적이거나 대립되는 것이 아니라 다른 모든 목표들을 뒷받침하는 토대가 된다는 것을 보여준다. MDGs가 빈곤문제와 빈곤퇴치라는 지엽적인 부분에 초점을 맞추었다면 SDGs는 환경, 경제, 사회 각 분야를 서로 경쟁적인 것이 아니라 국가에 내재된 하나의 총체적 체계로 보면서 기후변화, 도시, 물, 위생, 에너지 등과 같은 새로운 주제들을 강조한다. "지속가능발전목표 SDGs 2030"은 사회, 경제, 환경을 기준으로 하여 미래세대를 위한 발전을 고려하면서 현재세대의 발전 수요를 충족하여야 한다는 원칙하에 새천년개발목표(MDGs)의 한계를 바탕으로 한다(김태완 · 이주미, 2016).

〈표 7-1〉 **MDGs와 SDGs의 구성요소 비교**

구 분	MDGs(2001~2015)	SDGs(2016~2030)
구 성	8개 목표, 21개 세부목표	17개 목표, 169개 세부목표
대 상	개도국	개도국과 선진국 모두를 포함(보편성)
분 야	빈곤층과 의료 부재 등 사회분야 중심	환경 등 기후변화에 관한 사항 외에 경제발전 등을 고려하여 경제·사회·환경을 축으로 지속가능발전 고려(변혁성)
참 여	정부중심	정부, 시민사회, 민간 등 모든 이해관계자 참여(포용성)
재 원	ODA 재원 중심	ODA를 포함하는 공공 및 민간 재원

출처 : 김은정(2018), p. 29 재인용.

MDGs와 SDGs를 살펴보면 MDGs의 경우에는 8개 목표와 21개 세부목표로 구성되었지만 SDGs는 기존의 목표보다 9개가 추가되어 17개 목표로, 세부목표에 있어서는 148개가 추가된 169개 세부목표로 구성되어 있다.

〈표 7-2〉 **SDGs 17개 목표의 주요 내용**

번호	SDGs의 목표	주요 내용
1	No Poverty	전 지구적 모든 지역에서, 어떠한 형태든지 빈곤 퇴치
2	Zero Hunger	지속가능한 농업 등을 바탕으로 한 식량자원 확보와 공급을 통한 기아 퇴치
3	Good Health and Well-being	모든 연령층의 건강과 삶의 질 보장
4	Quality Education	기초교육을 포함한 양질의 교육과 평생교육 보장
5	Gender Equality	성평등과 여성 능력 강화
6	Clean water and Sanitation	깨끗한 수자원 확보와 위생 관리
7	Affordable and Clean Energy	에너지 안보와 친환경 에너지 확대
8	Decent Work and Economic Growth	양질의 일자리 창출과 경제 성장
9	Industry, Innovation and Infrastructure	지속가능한 발전을 뒷받침하는 산업과 혁신 성장과 이를 위한 인프라 구축
10	Reduced Inequalities	국내외 불평등 줄이기
11	Sustainable cities and Communities	안전하고 지속가능한 도시와 지역사회
12	Responsible Consumption and Production	경제성장에 이바지하는 소비와 생산 활동
13	Climate Action	기후변화 대응을 위한 이행
14	Life Below Water	지속가능한 수자원 확보 등 해양 보호
15	Life on Land	지속가능한 토지 확보를 위하여 산림과 생태계 등 보호
16	Peace, Justice and Strong Institution	평화롭고 정의로운 사회 구현을 위한 제도 마련
17	Partnership for the Goals	지속가능성 보급을 위한 글로벌 파트너십 강화

출처 : 김은정(2018), pp. 31-32 재인용.

2) 지속가능발전의 세 차원

지속가능발전을 크게 세 개의 주요 영역-인구통계학적 변화, 생태계 변화, 기후변화-에서 살펴보고자 한다. 인구통계학적 변화는 부와 빈곤의 분포를 포함하여 시간이 지남에 따라 나타나는 인구 규모와 패턴의 변화이다. 생태계 변화는 미래 세대를 지속시킬 수 있는 지구의 능력에 영향을 미치는 자연자본의 시간 경과에 따른 변화이며, 자연적 변동성과 인간의 활동으로 인한 지구의 기후 변화가 있다.

(1) 인구통계학적 변화

지속가능성은 종종 인간의 욕구와 요구를 과소평가하는 자연환경 관점에서 설명되기도 한다. 실제로 인간행동은 지속가능성의 중요한 요소다. 어떤 사람들은 더 나아가 가난과 불평등을 극복하는 것은 지구의 지속가능한 관리에 있다고 주장하고, 지속가능성은 공정, 탐욕, 정의, 소외 등과 같은 주제에 초점을 맞추도록 이끄는 도덕적 문제라고 믿는다.

인구통계학적 변화는 사람들이 현재 세대와 미래 세대를 지속시키는 지구의 능력에 영향을 미치는 주요 요인 중 하나다. 서기 전 청동기시대 이후부터 1500년경까지 긴 시간동안 커다란 인구변동은 거의 없었다. 유럽에서 흑사병이 창궐한 직후인 서기 1,500년경에는 인구가 5억 명이 채 안 되었다. 그러나 500년 후인 2,000년에는 그 당시보다 13배 가까이 증가한 약 65억 명의 인구가 지구에 살고 있다. 2,050년에는 세계 인구가 90억 명에 달할 것으로 전망한다.

인구는 우리가 살고 있는 지구에서 환경 부담의 핵심적 요인이다. 맬더스(Malthus)는 18세기 말 인간의 생명을 유지할 수 있는 지구의 능력은 제한되어 있었다는 점을 잘 알고 있었고 이를 예견하였다. 이후 기술혁신과 환경관리의 발전은 엄청나게 늘어난 수명과 자연 착취에도 불구하고 맬더스가 상상할 수 있는 그 어떤 것보다도 지구의 능력을 확장시켰다. 거기에다 공급과 수요의 법칙에 반하여 더 싼 가격과 더 큰 물질적 행복을 추구하는 기간 동안 인구와 자원착취의 증가가 이루어졌다. 번영하는 사회가 어떤 모습인지에 대해서는 많은 이견이 있지만, 한 세기가 훨씬 넘는 기간 동안 점점 더 많은 사람들이 인간, 자연, 금융자본의 확대를 충족된 욕구와 열망을 번영하는 사회와 연관 지어 왔다.

전 세계 사람들은 이전보다 더 오래 건강하게 산다. 전반적으로 많은 정보들을 읽고 더 많은 수입을 얻고 있지만 현실은 복잡하다. 약 12억 명 또는 전 세계 인구의 1/5이 하루에 미화 1달러 미만으로 살아가는 극빈층이다. 중국에는 1990년대에 극빈층이 2,800만 명에 이르렀고, 사하라지역 아래에 있는 아프리카국가들의 국내총생산(GDP)은 1975년 이후 17% 정도 하락했다. 기대수명, 모성보건, 아동사망, 영양실조, 질병 등은 놀라울 정도로 빈부수준을 반영하고 있지 않다. 이들 국가에서 여성은 16명당 1명이 임신 관련 질병으로 사망할 수 있는 만성위험을 가지고 있다. 또한 1950년 이후 기대수명이 선진국은 82세까지 늘었지만 이들 국가에서는 평균 47세에서 65세로 늘었을 뿐이다.

(2) 생태계 변화

온실가스 배출량 증가
지표 및 지표수 자원의 과다 사용
야생 어류의 극심한 포획과 멸종
많은 삼림 생태계 분쇄
개발도상국 도시 확대로 인한 대기 오염 증가
서식지 파괴 및 침입 종과 관련된 생물 다양성에 대한 지속적인 위협
유아 및 자연 환경에 독성 화학물질의 축적

출처 : www.millenniumassessment.org.

생태계는 생물과 비생물의 역동적인 상호관계에 의해 만들어진 시스템을 말한다. 생태계는 사막만큼 클 수도 있고 유인원만큼 작을 수도 있지만, 지속가능한 생태계는 먹이, 물, 피난처 등보다 더 많은 유기체를 포함할 수 없다. 만약 그렇지 않으면 생태계는 불균형을 이루게 되고, 특히 최근에는 인간의 활동을 통한 불균형이 우려를 낳고 있다. 생태계는 서로 다른 다양한 요소들로 구성되어 있으며, 주요 요소는 토양, 대기, 태양열과 빛, 물, 그리고 살아 있는 유기체들이다. 이와 관련하여 가장 주목할 만한 연구인 2005년에 완료된 '밀레니엄 생태계 평가(Millennium Ecosystem Assessment, MA)'[4]는 인간 활동이 전 지구적 생태계에 대한 압력뿐만 아니라 인구통계학적 변화, 경제성장, 지구온난화 등 생태계에 미친 영향과 역사적으로 유례없는 인간 활동과 관련된 아래와 같은 다양한 흔적들을 담고 있다.

지난 50여 년간 생태계는 인류 역사에서 어느 시기와도 비교할 수 없을 만큼 급격하고 빠르게 변하고 있으며, 식품, 깨끗한 물, 목재, 섬유, 연료 등에 대한 수요 충족이 급증하고 있다. 생태계 변화는 인간의 복지와 경제 발전에 상당히 기여했다. 예를 들면, 경작과 수확량의 증가는 1960년 이후로 식품생산이 세 배 증가했음을 의미하고, 그 결과 식품가격 하락과 영양결핍에 있는 사람들이 줄었다. 그러나 이런 발전에 대해 다음과 같은 비판과 성찰의 목소리도 계속되고 있다. 그 토지 원주민들은 농업 확대로 인해 손해를 본 적이 있는가? 우리는 토지와 인구 규모의 증가를 위한 경쟁으로 낮은 식품 가격의 끝을 보고 있는 것이 아닌가? 부유한 국가들을 위한 식생활 수요는 가난한 사람들을 영양실조에 더 취약하게 만들 것인가? 세계 생태계의 건강에 대해 자연과학자와 사회과학자들이 수행하는 가장 포괄적인 검토인 '밀레니엄 생태계 평가'는 인간 활동은 미래 세대를 유지할 수 있는 능력을 더 이상 당연하게 여길 수 없을 정도로 지구의 천연자원을 고

4 밀레니엄 생태계 평가(MA)는 2000년 코피 아난(Kofi Annan) 유엔 사무총장의 제안으로 이루어졌다. 2001년에 시작된 밀레니엄 생태계 평가의 목적은 인류의 안녕을 위한 생태계 변화의 결과, 생태시스템의 보존과 지속가능한 활용 및 인류의 복지를 향상시키기 위해 필요한 사항들의 과학적 근거를 평가하는 것이었다. 전 세계 1,360명 이상의 전문가들이 밀레니엄 생태계 평가에 참여하여 5권의 기술집과 6개의 종합보고서를 작성했다. 여기에 수록된 연구결과는 지구 생태계 상태 및 동향과 깨끗한 물, 식품, 삼림생산물, 홍수조절, 천연자원 등의 취약성 복원, 보존 또는 생태계의 지속가능한 이용을 강화하기 위한 선택들에 대해 최첨단의 과학적 평가 틀을 제공한다(출처 : 밀레니엄 생태계 평가 홈페이지, www.millenniumassessment.org).

갈시키고 있다고 결론지었다.

밀레니엄 생태계 평가는 인간의 복지와 미래 실천을 위한 과학적 기반 위에서 생태계 변화의 결과들에 특별히 주목했다. 그 결과들은 어떻게 생태계를 관리하는지에 따라 인간 생명을 지속시켜 주는 지구의 능력에 미치는 영향에 대한 충분한 증거들을 제공하며, 궁극적으로는 경제적 번영, 건강, 안보, 사회관계, 그리고 선택과 행동의 자유에 영향을 주게 된다. 지속가능성 과제 중 일부는 앞으로 생태계에 지속적인 피해를 주지 않고 이용할 수 있는 것과 이용할 수 없는 것을 분명하게 이해하는 것이다. 그러나 생태계가 제공하는 모든 서비스 범주를 살펴보면 개선되는 것보다 저하되고 있는 것들이 더 많은 것처럼 보인다. 더욱이 복잡한 생태계 서비스들 간의 상호관계는 한 영역의 손실이 다른 영역의 이익으로 쉽게 상쇄될 수 없음을 의미한다. 일부 해안 지역의 수경재배 증가는 습지 및 기타 자연적인 방어를 저하시키는 비용으로 이루어졌고, 이는 허리케인과 이와 유사한 극한 기후 영향이 이전보다 더 커지고 있음을 보여준다.

(3) 기후변화

기후변화는 생태계 변화에서 가장 많이 논의되는 주제이다. 기후 변화의 원인, 심각성, 결과, 인간의 역할 등에 관한 공개 토론도 많이 열린다. 기후변화 문제는 이산화탄소(CO2) 배출 증가가 그 원인이며 이는 지구 온난화 현상으로 설명된다. 지구 온난화는 19세기 후반부터 시작된 전 세계적인 바다와 지표 부근 공기의 기온 상승을 의미한다. 기후변화 이해를 위한 중심 개념인 온실효과에 대한 논의는 실제 온실처럼 뜨겁게 이루어지고 있다. CO2, 물, 메탄과 같은 온실가스는 유리처럼 작용하며 지구가 빙하로 변하거나 또는 뜨거워지지 않을 만큼 충분한 적외선을 가두어 놓는다. 인간 활동은 의미 있는 방법으로 온실가스에 영향을 미칠 수 있다. 기후온난화의 원인에 대해 대부분의 과학자들은 90% 이상의 온실 기체 농도의 증가와 화석 연료 사용과 같은 인간 활동을 그 원인으로 꼽는다.

인간 활동은 산업화 이전과 대비하여 현재 이미 1℃(≅0.8~1.2℃) 상승시키는 결과를 초래한 것으로 추정하고 있다. 이는 1800~1900년 대비 2006~2015년 전 지구 평균온도는 0.87℃ 상승하였고, 2006~2015년 동안의 전 지구 평균온도는 10년당 평균 0.2℃(≅0.1~0.2℃) 상승하고 있는 것으로 나타났다. 지난 100여 년 동안 지구 평균기온은 0.8° C 상승했지만 30년 동안 지구 온난화로 인해 평균기온이 0.6° C 상승했다. 이러한 추세가 지속될 것으로 예상한다면, 2030년에서 2052년 사이에 0.5℃가 상승하여 1.5℃ 목표를 초과할 것으로 예측되고 있다. 2100년까지 전 지구 평균온도 1.5℃ 상승 제한을 위한 잔여탄소배출총량(carbon budget)은 4,200억~5,800억CO2톤으로 파리협정에 따라 제출된 국가별 감축목표를 이행하더라도 2030년 연간 온실가스 배출량은 520억~580억CO2톤에 이르러 1.5℃ 달성에 필요한 배출량인 250억~350억CO2톤을 크게 초과하여 2100년에 지구온도가 산업화 이전과 비교하여 3℃ 상승할 것으로 예상하고 있다. 따라서 2100년까지 1.5℃ 목표로 제한하기 위해서는 2030년까지 2010년 대비 온실가스 배출량을 최소 45% 감축할 수 있는 방안이 마련되어야 한다. 이를 위해서 2050년까지 전 지구 온실가스 총배출량이 0(net zero)이 되어야 하며, 이를 위해 1,000억~1조CO2톤의 이산화탄소 흡수가 필요하며, 메탄, 에어로졸 등 이산화탄소 이외의 배출량도 함께 감축할 필요성을 강조하고 있다(노재성, 2018).

기후변화가 많은 관심을 끌었던 한 가지 이유는 'UN 기후변화에 관한 협의체(The Intergovernmental Panel on Climate Change, IPCC)'가 기후변화로 인해 지구가 받게 되는 영향을 발표했기 때문이다. 2018년 제48차 기후변화에 관한 협의체(IPCC) 총회에서는 「지구온난화 1.5℃ 특별보고서(Special report : Global Warming of 1.5℃)」가 195개 회원국 만장일치로 승인되었다.

IPCC 특별보고서에 따르면, 전 지구 평균기온 1.5℃ 상승의 영향으로 대부분의 지역에서 평균온도가 상승하고, 거주지역 대부분에서 극한 고온이 발생하며, 일부지역에서는 호우 및 가뭄이 증가할 것으로 예상했다. 또한 지구온난화는 일반적으로 해양보다 육지에서 더 크게 나타나며, 빈곤계층과 사회적 약자에게 더 큰 영향을 미칠 것으로 보았다. 2100년까지 온도 상승폭을 1.5℃ 내로 제한하려면 사회 모든 부문에서 신속하고 광범위하면서 유례없는 변화가 필요한데, 이를 위해서는 2100년도보다 이산화탄소 배출량을 2030년까지 최소 45% 감축하고, 2050년까지 순제로(net zero) 배출이 달성되어야 한다고 제시했다. 이는 인간 활동으로 발생하는 인공적인 이산화탄소를 100% 다시 제거할 때 가능하다는 것을 의미하는데, 이와 관련해서 만약 지구기온이 일시적으로 1.5℃를 초과하면 2100년까지 1.5℃ 미만으로 되돌리기 위해서는 대기 중 이산화탄소 흡수 기술(CDR)에 더 많이 의존해야 하며, 이러한 기술이 아직 완벽하게 검증되지 못했다면 지속가능발전에 위험을 초래할 수 있다고 분석하고 있다(IPCC, 노재성, 2018).

2 지속가능발전과 사회적기업가정신

1) 지속가능성과 사회적기업

사회적기업에 있어서 지속가능성은 기업 자체의 유지와 관련된 문제와 함께 사회적기업의 외부 환경으로서 앞에서 서술한 지속가능발전의 세 개의 주요 영역인 인구통계학적 변화, 생태계 변화, 기후변화 맥락에서 사회적기업의 지속가능한 조건들을 어떻게 이해할 것인지에 관한 문제와 연관된다.

또한 사회적기업가에게 지속가능성이라는 용어는 적어도 두 가지 의미를 가진다. 첫째는 지속가능한 비즈니스 모델 유지라는 문자 그대로의 해석과 관련이 있는데, 사회적기업이 계속 활동할 수 있는지에 관한 것이다. 이 문제는 항상 쉽거나 명쾌하지 않은데, 사회적기업의 지속가능한 조건인 재무적 수입에서 재정적 유입은 때때로 유출(주로 어려움에 처한 기업)금액보다는 적은 다른 원천(기부, 후원 등)에서 온다. 이것은 사회적기업가들이 가급적이면 기부나 후원에 의존하지 않고 사업을 지속할 수 있는 방법들을 끊임없이 창조적으로 찾고 있다는 것에 대한 반증이기도 하다. 두 번째 의미는 사회적 노력의 복원력과 그 효과와 관련이 있다. 사회적기업이 하나의 사업에서 다음 사업으로 넘어가자마자 열심히 투자한 노력에도 불구하고 그 성과가 물거품이 된다면 매우 실망스러울 것이다. 사회적기업의 지속가능성 보장이 반드시 재무적 수익에 의해서만 보증되는 것은 아니지만 그러나 그 가능성을 높이기 위해서 꾸준히 지속성을 보장하는 사업 모델을 만들어야 할 것이다.

사회적기업이 경제적으로 지속가능한 운영을 하면서 사회적 목적들의 균형을 유지하는 소셜 비즈니스 사례로 아동노동이 투입되지 않는 상품을 만드는 아시아에 본사를 둔 카펫 회사인 GoodWeave가 있다.

GoodWeave

인도, 네팔, 아프가니스탄, 미국, 유럽에서 운영되고 있는 GoodWeave는 아동노동 종식을 위해 다음 네 가지 목표를 세워 활동하고 있다.

goodweave®
25 Years of Ending Child Labor

- 시장 영향력 확대 : 아동노동이 투입되지 않는 카펫 수요 증가를 위해 시장 영향력을 향상시킨다.
- 아동노동이 없는 공급망 개발 : GoodWeave에 참여하는 수입업자들은 수시로 이루어지는 암행감찰을 위해 직조시설을 개방하고 엄격한 심사 기준을 거쳐 인증마크를 부여한다.
- 아동들을 위한 교육기회 제공 : 아동노동에서 구출된 아동들을 위해 상담, 의료, 교육을 제공한다.
- 적법한 성인노동 보장 : 아동노동은 지역사회와 밀접한 관련을 가지고 있어 성인 노동자 임금과 근로조건 개선에 관한 기준을 2016년 제정했다.

GoodWeave 설립 이후 남아시아 카펫산업에서 아동노동비율은 약 80% 정도 낮아졌고, 약 3,600명의 아동노동자들이 구출되었다. 약 14,000명의 아동들이 GoodWeave의 후원을 받으며 생활하고 있다.

출처 : GoodWeave 홈페이지(https://goodweave.org); 미래를 위한 디자인(2017).

국제노동기구에 의하면 아시아에서 약 7,800만 명의 아동노동이 이루어지고 있다고 한다. 아동노동의 심각성은 대부분 세계 경제 공급망의 최하위 단계에 감추어진 채 이루어지고 있다. 이러한 아시아 지역의 아동노동착취 문제 해결을 위해 2014년 노벨상 수상자인 인도의 카일라시 사티아르티(Kailash Satyarthi)가 1997년 설립한 GoodWeave의 사회적 미션은 카펫산업에서 아동노동 종식과 시장구조 개혁이다.

세계적인 사회적기업가들 중 일부는 자신들의 임무에서 사업과 정부지원 사이의 중간 경로들을 학습하면서 주요 환경 프로젝트에 참여하거나, 이해당사자들을 위한 인식 함양 캠페인, 더 건강한 환경을 보장하기 위한 다양한 보건의료사업, 다음 세대를 위한 교육사업 등을 전개하고 있다.

사실 우리가 지속가능성을 위한 사회적기업가정신을 인식하게 된 것은 기업가정신에 많은 영향을 끼쳤던 슘페터(1934)의 견해에서 찾을 수 있다. 그는 "지속가능한 기업가들은 기존의 전통적인 생산 방식, 제품, 시장 구조, 소비 패턴을 파괴하고 우수한 환경적 · 사회적 재화와 서비스로 대체하기 때문에 기업적 활동이 실제로 창조적인 파괴"임을 강조했다.

2) 지속가능발전과 지속가능 사회적기업가

지속가능 기업가정신은 최근에 등장한 연구 분야이며 기업 활동에서는 상대적으로 새로운 두 분야인 '지속가능'과 '발전'의 교차점에 놓여 있다. 중요한 과제는 두 분야의 연계를 특징짓는 핵심 요소에 대해 정의하고 개념화하는 것이며, 지금까지 이어져 온 사회적기업가정신 관련 연구들을 지속가능 기업가정신, 생태적 기업가정신, 사회적기업가정신 등 세 가지와 밀접하게 통합하는 것이다. 지금까지는 환경적사회적기업가, 녹색기업가, 생태기업가, 지속가능한 기업가 등의 용어들이 혼합되어 사용되고 있다(Dixon & Clifford, 2007; Choi & Gray, 2008)

지속가능 기업가정신은 1990년대 출현하여 세기가 바뀔 무렵에 다소 혼란스러운 과정 속에서 차츰 형태를 갖추어 왔다. 이것은 기업경영패러다임 흐름의 변화로 나타났는데, 1980년대는 전통적 경영, 1990년대 환경적 경영, 2000년대 지속가능경영으로 발전해 왔다. 전통적 경영에서는 경제적 요인인 기업의 이윤극대화를 추구했으나 1990년대에는 기업의 지속가능성에 대한 문제와 함께 생태환경에 대한 관심을 가지고 '지속가능한 개발' 단계로 접어들었다. 이후 기업의 사회적 책임(CSR)과 트리플 보텀 라인(tripple bottom line)[5]이 결합한 개념인 '지속가능경영'으로 발전해 왔다.

2000년 이후 지속가능경영 연구에서 더 나아가 지속가능 기업가정신에 대한 연구도 활발히 이루어지고 있다. 코헨과 윈(Cohen & Winn, 2007)은 지속가능 기업가정신을 "미래의 재화와 서비스를 현재로 가져오는 기회를 누구에 의해 그리고 어떤 경제적, 심리적, 사회적, 환경적 결과에 의해 발견하고, 창조하고, 착취하는지에 대한 조사"로 정의한다. 또한 사회적 · 환경적 목표에 대한 강조로서 지속가능 기업가정신 연구는 고전적인 기업가정신 연구와 다르다고 주장했다. 이들은 지속가능 기업가정신의 토대를 시장실패와 기업가정신의 관계로 보았는데, 두 가지 연구 방법, 즉 시장실패 및 환경적으로 유익한 기업 활동 기회와 지속가능 기업가정신 사이의 관계를 분석하였다. 환경 및 사회문제를 일으키는 시장실패들은 급격한 기술적 · 경영적 혁신으로 바뀌고 있음을 강조했다(Cohen & Winn, 2007).

딘과 맥뮬런(Dean & McMullen, 2007)은 지속가능 기업가정신을 "시장 실패만큼이나 많은 유형의 지속가능한 기업가정신을 제시했는데, 이는 시장지향 기업가정신, 정치적 기업가정신, 생산자중심 정보형 기업가정신, 고객중심 정보형 기업가정신 등이다. 시장 실패에 존재하는 경제적 기회를 다양한 방법으로 찾아 개척하고 많은 사회문제들을 지속가능 기업가정신으로 해결하는 방법을 제시한다. 지속가능 기업가정신에 대한 이러한 정의들은 새로운 유형의 기업가 출현과 시장과의 독특한 관계를 설명하는 방식으로서 슘페터의 창조적 틀(creative frame)의 적용으로 보인다. 많은 경우 지속가능 기업가정신의 증가에 대한 설명은 환경 보호

---

5 경제적 번영(economic prosperity), 환경적 질(environmental quality), 사회적 정의(social justice)를 의미한다.

및 보존에 있어서 충족되지 않는 필요와 같은 경제적 요인에 기초한다.

이러한 일련의 연구들을 통해 기업가정신과 지속가능 기업가정신에 대한 차이를 파악할 수 있다. 기존의 기업가정신 연구는 경제적 가치를 창출하는 것에 초점을 맞추었지만 지속가능 기업가정신에서는 기업의 사회적 책임이 강조되었다. 그러나 지속가능 기업가정신이 환경·사회문제에 대한 관심을 갖는 데까지 나아갔지만 기업을 경영자와 근로자, 주주로만 국한하여 보는 관점으로 인해 기업을 둘러싼 사회와 개인의 집합체인 이해관계자 관점을 갖지 못한다.

기업의 지속가능을 위해서는 경제적 가치 창출이라는 기업 본래의 존재 목적에서 더 나아가 창출과 분배의 총체적 이해가 필요하다. 기업 활동의 결과는 부가가치창출로 나타난다. 이 부가가치는 기업과 개인, 그리고 사회의 상생을 돕는 경제적 원천이기도 하다. 때문에 기업이 창출한 부가가치는 기업만이 아닌 기업의 이해관계자들과 함께 분배되어야 한다. 사회적기업은 이러한 기업의 지속가능 특성을 태생적으로 갖는다.

사회적기업가는 기업 활동과 이해관계자의 복합적 관계를 잘 구성해 가면서 경제적 목적과 사회적 목적을 달성하기 위해 사회적기업 내부 구성원들에게 최대한의 자율성을 보장한다. 또한 사회적기업 활동의 의미와 성취욕구를 위한 동기부여를 통해 개인의 창의성을 극대화하고 혁신을 이루기 위해 실패를 두려워하지 않는 리더십을 필요로 한다. 지속가능 사회적기업가는 사람과 활동을 통합할 수 있는 리더십을 가지고 가치와 이익을 공유하는 기업경영을 실천할 수 있어야 한다.

지속가능 사회적기업가 모델은 기업과 사회, 개인을 별개의 개체가 아닌 상호 순환관계로 보고 사회적·경제적·환경적 가치를 창출하고 분배하는 역할이다. 그러기 위해서는 기업 내부구성원 개인의 창의적 능력을 배양하고 이를 토대로 기업 혁신역량을 증가시켜 부가가치를 창출·분배하는 과정을 통해 점차 확대 재생산되면서 지속가능할 수 있게 된다. 지속가능 사회적기업가는 기업 활동을 통한 내부 부가가치와 사회적 가치의 창출과 분배의 순환구조를 이루는 운영원리를 실천할 수 있어야 한다.

03 PART

사회적기업 경영

소셜 비즈니스 : 사회적기업의 사업과 사회자본

Chapter 08

1 소셜 비즈니스 개념 및 등장 배경

1) 소셜 비즈니스 개념

소셜 비즈니스(social business)는 나름 독특한 의미를 갖는 용어로서, 일반 비즈니스처럼 재화와 서비스 생산 · 판매 과정을 통해 돈을 벌지만 투자자나 기업주가 이윤을 갖지 않고 특정한 사회문제 해결을 위해 재투자하는 사회적경제 비즈니스 모델이다. 소셜 비즈니스 개념은 '경제적 사업 방식으로 사회적 제반 문제를 해결하는 활동'이며, 비즈니스 방법과 실천을 통해 긍정적인 사회 변화를 이루는 데 초점을 둔다. 이를 두고 일부에서는 '계몽된 자본주의'라고 부르기도 한다(Grove & Berg, 2014).

소셜 비즈니스의 시작은 방글라데시에서 빈곤층 여성을 위한 소액대출사업(micro credit)으로 설립된 그라민은행(Grameen Bank)에서 찾을 수 있다. 무하마드 유누스(M. Yunus)는 1976년에 고리대금업자의 횡포 때문에 아무리 열심히 노동을 해도 부채의 악순환에서 벗어나지 못하는 여성들의 사정을 알게 되자, 비슷한 처지에 놓인 다른 빈곤층 주민 42명을 위해 은행에서 대출을 받아 27달러씩 소액대출을 하는 '그라민실험은행 프로젝트'를 시작했다. 유누스는 돈을 빌리는 여성들에게 담보를 요구하지 않는 무보증 · 무담보 소액신용대출을 하면서 빌린 돈은 제날짜에 반드시 갚게 하고, 땅이 없는 사람들에게만 돈을 빌려주며, 가급적 상대적 약자인 여성들과 함께 일한다는 세 가지 원칙 아래 그라민 프로젝트를 운영한 이후 1983년 공식적으로 그라민은행을 설립했다.[1] 이후 방글라데시에 외국기업들과 조인트 벤처로 세워진 사회적기업들은 50여 개에 달한다. 유누스는 소셜 비즈니즈의 7가지 원칙을 다음과 같이 제시하면서 소셜 비즈니스 개념을 비영리조직에서 전통적인 이윤극대화 기업으로의 연속성을 갖는 것으로 설정한다(Yunus, 2006).

- 비즈니스 목적은 빈곤 극복이거나 사람과 사회를 위협하는 둘 이상의 사회문제(교육, 보건, 기술 접근, 환경)를 해결하는 것이며, 이윤극대화는 아님
- 재정적 · 경제적 지속가능성
- 투자자는 투자한 총액에 대해서만 돌려받으며, 투자액을 초과하는 배당은 하지 않음
- 투자금을 반환해 줄 때 기업 이윤은 사업확장과 개선을 위해 지급하지 않음
- 높은 환경의식
- 노동자는 더 나은 조건과 함께 시장임금을 받음
- 즐거움으로 할 것

소셜 비즈니스는 사회적기업가정신을 폭넓게 설명하는 특별한 표현이기도 하다. 본슈타인(D. Bornstein, 1996)은 그의 저서 『꿈의 가격 : 그라민은행 이야기와 가

1 그라민은행의 총재직을 계속 맡고 있었던 유누스는, 2010년 말 방글라데시 정부는 유누스가 법률상 정해진 정년을 넘겼다는 명분을 내세우며 그라민은행에 해임을 요구하자 2011년 총재직에서 사퇴했다. 그 후 연 20~50%의 고금리를 받고 대출을 내주는 그라민은행의 대출 정책이 비판의 표적이 되자 방글라데시정부와 갈등을 빚기도 했다. 이와 관련해서 2011년 한국을 방문한 유누스는 그라민은행 소액대출금리에 대해 "방글라데시 그라민은행 금리는 개발도상국 중에서는 낮은 편에 속한다. 여러 비용을 포함해 20%정도다. 지속가능한 발전을 위해 소액대출의 금리는 20~25%가 가장 적당하다"고 언급했다(미디어SR 2013. 8. 27.일자. http://www.mediasr.co.kr/news/articleView.html?idxno=5704).

난한 이들의 삶의 변화를 돕는 생각(The Price of a Dream: The Story of the Grameen Bank and the Idea That is Helping the Poor to change their Lives)』에서 소셜 비즈니즈의 기원으로서 그라민 조직을 통해 그 역사를 추적하고 있다. 그는 유누스의 생각들을 슘페터의 '창조적 파괴'와 '기업가정신'과 연결시키면서 소셜 비즈니스의 이론적 발전 과정을 소개한다.

소셜 비즈니스 개념의 기본 자료들은 유누스 본인 자신의 저서와 강연 및 인터뷰를 통해 밝혔고 2010년 캘리포니아주립대학교와 함께 소셜 비즈니즈 캘리포니아연구소를 설립했다. 유누스는 그의 저서들을 통해 소셜 비즈니스에 대한 개념을 "사회문제 해결을 위한 구상으로 창조된 비즈니스로서, 손실과 배당이 없는 기업이 재정적으로 지속가능하고, 창출된 이윤은 기업 영역 확장, 제품이나 서비스 향상, 또는 사회적 사명 실천에 대한 지원 등 사회적 영향을 향상시키기 위한 목적으로 재투자하는 사업"으로 정의한다. 유누스의 저서들을 통해 소셜 비즈니스의 개념에 대한 이론적 발전 과정을 살펴본다.

『가난한 사람들을 위한 은행가』(정재곤 역, 2002)에서 유누스는 방글라데시에서 많은 빈민여성들이 고리대금업자들의 높은 이자에 묶여 노예처럼 살아가는 빈곤의 악순환에 대해 증언한다. 그는 은행에서 대출받은 돈을 다시 42명의 빈민여성들에게 소액대출 해주면서 대나무를 활용한 소가구를 제작하여 판매하는 과정에 대해 기술하고 있다. 짧은 시간 내에 빈민여성들이 빌린 돈을 다시 상환하고 자신과 가족들을 부양하는 모습을 보면서 그라민실험은행이라는 소액대출프로젝트를 착상하게 된다.

소셜 비즈니즈 이론에 대해 처음으로 언급한 『가난 없는 세상을 위하여』(김태훈 역, 2008)는 세계적인 식품업체인 프랑스 다농(Danone)과 합작을 통해 방글라데시에 그라민 다농푸드(Grameen Danone Food)을 설립하게 되는 과정을 포함하여 그라민이라는 상호로 설립된 다른 사회적기업들을 소개하고 있다. 이 책에서 유누스는 사회적 비즈니스를 Ⅰ유형과 Ⅱ유형으로 구분한다.

세계적으로 많은 대기업들과 사회활동가들이 어떻게 소셜 비즈니스를 이론에서 실천으로 적용했는지를 소개한 『사회적기업 만들기』(송준호 역, 2011)는 실제로 사회적기업을 설립하고자 하는 사람들 위해 실제적인 안내를 한다. 유누스는 공공부문과 기업이 어떻게 소셜 비즈니스를 위한 공간을 만들 수 있는지, 그리고 왜 소셜 비즈니스가 자유시장기업들의 실패한 약속들을 회복하기 위한 잠재력을 보유해야 하는지를 제시한다.

하나의 모델이자 학문적 연구분야로서 소셜 비즈니스는 사회적기업가정신, 기업사회공헌, 비영리기관 경영, 세계 경제발전 분야와 밀접하게 관련되어 있다. 유누스가 제시한 비손실, 비배당 모델은 독특하면서도 전통적 비즈니스와 자선사업 사이에서 제3의 길을 지향하는 비즈니스 모델이다. 유누스 모델이 상대적으로 특수한 새로운 모델이라 그 개념의 적용에 대한 연구가 많지 않았는데 최근에 들어 소셜 비즈니스에 대한 연구가 활발해지고 있고 일본은 정부 차원의 소셜 비즈니스[2]를 정책으로 채택하여 사회적경제 모델로 추진하고 있다.

2) 소셜 비즈니스 등장 배경

(1) 비영리기관 경영의 영향

비영리기관은 정부가 사회의 어떤 하위계층 욕구를 충족시킬 수 없을 때 많은 관심을 받게 된다. 공공조직과 민간조직의 전체적인 차이는 공공재와 사적재 그리고 제3섹터를 통한 시민사회의 목표에 대한 개념까지 이르게 된다. 정부기관과는 대조적으로 비영리기관은 프로그램 개발과 실행뿐 아니라 고용, 구매, 예산에 있어서도 훨씬 자율적이다. 서비스 공급에 있어서도 최적의 조직으로 평가하기

2 일본에서 소셜 비즈니스 개념을 받아들인 시기는 2000년대 중반으로, 2007년 일본 산업경제성이 산업구조심의회 산하에 '소셜 비즈니스 연구회'를 발족하고, 포럼개최 및 연구보고서 발간을 통해 소셜 비즈니스를 학계와 사회에 확산시켰다. 2008년에는 소셜 비즈니스 예산으로 총 5.7억 엔을 투입하고, 사업 지원을 위해 지역 수준의 민관협동 조직인 'CB/SB 협의체'와 중앙정부 수준의 협의체인 '소셜 비즈니스 추진 이니셔티브'를 조직했다[이상직 · 연준한 · 미우라 히로키(2015). 일본 사회적경제의 조직 지형 : 포괄적 제도 분석과 전망. 한국정치연구, 24(2), 한국정치연구소].

도 한다.

유럽은 1980년대 중반까지도 비영리기관에 대한 비교연구가 시작되지 않았지만, 미국은 1970년대에 비영리조직에 대해 관심을 가지고 연구가 이루어졌다. 포웰(Powell, 1987)은 비영리기관에 대한 연구를 크게 비영리기관과 행위역할에 대한 이론으로 구분했다. 자본주의체제 내에서 비영리기관의 목적은 국가 자체가 달성할 수 있는 것보다 더 큰 사회적 급여의 다양성을 가능하게 하는 것이다. 미국의 비영리기관은 수익확보가 허용되지 않지만 미래의 서비스를 위한 자금조달을 위해 어떠한 잉여자금을 사용하거나 또는 비영리법인에 제공해야 한다. 비영리의 경제학은 지속가능성의 도전이라는 차원에서 중요한 영역이다.

비영리기관에 대한 연구에서 가장 넓은 영역 중 하나는 특정한 실용 경영과 관련된 주제이며, 이것은 영리기관과 차별되는 방식이기도 하다. 비영리기관 경영연구로 많이 알려진 피터 드러커(P. Drucker)는 비영리기관 경영에서 사명, 고객, 고객가치, 결과, 기획 등 다섯 가지 기본적 사항에 대해 스스로 질문하고 이를 기초로 전략적 계획을 수립할 수 있는 도구를 제공한다. 드러커는 비영리기관의 경영접근법과 관련하여 사람들의 능력을 효과적으로 만들고 약점을 줄이도록 강조한다. 모든 비영리기관은 '변화된 삶'이 토대가 된다(Drucker, 1995).

많은 국가들에서 비영리기관은 조세지출을 통해 정부로부터 재정지원을 받고 있고 조세정책으로 인해 경쟁상 불리한 위치에 있는 영리기관들과 점점 더 직접적인 경쟁을 하고 있다.

(2) 새로운 인도주의 : 인간의 얼굴을 한 자본주의

1990년 소비에트연방의 붕괴로 시작된 사회주의권 국가들의 몰락은 1980년대 초부터 일기 시작한 신자유주의정책이 전 지구적으로 확산되는 계기가 되었고, 유럽 케인지언 복지국가들의 역할이 재편되는 과정에 놓이게 되었다. 복지국가 축소와 함께 다시 시작된 사회적경제에서 사회적기업이라는 새로운 형태의 조직이 생겨나면서 복지개혁의 일환으로 정부가 제공하던 사회서비스를 사회적기업과 사회적협동조합이 제공하는 전달체계의 변화도 이루어졌다.

이러한 변화의 흐름은 신자유주의정책을 주도한 영국에 의해 이루어졌다. 1980년대 이후 기업 활동에 대한 정부규제 완화, 복지예산 축소, 시장경제 활성화로 1970년대 오일쇼크로 시작된 경기침체를 해결하려는 신자유주의정책이 지지를 업으면서 미국의 레이건, 영국의 대처 등이 이러한 신자유주의에 기반하여 집권을 하게 되었다. 이들은 급격하게 변해가는 시장상황과 기술혁신에 기업이 적절하게 적응하는 것이 경쟁력을 확보하는 대안이며 이를 위해서 신속한 의사결정과 유연한 노동력 관리가 필요하다고 주장했다. 이에 따라 복지국가의 전제조건이었던 종신고용으로 노동자를 보호하는 법을 후퇴시키고, 노동조합 활동을 규제하며, 효율적이고 건전한 정부재정 유지와 국민경제의 경쟁력 강화를 위해 사회보장제도의 축소와 복지예산 감축이 이루어졌다.

신자유주의정책의 주요 핵심이었던 복지국가 축소는 국가의 사회보장재정지출을 줄여 인플레를 약화시키고, 공공복지부문에 고용된 인력과 자원을 민간부문으로 전환하며, 복지국가가 약화시킨 납세자와 복지수혜자 모두에 대해 노동유인을 강화함으로써 경제성장을 목표로 하는 것이었다.

이러한 신자유주의정책의 확산은 사회민주주의를 토대로 하는 유럽 복지국가들에게는 커다란 도전이자 위기로 다가왔고 복지국가 위기론이 대두되면서 사회민주주의 사상이 동요하게 되었다. 그러나 시장경제의 효율성과 자유를 강조하는 신자유주의가 1990년대 들어 전 지구적 금융자본주의의 면모를 갖추면서 사회적 부의 절대적 총량은 증가시켰지만, 반면 빈부격차를 더욱 심화되면서 소득양극화라는 새로운 문제점을 만들기 시작했다.

신자유주의정책을 선택한 국가들은 신자유주의가 발생시킨 이런 문제들을 해결하기 위해 전통적 복지국가의 이념 기반인 사회민주주의로 돌아가지 않고 사회민주주의와 신자유주의 장점들은 취하고 단점들은 폐기 혹은 시정하려는 제3의 이념을 추구하기 시작했는데 이것이 이른바 '제3의 길(The third way)'이었다.

제3의 길은 기존의 사회민주주의 복지정책과 신자유주의 복지정책의 틀을 벗어나 새로운 복지패러다임을 구성하려는 시도였다. 제3의 길은 전통적 복지국가의 초석이 된 제1의 길인 사회민주주의의 문제점을 인식하고 이에 대한 대안으로 제2의 길이 된 신자유주의를 따르는 것이 아닌 양자의 단점들을 모두 배제하고 장점만을 수용하여 융화시킨 만들어진 새로운 복지정책 프레임이었다. 1990년대 후반 유럽에서는 이러한 새로운 제3의 길을 내세운 영국의 블레어나 독일의 슈뢰더와 같은 젊은 정치가들이 지지를 받기 시작해 제3의 길 정치노선으로 집권하게 되었다.

'인간의 얼굴을 한 자본주의'라고 불렸던 제3의 길은 사람이 중심이 되는 자본주의를 지향했는데, 정책에서는 시장 효율성과 사회보장 형평성을 동시에 추구하면서 경제성장과 사회복지를 동시에 유지하고 발전시키는 것을 기본 정책노선으로 설정했다. 인간의 얼굴을 한 자본주의는 국민들이 단순히 복지급여 수혜자만 되는 것이 아니라 노동시장에서 생산적인 활동에 참여할 의무를 가진 존재로서 개인주의를 지향하는데, 이것은 '노동력의 상품화'를 지향하면서 동시에 공정하고 공평한 기회와 분배 정의를 실현함으로써 공동체적 사회연대를 달성하려는 집합주의(collectivism)인 '탈상품화'를 자본주의 시장경제 안에서 동시에 추구하는 것이었다. 제3의 길 복지정책은 국가에 의한 사회보장과 재분배를 중요시하면서 동시에 경제적인 부를 생산하는 주도적 주체로서 복지수혜자의 역할을 강조했다. 케인지언 복지국가 태동 전의 베버리지 시대의 소극적 복지급여 수급자와는 달리 제3의 길의 복지정책은 적극적 복지시민으로서 수혜자와 생산자라는 동시적 위상을 추진했다.

(3) 기업의 사회적 책임

기업의 사회적 책임(Corporate Social Responsibility, CSR)에 대한 의미는 연구자나 기관에 따라 개념, 범위, 체계 등에 대해 조금씩 다르게 정의한다. 기업의 사회적 책임을 처음으로 소개한 보웬(H. R. Bowen, 1953)은 기업이 사회적으로 바람직하다고 생각하는 목표와 가치를 세우고 이에 대한 의사결정을 하며, 원칙을 추구하는 것이 기업인의 의무라고 정의했다(Bowen, 1953). 이후 기업의 사회적 책임에 대한 논의는 경제적 조직인 기업이 어떻게 사회적 차원에서 사회적 · 환경적인 문제를 해결하고 윤리원칙을 지킬 수 있는지에 대한 논의를 통해 기업과 사회와의 관계를 정립시키면서 발전했다(Carroll, 1979). 또한 기업의 사회적 책임을 개인, 조직, 사회, 제도 사이에서 형성되는 관계인 상호의존성으로 보고 이것을 윤리적 · 경제적 가치의 틀 안에서 실천하는 것이라고 정의했다(McFarland, 1982).

1990년대 급격한 세계화 흐름은 전 지구적 차원에서 물적 · 인적 자원의 자유로운 이동이 활발해지고 정보통신기술로 새로운 부가가치산업이 성장하면서 물질적인 풍요로움과 사회의 다양화가 이루어짐에 따라 과거 기업이 이윤 추구라는 경제적 목적에만 치우쳤던 것과는 달리, 기업이 사회적 사명을 다해야 한다는 사고방식이 더욱 깊게 퍼져가기 시작하였다. 맥윌리엄과 지겔(McWilliams & Siegel, 2001)은 이러한 시대적 흐름의 맥락으로 기업의 사회적 책임을 기업이 이윤 추구 및 법적 책임 준수에서 더 나아가 사회적으로 유익을 제공하는 활동을 전략적으로 전개하는 것이라고 제시하였다. 또한 포터와 크레이머(Porter & Kramer, 2006)는 진정한 기업의 사회적 책임은 기업과 지역사회가 가치를 공유하고 상생하는 것이며, 기업은 지역사회와 연계하고 실제 기업 이윤에도 영향을 미치는 선순환 구조라고 주장했다.

2010년 11월 국제표준화기구(ISO)는 사회적 책임에 관한 국제표준인 ISO26000을 제정함으로써 기업의 사회적 책임이 사회적 의무를 넘어 국제적인 규범으로 자리 잡게 되었다. ISO26000에서는 지배구조, 인권, 노동, 환경, 공정거래 관행, 소비자 이슈, 지역사회 참여와 발전이라는 7대 주제를 제시하여 기업의 사회적 책임을 구체화하였다. 이에 따라 기업의 사회적 책임에 기업뿐만 아니라 대중들도 많은 관심을 갖게 되고 다양한 미디어 매체들을 통해 기업 이미지에 상당한 영향력을 끼치고 있다. 또한 기업의 이윤추구라는 목적 이외에 사회에 대한 책임을 다하는 활동은 기업의 지속가능경영에 있어서도 중요한 요소가 되고 있으며, 사회적 가치를 추구하는 기업으로서 정체성 정립에 영향을 줄 뿐만 아니라 조직 구성원의 태도나 행동에 긍정적인 영향을 주고 있다.

2 소셜 비즈니스 특성과 마케팅 믹스

1) 소셜 비즈니스 특성

2011년 유럽연합위원회(European Commission)는 "소셜 비즈니스 구상(Social Business Initiative)"을 발표했는데 여기서 사회적기업과 소셜 비즈니스 용어를 번갈아 사용한다. 이 구상에서 소셜 비즈니스는 "기업소유자와 주주들을 위해 수익을 창출하기보다 사회적 영향을 달성하는 것을 기본적인 목적"으로 하는 활동으로 규정한다(European Commission, 2011). 또한 소셜 비즈니스는 시장과 시민사회의 교차점을 의미하는 혼합조직을 설명하는 용어로 사용되기도 한다.

전통적인 영리조직은 드러커나 포터가 말한 것처럼 기획, 조직, 인력, 지도, 통제, 동기부여를 통해 사명과 과업의 균형을 맞추어야 할 때 어떻게 설명해야 하는지에 주안점을 둔다. 비영리조직은 영리기관만큼 좋은 경영실천방법들을 포함하기도 하지만 전통적인 보텀 라인(bottom line)은 없다(Drucker, 1995).

예거는 소셜 비즈니스의 실무적인 내용을 긴장 영역 안에서의 균형으로 설명한다. 사명, 협치, 전략, 책임 등의 주요 과제 안에는 경험 · 인지의 변함없는 균형화, 합리화, 동기부여와 관련된 균형 있는 결정, 리더십, 자원 및 영향 간의 균형 등이 존재한다(Jäger, 2010). 소셜 비즈니스 영역에서 중요한 경영 측면과 그 영향들은 다음과 같다.

(1) 사명과 목표

사명선언(mission statement)은 그 조직의 기본 목적을 설명하는 짧은 선언문이며 조직이 달성하고자 하는 기본적인 조직 가치와 목적을 나타낸다. 당연히 소셜 비즈니스의 사명은 조직 가치 안에서 보여주게 될 긍정적인 사회적 영향을 달성하는 목표 그 자체이기도 하다. 사회적 사명은 자연적인 긴장을 만들어 내고 끊임없는 균형을 유지한다(Jäger, 2010). 명확하고 구체적인 사명선언은 그 다음의 목표 설정과 영향평가 개념을 가능하게 한다. 사회적 영향평가는 정량적이고 표준화된 원칙들과 측정이 이루어진 재무적 결과평가와는 본질적으로 다른 도전들을 보여준다. 사명과 목표에 대한 초기 개념들을 더 많이 완성할수록 이후에 사회적 영향평가는 더 쉬워진다.

소셜 비즈니스 기업들은 자신들이 알리고자 하는 기본적인 사회문제를 명확하게 이해한다. 예를 들면, 이탈리아 기업가인 외제니오 라 메사(Eugenio La Mesa)는 그의 오랜 친구인 삐에뜨로 소다니(P. Sodani)를 통해 '지중해빈혈'이라는 질병이 존재한다는 것을 알게 되었다.[3] 지중해 빈혈은 유전적인 용혈성 빈혈로 빈혈을 유발하고 반복적인 수혈을 해야 살 수 있는 질병이다. 실제로 선진국에서는 거의 사라진 질병으로 여겨졌고 세계적으로도 약 30만 명 정도의 환자들이 있으며, 약 6만여 명의 신생아들이 이 병을 가지고 태어나는 것으로 알려져 있다(TIF, 국제지중해빈혈연합, 2013). 라 메사는 이 지중해빈혈을 완치할 수 있는 방법을 찾는 데 혼신을 다하기로 결심했다. 지중해빈혈 치료라는 소셜 비즈니스의 사명은 신흥개발국가들에서 지중해빈혈 환자들이 이 질병에서 벗어나 더 이상 수혈을 하지 않는 것이었다.

소셜 비즈니스는 사명이 주도하는 기업의 사업이며 이 사명은 기업의 특징과 전개하고 있는 활동들을 규정하고 이러한 소셜 비즈니스 기업들의 가치사슬에는 수많은 도전들도 함께 수반된다.

(2) 비즈니스 모델

기업의 지속가능한 성장을 담보해 주는 비즈니스 모델은 기업 사명에 달려 있

3 외제니오 라 메사의 소셜 비즈니스 사례는 유누스의 책 『사회적기업만들기』 4장. "아이들을 치료하기 위하여 · 의료분야 사회적 기업의 사례"에서 소개하고 있다.

다. 비즈니스 모델은 조직구조, 과정, 체계를 통해 실행하기 위한 청사진으로 정의할 수 있다(Osterwalder & Pigneur, 유효상 역, 2011). 유누스가 그라민은행 설립을 계획할 1970년대 당시 방글라데시 은행은 정체상태에 있었고 금융서비스는 주문방식이었는데 소셜 비즈니스 실천가들은 일부 영역에서 블루오션(blue ocean)전략으로 자신들이 사명을 완수했다(Yunus, 김태훈 역, 2008).

전통적 영리기업에서는 잘 정리되어 있는 블루오션 전략은 근본적인 차별화와 가치 혁신으로 경쟁이 없는 시장을 만드는 것이다(Kim & Mauborgne, 2004). 블루오션 전략을 실행하는 기업은 새로운 수익과 서비스를 창출하면서 동시에 비용을 절감하면서 전통적으로 인정되어 왔던 차별화와 낮은 비용 간의 균형을 지양하는 것이다(Osterwalder & Pigneur, 유효상 역, 2011).

확장성과 복제성은 사회적기업 분야에서 잘 확립된 개념적 속성이다. 확장성은 가치 사슬을 따라 지역주민들에게 직접적으로 재화와 서비스를 제공하거나 혹은 긍정적인 영향을 끼치면서 성장과 확장을 하기 위한 비즈니스 모델의 잠재력이며, 복제성은 다른 지역으로 퍼져나가는 잠재력이다.

성공적인 소셜 비즈니스 모델을 개발하기 위해서는 다음 조건들이 채워져야 한다(M. Ballesteros-Sola, 2014).

- 사회적 사명 설정
- 가치 사슬에서 고객이 아닌 다양한 이해관계자들에게 영향을 끼치는 근접 모델 개발
- 마을시장과 지역사회에 대한 이해와 연계
- 반복학습 비즈니스 모델을 창조하는 중요한 흐름, 산업, 시장, 거시경제력 적응력

(3) 법 체계

소셜 비즈니스는 아직 비즈니스 범주로 인정받지 못하고 있어 입법을 통한 관

리체계를 수립할 필요가 있다. 그러나 현재 유누스의 소셜 비즈니스 유형에서 보듯 소셜 비즈니스는 그것이 실행되는 각기 다른 지역의 현행법체계에 따라 이루어지고 있다(Yunus, 송준호 역, 2011).

소셜 비즈니스를 비영리조직 혹은 영리조직으로 할 것인가에 대한 논쟁은 유럽과 미국에서 새로운 합법적인 친사회적 조직인지 아니면 전통적인 합법적 영리조직으로 볼 것인지에 관한 논제로 이루어져 왔다. 소셜 비즈니스의 사회적 사명을 지원하는 새로운 합법적인 비즈니즈 측면에서 몇 가지 중요한 법률적 발전이 유럽과 미국에서 일어나고 있다(M. Ballesteros-Sola, 2014).

미국

2013년 8월 1일 미국에서는 7개 주에서 새로운 유형의 합법기업에 대한 법이 통과되었다. "영리기업법률(B-Corp Legislation)"로 불리는 이 법에서 영리회사(Benefit Corporation)를 의미하는 약자인 'B-Corp'은 기업자, 투자자, 일반국민들의 욕구까지 다루는 가장 포괄적인 유연한 합법기관 중의 하나이다. 이 새로운 법에 따라서 기업들은 주주들의 재무적인 이해관계를 배제하고 비재무적 관계의 이해관계자들의 욕구도 고려하여 사회와 환경에 대해 물질적으로 긍정적인 영향을 끼칠 수 있도록 하는 기업 목표를 세워야 한다. 또한 인증된 제3의 표준을 사용하여 사회 · 환경보호활동에 대한 실행 사항들을 보고해야 한다.[4] 비영리기관인 B-Lab은 이런 표준들을 개발하는 최전선이다. B-Lab은 기업이 B-Corp 인증을 받기 위한 증명 과정들을 수립했다. 법률로 B-Corp으로 규정하기 전까지 B-Lab을 통해 인증받은 기업들이나 새로운 합법기관들 모두 매우 혼란스러웠다. 법률

---

4 '영리기업법'의 투명성 규정을 충족하기 위해 모든 영리기업은 이익보고서를 작성해야 한다. 그러나 델라웨어주에서는 대중에게 공개하거나 제3자 표준을 평가 도구로 사용할 필요는 없지만, 둘 다 수행하는 것이 가장 좋은 관행으로 간주된다. 이러한 투명성 조항은 공익법인의 전반적인 사회적, 환경적 성과에 대해 대중에게 알리는 것뿐만 아니라 이사들에게 정보를 제공함으로써 그들이 그들의 의무와 주주를 더 잘 충족시킬 수 있도록 함으로써 그들이 그들의 권리를 더 잘 행사할 수 있도록 하는 역할을 한다(https://benefitcorp.net/businesses/benefit-corporation-reporting-requirements).

제정 전까지 B-Corp운동은 좋은 사업을 의미하는 브랜드를 만들었고, 수백 명의 헌신적인 지지자들을 모으고, 사회에서 비즈니스의 역할에 대한 논쟁을 불러일으켰다.

또 다른 법률 형태는 "저수익 유한회사법률(Low Profit Limited Liability Company Law)" 혹은 "L3C"이다. L3C는 2013년 1월 9개 주에서 제정되었다. 유한회사처럼 L3C도 기업에 대해 책임을 갖는다. 저수익 유한회사는 민간재단이 할 수 있는 투자 유형인 프로그램연계 투자를 위한 내부 수익서비스 규칙(Internal Revenue Rule) 준수를 간소화하여 사회적으로 유익한 영리벤처기업에 대한 투자를 촉진하는 구조를 제공함으로써 비영리적 투자와 영리적 투자 사이의 간격을 해소하기 위해 설립된 법적 형태의 기업이다.

L3C는 수익 극대화가 아닌 사회적으로 유익한 목적을 수행한다는 명시적인 목표를 가진 영리형 소셜 벤처다. 전통적인 유한회사가 갖는 합법성과 세금 유연성, 비영리조직의 사회적 이점, 사회적기업의 브랜드화 및 시장 포지셔닝 이점을 결합한 혼합구조다. L3C는 사명 중심적이어야 할 의무가 있기 때문에 신뢰관계자들을 위한 우선순위 순서가 명확하다.

L3C는 사회지향적인 기업들이 민간재단의 투자와 개인투자자들로부터 추가 자금 유치를 더 쉽게 하기 위해 설계되었다. 기존의 유한회사와는 달리 L3C의 조직 조항은 프로그램 연계투자(Program-related Investment, PRI)에 대한 연방세금표준(federal tax standards)을 반영하도록 법에 명시했다. 프로그램 연계투자는 1969년 조세개혁법에 따라 재단이 매년 최소한 5%의 자산을 자선목적으로 분배의무를 이행할 수 있게 한 방법이다. 민간재단이 일반적으로 보조금을 통해 이 사항을 충족시키지만 L3C에 대한 투자와 PRI로 자선단체도 이 요구사항을 충족하면 재단이 수익을 받을 수 있다.

유럽

유럽연합위원회(European Commission)가 2011년에 발표한 "소셜 비즈니스 구상"

(Social Business Initiative, SBI)의 '사명과 목표' 부분에서 "법적 환경을 개선하고 소셜 비즈니스의 창조와 발전을 위한 적절한 합법적 형태 개발을 강화하는 것"이라고 명시했다(European Commission, 2011). 소셜 비즈니스 구상(SBI)은 사회적경제와 사회혁신의 핵심 이해당사자, 사회적기업 발전을 지원하기 위한 단기 행동계획의 도입을 목표로 하고 있다. 또한 중장기적으로 모색할 방안들에 대한 논의를 증진하는 것을 목표로 한다. 내용은 세 가지 주제로 구성되며 각 주제별 우선순위 액션은 총 11개로 다음과 같다.

- **주제 1 : 사회적 기업이 자금을 쉽게 조달할 수 있도록 지원**

액션 1 : 사회투자펀드에 대한 유럽의 규제 형식을 제안한다.

액션 2 : 특히 관련 법률 및 제도적 형식을 개선함으로써 유럽에서 소액대출의 확산을 장려한다.

액션 3 : 자금 조달을 더 쉽게 할 수 있도록 EU 금융상품을 구성한다.

액션 4 : 사회적기업을 유럽지역발전기금과 유럽사회기금의 투자 우선순위로 한다.

- **주제 2 : 사회적기업가정신의 가시성 향상**

액션 5 : 유럽에 사회적기업의 완전등록제를 실시하여 모범사례를 확인한다.

액션 6 : 유럽 사회적기업에 적용되는 라벨 및 인증 공개 데이터베이스를 작성한다.

액션 7 : 국가 및 지방정부가 사회적기업을 지원하고, 홍보하고, 자금을 조달하기 위한 조치들을 도입하도록 지원한다.

액션 8 : 사회적기업가, 비즈니스 육성시설 및 클러스터뿐 아니라 사회투자자를 위해 다국어로 정보교환을 할 수 있는 플랫폼을 만든다. 사회적기업가 지원을 위해 EU 프로그램의 가시성을 높이고 자금지원을 용이하게 한다.

- **주제 3 : 사회적기업에 더 우호적인 법률 환경 조성**

액션 9 : 유럽공동체로서의 법적 인정에 관한 규칙을 단순화한다; 유럽 내 재단들의 법적 지위를 부여하는 규정을 제안한다. 상호부조단체(mutual society)의 상황에 대한 연구를 실시한다.

액션 10 : 공공조달계약, 특히 사회 · 보건서비스의 경우 품질 및 작업 조건을 보다 중요한 기준으로 삼는다.

액션 11 : (다수의 사회적기업들에게 이익이 될 수 있는) 사회서비스와 지역 서비스에 대한 공공 지원 규정을 단순화한다.

2) 소셜 비즈니스의 마케팅 믹스

소셜 비즈니스는 저소득층을 위한 맞춤상품 판매, 취약계층 고용, 대인사회서비스 제공 등을 통해 수익을 확보하여 사회문제 해결을 목표로 하는 비즈니스 방식이다. 때문에 사회적으로 배제된 계층들과 밀접한 마케팅 믹스(marketing mix)를 개발해야 하지만 여기에는 '사회복지에 기여하려는 동기'가 포함되어야 한다.

소셜 비즈니스 마케팅 믹스는 사회계층구조 피라미드 저변계층(BOP)으로 불리는 신흥시장 빈곤층을 고객으로 하여 이들에게 저렴한 가격으로 상품을 공급하는 것을 목적으로 하는 미국형 소셜 비즈니스 전략이다(Khali & Hussain, 2014). 때문에 2008년 1월 스위스 다보스에서 개최된 세계경제포럼(World Economic Forum)에서 빌 게이츠가 주창한 창조적 자본주의의 한 모델로서 소셜 비스니스를 중요하게 보는데, 대다수의 빈곤층들이 겪고 있는 재화결핍 상황을 사회적 도전으로 인식하고 문제해결을 위한 혁신적인 비즈니스 기회로 활용할 수 있기 때문이다. 빌 게이츠의 창조적 자본주의는 "정부, 기업, 비영리조직들이 함께 시장 상황에 맞는 필요들을 늘려 더 많은 사람들이 수익을 얻거나 혹은 인정을 받아 세계의 불공평을 줄여나가는 것"이다(Kinsley & Clarke, 2008).

소셜 비즈니스로서 이러한 BOP시장에 진입하기 위해서는 사회적 · 경제적 가치를 창조할 수 있는 방법도 함께 찾아야 한다. 영양결핍 아동들이 많은 신흥국가에 소셜 비즈니스로 진입하려 할 경우 영양실조를 극복할 수 있도록 저렴한 종합비타민같이 직접적으로 사회적 효과를 가져오는 상품을 생산하거나 혹은 판매수익을 더 열악한 환경에 있는 사람들을 위해 재투자하기 위한 이윤 창출 사업을 할 수 있어야 한다. 이런 측면에서 볼 때 사실 소셜 비즈니스는 모든 비즈니스 활동에서 필요한 것이기도 하다.

(1) 마케팅 믹스

마케팅 믹스는 닐 보덴이 1964년 처음으로 소개한 개념으로서 '믹스'라는 단어는 어떤 시장반응을 수행하는 데 유용한 서로 다른 요소들의 혼합을 의미한다(Borden, 1964). 이후 수년 동안 많은 요소들이 추가되고 제시되었지만 맥카시의 4P-생산(Production), 가격(Price), 유통(Place), 판매촉진(Promotion)-가 주도적인 개념으로 사용되고 있다. 마케팅 믹스의 핵심은 고객의 욕구에 기반한다는 점이다.

기업이 제품과 서비스를 생산하여 시장에 출시하려 할 때 사용하는 의사결정 변수들이 마케팅 믹스이다. 기업은 생산 · 판매 · 매출 · 투자수익 · 시장점유율과 같은 경영성과를 위한 마케팅 활동으로 이루어진다. 때문에 표적시장에 진입한 기업은 통제 가능한 변수인 4P를 시장 반응에 따라 배합한다.

- **제품(Product)** : 기업이 시장에서 고객의 필요를 만족시키기 위한 모든 형태의 재화와 서비스. 유형 제품에는 브랜드, 디자인, 크기, 포장이 포함되고 무형 제품에는 고객서비스, 보상, 기술, 이용 등이 포함된다.
- **가격(Price)** : 소비자가 제품과 서비스를 갖기 위해 지불하는 화폐가치. 가격전략에서는 정가, 할인, 보상판매 등이 있으며 결제조건을 다양하게 하여 소비자의 구매력을 유인한다.
- **유통(Place)** : 기업에서 생산한 제품과 서비스가 소비자에게 이동하는 경로이며 유통경로과정에서 개입되는 모든 이해관계조직들을 포함한다.
- **판매촉진(Promotion)** : 판매자와 구매자간의 전달수단으로 소비자들의 구매

촉진을 위해 정보를 제공하거나 설득하는 일련의 과정. 판매촉진활동에는 광고, PR, 인적 판매, 직접마케팅 등이 있다.

지난 1980년대부터 신자유주의가 주도한 자본주의시장의 세계화로 글로벌시장이 급격한 속도로 변화하면서 생산자 관점에서 보는 4P의 유용성에 대한 질문이 커지게 되었다. 정보통신기술의 발전으로 전 세계 어디든 쉽게 연결이 가능하게 만들고 있으며 이에 따라 소비자들도 다양한 제품선택과 함께 정보와 기술에 접근할 수 있게 되어 고객이 시장을 소유하게 되었다.

이런 시장변화에 따라 라우터본은 기존의 4P 마케팅 모델 대신 4C-고객문제해결(Customer solution), 비용(Cost), 편리성(Convenience), 의사소통(Communication)-모델을 제시했다. 각각의 C 개념은 4P의 개별 개념들과 대응된다(표 8-1). 제품은 단순히 판매자가 팔려고 하는 상품이 아니라 '고객에게 제공하는 문제해결'이다. 가격과 관련하여 '비용'은 기회, 시간, 기력 비용 등을 포함하는 고객 비용이다. 유통 혹은 전달경로에서 가치는 단순히 생산된 제품이 사용 가능할 때 나오는 것이 아니라 고객들에게 '편리함'을 더할 때 만들어진다. 마지막으로 판매촉진은 기업 혼자 떠드는 독백이 아니라 기업과 고객이 함께 '의사소통'하면서 나누는 대화이다(Lauterborn, 1990). 라우터본은 4C를 기업에서 고객으로의 권력이동으로 묘사하지만, 그의 4C 개념은 사실 교육받은 선택을 할 수 있는 능력과 기술접근이 가능하고 정보에 밝은 고객들에게 적용할 수 있다. 이러한 정보에 밝은 선택은 가치로서 고객의 견해를 보여주는 결과물이기도 하다.

〈표 8-1〉 **4P와 4C**

4P-매카시 모델	4C-라우터본 모델
제품(Product)	고객문제해결(Customer solution)
가격(Price)	비용(Cost)
유통(Place)	편리성(Convenience)
판매촉진(Promotion)	의사소통(Communication)

출처 : Lauterborn(1990).

(2) 소셜 비즈니스 마케팅 믹스

전통적인 비즈니스와 소셜 비즈니스의 기본적인 차이점은 소셜 비즈니스는 사회문제 해결을 목표로 한다는 점이다. 전통적 비즈니스에서 상품과 서비스 설계 이면에 담겨 있는 핵심적인 아이디어는 고객의 욕구와 필요에 맞추어져 있지만 소셜 비즈니스에서는 개인 고객이나 표적시장을 넘어선다. 소셜 비즈니스의 대표적인 사례는 앞에서 살펴본 그라민은행과 프랑스 식표품제조업체인 다농의 합작투자로 설립한 조인트벤처인 그라민다농이다. 또한 소셜 비즈니스에서 수익으로 발생한 배당금은 미래 성장, 확장성, 지속가능한 비즈니스를 위해 재투자된다.

세상에 대해 변화매개자로 행동하기 위한 잠재력을 이윤 주도보다는 원인 주도에서 얻는다. 재무적 이익은 목적을 보여주는 지표일 뿐이다. 소셜 비즈니스는 사회적기업가정신과 비슷한데, 개인적인 혹은 주주의 부를 위해서라기보다 사회적 가치를 창조하는 기본적인 동력으로 공공부문과 비영리부문 및 비즈니스영역에서 할 수 있는 모든 사회적 가치 창조 활동으로 정의할 수 있다. 마케팅은 사회적 가치 창조 활동에서 중요한 활동이며, 때문에 발레스테로스-솔라는 소셜 비즈니스의 마케팅 믹스로 4S를 제시하며 전통적인 4P에서 4S로 대체될 필요가 있다고 주장한다(Ballesteros-Sola, 2014).

〈표 8-2〉 **소셜 비즈니스 마케팅 믹스 - 4S 구성요소**

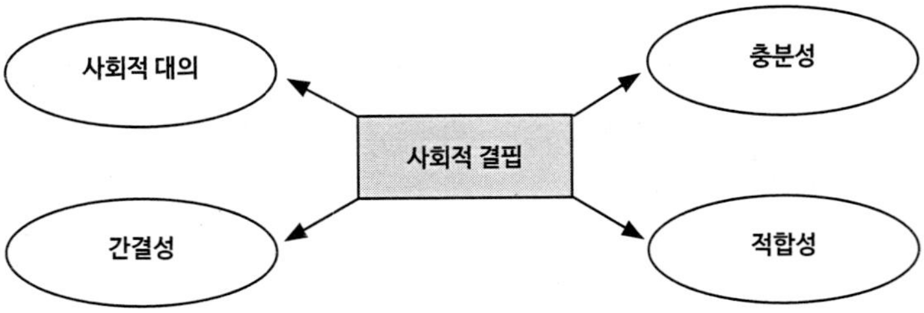

<table>
<tr><th>사회적 대의-제품</th><th>충분성-가격
(생존과 지속가능성)</th></tr>
<tr><td>완화에 의한 힘
보건 및 영양 혜택
위생시설
안전한 음용수
지속가능한 환경
사회적 협의
에너지
교통
정보통신(IT)</td><td>적정
신뢰(고객 인지도와 시장지배력)
차이
- 부유층과 빈곤층
- 적응력
- 지역 내 / 지역 간</td></tr>
<tr><th>간결성-판매촉진</th><th>적합성-유통</th></tr>
<tr><td>관련 유명인사들의 지지
여론 주도층
행사 개최
상징적 표현
입소문
라디오
판촉홍보
선별적인 전통매체
시범</td><td>가택 배달
중앙집중화된 대리점
지정된 위치
이동 유통센터
소규모 소매대리점</td></tr>
</table>

출처 : Ballesteros-Sola(2014).

사회적 대의(Social cause) - 제품(Product)

소셜 비즈니스에서 제품은 단순히 고객들이 구매를 원하거나 일상생활 유지를 위한 필수품을 의미하지 않는다. 제품은 사회적 대의에 봉사하는 것이며 관련된 사회적 대의의 확인은 반드시 이루어져야 한다. 사회적 대의의 특성이나 차원은 보건과 영양에서부터 환경문제는 물론이고 교육, 위생까지 범주를 포함할 수 있다. 그러나 제품이나 서비스는 개인고객에게만 특별한 영향을 끼쳐서는 안 되고 더 큰 사회에까지 확대되어야 한다.

충분성(Sufficiency) - 가격(Price)

가격책정은 전통적인 비즈니스처럼 소셜 비즈니스에서도 까다로운 문제이다. 전통적인 비스니스에서 가격을 고려하는 유일한 이유는 수익 창출과 직접 연관되기 때문이지만 소셜 비즈니스에서는 가격은 제품의 수용성과 적정성을 결정짓는 중요한 요소가 되기 때문이며 수익 극대화를 목표로 하지 않기 때문에 제공된 가치와 일치하고 비즈니스를 오래 유지할 수 있을 만큼 충분해야 한다. 따라서 소셜 비스니스 마케팅 믹스에서 가격은 '충분성'으로 표현되어야 한다. 비즈니스 유지와 지속가능성을 위한 적정 수준을 위한 충분성에는 다음 세 가지 요소가 포함된다.

- **적정** : 저소득층을 위한 제품을 생산하는 기업은 적정한 제품을 만들기 위해 가능한 한 낮은 가격을 정해야 한다.
- **신뢰** : 정해진 가격은 고객 인지도 측면에서 신뢰할 수 있어야 한다. 신뢰는 소셜 비즈니스에서 가장 큰 도전이다. 전통적인 마케팅 개념에서는 가격이 중요하지만 소셜 비즈니스는 전반적인 사명인 빈곤 해결에 복무하기 위해 낮은 가격을 책정해야 한다.
- **차이** : 가격은 고객별로 다르게 책정되어야 한다. 즉, 저소득층을 위한 제품과 고소득층을 위한 제품은 서로 다른 가격 정책이 되어야 한다.

적합성(Suitability) - 유통(Place)

소셜 비즈니스의 유통 연계망과 공급사슬 관리는 제공하려는 특정 시장에 가장 적합해야 한다. 소셜 비즈니스가 비교적 새로운 개념이지만 복제성뿐만 아니라 규모 모두에서 성공적인 모델이 구성될 수 있다는 희망이 있다. 그러나 유통 연계망 적합성은 이 새로운 모델의 확장성에 핵심적인 결정 요인이 될 것이다.

간결성(Simplicity) - 판매촉진(Promotion)

빈곤층을 포함한 사회적 배제계층에 대한 소셜 비즈니스에서 마음으로 접근하는 것은 또 하나의 장애물이다. 이 장애물은 소통을 통해 변화되어야 한다. 의사소통을 통해 많은 정보를 제공할 수 있고 인식을 높일 수 있다. 제품 홍보에 있어서도 소셜 비즈니스는 간결한 단순한 문구를 사용해야 한다.

3 사회자본과 사회적기업가정신

1929년 고전경제학에 기반한 자유방임시장에서 공급 과잉으로 인한 대공황이 발생하자 이에 대한 해결책으로 케인즈의 유효수요이론이 등장하면서 정부의 시장개입을 대폭 확대한 복지국가가 수립되었다. 1970년대 두 번의 석유파동으로 세계경제가 침체하자 다시 시장자율을 중시하는 신자유주의가 등장하면서 전통적 복지국가는 축소 및 개편과정을 겪게 되었다. 2008년 미국에서 서브프라임 모기지 사태로 일어난 금융위기는 실물경제 흐름과 연관 없이 작동하는 금융시장의 증권화 상품이 원인이었으며 이후 세계 자본주의경제는 지속되는 침체 속에서 낮은 성장률로 그 위기를 더해가고 있다.

자원배분과 경제효율성 측면에서 시장실패와 복지국가 축소로 인한 지속가능한 경제성장이 시대적 과제로 부각되었고 이와 함께 시민사회가 적극적으로 주도하는 사회적경제가 세계적으로 확산되고 있다. 지속가능한 발전에 대한 전 지구적 관심은 유엔 지속가능발전목표(Sustainable Development Goals, SDGs)에 잘 나타나 있으며, 지속가능한 경제성장과 발전모델을 찾기 위해 많은 국가들이 정책의제로 삼고 있다. 또한 연구자와 실천가들도 국제적 연대를 통해 대안을 찾기 위한 노력을 경주하고 있다.

경제발전에서 재화와 서비스생산에 필요한 생산요소인 물적자본, 인적자본, 지식자본, 기업가정신자본 등은 매우 중요한 요인들이다(Doh & McNeely, 2012). 경제성장 잠재력은 생산에 투입되는 유 · 무형 생산요소들이 많이 확보되어 투입될수록 경제성과인 국민경제발전 수준이 높아지게 된다. 다양한 생산요소들 중에 사회자본이 경제발전에 중요한 영향을 끼친다는 이론적 논의들이 제시되고 실증 · 경험적 연구결과들도 이루어지고 있다.

서구에서 국가에 의한 공공서비스 제공방식의 후퇴와 보건과 사회적 보호에 대한 소비자들의 역량이 더욱 강화되는 차원에서 사회적기업의 자리매김이 재구조화되고 사회자본의 역할은 더욱 부각되고 있다. 따라서 실제적인 영역에서 사회자본을 다른 자본형태들을 포함하여 시민사회 및 사회적경제와의 관계를 통해 그 의미와 역할을 살펴보는 것이 중요하다.

1) 고전적 자본 개념 : 칼 마르크스의 『자본론』

일반적으로 시장은 재화교환이 이루어지는 곳을 말하며 교환형태는 역사적으로 다양하게 변해왔다. 대략 기원전 1만 2천 년 전 지구의 마지막 빙하기가 끝나고 고대 인류사회의 도구문명은 후기신석기시대로 접어들고 정착생활을 통해 농작물을 경작하면서 잉여생산물이 생겨나게 되었다. 이후 청동기 사용이 확대되면서 다른 부족들과 잉여생산물을 교환하는 경제방식이 이루어졌다. 데이비드 그레이버(D. Graeber)는 그의 책 『부채, 그 첫 5000년』에서 이 시기 재화교환방식은 고전경제학자 애덤 스미스가 주장했던 물물교환방식이 아닌 '신용거래방식'이었음을 다양한 고고인류학적 자료를 통해 제시한다((Graeber, 정명진 역, 2011).

15~16세기 유럽에서 상업의 발달과 함께 화폐의 중요성이 커지면서 17세기 후반 1차 금융혁명기에는 주조화폐 대신 지불의무를 표현한 종이화폐를 사용하였고, 이후 지폐는 교환매개기능을 넘어 '가치축적' 기능으로 확대되어 '자본' 형태를 갖추게 되었다. 자본이 경제활동의 토대이자 목표가 되는 자본주의는 다양한 생산수단(자본재)을 사적으로 소유한 자본가가 임금노동자를 고용하여 이윤(잉여가치)을 목적(자본축적)으로 상품을 생산하여 유통하는 경제체제이다.

자본주의 경제체제의 핵심인 자본에 대한 고전적 개념은 마르크스의 정치경제학적 분석에 기초한다. 애덤 스미스가 자본주의 경제학의 기초를 놓고 그 미래를 예견한 개척자였다면 마르크스는 자본주의를 비판한 혁명가였다. 마르크스는 경제학에 대한 이전의 고전파 경제학자들을 다시 구성하여 3차원적으로 접근한 정치경제학의 원형을 정립했는데, 애덤 스미스, 데이비드 리카도 등 고전파 경제학자들의 이론과 자본주의생산양식에 대해 비판적으로 고찰하고 과학적 분석을 시도했다. 『자본론』 1, 2권에서 마르크스는 1차 산업혁명으로 대규모 공장이 세워지고 생산력이 급속히 증가하는 산업화와 함께 한편으로 빈곤과 경제적 불안정이 극심해지는 당시 사회상황을 보면서 고전파 경제학모델에서 다루지 않는 것들을 분석했는데 그것은 자본이 어떻게 만들어지는지에 관한 '자본생산과정'이었다.

토지, 공장, 기계 등 생산수단을 소유한 고용주들과 이런 생산수단을 갖지 못한 임금노동자들 간의 차이는 단지 소득뿐만 아니라 자본축적 및 권력관계에서도 커다란 격차가 발생하며, 이것이 '계급'이라는 경제적 관계를 형성한다. 계급은 자본가와 노동자 사이의 사회적 관계이며 이 관계는 상품생산과 소비과정을 통해 만들어지고 여기에서 자본이 등장한다. 마르크스는 자본은 상품생산과 교환과정인 상품유통을 통해 창출되며, 이 자본은 추후의 이윤을 창출하는 잉여가치의 일부분이다.[5]

자본주의는 사람이 생존을 위해 필요한 모든 재화와 서비스를 '상품화'하는 경제체제이며 상품은 판매를 위한 생산물로 그 가치를 갖는다. 상품생산을 위해서는 토지, 기계, 노동력 등 물적 생산요소들이 필요하다. 생산된 상품은 사용가치와 교환가치를 만들어 낸다. 누군가 어떤 상품을 구매하는 것은 그 상품이 가지고 있는 사용가치 때문이다. 교환가치는 상품생산을 위해 반드시 필요한 노동자의 노동력 가치로서 노동자에게 지급되어야 하는 필수적인 가치이기도 하다. 사용가치는 고용주에게 귀속되지만 교환가치는 상품생산에서 반드시 필요한 필요노

---

5 「자본론」 제1권 제4장 자본의 일반공식, 제2권 제1장 화폐자본의 순환 및 제2장 생산자본의 순환, 제3장 상품자본의 순환 참조.

동 이상의 잉여노동을 통해 만들어지기 때문에 생산된 상품은 노동자에게 더 낮은 노동비용을 수반하게 된다. 이렇게 생산된 상품의 사용가치가 노동자의 노동력 재생산을 위해 필요한 임금의 교환가치를 초과하게 되고 여기에서 이윤 또는 잉여가치가 발생한다.

이윤을 창출하기 위해 사용되는 돈이 자본이다. 이윤은 상품이 시장에서 화폐와 교환될 때 상품에 내재해 있던 가치의 일부분이 바뀌면서 만들어지는 것이 아닌, 즉 교환과정에서 발생하는 것이 아니라 생산과정에서 발생한다. 자본가는 생산된 상품가치를 평가한 교환가치에 기초하여 노동자에게 임금을 지급한다. 이때 자본가는 교환가치로서 노동자의 임금을 사용가치보다 더 낮은 노동비용에 대한 가치로 지불함으로써 이윤이 발생하는 것이다.

마르크스는 화폐가 이윤인 자본이 되는 과정에서 상품유통을 자본의 출발점으로 삼는다. 화폐형태는 자본의 최초 현상형태이지만 상품시장, 노동시장, 화폐시장에서 일정한 과정을 거쳐 자본으로 전환된다. 마르크스는 '자본의 일반공식'에서 화폐로서의 화폐와 자본으로서의 화폐의 유통형태를 구분했다. 상품유통의 직접적 형태는 C-M-C(상품이 화폐로 전환되고 다시 상품으로 재전환)인데, 여기서는 단순히 구매를 위한 판매만 이루어지는 형태이지만, 판매를 위한 구매형태인 M-C-M(화폐가 상품으로 전환되고 다시 화폐로 재전환)에서는 화폐가 자본으로 전환되는 단계이다. C-M-C순환은 상품이 유통과정에서 빠져나와 소비되는 사용가치가 최종 목표이지만, M-C-M순환은 화폐가 다시 화폐가 되어 순환을 다시 일으키는 동기인 교환가치가 목적이다. M-C-M순환은 출발점의 화폐와 순환 후의 화폐의 양에는 차이가 없지만 M-C-M'순환은 최초에 투하된 화폐액(M)에 일정한 증가분이 더해져 M'(=M+ΔM)가 되는데 이 증가분, 즉 최초의 가치를 넘는 초과분이 잉여가치이다. 유통과정에서 처음에 투하된 가치는 그 가치량을 증대시키고 잉여가치를 더한다. 이 운동이 잉여가치를 자본으로 전환시킨다(마르크스, 김수행 역, 1989).

마르크스의 자본이론은 다음과 같은 몇 가지 중요한 개념을 갖는다(Nan Lin, 김동윤 · 오소현 역, 2008).

첫째, 자본은 상품 및 교환과 밀접한 관계가 있다. 상품은 생산과 교환과정에서 가격이라는 가치를 갖게 되고 자본을 창출한다. 교환가치인 노동은 상품생산의 필수요소이나 상품에 대해서는 보조적이다.

둘째, 자본은 상품과 가치가 포함된 최종 산출물이지만 과정도 포함되며 그 과정 결과로 생긴 자본이 잉여가치 혹은 이윤이다.

셋째, 자본은 본질적으로 사회적 개념이다. 생산과정에는 노동자의 필수적인 노동을 자본가와 교환하는 사회적 관계로 이루어진다.

넷째, 자본은 상품생산 및 교환과 자본축적 주기의 순환에서 자본가 혹은 노동자에 의해 창출되며 생산수단을 통제할 수 있는 사람에게 귀속하는 결과를 갖는다.

2) 새로운 자본 개념 : 사회자본

자본주의경제에서 중요한 핵심인 상품생산과 노동은 경제성장과 함께 분화가 급속하게 이루어지고 자본 개념도 점차 진화해 왔다. 토지, 기계, 원료와 같은 물적자본과 달리 인적자본은 생산과 교환과정에서 노동자가 기업이나 고용주로부터 유용한 기술, 지식, 기타의 자산을 얻었을 때 노동자에게 부가되는 가치이다. 물적자본과 인적자본의 중요한 차이는 인적자본은 노동자 자신에게 내재되어 있는 부가가치라는 점이다. 인적자본은 교육, 훈련, 경험을 통해 축적되고 측정된다. 인적자본에 대한 투자는 기업과 고용주뿐 아니라 노동자 입장에서 자신에게 유익한 것이다. 인적자본은 노동의 가치를 더하고 노동자는 생존에 필요한 최소량을 넘는 임금과 혜택을 협상할 수 있다(Nan Lin, 위의 책).

인적자본과 문화자본도 사회가 위계적 구조질서로 변화하면서 나타난 자본유형이다. 프랑스 사회학자 피에르 부르디외(P. Bourdieu)에 의하면 사회질서의 한 축은 문화자본에 의해 유지되고 재생산되는데, 여기서 문화자본은 학벌, 학력과 같은 교육접근권, 책 · 미술품 같은 문화예술생산물의 향유 능력 등을 말한다. 부르디외는 부모로부터 물려받거나 가정교육에서 체득된 언어습관 · 행동양식 등 신체에 구현되어 있는 능력도 문화자본으로 보았다. 또한 서로 영향을 주고받으며 연결되어 있는 수많은 장들이 접합된 다차원 위치 공간인 현대 사회에서 이윤을 확보할 수 있는 자본 개념을 경제자본, 문화자본, 사회자본 형식으로 확대하여 보았다. 특히 사회자본은 한 개인이나 집단이 동원하고 활용할 수 있는 사회적인 연줄과 관계망 속에 내재된 경제적 관계에서 발생하는 측정 가능한 자원으로 정의할 수 있다. 사회자본을 소유하기 위해서는 관계를 만들고 관리하는 '사교성의 노동'(초대, 집단적 오락, 클럽에의 가입 등)이 요구된다(Bourdieu, 1986).

부르디외는 사회자본을 경제자본이나 문화자본으로 축소시킬 수 없지만 이 두 자본과 분리할 수도 없다고 보았다. 또한 경제자본은 선진국들에서 계급과 사회구성으로 이루어지는 가장 효율적인 자본형태이다. 경제자본의 재생산은 그 자체로 부와 권력을 만들어 내지만 부르디외의 모델에서 개인은 한 사람 또는 다른 사람의 미래를 조정하는 능력을 가지고 있다. 따라서 사회자본은 개인과 제도 간에 지속적인 관계망과 연결된 현실적이고 잠재적인 자원들의 총합이다(Bourdieur & Wacquant, 1996). 사회자본은 다음 두 가지 측면을 갖는다. 첫째, 사회자본은 집단구성원과 사회관계망, 그리고 만들어진 관계망의 규모에 의존하는 개인이 이루고 있는 사회적 관계의 용량과 관련된 자본이다. 둘째, 사회자본은 이러한 관계들의 성질이며, 특히 자신에게 관심 있는 자원들을 동원하는 집단의 능력이다.

사회자본은 지역 내에서 활용가능하고 지속가능한 지역공동체를 만들어 가는데 상호의존적인 자산(assets)을 강조한다. 때문에 사회자본의 가치를 보는 가장 좋은 방법은 사회관계망이 없거나 혹은 아주 적고, 신뢰가 부족하고, 지역발전과 응집에 대한 관심 공유 정도가 낮은 지역사회를 관찰하는 것이다. 사회자본과 관련된 사회적기업은 그 지역 내에서 사회자본을 활용하여 사회자본을 창출하는 조직이다. 때문에 가치공유를 통해 무엇인가를 같이 해보려는 사회적기업들 간에 연대를 만들어 낼 수 있다. 여기에서 신뢰와 호혜는 협동과 협업을 만드는 토대이다.

중요한 것은 사회자본 단독으로는 사회적경제와 재무 · 인적 · 물적자원들을 현실적으로 필요한 양만큼 충분히 구축할 수 없고 지속가능한 발전을 창출하기 위해 서로 연계하기 어렵다는 점이다. 지역사회 안에서는 시장, 공공부문, 지역자원봉사활동이 공존하고 있는데, 효과적인 사회자본은 거래비용을 절감시키고, 서비스를 제공하고, 시장 · 공공 · 지역사회를 아우르는 시너지를 만들어 내는 데 도움이 된다.

로버트 퍼트넘(R. Putnam)은 그의 저서에서 정책 · 정치와 관련된 이론적 개념으로서 사회자본을 특별한 자극제로 제시한다. 퍼트넘은 사회자본을 사회 · 정치 · 종교조직과 같은 사회적 집단의 시민구성원과 결부시키고 있으며, 미국 시민단체들에서 사회자본은 지난 수십 년간 심각하게 소멸되었다고 우려를 나타냈다(Putnam, 정승현 역, 2009). 그러나 이탈리아에 대한 연구를 통해 서로의 이익을 위한 협동은 선진국과 신흥국들 간에 서로 다른 경제활동의 심장이라고 주장했다. 사회자본은 행위조정을 통해 사회의 효율성을 증가시킬 수 있는 신뢰, 규범, 네트워크와 같은 사회조직의 특성들을 다룬다. 이탈리아에 대한 연구에서 퍼트넘은 나폴리를 포함한 이탈리아 남부에 비해 북부는 지속가능한 경제적 동력과 정부 행정의 중요한 내용으로서 사회적 신뢰가 높다고 주장했다(Putnam, 1993). 퍼트넘은 사회자본의 유형을 '결속사회자본(bonding social capital)', '가교사회자본(bridging social capital)', '연결사회자본(linking social capital)'으로 구분했다.

- **결속사회자본** : 강한 결속을 특징으로 하는 사회자본(가족, 민족)
- **가교사회자본** : 연결 정도가 약하고 밀도가 낮지만 더 많은 교차횡단적 유대를 특징으로 하는 사회자본(비즈니스 관계자, 지인, 다른 민족 혹은 인종에 속한 친구, 친구의 친구)
- **연결사회자본** : 다른 수준의 권력이나 사회적 지위에 있는 사람들 간의 연결을 특징으로 하는 사회자본(정치엘리트와 일반대중, 다른 사회계층에 속한 개인)

3) 사회자본과 사회적기업가정신

공공서비스 제공을 기본적 기능으로 수행해 온 복지국가의 역할이 축소되고 금융위기 등 시장실패가 계속되는 상황에서 사회자본의 중요성은 더 강조되는 추세이다. 특히 유럽 복지국가들의 경험에서 보듯 시민들에 대한 공공서비스 제공방식의 변화로 사회적기업들은 사회자본의 극대화를 위한 유효하고 실행 가능한 수단을 구성하고 있다.

에반스와 시렛(Evans & Syrett, 2007)은 사회적기업 발전 모의실험을 통해 사회자본의 존재와 사회적기업 발전 사이에 중요한 연결을 찾아냈다. 지역경제 발전과정에서 사회자본의 중요성은 지역 안에 있는 다른 자본자원들의 사용과 발전을 유인하고 극대화할 수 있는 능력을 가지고 있다는 점을 주장한다.

이 책 3장 1절의 사회적 개념에서 살펴본 디즈의 사회적기업 역할 정의에서, 그 기능들을 수행하는 것은 이질적인 집단들과 협력, 연결망 유지, 그리고 사회적 목적을 수행하는데 이러한 것들을 개발하고 사용하기 원하는 사회적기업가에게 중요한 역설(paradox)을 만들어 내기도 한다. 그것은 지역사회와의 강한 유대관계와 외부와의 약한 유대관계에서 발생하는 불일치 경우이다. 이러한 조정이 어려운 갈등상황을 극복할 수 있는 능력이 사회적기업가정신이다. 따라서 사회자본은 사회적기업가정신에서 중요한 구성요소가 된다.

21세기에 들어 경제발전을 설명하는 요인들 중 기업가정신이 중요한 요인 중 하나가 되고 있다. 창의적인 기업가정신을 발휘하는 것이 경제발전의 동력으로 작용하며, 이와 함께 사회적기업가정신 개념도 혁신적인 가치창조를 통해 지속가능한 사회적경제 확대 · 발전을 위한 중요한 요인이 되고 있다. 사회자본은 개인의 사적인 이익을 추구하는 것보다 공공의 이익을 우선하고 다양한 경제주체들이 서로 신뢰하는 바탕 위에서 네트워크를 형성하는 것이며 또한 창의적인 사회혁신을 이끌어 내는 원동력이라는 특성은 사회적기업가정신을 갖추고 함양하는 데 필수적인 요소라 할 수 있다.

사회자본에 관한 선행연구들이 사회자본에 대한 일관된 정의를 갖추지 못하고 있는데, 이는 사회자본이 물적자본, 인적자본, 지식자본 등과 같이 사회가 지니고 있는 또 다른 자본으로 오래 기간에 걸쳐 형성된 무형자산의 성격을 가지고 있어서 그 개념에 대해 일관적 정의를 갖기 어렵기 때문이다(도수관, 2017). 그렇지만 최근까지의 이론적 · 실증적 연구 성과들을 살펴보면 사회자본의 구성은 신뢰, 집합적 규범과 가치, 네트워크, 호혜 등의 요소들로 이루어진다(Bourdieu, 1986; Putnam, 1993; Bourdieu & Wacquant, 1996; Foreest & Kearns, 2001; Doh & McNeely, 2012). 신뢰는 다른 사회구성원에 대한 신뢰, 사회제도와 지역 내 공공기관에 대한 신뢰를 포함한다. 집합적 규범과 가치는 사람들이 공유하는 공동의 가치와 행동규범이며, 네트워크는 개인이나 조직이 서로 혹은 한쪽이 무엇인가를 얻을 수 있도록 협동하며 지원하는 체계이다. 호혜는 어떤 욕구가 발생할 때 다른 사람들부터 도움을 받거나 혹은 도움을 줄 수 있는 기대를 말한다. 사회자본 수준이 낮은 사회에서는 경제주체들이 불필요한 거래비용과 정보수집비용, 협상 및 계약비용, 조정과 협력 비용 등을 추가적으로 지불해야 하는 상황이 발생하고 이는 사회총량 측면에서 커다란 비효율을 가져오게 된다.

사회자본 요소들이 사회발전과 경제성장에 기여하는 측면을 살펴보면 다음과 같다(Doh & McNeely, 2012; 도수관 2015). 경제주체들 간의 상호신뢰는 교환거래를 할 때 불필요한 거래비용과 모니터비용을 줄여 효율성을 높일 수 있다. 또한 사회제도와 공공기관에 대한 신뢰도가 낮으면 경제활동이나 안정된 기업경영을 위한 법적 보호와 거래에 수반되는 다양한 법적, 제도적 보호가 제대로 이루어질 수 없기 때문에 이에 따른 추가적인 비용을 사적으로 지불해야 하는 부담이 따른다. 사회구성원들 간의 네트워크는 서로에게 필요한 지식과 정보를 얻을 수 있는 중요한 수단으로 다양한 내용의 의사소통기능을 하므로 다양하고 적극적인 네트워크 활동은 활발한 경제활동의 밑거름이 된다. 다양한 사람들과 제도로 이루어진 사회체계는 구성원들 간에 합의되거나 강제적인 규범을 필요로 한다. 사회구성원은 사회를 규율하는 기능을 하는 규범을 준수함으로써 공공의 이익을 우선하며 사회적 약자를 보호한다. 또한 사회구성원 간의 갈등 완화에 필요한 사회적 비용을 줄이는 효과를 가져옴으로써 사회 전체적인 발전과 경제성장에 기여할 수 있게 된다.

사회자본의 증대는 사회구성원 각자가 문제해결을 위한 적극적 참여를 전제로 하며, 상호 신뢰를 토대로 네트워크를 형성하여 민주적인 의사소통과 의사결정을 위한 협업과 협동을 통해 이루어진다. 공공문제 해결과 사회서비스 제공을 위한 사회적경제영역에서 이러한 사회자본을 통해 더 창의적이고 혁신적인 사회적기업가정신을 발휘할 수 있다.

4 지역사회자본과 지속가능한 생활

자본에는 다양한 형태(자산, 자원)가 있고 여러 가지 다른 방법들로 분류가 가능하며 정의할 수 있는데, 어떤 것들이 포함되는지는 적용 맥락에 따라 달라진다. 현대사회에서 자본 개념은 다양한 분석수준에서 개인, 가구, 지역사회에 적용될 수 있다. 자본접근방식은 원래 개발도상국의 빈곤한 시골마을에 살고 있는 개인의 생활 전략을 이해한다는 측면에서 개발되었지만 지금은 광범위한 상황에 적용되고 있다.

반클레이 등(Vanclay, et al., 2015)은 지속가능한 지역사회를 위한 다양한 자본을 제시하며 이 자본들은 '지속가능한 생활'을 뒷받침한다(그림 8-1). 지속가능한 생활 접근방법은 사람들이 살아가는 데 있어서 자신만의 생활방식을 유지하기 위한 능력, 생계자원, 생계활동을 고려한다. 이 모형의 핵심은 모든 지역사회자원이나 자산이 자본의 집합으로 표현될 수 있다는 점이다. 사회투자는 이러한 지역 자본을 고려할 수 있고 이러한 자본들 중 하나 또는 그 이상의 자본을 강화하면 지역사회의 전반적인 복지가 어떻게 증가할 수 있는지를 살펴볼 수 있다. 지역사회자본의 종류는 다음과 같다.

- **천연자본** : 식량 및 농업자원, 산림자원, 광물매장량, 토양, 물, 습지, 어류와 같이 자연으로부터 환경적으로 공급된 자산(즉, 생태계 서비스)
- **물적자본**(생산, 제조 또는 건설자본) : 장비, 물리적 기반(예 공장), 인프라(예 도로, 공항, 병원, 학교) 및 개인, 비즈니스 영역, 국가소유의 생산자원 및 이를 만드는 데 필요한 관리시스템으로 구성된 자본
- **금융자본** : 저축과 신용대출처럼 사람들이 이용할 수 있는 재정자원
- **인적자본** : 지식 및 기술 수준, 정규교육, 건강 및 개인의 영양뿐만 아니라 동기나 적성
- **사회자본** : 단순하게 사회적 네트워크와 신뢰로만 정의되기도 한다. 사회자본은 사회적 관계, 사회적 구조, 사회의 제도적 배열 등에 내재된 규칙, 규범, 의무, 호혜적 협의를 포함한다.
- **정치자본/ 제도자본** : 사회 거버넌스 체제의 존재 여부와 그 효과적인 기능(역량)과 관련되며, 거버넌스 기구 자체와 여기에 적용되는 표준, 규칙, 규정 및 집행 등을 말한다.
- **문화·영성자본** : 사람들이 세상 안에서 어떤 것을 알아가는 방법과 행동양식을 포함한다. 또한 지역의 문화, 전통, 언어 등이 웰빙, 사회포용, 사회발전을 촉진하거나 방해하는 정도를 가리킨다. 문화자본은 무슨 이야기를 듣고, 어떤 이야기가 어느 분야에 영향을 끼치는지, 그리고 창의성, 혁신, 파급력이 어떻게 생겨나고 육성되는지에 대한 영향력이며, 영성자본은 다른 자본들에 걸쳐 균형을 유지하고 깊이 간직된 가치와 삶의 의미를 부여하는 것들과 계속 접촉하도록 돕는 것과 관련된다.

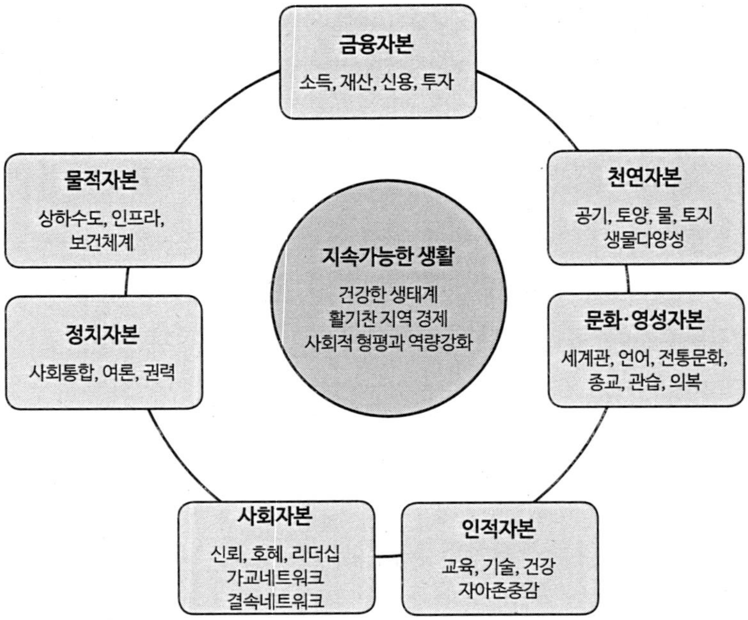
금융자본
소득, 재산, 신용, 투자
천연자본
공기, 토양, 물, 토지
생물다양성
문화·영성자본
세계관, 언어, 전통문화,
종교, 관습, 의복
인적자본
교육, 기술, 건강
자아존중감
사회자본
신뢰, 호혜, 리더십
가교네트워크
결속네트워크
정치자본
사회통합, 여론, 권력
물적자본
상하수도, 인프라,
보건체계
지속가능한 생활
건강한 생태계
활기찬 지역 경제
사회적 형평과 역량강화

|그림 8-1| **지역사회자본**

Chapter 09

사회적회계

이 장에서 다루는 사회적회계 내용은 무크, 콰터, 리치몬드의 『비영리기관과 협동조합을 위한 사회적회계(WHAT COUNTS : SOCIAL ACCOUNTING FOR NONPROFITS AND COOPERATIVES)』[1]를 요약한 해제이다. 이 책은 사회적 기관들에게 적용되는 기존의 재무회계 방법의 한계들을 분석하고 있다. 수동적 정보 기록으로 잘 알려진 것 말고 사회적회계가 기관에 대해 무엇을 고려하고-즉, 무엇을 계산하는지-또 무엇을 고려하지 않는지에 관한 내용이다. 재무회계는 투자수익을 원하는 주주들의 관심에 집중하며, 이익, 손실, 지출 등을 포함한 시장 거래에 관한 중요한 요소들에만 한정하기 때문에 이런 구조는 사회적 기관들에게는 적합하지 않다. 수혜자가 서비스에 대한 지불능력이 없는 클라이언트라면 시장에서의 사회서비스 교환은 이루어지지 않는다. 재무회계에서는 이러한 서비스의 성과는 측정하지 않는다. 따라서 사회적회계를 적용하는 사회적 기관은 수익보다 사회적 성과를 창출하기 위해 만들어진 비영리조직과 협동조합이다.

사회적 기관들은 종종 사회적 성과를 기장하는 어려움을 해결하기 위해 질적회계(qualitative accounts) 형태로 회계장부에 기입하는 방식을 사용한다. 이런 전략은 '경제적인 것에서 사회적인 것'을 인위적으로 분리하는 것이며, 저자들은 이것을 '사회적인 것을 부수적인 것으로 만드는 것'이라고 주장하며, 대신 통화 개

1 Laurie Mook, Jack Quarter, & Betty Jane Richmond. 정관영 역[2007](2015). 비영리기관과 협동조합을 위한 사회적 회계(2nd ed.). London : Sigel Press. (미간행 단행본)

념 안에서 사회적 요소들을 측정함으로써 재정과 사회적회계를 통합해야 한다고 주장한다. 이런 접근에 대해 이 책에서는 네 가지 사회적회계 모델을 제시한다. 1) 사회적 투자수익률(Social Return-on-Investment, SROI), 2) 사회경제적 성과제표(Socio-economic Impact Statement)와 사회경제적 자원제표(Socio-economic Resource Statement), 3) 확장 부가가치 제표(Expanded Value-Added Statement), 4) 자원봉사 부가가치 제표(Volunteer Value-Added Statement).

사회적회계 방법은 비화폐비용, 수익, 기부, 사회적 기관의 투입 요소들이 법정화폐(달러)로 해석될 수 있다는 가정에서 시작하며, 실제적인 사례를 통해 다양한 과정들을 보여준다. 그러나 이런 사례들이 여러 측정상의 문제들을 다 해결하는 것은 아니다. 예를 들어, 장애인과 같은 고용취약계층들을 위한 컴퓨터훈련 프로그램의 성과평가에서 저자들은 증가한 고용력에 대해 화폐지수(dollar figure)를 대입하는데, 이것을 훈련결과로 얻어진 새로운 기술로 정의한다. 그러나 기관이 직접 클라이언트의 기술을 측정한 것이 아니기 때문에 저자들은 기술 습득을 위한 대용(代用)으로 프로그램서비스 수령증을 사용하고 그 서비스에 대해 화폐가치를 부여한다. 클라이언트는 서비스에 대한 비용을 지불하지 않았기 때문에 저자들은 제공된 서비스의 시장가치를 측정하기 위해 사적 영역과 동등한 가치를 파악하는 시도를 한다. 사적 영역에서 프로그램 제공이 이루어지지 않았으므로 훈련 단위당 시장가치 측정으로서 개별 클라이언트의 훈련비용으로 사용된 총 화폐량을 계산한다. 이 책에 나오는 이러한 사례나 다른 사례들에서 보여주는 측정 문제는 사회적 가치를 화폐 개념으로 전환할 때 회계담당자들이 직면하는 회계처리의 애매모호함을 잘 설명한다.

최소한 이런 측정 문제에 대한 도전은, 저자들의 정의처럼, 사회적회계는 서로 다른 회계담당자들이 같은 기관 내에서 회계상의 이격 문제를 해결할 수 있는 높은 수준의 재량과 해석 수준을 필요로 한다. 또한 모든 사회적 재화는 화폐로 환원할 수 있다는 저자들의 존재론적 주장에 의문을 던지며, 어떤 가치는 이 전환 과정에서 상실될 수 있다는 우려를 제시한다.

측정 문제를 차치하고 저자들은 사회적 기관들은 책임 수준과 이어지는 투자 수익률과 측정 가능한 성과물을 보여주어야 하는 압박감이 점점 증가하고 있다고 주장한다. 저자들은 효율성, 효과성, 그리고 사회적 성과로 나타나는 비용, 수익 등의 광범한 개념들을 사용하고 있어서 사회적회계 방법은 후원자의 관점에서 사회적 기관의 이미지를 돋보이게 한다. 예를 들면, 모든 사회적 가치를 시장 척도에 포함시킴으로써 회계담당자들이 사회적회계 업무를 할 때 측정된 비용과 전통적인 비용 · 수익 내역에 없는, 즉 측정되지 않는 사회적 수익 간의 차이를 조정할 수 있게 한다.

1 사회적회계 : 사회적 기관을 위한 새로운 대안 회계

20세기 회계 이론은 사회적회계에 관심을 두지 않았다. 영리기업의 재무제표를 사회적 기관에 적용하는 것에 문제가 있다고 하는 회계 전문가의 지적도 있었지만, 그렇다고 다른 방법을 모색하지는 않아왔다. 모든 사회적 기관은 사회적 임무를 수행하기 때문에 자신들의 사회적 영향을 측정할 수 있는 회계가 필요한데, 이제까지는 영리기관의 재무제표를 사회적 기관에 그대로 적용해 왔다. 그러나 지식기반경제로 넘어가면서 회계를 재검토하고 새로운 패러다임을 모색하는 연구가 진행되고 있다. 이에 따라 회계 전문가는 지식기반자산이나 '지적자본'을 위한 새로운 방법을 찾으라는 압박을 받고 있다.

그래서 "비영리기관의 재무제표는 자금 출처가 어디인지, 그 돈을 어디에 사용했는지, 수입과 지출이 예산서와 일치하는지 정도만 보여줄 뿐"(Henke, 1972)이라는 지적을 받아왔다. 영리기업의 손익계산서는 순이익과 순손실을 나타내서 기업 소유주들이 투자 수익을 파악할 수 있도록 해준다. 하지만 비영리기관은 영리기업처럼 주주가 없기 때문에 손익계산서의 중요성이 크지 않다. 자원봉사 기여는 자원봉사 시간관리 및 합당한 가치산정의 어려움 때문에 여전히 재무제표에서 누락된다. 기존 회계는 정부, 개인, 기업, 재단 등에서 기탁하는 외부보조금이나 기부에 의존하는 비영리기관의 경우 특히 문제가 많이 생기는데, 비영리기관이 만들어 내는 편익에 대해서는 평가하지 않고 비용만 기록하기 때문이다(Anthony and Young, 1988; Henke, 1989). 따라서 사회적 가치를 만들어 내는 창조자가 아닌 자원 사용자가 되어버린다. 이들 조직의 재무회계는 일방적이어서 서비스를 제공하는 기관과 지역사회에 미친 영향과 결과를 말해주는 근거자료도 미흡하다. 전체만이 아니라 개별 기관의 영향력을 평가하기 위한 추가 정보도 필요하기 때문이다.

사회적회계는 "회계제표 분석 자료의 하나로서 이해관계자의 투입으로 기관이 이해관계자와 지역사회의 이익에 끼친 영향을 체계적으로 분석한 회계 결과"로 정의할 수 있다. 기존 회계는 주요 이해관계자인 주주에게만 초점을 맞추는 반면, 사회적회계는 직원, 서비스 이용자와 고객, 재정후원자, 지역사회, 정부 등 다양한 이해관계자들에게 미치는 기관의 영향에 주목한다. 비영리기관에서는 자원봉사자가 이해관계자이며, 협동조합에서는 조합원이 핵심 이해관계자다. 이 해제에서 소개하는 사회적회계 개념과 사회적회계 제표들은 다음과 같다.[2]

4장에서는 사회적 투자수익률 측정 방법 몇 가지를 소개하고, 지역사회의 사회적 투자수익률 모델에 대해 집중적으로 알아본다. 이 모델은 저자인 베티 제인 리치몬드(B. J. Richmond)가 토론토대학교 우수 박사학위 논문상을 받은 논문에서 처음 소개했는데, 장애인을 위한 비영리 지역 기반 훈련 프로그램에서 자원 입출비율을 계산한다.

5장은 뉴욕의 로체스터 주니어 어치브먼트 프로그램을 기초로 사회경제적 성과제표와 사회경제적 자원제표를 제시한다. 사회경제적 성과제표는 이해관계자 집단과 세 영역인 공공부문, 민간부문, 사회적경제부문과 관련해 기관의 사회적 · 경제적 성과를 분석한다. 사회경제적 자원제표는 대차대조표의 변형으로서 재무적 · 물리적 · 지적자본을 반영한다. 또한 사회경제적 성과제표는 캘리포니

---

2 이 해제에서 제시하는 각 장은 『비영리기관과 협동조합을 위한 사회적회계』의 목차 순서이다.

아 거주 직장인들에게 무료주차 또는 그에 상당하는 현금 중에서 선택하게 했을 때 출퇴근 방식이 달라짐으로써 얻게 되는 환경적 영향을 관찰하는 데 활용된다.

6장은 대학생주거협동조합의 확장부가가치제표를 보여준다. 이 제표는 로리 무크(L. Mook)가 처음 만들었고, 대학생들이 협동조합을 만들어 운영하는 대학교 주거 단지에 리치몬드와 무크가 적용했다. 이 장에서는 감사재무제표에 기초해서 부가가치제표를 작성한 다음, 협동조합 조합원들이 기여하는 사회적 노동의 가치를 포함해서 확장한다. 확장부가가치제표에는 기술훈련과 조합원들의 자기계발, 다른 협동조합에 제공하는 컨설팅서비스 같은 기관의 간접적 산출물도 포함된다.

7장은 많은 비영리기관들에게 중요한 자원봉사자의 부가가치에 초점을 맞추어서 자선 비영리단체 다섯 곳의 확장부가가치제표를 통해 설명한다. 비영리기관이 부가가치를 창출하는 데 자원봉사자 기여가 어떤 영향을 미치는지 측정하고, 자원봉사자들이 얻는 영향도 보여준다. 각 단체가 가진 특정 이슈들에 대해서도 논의한다.

8장에서는 회계제표에 포함하거나 기관이 따로 활용할 수 있는 산출물과 기타 사회적 변수들을 어떻게 평가할 것인지 설명하는 일련의 사회적회계 프로그램을 소개한다. 8장은 비영리기관과 협동조합 경영자들을 위한 것으로, 자원봉사자의 기능과 그들이 기여한 시간을 평가하고, 이들이 현금으로 충당한 경비에 대해 시장가치를 부여하는 방법을 사례와 함께 보여준다. 이 사회적회계 프로그램은 경영자가 기관의 산출물을 파악하고 가치를 부여하는 방법에 대해 알려준다.

이 해제에서는 3장의 사회적회계에 관한 정의, 4장의 사회적 투자수익률 측정방법 및 지역사회 사회적 투자수익률(SROI) 모델, 5장의 뉴욕의 로체스터 주니어 어치브먼트 프로그램을 기초로 한 사회경제적 성과제표와 사회경제적 자원제표, 6장의 대학생주거협동조합의 확장부가가치제표에 대해서만 다룬다.

2 사회적회계 개념

사회적회계는 "회계제표 분석 자료의 하나로서 이해관계자 투입으로 기관이 이해관계자와 지역사회의 이익에 끼친 영향을 체계적으로 분석한 회계 결과"로 정의할 수 있다. 사회적회계의 내용은 크게 '자원봉사의 시장가치'와 '기타 비화폐적 산출물에 대한 시장가치' 평가로 구성된다. 경제와 사회를 통합하는 사회적 회계제표를 만드는 방법으로 다음 다섯 가지 모델을 제시한다.

사회경제적 경영제표(Socio-Economic Operating Statement, SEOS)

사회경제적 경영제표는 '개선'과 '손실'을 구분해서, '손실'은 관심을 가지고 호의적으로 반응해야 하는 문제에 대한 관리 측면의 나태로 정의했다. '한 해의 총 사회경제적 기여 또는 결손'은 '개선'의 시장가치 추정치에서 '손실'을 빼서 도출하며, 흑자인지 적자인지 판명된다. 사회경제적 경영제표는 사람과 환경, 상품이라는 세 가지 범주와 관련해서 '개선'과 '손실'을 관찰한다. 이 범주에는 이해관계자들의 특수성이 빠져 있다.

사회성과제표와 평가(Social Impact Statements & Assessments)

사회경제적 경영제표는 이후 사회성과제표로 불렸다. 에스테스(Estes, 1976)는 기관 회계에서 '사회적 편익(social benefits)'과 '사회적 비용(social costs)'의 합계를 낸 다음, 하나에서 다른 것을 빼서 '사회적 흑자(social surplus)' 또는 '적자(deficit)'를 도출했다. 에스테스와 리노위즈(Estes & Linowes)의 방법은 정교한 비용-편익 분석이지만, 일반적인 비용-편익 분석처럼 특정 프로그램이나 행사 하나를 평가하는 데 쓰는 것이 아니라, 기관이 다른 재무제표와 함께 준비하는 정규 제표로 보았다.

정교한 사회성과제표(Elaborated Social Impact Statement)

사회성과제표의 변화는 랜드(Land, 1996)가 주도했는데, 그는 세 가지 구성 요소,

즉 산출(output), 결과(outcome), 부수효과(side-effect) 지표를 구분했다. 랜드는 밥차 프로그램 사례를 사용해 산출 지표에는 배달되는 식사 수와 제공받는 사람 수를 포함하고, 결과 지표에는 프로그램 수혜자의 만족도뿐 아니라 그들의 특성에 초점을 맞추며, 부수 효과 지표로 전반적인 행복감에 대한 수혜자 자신의 평가뿐 아니라 수혜자의 영양 또는 건강 상태를 통해 식사 배달의 영향을 조사할 수 있다고 설명했다.

협동조합 사회적 대차대조표(Cooperative Social Balance)

협동조합부문이 강력한 힘을 발휘하는 이탈리아에서는 협동조합들이 전국협동조합동맹과 연합해서 사회적 대차대조표 또는 협동조합 사회적 대차대조표를 발행한다. 사회적 대차대조표 자체는 조합원, 소비자, 직원, 시민사회, 협동조합운동이라는 다섯 이해관계자가 조직하고 비용을 지불할 수 있는 항목들을 사용하여 당해 연도와 이전 연도의 수치를 제공해서 비교 가능하게 만든다. 일부 항목은 영리목적기업과 다른데, 예를 들어 '시민사회 지원'과 관련된 항목은 단순히 기업 기부로 분류하고, '좋은 노동환경을 만들고 유지하는 것'에 관련한 비용은 직원훈련비로 간주한다. 그러나 다른 특징들은 고유한 측면이 있다. 이해관계자 협동조합운동과 관련된 비용은 협동조합의 분배불가 유보금(indivisible reserve), 즉 사회적 자산이면서 누구에게도 귀속되지 않는 순자산의 일부분이다. 이와 유사하게 조합원을 회의에 참석시키고 이사회와 위원회의 조합원 대표로 참여하게 하는 데 투자하는 것도 사회적 대차대조표의 또 다른 독특한 점이다.

통합 사회/재무 대차대조표와 손익계산서(Integrated Social/Financial Balance Sheet, Income Statement)

이 대차대조표는 일반적인 재무제표를 추가하는 것이 아니라 오히려 항목을 추가해서 정규로 다루는 문제를 확장하고, 이해관계자별로 대차대조표를 분해함으로써 기존 제표를 변형하고자 한다. 예를 들어, 이해관계자 일반 대중과 지역사회에는 자산에 '세금으로 지불되는 공공 서비스'를 포함하고 부채에는 '사용된 환경 자원'(종이, 전기, 교통)의 비용을 포함한다. 또한 대차대조표와 동일한 원리, 즉 시장가치를 추정해야 하는 항목들을 포함해서 광범위한 변수들을 만들고, 이해관계자 집단별로 분해하는 방법으로 사회/재무 손익계산서를 만들었다.

3 사회적 투자수익률

1) 가치 측정치와 수익 측정치

사회적 투자수익률(Social Return on Investment, SROI)은 비영리기관의 가치를 알 수 있도록 측정하는 방법이다. 4장에서는 지역사회 SROI 모델로 컴퓨터직업교육센터 사례를 적용했다. 이 센터는 토론토에서 다양한 신체장애로 공공부조를 받는 사람들에게 컴퓨터를 가르치는 비영리기관이다. 지역사회 SROI 모델은 비영리기관이 지역사회에서 어떻게 가치를 창조하는지 보여준다. 사회적회계 관점에서 비영리기관의 가치를 어떻게 측정할 수 있는지 토론하기 위해 지역사회 SROI의 근거와 절차를 위해 다음 4개 영역으로 구성하여 제시한다.

- SROI 모델 2종 소개
- 지역사회 SROI 모델 설명
- 지역사회 SROI 모델을 위한 보고서 작성
- SROI에 대한 다른 방법 논의

SROI 모델은 가치 측정치와 수익 측정치를 세 가지씩 만들어 내며, 가치 측정치는 다음과 같다.

- **기업 가치** : 여유 자금에 기반해서 기관이 만들어 내는 경제적 가치. 교육 프로그램과 사회적 운영비(재활훈련센터로 사업을 운영하는 것에 연계해서 직원 추가 채용 및 생산성 저하)에 대한 정부지원금을 감안해 조정하고 이 가치가 기간 내내 발생할 것으로 기대된다.
- **사회적 목적 가치** : 기관이 창조하는 사회적 가치를 말하며, 두 가지 항목으로 구성된다. 하나는 납세자에 대한 절감액(복지수당 절감, 법률 비용 감소, 푸드스탬프 사용 절감)이고, 다른 하나는 교육생들이 취업함으로써 창출되는 새로운 조세수입이다. 여기에서 재활훈련센터로서 사업을 운영하는 데 들어가는 비용을 뺀다.
- **혼합 가치** : 기관의 경제적 · 사회적 가치의 총합에서 장기 부채 총액을 뺀다.

가치 측정치 세 가지에서 다음과 같은 수익 측정치 세 가지가 도출된다.

- **기업 수익 지표** : 기업 가치 총액을 그 시기까지 기관에 투자된 금액으로 나눈 것
- **사회적 목적 수익 지표** : 사회적 목적 가치 총액을 그 시기까지 기관에 투자된 금액으로 나눈 것
- **혼합 수익 지표** : 기업 가치와 사회적 목적 가치를 더하고 장기 부채 총액을 뺀 다음, 그 시기까지 기관에 투자된 금액으로 나눈 것

2) 지역사회 SROI 모델

SROI를 측정하는 또 다른 방법은 지역사회 SROI모델이다. 이 방법은 지역사회 관점에서 사회적 기관이 가치를 창출하는 방법을 검토하기 위해 개발되었다. 로버츠와 벤슨(Roberts & Benson, 1999)의 모델보다 계산식이 적지만, 이 모델들처럼 사회적 가치를 측정하고, 대리 가치를 부여하며, 프로그램을 이용한 고객들이 절감한 사회적 비용을 포함해 재무적 · 사회적 정보를 병합한다. 고용취약계층을 위해 일하는 기관의 SROI를 평가하는 데 사용되는 것도 동일하다(Richmond, 1998).

그러나 다음 세 가지 측면에서 이들 모델과 다르다.

- 기관의 기간을 1년으로 보고, 경제적 편익을 연장하지 않는다.
- 사회적 산출물을 위한 비교 경제 가치를 개발한다.
- 자원봉사자 기여에 대한 가치를 포함한다.

〈표 9-1〉 **연간 지역사회 SROI 분석도**

유입 자원		유출 자원
수입		지출
자원봉사 활동 가치		자원봉사 활동 가치
	➡	성과 가치
		1차
		2차
		3차
총계		
ROI : 유출 자원 대비 유입 자원 비율		

3) 지역사회 SROI 보고서 작성

컴퓨터교육센터 사례에서 작성한 지역사회 SROI 보고서는 다음 5개 부분으로 구성되며, 이 해제에서는 ②와 ③의 내용만 담았다.

① **독자들에게 알려주는 기관 운영 맥락 배경** : 상황, 미션 선언, 프로그램, 조직, 자원봉사자, 네트워크, 재원, 책임

② **유입 자원 분석** : 수입원, 자원봉사자 기여

③ 기관의 유출자원 및 그것에 시장가치를 매기는 방법에 대한 토론

④ 지역사회 SROI 자료를 제시하는 형식

⑤ 추가 공개사항

자원봉사활동시간 평가에서 기관의 상임이사는 비즈니스자문위원회의 자원봉사자 10명과 자원봉사자 이사 8명이 위원회를 5개 운영하는 데 총 2,896시간을 썼다고 추정했다. 이는 배치(614시간), 평가(216시간), 직업지도(1,600시간), 교과과정 평가(18시간), 이사회(448시간)로 구성되었고, 자원봉사자 이사들과의 인터뷰를 통해 이를 확인했다. 상임이사는 이사들의 평균 연봉을 7만 2,500달러, 시간당 37.18달러로 추정했다(1년에 1,950시간 표준 근로 기준).

그런 다음 센터에서 자원봉사자들이 업무를 수행하기 위해 사용한 실무적인 기술 능력을 백분율로 추정했는데, 능력의 20퍼센트는 각 위원회(2,448시간), 35퍼센트는 이사회(448시간) 활동에 사용했다. 이 수치를 사용해 계산한 위원회 활동의 가치는 37.18달러×2,448시간×0.20=1만 8,203달러였으며, 이사회의 경우 37.18달러×448×0.35=5,830달러였다. 이런 차이 때문에 자원봉사자 기여 가치는 다음 두 절차의 평균으로 평가했다.

① 이사회와 위원회 구성원들이 자원봉사활동에 자신의 전문기술을 모두 사용하고 있다는 가정에 기초한 추정치
② 이사회와 위원회 구성원들이 자원봉사활동에 자신의 전문기술을 각각 35퍼센트와 20퍼센트만 사용했다는 상임이사의 추정치

첫 번째 추정치의 경우, 전문능력을 100퍼센트 활용하면 이들 활동의 가치는 2,896시간×시간당 37.18달러×1.00=10만 7,673달러였다. 두 번째, 전문 기술을 축소해서 활용할 경우 위원회는 2,448시간×시간당 37.18달러×0.20=1만 8,203달러이고, 이사회는 448시간×시간당 37.18달러×0.35=5,830달러로 나와서 총액이 2만 4,033달러였다. 두 추정치 평균은 (10만 7,673달러+2만 4,033달러)÷2=6만 5,853달러다. 이 액수를 〈표 9-2〉의 유입 자원 항목에 넣었다. 따라서 자원봉사자 기여의 총 가치는 2만 4,033달러였다.

〈표 9-2〉는 센터의 자원 흐름을 요약한 내용이다.

- 유입 자원
  · 기관이 보조금 및 다른 출처에서 지원받은 수입 83만 7,614달러
  · 여기에 자원봉사자 활동의 추정 가치 6만 5,853달러를 합해서 총 90만 3,467달러
- 유출 자원
  · 기관이 구입한 재화와 서비스뿐 아니라 지급한 임금이 지역사회로 돌아오는 재정적 가치의 대용물로 기능하는 총지출 84만 2,051달러
  · 자원봉사자 기여 6만 5,853달러
  · 일자리 확보 추정 가치 59만 9,320달러(연봉액 2만 6,057달러×23명)
  · 고용 증진 11만 3,988달러(1인당보조금 1만 6,284달러×7명)
  · 교육받지 않았다면 프로그램 수료생들에게 지급되어야 했던 장려금의 절감액 1만 3,524달러(소득지원금 588달러×23명)
  · 수료생들이 취업함에 따른 추가 사회적 절감액 2,300달러(추가장려금 100달러×23명)

〈표 9-2〉 **1994~1995년 컴퓨터교육센터의 지역사회 SROI**

유입 자원		유출 자원	
세입	837,614	세출	842,051
자원봉사자 활동 가치	65,853	자원봉사자 활동 가치	65,853
		성과	
		1차	
		일자리 확보	599,320
		고용 증진	113,988
		2차	
		동일한 시장가치 없음	
		3차	
		소득장려금으로 인한 사회적 절감	13,524
		관련 서비스로 인한 사회적 절감	2,300
합계	903,467		1,637,036
유출 자원 대비 유입 자원 비율			1:1.81

유출 자원 총액은 163만 7,036달러로 계산되었고, 유입 자원보다 73만 3,569달러 많다. 즉, 기관에 유입된 모든 경제적 · 사회적 자원 1달러가 지역사회에 1.81달러 가치로 환원되었다. 이 비율은 센터가 기술, 개별지도, 특수설비, 수료생을 위한 취업지원에 사용하는 지출뿐 아니라 교육과 취업을 돕기 위해 필요한 자원봉사자 지원활동이 지역사회에 미치는 긍정적 영향으로 상쇄되었음을 의미한다. 이 긍정적 영향에는 일자리 확보와 고용 증진이라는 가치, 수입 및 기타 편익을 절감한 비용, 교육생(과 어느 정도는 가족 포함)의 삶의 질 향상이 포함된다.

〈표 9-3〉 **컴퓨터교육센터의 2차 산출물**

수료생들의 향상 영역	1994~1995	1995~1996
자아 존중감 증가	50%	75%
취업 스트레스 감소	25%	75%
구매력 증가	50%	25%
생활 방식 개선	75%	75%
건강 증진	25%	25%
가족 관계 개선	50%	25%

4 사회경제적 성과제표와 자원제표

1) 자원봉사자 활동 내역

사회경제적 성과제표(Socio-Economic Impact Statement)는 손익계산서와, 사회경제적 자원제표(Socio-Economic Resource Statement)는 대차대조표와 비슷하다. 그러나 이 두 양식은 일반 회계제표에서 담아내는 경제적 자료뿐 아니라 사회적 정보들도 포함하기 때문에 전통적인 회계 방식과 달라서 '사회경제적'이라는 수식어를 붙인다. 사회경제적 성과제표와 사회경제적 자원제표는 비영리기관, 협동조합, 공공부문 기관, 영리기업과 같은 다양한 조직들이 사용할 수 있다.

주니어 어치브먼트(Junior Achievement)는 전 세계에서 가장 오래되고 규모도 큰 경제교육기관이다. 1919년 취업 준비와 기업가정신에 중점을 두고 소규모 방과 후 학교 클럽으로 출발했고, 2006년 조사 당시에는 100개국 이상에서 자원봉사자 21만 3,000명과 유급 직원 2,700명 이상을 두고 운영되었다. 또한 프로그램 34종을 통해 유치원생부터 12학년생까지 매년 700만 명이 이용한다. 로체스터 주니어 어치브먼트(Rochester Junior Achievement, RJA)는 1968년 발족 이후 주니어 어치브먼트의 가맹점으로 활동하면서 매년 65개 초등학교와 중학교, 고등학교에서 640여 개의 프로그램을 운영한다. 회계연도가 끝나는 2001년 6월 30일에 기관이 보고한 자원봉사활동시간은 총 929명 배치에 1만 2,005시간이었다.

사회적 회계제표에 자원봉사자 기여를 포함하려면 비교시장가치를 부여해야 한다. 자원봉사자 기여의 비교시장가치를 측정하는 데 여러 기술이 사용되지만, 이 사례에서는 업무와 관련된 기술에 따라 가치를 측정했다. 이를 위해 국가보상조사에서 2000년 7월 시간당 급료를 제시한 미국 노동부의 노동통계국 자료를 적용했다. 그런 다음 인디펜던트섹터가 미국 자원봉사자 기여에 적합하다고 제안한 수치인 부가 혜택 12퍼센트를 더했다. 미국 노동부 노동통계국 자료를 활용해 RJA에서 수행되는 자원봉사 업무에 부여한 급료는 다음과 같다.

- **이사회** : '상임이사, 부장, 팀장'의 시간당 급료는 31.30달러
- **회사 코디네이터** : '따로 분류되지 않은 서비스 기관의 관리자'의 시간당 급료는 26.85달러
- **RJA 교과 과정의 교사들** : '따로 분류되지 않은 교사'들의 시간당 급료는 25.86달러
- **특별 이벤트 자원봉사자** : '따로 분류되지 않은 행정 지원 업무'의 시간당 급료는 12.22달러

〈표 9-4〉 **2001년 6월 30일에 끝나는 회계연도에 기여한 자원봉사자 시간 : 뉴욕 RJA**

	자원봉사자 배치 수	총 시간	자원봉사자 1인당 평균 시간	FTE	시간급 (달러)	가치 (달러)
초등학교 컨설턴트	736	8,832	12	4.25	25.86	228,396
중학교 컨설턴트	33	726	22	0.35	25.86	18,774
고등학교 컨설턴트	4	140	35	0.07	25.86	3,620
회사 코디네이터	45	990	22	0.48	26.85	26,582
특별 이벤트봉사자	75	525	7	0.25	12.22	6,416
거버넌스	36	792	22	0.38	31.30	24,790
소계	929	12,005	12.92	5.77	25.70	308,577
부가 혜택(12%)						37,029
총계						345,606

자원봉사자들이 RJA에서의 활동과 관련해 부담한 자비지출경비(비상환금)는 1만 2,530달러였고, 주로 여행, 주차, 물품구입 같은 항목에 쓰였다. 이는 조사자 응답을 통해 계산했고, 1년 동안 RJA 자원봉사자 이사의 60%가 별도의 상환청구 없이 평균 76.66달러를 부담했다는 것을 나타낸다. 나머지 자원봉사자들의 56퍼센트도 32.22달러를 부담했다. 총 636명의 자원봉사자(특별 이벤트 자원봉사자 제외)에 대입하면 1만 2,530달러가 된다(표 9-5).

〈표 9-5〉 **자원봉사자들이 기여한 자비 지출 경비**

	자원봉사자 수	지출 비율 (%)	자원봉사자 1인당 지출액(달러)	총계(달러)
이사회	36	60	76.66	1,656
그 외 자원봉사자	600	56	32.22	10,874
총계	636			12,530

2) 사회경제적 성과제표

〈표 9-6〉에 제시한 것처럼 사회경제적 성과제표는 사회를 구성하는 하위부문인 사회적경제, 민간부문, 공공부문 안에 조직된 이해관계자들을 중심으로 제공된다. 이들 하위부문은 정보제공을 위한 조직자로 볼 수 있으며, 부문마다 관련된 이해관계자에게 자원이 들어오고 나가는 흐름을 보여준다. 각 부문의 이해관계자는 다음과 같다.

- **사회적경제부문** : 직원, 자원봉사자, 기부자, 다른 비영리기관 협동조합들
- **민간부문** : 공급자, 은행, 다른 영리목적기업들
- **공공부문** : 공립학교 시스템, 공공건강관리기관, 정부의 다른 영역

이해관계자에게 들어오고 나가는 자원흐름은 3개 범주 안에서 체계화된다.

- **유입** : 특정 이해관계자에게 흘러가는 자원
- **유출** : 특정 이해관계자로부터 나오는 자원
- **순유입/유출** : 유입 총량과 유출 총량의 차이

사회경제적 성과제표를 작성하려면 두 종류의 정보가 필요하다. 첫째는 가장 간단한 것으로, 기관의 회계감사에 대한 정보다. 둘째는 비화폐적 항목, 예를 들면 자원봉사자의 활동시간 및 자원봉사자가 그 활동을 통해 얻은 편익을 결정해야 한다. 〈표 9-4〉에서 제시한 것처럼, 비화폐적 정보에서 비교시장가치가 창조된다. 비영리기관 제공하는 많은 서비스와 재화들에 대한 시장가치를 매기기 어렵기 때문에 이를 제공하는 기관에 대한 비용을 대안으로 사용한다. 다시 말하면 금융비용과 사회적 투입의 총량이다.

〈표 9-6〉 **사회경제적 성과제표(2001년 6월 30일에 끝나는 회계연도)**

단위 : 달러

	유 입	유 출	순 유입(유출)
Ⅰ. 사회적경제에 대한 영향			
직원			
급여와 수당	304,876		
노동 제공		304,876	
주 정부 세금	32,927	32,927	
국세	15,244	15,244	0
다른 비영리단체(주니어 어치브먼트)			
가맹점 수수료 지불	32,576		
자료비 지불	41,411		
자료 및 전문가 제공		73,987	0
자원봉사자			
노동 제공		345,606	
자부담 경비 제공		12,530	(358,136)
기부자			
개인 : 현금		425,390	
개인 : 비화폐성 기부		61,058	
재단		42,012	
기타		98,763	(627,223)
	427,033	1,412,392	(985,359)
Ⅱ. 민간부문에 대한 영향			
물품 제공			
비용 수취	232,376		
물품 제공		232,376	0
은행			
이자 지불	180		
이자 수취		6,202	
예금 이자		180	
대출 이자 수입	6,202		0
	238,757	238,757	0
Ⅲ. 공공부문에 대한 영향			
공립학교 시스템			
학교에 프로그램 제공	988,469	0	988,469
연방정부			
근로소득세	32,927		
서비스 제공		32,927	
주정부			
근로소득세	15,244		
서비스 제공		15,244	
	1,036,639	48,170	988,469
기관의 총 순유입액(유출액)	1,654,260	1,651,150	3,110

사회경제적 성과제표 : RJA

〈표 9-6〉은 2001년 6월 30일에 끝나는 회계연도에 대한 RJA의 사회경제적 성과제표다. 이 표는 개별 이해관계자와 연관된 항목의 유입, 유출, 순 총액을 보여준다. 유입과 유출은 이해관계자의 관점에서 나타낸다.

① 사회적 경제에 대한 영향

사회적 경제에서는 직원, 다른 비영리기관, 자원봉사자, 기부자 등의 이해관계자들을 고려한다.

- **직원**

  직원들에 대한 유입자원은 급여(24만 5,537달러)와 수당(5만 9,339달러)을 합한 30만 4,876달러로 구성된다. 답례로 직원들은 RJA에 등가의 노동을 제공한다. 따라서 30만 4,876달러는 유입과 유출 모두로 나타나 순 금액이 0이 된다.

  다른 비영리단체 및 협동조합

  RJA는 주니어어치브먼트의 가맹점으로서 중앙사무소에 상호사용료로 3만 2,576달러를, 프로그램에 사용되는 자료구입비로 4만 1,411달러를 지불했다. 총액 7만 3,987달러는 가맹점의 유출과 중앙사무소로의 유입으로 나타난다. 따라서 총 합계의 순금액도 0이다.

- **자원봉사자**

  자원봉사자들은 RJA에 노동과 자비지출경비로 기여했다. 이들의 노동가치는 34만 5,606달러로 추산했고(표 9-4), 이들의 비상환 자비지출경비는 총 1만 2,530달러였다(표 9-5). 총 35만 8,136달러에 달하는 이 자원봉사자 기여는 자원봉사자의 유출과 공립학교로의 유입으로 처리된다.

- **기부자**

  다양한 기부자들이 RJA에 현금과 비화폐성 항목(사무장비, 서비스, 물품 등)으로 기여한 총계가 62만 7,223달러였다. 이는 기부자의 유출로 처리되고, 기부자들이 대가로 받는 것이 없으므로 순유출로 나타난다. 자원봉사자들의 노동과 함께 이 기부도 공립학교 시스템으로 유입된다.

② 민간부문에 대한 영향

민간부문의 이해관계자는 공급자와 은행이다.

- **공급자**

  회계연도 기간 동안 민간부문 공급자들은 RJA에 23만 2,376달러의 재화와 서비스를 제공하고 대금을 받았다. 따라서 이 금액은 유입(재화와 서비스)과 유출(현금)의 총액인데, 재화/서비스와 현금 지불은 등가이므로 순 금액은 0이다.

- **은행**

  은행의 대출이자 수입은 6,202달러(유입)였고, RJA의 예치금에 대한 이자로 180달러(유출)를 지불했다. 그 대신 은행은 총액과 동일한 서비스를 제공했다. 따라서 이해관계자 은행에 대해 이 금액 모두 유입과 유출로 나타나고 순금액은 0이 된다.

③ 공공부문에 대한 영향

명세서에는 공공부문 이해관계자로 공립학교, 연방정부, 주정부가 포함된다.

- **공립학교 시스템**

  공립학교 시스템은 학생들에게 사용할 수 있는 프로그램을 RJA에서 제공받아서, 98만 8,469달러(유입으로 표시) 가치로 추정되는 780개 이상의 프로그램을 학생 1만 7,000명에게 제공했다. 프로그램들은 무료로 제공되었기 때문에, 이것의 시장가치는 RJA가 학생들에게 쓴 총액으로 추산했다.

- **연방정부와 주정부**

  뉴욕시는 2001년 과세연도에 과세소득의 4~6.85퍼센트 범위에서 누진소득세를 징수한 반면, 연방소득세는 15~39.1퍼센트였다(Internal Revenue Service, 2001; New York State Office of Tax Policy Analysis, 2002). 앞에서 언급한 것처럼 직원들이 납부한 이 두 세금의 총액(연방 2만 6,518달러, 주 1만 2,277달러로 추산)은 이해관계자 직원으로부터의 유출과 연방정부 및 주정부로의 유입으로 표시된다. 마찬가지로 세금납부에 의해 자금지원을 받는 공공부문 서비스도 그 이해관계자로부터 유출된 것으로 간주된다.

④ 잉여금(결손금)

전반적으로 이 자원교환의 순 효과는 RJA에서 지역사회로 순 유입된 3,109달러였으며, 기관에는 3,109달러의 결손으로 귀결된다. 이 때문에 RJA의 누적 순 부채가 9만 669달러로 늘어났다(표 9-7).

〈표 9-7〉 **활동 보고서와 순 부채의 변화**

단위 : 달러

6월 30일에 끝나는 회계연도	2001	2000
무제한 순 부채		
공공 지원과 수입		
기여-관리와 프로젝트 사업	377,658	345,771
기여-재산과 시설	1000	30,637
이자	180	330
특별 이벤트(관련된 순지출, 2001 : 170,057, 2000 : 168,484)	78,510	49,395
	457,348	426,133
지출		
프로그램	338,451	400,574
기금 모금	30,439	39,935
행정	41,567	52,672
기여-관리와 프로젝트 사업	460,457	493,181
무제한 순(부채)의 변화	(3,109)	(67,048)
순(부채) 시작	(87,560)	(20,512)
순(부채) 종료	(90,669)	(87,560)

〈표 9-6〉의 사회경제적 성과제표는 지역사회 참여와 인적자원 활용, 경제적 성과에 초점을 맞추었다. 이번에는 기관이 환경에 미치는 영향을 알아보기 위해, 공해 감축용으로 설계한 혁신적 캘리포니아 프로그램(innovative California program)에 대한 샤우프(Shoup)의 연구자료를 적용했다. 캘리포니아에서는 1992년부터 직원 수 50인 이상의 기업 중에서 주 정부의 청정 공기 기준을 충족하지 못하는 곳은 직원들에게 무료 주차권 또는 그와 동등한 현금가치(이후 '교통비'라고 지칭함)를 지급해야 한다.

승용차 주행거리가 652마일 줄어들면서 도로정체에 끼친 영향은 652에 10센트를 곱한 65.20달러로 계산했다. 배기가스 감축은 33.90달러(652마일 × 5.2센트/마일)로 추산했다. 비과세 주차보조금은 과세되는 현금으로 교환할 수 있기 때문에, 연방정부와 주정부의 세수입이 1년에 직원 1인당 65달러 증가했다. 직원들은 가솔린 소비를 매년 평균 26갤런 줄였는데, 이는 1갤런당 1.26달러씩 총 32.76달러에 달했다.

〈표 9-8〉은 샤우프의 자료를 적용해 기관의 사회경제적 성과제표를 나타낸 것이다. RJA에 대한 앞의 표와 같이 유입, 유출, 순영향이 이해관계자들과 연관되어 있다. 직원들은 가솔린 비용의 절약으로 32.76달러가 유입되고, 출퇴근 방식을 바꾸기 위해 받은 교통비 때문에 세금 증가액 65달러가 유출된다.

공급자는 교통비를 택한 직원들이 가솔린 구매를 줄이기 때문에 매출이 줄어서 가솔린 판매가 32.76달러 감소한다. 정부에 대한 영향은 연방정부 세금 48달러와 주정부 세금 17달러의 증가다(추가된 세금 65달러의 내역 구분). 직원 개인으로서는 주정부에 도로정체 감소로 인한 편익 65.20달러, 배기가스 감소로 인한 편익 33.96달러를 제공하는데, 이들 모두 한 해에 주행거리가 652마일 줄어든 결과다.

전체적으로 이 프로그램의 결과로 사회에 끼친 순 영향의 총액인 99.16달러가 순 사회적 이익이 된다. 그러나 이 결과는 직원 한 사람에만 기초한 것이다. 직원이 1,000명 있는 기관이라면 순영향은 10만 달러에 이를 것이다.

〈표 9-8〉 **사회경제적 성과제표 : 환경에 대한 기관의 영향**

캘리포니아 통근자들 단위 : 달러

	유 입	유 출	순 영향
I. 사회적경제에 대한 영향			
직원			
납세액 증가		65.00	
가솔린 비용 감소	32.76		
	32.76	65.00	(32.24)
II. 민간부문에 대한 영향			
공급자			
가솔린 매출 감소		32.76	
	0.00	32.76	(32.76)
III. 공공부문에 대한 영향			
연방정부			
연방 소득세	48.00		
주정부			
주 소득세	17.00		
교통 체증 감소로 절약한 금액	65.20		
배기가스 감소로 절약한 금액	33.96		
	164.16	0.00	164.16
순 사회적 이익 총액			99.16

3) 사회경제적 자원제표

사회경제적 성과제표는 손익계산서와 유사한 반면 사회경제적 자원제표는 대차대조표와 비슷하다. 그리고 사회적 부분과 경제적 부분을 결합한다. 대차대조표는 조직의 자산, 부채 및 자본 사이의 균형을 나타내며, 기본 등식은 '자산-부채=자본'이다.

사회경제적 자원제표는 어느 일정 시점에서 기관이 보유한 자원과 의무를 보여준다. 대차대조표와 같이 세 가지 요소들로 구성되지만, 재정립된 맥락에 맞게 이름을 바꾸어서 자원(자산), 의무(부채), 순 자원/의무(자본, 즉 자산-부채)가 된다. 또한 경제적 자본과 의무를 보고하는 것에 덧붙여 지적자본으로 알려진 무형자산도 보고한다는 점에서 대차대조표와 다르다.

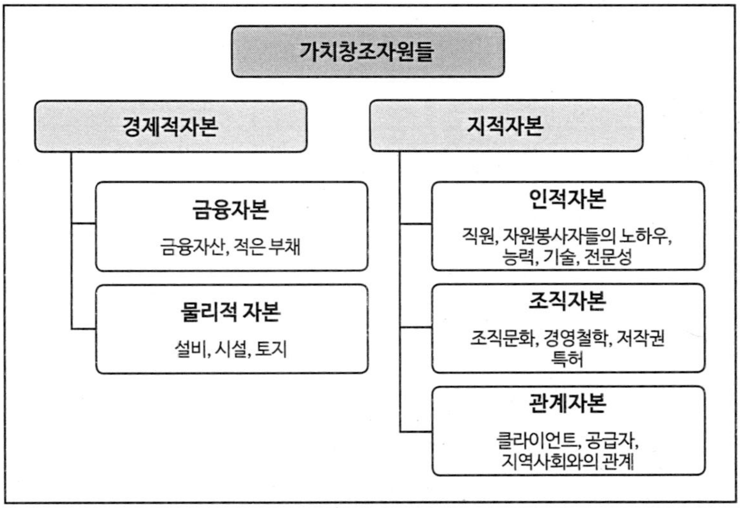

|그림 9-1| 기관의 가치를 창조하는 자원

〈표 9-9〉 **사회경제적 자원제표 : 뉴욕 RJA**

단위 : 달러

2001년 6월 30일에 끝나는 회계연도	지적자본	경제적 자본
활용 가능한 자원들		
인적 자원		
직원	304,876	
자원봉사자	358,136	
기관		
주니어 어치브먼트 브랜드	32,576	
관계		
학교	239,850	
유동 자산		
은행		4,356

소액 현금		150
미수금 증서		108,936
선불 비용		1,209
자산과 장비		
사무실 장비		16,041
가구와 집기		1,751
총 자원	935,438	132,443
의무		
재정적		
외상매입금		84,468
미지급 비용		15,765
환급받을 전도금		
지급어음-임원		
지급어음-은행		13,591
주니어 어치브먼트 본사 채무		109,288
인적		
직원	304,876	
기관		
주니어 어치브먼트 브랜드	32,576	
총 부채	337,452	223,112
순자산(부채)	597,986	(90,669)

RJA가 자원봉사자들을 동원하고 생산성을 높이는 데 미친 영향은 〈표 9-10〉에 나타나 있다. 2001년에 추정된 총 자원봉사활동시간은 1만 2,005시간이었고, 636명의 자원봉사자 핵심그룹이 수행한 929개 활동에 대한 각각의 평균 기여 시간은 12.92시간이었다. 2000년도 추정치는 562명의 핵심 자원봉사자들이 수행한 834개 활동은 총 1만 1,351시간이며, 활동당 평균 13.61시간이다(표 9-11).

따라서 이 사례에서 볼 때, RJA는 74명의 자원봉사자들과 654명의 자원봉사활동 총 시간을 증가시켰다. 2000년도에는 자원봉사시간을 평균 40분 정도 더 기여했는데, 그 해에 중학교와 고등학교에서 더 많은 프로그램이 전달되었기 때문이다. 그 결과, 자원봉사시간의 비교 시장 가치는 전년에 비해 총 27,611달러 증가했다. 자원봉사자의 변화율은 71%로 추정되었다.

이러한 기여는 RJA의 채용 증가에 따른 덕택이었고 그 변화의 29%는 사회적인 영향이었는데, 자원봉사자들의 비교임금으로 사용되는 시간당 비율의 증가였다.

〈표 9-10〉 **자원봉사자 활동시간 가치의 변화 : 뉴욕 RJA**

연 도	자원봉사자 배치 수	시 간	자원봉사자 1인당 시간	FTE	평균 시간급* (달러)	가치 (달러)
2001	929	12,005	12.92	5.77	29.83	358,136
2000	834	11,351	13.61	5.46	29.12	330,525
변동	95	654	-0.69	0.31	0.71	27,611
시간급 상승으로 인한 변동					29.34%	8,100
시간 증가로 인한 변동					70.66%	19,510
총 변동						27,611

〈표 9-11〉 **자원봉사자 시간 기여(2000년 6월 30일에 끝나는 회계연도) : 뉴욕 RJA**

	자원봉사자 배치 수	시 간	자원봉사자 1인당 시간	FTE	평균시간급 (달러)	가치 (달러)
초등학교 컨설턴트	621	7,452	12	3.58	26.19	195,168
중학교 컨설턴트	31	682	22	0.33	26.19	17,862
고등학교 컨설턴트	26	910	35	0.44	26.19	23,833
회사 코디네이터	45	990	22	0.48	28.06	27,779
특별 이벤트	75	525	7	0.25	11.74	6,164
경영	36	791	22	0.38	30.69	24,306
소계	834	11,351	13.61	5.46	26.00	295,112
부가 혜택(12%)						35,413
부가 혜택 포함 총액					29.12	330,525

<표 9-9>에 나타난 바와 같이 사회경제적 자원제표는 RJA가 재무상태표(대차대조표)보다 미래 가치를 창출하기 위해 이용할 수 있는 자원에 대해 보다 완벽한 내용을 제시한다. 재무상태표(대차대조표)는 단지 RJA가 활용할 수 있는 금융자원만 보여주며, 기관의 인적자본에 대해서는 어떤 언급도 없다(표 9-12). 따라서 다음 회계연도에 들어갈 때 RJA가 보유한 자원들을 과소평가하게 된다. <표 9-12>는 2001년 6월 30일자로 RJA가 9만 669달러의 순 의무 잔액(사회경제적 자원제표의 경제적 자원 행과 같음)을 가지고 있었음을 보여준다.

〈표 9-12〉 **재무상태표(2000년 6월 30일) : 뉴욕 RJA**

	2001	2000
자 산		
현금	4,506	60,866
미수금 증서	108,936	88,149
자산, 순감가상각 누계	17,792	29,864
선불 비용	1,209	420
	132,443	179,299
부채와 순자산(부채)		
외상매입금	84,468	126,967
누적 비용과 기타 부채	15,765	36,535
환급받을 전도금	—	600
지급어음-임원	—	8,750
지급어음-은행	13,591	24,544
주니어어치브먼트 본사 채무	109,288	69,463
	223,112	266,859
비고		
순(부채)-무제한	(90,669)	(87,560)
	132,443	179,299

재무상태표는 사회경제적 자원제표에 표시된 지적자본 행의 순 잔액을 포함하지 않는다. 따라서 사회경제적 자원제표는 지적자본을 포함함으로써 기관의 다른 이야기들, 즉 경제적 자원이 부족하더라도 서비스 제공을 위해 사용할 수 있는 상당한 규모의 지적자본을 보유하고 있음을 보여준다.

5 확장부가가치제표

1) 이윤과 부가가치

부가가치제표(Value Added Statement)는 다른 재무제표에는 나타나지 않는 중요한 정보를 제공한다. 부가가치는 생산의 사회적 특성에 대한 어떤 것을 드러내거나 나타내는 속성을 가지고 있는데, 이것은 전통적인 손익 계산에 의해 가려져 있다. 부가가치는 생산으로 창출된 부는 여러 구성원들이 협동을 하면서 복합적으로 노력하여 만들어 낸 결과물이다. 이윤과는 달리 기업소유주나 주주를 위해 만들어진 부로 해석되는 부가가치는 더 넓은 이해관계자 집단을 위한 창출된 부를 나타낸다.

부가가치는 기관이 사람들을 고용하고, 세금을 통해 사회적 비용에 기여하고, 투자자와 채권자들에게 자금 제공에 따르는 위험을 감수하는 것에 대해 보상하고, 미래에도 기관이 계속 활동할 수 있도록 기금을 적립한다는 것을 강조한다.

|그림 9-2|와 |그림 9-3|은 이윤과 부가가치의 차이를 보여준다. |그림 9-2|는 손익계산서를 간단한 그림으로 나타낸 것인데, 부는 잉여/이윤과 같고, 수입에서 비용을 뺀 것과도 같다. 비용에는 직원들에게 지급하는 임금과 수당, 외부 재화와 서비스, 대출 이자, 세금, 감가상각 같은 항목에 대한 지불이 포함된다. 수입(기관 산출물의 시장가치)이 |그림 9-2|의 왼쪽 부분이고, 오른쪽은 수입과 일치하는 비용과 이윤을 나타낸다.

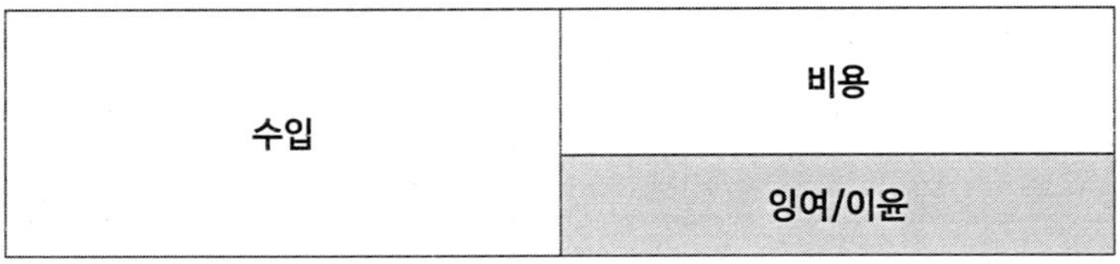

|그림 9-2| **이윤**

|그림 9-3| **부가가치**

기관의 부가가치는 두 가지 방법으로 계산한다. 하나는 간접적 또는 감산 방법이라고 부르고, 매출 수입에서 투입된 자원(외부에서 구입한 재화와 서비스)을 빼서 계산한다. 다른 하나는 직접적 또는 추가 방법이라고 하며, 이해관계자들(직원과 정부, 자본제공자들)에 대한 보상에, 감가상각과 이윤을 통해 기업이 얻는 수익을 더하면 생성된 부가 된다. 다른 사례 연구에서 알 수 있듯이 여기에 제시된 것보다 실제 구성 과정이 복잡하다. 〈표 9-13〉은 기업 부가가치를 나타내는 간단한 표이다. 위에서 언급한 두 가지 방법을 적용해 대학생주택협동조합 사례를 다루고 부가가치를 도출하는 과정에 대해 자세하게 설명할 것이다.

〈표 9-13〉 **일반적인 기업 부가가치제표**

매출		$XX
감산 : 외부 재화와 서비스 구매		XX
부가가치		XX
배분 내역		
직원에게 지급		
임금, 연금, 수당		$XX
자본 제공자에게 지급		
이자	XX	
주주 배당	XX	XX
정부에 지급		
세금		XX
사업에 재투자		
자본 자산 할부 상환	XX	
이익 유보금	XX	XX
부가가치		$XX

2) 확장부가가치제표의 근거

기존 부가가치제표는 두 가지 단점이 있다. 첫째, 재무자료에만 의존한다는 것인데, 이러면 앞서 언급한 대로 기관의 진정한 성과를 잘못 해석할 수 있다. 둘째, 기관의 미션을 이루기 위한 활동들의 비화폐적이고 간접적인 결과들을 고려하지 않는다. 협동조합 7원칙 중 마지막 원칙인 '지역사회에 대한 기여'가 지역사회를 핵심 이해관계자로 보는 부가가치 방법의 토대다. 사회적 원칙이 협동조합의 기반이라는 점을 고려할 때 확장부가가치제표(Expanded Value Added Statement)는 사회적기업과 협동조합과 같은 사회적 기관에 이상적인 회계제표이다.

3) 확장부가가치제표 작성

앞에서 언급했듯 확장부가가치제표는 두 부분으로 나뉜다. (1) 기관이 만들어 낸 부가가치 계산, (2) 이해관계자들에 대한 부가가치 배분이다. 확장부가가치 제표의 경우 부가가치는 재무적 거래(재무제표의 일부)에서 확장되어 비화폐적인 사회적 기여를 계산에 넣는다. 워털루주거협동조합(Waterloo Cooperative Residence Incorporated, WCRI)의 부가가치를 보여주는 〈표 9-14〉는 다음과 같이 부가가치의 출처가 다른 세 가지에 대해 설명한다.

- **재무적** : 감사 재무제표에서 얻은 정보들을 나타내며, 제한적 부가가치제표라고도 한다.
- **사회적** : 시장 비교를 통해 추정한 비화폐적 기여와 산출물들에 관한 정보를 나타낸다.
- **통합** : 재무적 · 사회적 항목들의 합계이며, 확장부가가치제표라고도 한다.

총 산출물은 관련 항목들이 기관의 사회적 사명을 충족하는 데 얼마나 직접적으로 연관되는지에 따라 1차, 2차, 3차로 나뉜다. 1차 산출물은 기관이 직접 제공한 서비스이며, WCRI의 경우에는 학생들을 위한 주택 공급이 된다. 2차, 3차 산출물은 기관이 사회적 사명을 달성하기 위한 활동의 간접적 결과들이다. 2차 산출물은 기관의 회원이나 이용자들에게 축적되는 간접적 산출물이고, 3차 산출은 기관의 회원이나 이용자들이 아닌 다른 사람들에게 축적되는 간접적 산출물이다.

〈표 9-14〉 **WCRI의 확장부가가치제표 부분**(1990년 4월 30일에 끝나는 회계연도)

부가가치 창출		재무적	사회적	통 합
산출물	1차	3,964,031	246,128	4,210,159
	2차	65,192	424,808	490,000
	3차		2,500	2,500
	합계	4,029,223	673,436	4,702,659
외부 재화와 서비스 구매		1,538,561		1,538,561
부가가치 창출		2,490,662	673,436	3,164,098
구매 대비 부가가치 비율		1.62	0.44	2.06

① 1차 산출물

WCRI의 1차 산출물 총합은 421만 159달러였다. 〈표 9-14〉의 '통합'란에 보이는 이 금액은 두 부분으로 구성되는데, 하나는 숙박, 급식, 주차 같은 항목에서 얻은 수입 396만 4,031달러(감사 재무제표에서 가져왔기 때문에 '재무적'란 아래에 있음)이고, 또 하나는 사회적 노동과 기부한 서비스의 가치(24만 6,128달러)이다.

- **수입**

  WCRI는 숙박, 급식, 공익사업, 주차, 세탁, 기타 다양한 항목의 비용에서 수입을 얻으며, 술집과 레스토랑 수입도 포함한다.

- **사회적 노동**

  WCRI는 조합원들이 협동조합을 위해 무보수로 제공하는 서비스인 사회적 노동을 통해 비용을 절감하고, 기술개발을 위한 기회를 만들어 내며, 조합원들 사이의 심리적 주인의식도 증진시킨다. 사회적 노동은 서비스의 시장가치와 입주자들이 비용을 지불하는 방식에 영향을 준다. WCRI의 기숙사 입주자들은 한 학기에 40시간의 사회적 노동을 했다. 따라서 학기 중에 이루어지는 조합원들의 기여는 대략 160달러(40시간×8달러×0.5)의 재무적 가치가 있는 것으로 추산했다. 이것이 없었다면 입주자들은 2,360달러를 내야 했지만, 이 덕분에 2,200달러만 지불했다.

- **서비스 기부**

  WCRI는 일차적으로 조합원인 대학생들에게 서비스를 제공하지만, 조사한 회계연도 여름에는 전쟁 난민 약 50명에게 주택을 제공했다. 대학생들에게 받는 비용에 기초하면 이 서비스의 시장가치는 1만 4,000달러로 추정되는데, WCRI는 출입국 관리국으로부터 1만 2,000달러를 받았고, 따라서 시장가치로 받아야 할 수입 2,000달러를 포기한 결과가 되었다. 이 서비스의 진정한 시장가치를 기록하기 위해, 시장가치(1만 4,000달러)와 비용(1만 2,000달러)의 차액(2,000달러)과 동등한 금액을 사회적 부가가치로 처리해 '사회적'란 1차 산출물에 포함했다.

② 2차 산출물

주택 및 관련 서비스에 덧붙여 WCRI는 기술 훈련 같은 2차 산출물도 창출했다. 2차 산출물은 감사 재무제표에서 가져온 지출 비용 6만 5,192달러로, 이는 회의비, 소식지, 교육비 같은 협동조합 개발 항목에 쓰였다.

- **기술 훈련**

  편익들에 대해 각각 500달러에 달하는 학부 과정 두 개의 수업료와 동등한 비교경제가치를 부여했다. 기술훈련 부문의 시장가치 총액은 협동조합 운영에 적극적으로 참여한 대학생 인원수(전체의 56퍼센트인 460명)와 학부 과정 두 과목 수업료(각 500달러)를 곱해서 46만 달러(460 × 1,000달러)로 산출했다.

  협동조합 운영에 참여했지만 적극적이지 않았던 입주자 56퍼센트가 얻은 편익의 추산 가치 46만 달러에 3만 달러를 더해서 기술 훈련의 총 사회적 부가가치 49만 달러가 창출되었다. 그러나 이를 달성하기 위해 WCRI는 6만 5,192달러(표 9-14의 재무적 항목의 2차 산출물)를 투자했다. 이 금액은 회의, 협동조합에서의 생활과 운영에 관련된 교육, 소식지 발행 등의 비용에 해당한다. WCRI가 사용한 금액(6만 5,192달러)을 49만 달러에서 빼서, 〈표 9-14〉의 '사회적'란에 나타나는 것처럼 2차 산출물의 순 사회적 가치 42만 4,808달러를 도출했다. 즉, 49만 달러의 가치가 있는 이 2차 산출물들을 창출하기 위해 기관은 6만 5,192달러를 사용했다.

③ 3차 산출물

협동조합에 대한 컨설팅으로, 합계는 하루 500달러에 5일을 곱해서 2,500달러로 추산했다.

④ 총 산출물

재무적 총 산출물은 402만 9,223달러이며, 제한적 부가가치제표에 표시된다.

그러나 사회적 총 산출물인 67만 3,436달러를 더한 통합 총 산출물은 470만 2,659달러가 되었다.

⑤ 외부 구매 차감

354만 6,780달러에서 직원 임금과 수당(83만 8,222달러), 지방 재산세(21만 6,450달러), 대출 이자(51만 9,961달러), 자산 감가상각(43만 3,450달러)을 더한 153만 8,561달러를 차감해서 WCRI가 창출한 부가가치를 얻었다(표 9-15). 제한적 부가가치제표에서는 창출된 부가가치가 249만 662달러지만, 확장부가가치제표에서는 316만 4,098달러다(표 9-14).

〈표 9-15〉 **감사 재무제표의 지출에서 부가가치제표의 외부 재화 및 서비스 구매 조정**

감사 재무제표의 지출	3,546,780
차감 : 직원 임금과 수당	838,222
지방 재산세	216,586
대출 이자	519,961
자산 감가상각	433,450
외부 재화와 서비스 구매	1,538,561

4) 부가가치 배분

① 직원

이해관계자 직원에게는 임금과 수당 83만 8,222달러로 부가가치가 배분되었다.

② 입주자

입주자들이 사회적 노동(WCRI에 제공한 무상 노동)으로 절감한 비용은 24만 4,128달러였다. 또한 이들은 기술훈련을 통해 총 49만 달러의 가치를 얻었다. 임차비와 개인별 순수입에 기초해 계산하면 이 편익은 한 사람당 200달러였고, 전체 709명의 입소자를 곱하면 총 14만 1,800달러가 된다.

〈표 9-16〉 **부가가치 배분 : WCRI의 확장부가가치제표 부분(1999년 4월 30일에 끝나는 회계연도)**

단위 : 달러

부가가치 배분		재무적	사회적	통 합
직원	임금과 수당	838,222		838,222
입주자	사회적 노동으로 인한 가치		244,128	244,128
	기술훈련	65,192	424,808	490,000
	재산세 공제		141,800	141,800
		65,192	810,736	875,928
사회	정부 : 지방 재산세	216,586		216,586
	정부 : 재산세 공제		(141,800)	(141,800)
	정부 : 전쟁 난민 주거 제공		2,000	2,000
	협동조합 영역 : 컨설팅		2,500	2,500
		216,586	(137,300)	79,286
자본	대출 이자	519,961		519,961
기관	고정 자산 감가상각	433,450		433,450
	영업 잉여	417,251		417,251
		850,701		850,701
배분된 부가가치		**2,490,662**	**673,436**	**3,164,098**

③ 사회

사회라고 불리는 이해관계자는 공공부문과 비영리 협동조합부문 양쪽에서 부가가치를 얻는다. 공공부문에서 정부는 지방재산세(21만 6,586달러)에서 재산세 공제액(14만 1,800달러)을 뺀 금액 7만 4,786달러와, 전쟁 난민을 위한 주택 기부의 가치(2,000달러)를 받았다. 협동조합 부문은 다른 협동조합에 대한 컨설팅으로 2,500달러의 가치를 얻었다. 따라서 기여의 총액은 7만 4,786달러, 2,000달러, 2,500달러를 합한 7만 9,286달러였다.

④ 자본 제공자

WCRI의 이자 비용 51만 9,961달러는 자본 제공자들에게 배분한 부가가치이다.

⑤ 기관

이해관계자 기관에 배분한 부가가치는 고정자본 감가상각 43만 3,450달러와 영업 잉여 41만 7,251달러였다. 이 항목들은 기관이 1차 수혜자이다.

⑥ 부가가치 배분 요약

배분된 부가가치의 총합은 창출된 부가가치와 일치한다. 항목들을 감사 재무제표에 한정하면 249만 662달러였고, 화폐화되지 않은 사회적 기여를 포함하도록 항목을 확장하면 316만 4,098달러였다. 창출된 부가가치는 기관의 총 산출물에 기여한 이해관계자 집단 전체에 배분된다. WCRI의 경우 이해관계자 집단은 직원, 입주자, 사회, 자본 제공자, 기관 등이다.

5) 함의

확장부가가치제표(표 9-14와 표 9-16)는 같은 시기 동안 316만 4,098달러의 가치가 만들어지고 배분되었음을 보여준다. 감사 재무제표만 본다면 WCRI는 1999년 4월 30일 회계연도 종료 시까지 249만 662달러의 부가가치만 창출했다.

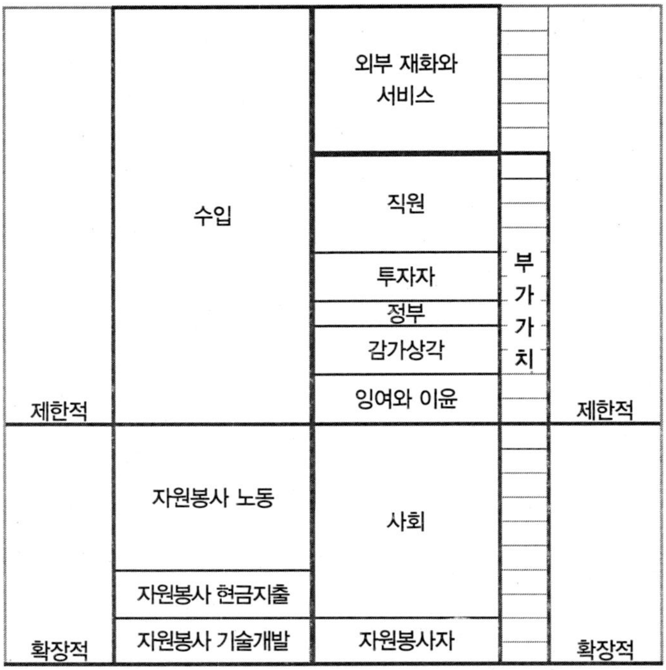

|그림 9-4| **확장부가가치제표**

전통적 재무제표와 확장부가가치의 차이점은 다음과 같다.

첫째, 전통적인 재무제표는 화폐 거래에만 제한되는 반면, 확장부가가치제표는 현금 지출을 수반하지 않지만 여전히 기관에 가치를 더해주는 사회적 노동 같은 항목들을 포함한다.

둘째, 각 재무제표의 목적이 다르다. 기업재무제표의 손익계산서와 기금잔고변동표는 재무 상황과 기금 잔고에 대한 영향을 보여주기 위해 작성한다. 기업 손익계산서에서 비용은 최종 결산 결과(수익)의 감소로서 부정적으로 여겨지고, 최종 결산 결과가 클수록 기업과 주주들에게 좋다. 그에 반해 확장부가가치제표는 집합적이며 협동적 노력의 결과인 기관의 부가가치가 더 넓은 집단에 배분되는 것을 보여주는 것이 목적이다. 확장부가가치제표는 모든 이해관계자가 기관의 중요하고 필수적인 부분임을 보여준다. 확장부가가치제표의 또 다른 장점은 상호작용하고 상호의존적인 기관의 특성을 강조한다는 점이다.

Chapter 10

사회적기업 인적자원관리

1 경영환경과 사회적기업 경영

1) 기업환경

사회적경제 확대와 함께 사회적기업의 역할이 더욱 주목을 받고 있다. 일반기업은 자본주의시장이라는 환경에서 적응하며 성장하고 발전해 간다. 반면 사회적기업은 자본주의시장(화폐경제)뿐 아니라 호혜관계로 이루어지는 지역사회 중심의 비화폐경제와 공공서비스 공급을 담당하는 공공부문까지 포함하는 넓은 활동 영역을 가진다. 어떤 조직이든 주변 환경으로부터 지속적인 영향을 받으며 반응하는 상호작용을 한다. 마치 유기체와 같이 환경 변화에 따라 조직이 생겨나고 발전하며 소멸하기도 한다.

기업 환경은 기업 활동에 영향을 미치는 기업의 내외부적인 모든 요소를 말한다. 이런 기업 환경은 기업이 새로운 사업을 할 수 있는 기회를 주기도 하지만 반면에 기업 활동에 위협이 되기도 하므로 기업의 생존과 성장을 위해서는 기업 환경에 신축적으로 적응 능력을 높여야 한다. 기업이 환경 여건을 중요하게 여겨야 하는 이유는 다음과 같다(정종진 외, 2018). 첫째, 자본주의경제가 구조적 변화를 맞고 있기 때문이다. 자본주의경제는 이미 성장 정체에 들어섰고 저성장 또는 경기 침체로 인한 기업의 경제적 환경이 크게 바뀌고 있다. 둘째, 민주주의 성장은 기업과 지역사회의 관계에서도 변화를 가져옴으로써 지역사회가 기업 활동에 커다란 영향을 끼치고 있다. 기업에 관한 연구가 전통적인 정태적 분석에서 동태적 연구로 바뀌어 감에 따라 기업을 개방적 조직으로 보게 되면서 기업 활동을 하나의 유기체로서 시스템적으로 분석하기 때문이다.

일반적으로 기업은 일반적 환경과 과업환경에 영향을 받는다. 일반적 환경은 기업이 속한 사회전체 환경으로서 경제, 정치, 법, 기술 등의 환경을 포함한다(권순식, 2019). 일반적 환경은 기업 외부의 환경 조건이기 때문에 기업이 개별적으로 관리할 수 없으므로 잘 적응할 수 있는 기업 여건을 갖추는 것이 경영의 초점이 된다. 그러나 과업환경은 기업이 가진 자체 역량으로 영향력을 발휘할 수 있는 환경 조건이다. 과업환경은 기업의 전반적인 활동을 관리하는 경영 역량과 직접적으로 관련이 되는 피고용자, 노조, 경쟁자, 지역사회, 금융기관 등이다. 먼저 기업에 영향을 주는 외부 환경 요소에 대해 살펴본다.

(1) 경제적 환경

자본주의 시장은 시장과 기업으로 구성된다. 앞의 8장에서 살펴본 것처럼 시장은 상품(C)이 화폐(M)로, 다시 화폐가 상품으로 교환되는 장소이며, 시장에서 일어나는 교환은 거래 주체들의 자발적인 행위를 통해 이루어진다. 시장은 중요한 두 가지 기능을 한다. 첫 번째 기능은 경제주체들에게 중요한 정보를 전달하고 그 정보에 따라 적절한 행동을 하도록 동기를 부여한다. 시장이 부여하는 동기는 두 가지로 나누어 생각할 수 있는데, 먼저 시장은 소비자로 하여금 다른 재화보다 덜 희소한 재화를 통해 자신의 필요를 충족하게 한다. 소비자들은 가장 낮은 가격으로 필요를 충족시켜 주는 재화를 찾는다. 또한 시장은 생산자로 하여금 희소하지 않은 투입요소를 사용하여 희소한 재화를 생산하도록 유도한다. 이것은 한편으로 희소한 재화가 높은 가격을 책정할 수 있도록 하기 때문이고 다른 한편으로는 이윤을 추구하는 기업이라면 자신들이 찾을 수 있는 가장 낮은 비용의 투입요소를 이용하여 재화를 생산할 수 있기 때문이다. 두 번째 기능은 생산되는 재화와 서비스가 얼마나 희소하게 이용되고 있는지에 대한 정보를 제공한다. 경쟁시장에서 재화 가격은 '희소성의 크기'를 나타낸다. 다른 재화의 가격에 비해 어떤 재화의 가격이 오르면 그 재화가 점점 더 희소해지고 있는 것이고 반대로 재화의 가격이 떨어지면 그 재화가 덜 희소해진다는 의미이다. 희소성이란 시장에서 사람들이 어떤 재화나 서비스를 얼마나 원하고 있는지 또 그것을 소유하는 것이 얼마나 힘든지를 나타낸다.

이렇게 시장과 기업에서 재화와 서비스의 수요 · 공급 체계가 어떻게 이루어지는지에 대한 체계적인 이해가 필요하다. 경제 정보는 시장에서 이루어지는 모든 거래 형태를 다루게 되고 여기에는 국내 경제상황뿐 아니라 국제경제 여건에 대한 내용도 포함된다. 때문에 경제적 환경은 국가경제체제 및 국제경제관계와 밀접한 관계가 있다. 한국을 포함한 대부분의 국가들은 자유시장체제를 가지고 있지만 중국 등 몇몇 국가들은 국가가 통제하는 중앙계획경제를 유지하고 있다. 자유시장을 기반으로 하는 자본주의경제는 경제운용 메커니즘을 크게 거시경제와 미시경제로 구분하여 경기 동향을 조사하여 경제발전의 장 · 단기적 추세를 파악하게 된다.

거시경제는 상품의 전반적인 수준인 물가에 초점을 둔다. 거시경제에서의 물가는 모든 재화와 서비스를 모두 포함한 상품 가격의 평균적인 수준을 의미하며, 가격변동(물가변동률)에 따라 물가가 지속적으로 상승하는 인플레이션(inflation)과 반대로 물가가 계속 하락하는 디플레이션(deflation)현상이 나타난다. 오늘날의 세계경제는 글로벌시장으로 묶여 서로 밀접한 관련을 가지고 있기 때문에 국제경제에 대한 이해 없이 국내경제의 흐름을 제대로 파악할 수 없다. 한 나라에 들어오고 나가는 화폐 흐름을 '국제수지'라고 하는데, 이는 환율과 깊은 관련성을 가진다. 따라서 국민경제 전체를 보는 거시경제는 물가나 이자율, 국민소득과 같은 경제변수들과 함께 환율, 금리, 통화정책의 상호연관관계가 중요하다. 반면 미시경제는 정부, 기업, 가계 등 개별경제주체와 개별시장을 분석대상으로 하며 고용과 관련된 노동시장 흐름과 개별 상품의 물가, 조세 등이 중요한 요인이 된다.

(2) 정치적 환경

정치적 환경에는 정치권력 지형, 정당구조, 정치제도 등이 포함된다. 경제 현안에 대한 정책결정과정에서 정치인과 정당의 영향력은 거의 절대적이다. 어느 정당이 집권을 하는 경우 그 정당은 관료조직을 통해 경제정책을 시행한다. 한국은 1960년대부터 수출주도경제정책을 일관되게 추진해 왔다. 1960년대 정부가 내세운 소위 '한국형 근대화'는 국가주도 계획형 경제개발정책의 구호적 표현이었고 그 중심에는 재벌이 자리를 잡고 있었다. 이러한 재벌중심 수출주도경제는 한국 경제가 내수기반이 취약한 경제구조를 갖게 되는 정책방향이었으며, 1990년대 김영삼 정부의 세계화 정책으로 인한 무차별적인 개방정책은 재벌기업이 무리한 해외진출과 설비확대를 위해 끌어들인 외자에 발이 묶여 결국 1997년 외환위기라는 결과를 초래했다.

한국사회가 겪고 있는 다양한 사회문제들 중 저출산과 급격한 고령화, 소득양극화와 사회적 불평등, 청년실업과 일자리창출, 재벌개혁과 규제 등과 같은 산적한 문제들은 정치적 환경의 개선으로 해결될 수 있다. 다시 말하면 국민들의 삶과 직결된 이러한 심각한 사회문제들이 해결될 기미 없이 지속된다면 이는 정치권의 무능으로 귀결되는 것이고 결국 경제활동의 세 주체들의 무기력으로 국내경제는 활력 없는 모습이 될 것이다.

(3) 법률적 환경

자본주의 시장경제에서의 모든 상품 거래는 자유로운 계약을 통해 이루어진다. 상품에는 인간의 노동력도 포함되므로 고용자와 피고용자 간의 고용도 계약으로 이루어지는데 이 계약이 불평등한 조건에서 이루어진다면 국가는 법과 제도를 통해 약자를 보호하고 통제한다. 헌법 제32조와 제33조에 나타난 노동관계 조항과 「근로기준법」, 「노동조합 및 노동관계조정법」, 「노동위원회법」, 「산업재해보상보험법」, 「산업안전보건법」 등은 노동자의 노동권을 보호하고 기업의 인적자원관리를 합법적이고 효율적으로 할 수 있게 한다.

(4) 기술적 환경

1, 2차 산업혁명으로 동력발전을 이룩한 자본주의경제체제는 이후 급격한 생산력의 발전을 바탕으로 엄청난 성장을 이루었다. 1970년대부터 컴퓨터 기술 발전과 PC 보급으로 정보와 통신의 결합을 통한 3차 산업혁명의 제조과정 자동화가 이루어지고, 1990년대부터는 인터넷 사용이 확대되면서 컴퓨터와 네트워크 기술 발전이 더욱 빨라지기 시작했다. 이러한 기술발전은 2000년대 이후에는 인공지능(AI)과 플랫폼(platform)으로 특징되는 신기술 융합을 바탕으로 사물인터넷(IoT)으로 구현되는 '자동화 및 네트워크'가 극대화됨으로써 이를 통해 다양한 응용분야가 생겨나는 기술혁명단계로 접어들었다.

세계적으로 인공지능이 주도하는 자동화경제(AI-driven-Automation Economy)는 정보통신기술을 이용하여 사물과 인간을 연결하여 공유하는 기술아이디어로서 로봇 개발 등의 새로운 산업변화가 이루어지고 있다. 앞으로 선진국에서 인공지능 자동화기술로 인해 사라질 직업은 약 700여만 개, 새로 생겨날 직업은 200여만 개로 약 500여만 개의 직업이 사라질 것으로 보고 있어서(The White House, 2016), 기술 발전으로 인한 일자리 문제는 국가정책의 문제이면서 기업으로서는 새로운 성장 동력을 찾기 위한 기회이다.

다음으로 기업 내부의 경영 역량에 영향을 주는 과업환경들은 다음과 같다.

(5) 노동조합

노동조합은 노동자가 주체가 되어 자주적으로 단결하여 근로조건의 유지ㆍ개선 기타 노동자의 경제적 · 사회적 지위의 향상을 도모함을 목적으로 조직하는 단체 또는 그 연합단체(노동조합법 제2조 제4항)이며 기업경영활동에 많은 영향을 준다. 노동조합 조직 형태는 각 나라별 자본주의 전개과정 또는 자본축적의 진전에 따른 산업구조와 노동력 구성, 노동시장의 구조, 기술혁신의 정도, 작업장 노사관계, 단체교섭의 특성, 정치적 · 제도적 상황 등의 객관적 요인과 노동운동의 역사, 조직형태의 발전, 노동조합운동의 전체 구도와 노조운동의 이념 · 노선, 조직형태 발전을 위한 계획적이고 합목적적 실천노력 등 주체적 요인의 상호작용에 의해 결정된다. 선진국의 노동조합 조직형태는 직업별 노조, 산업별 노조, 일반노조이며 미국, 한국, 일본 등에서는 기업별 노조가 주류를 이룬다(김정한, 1999). 산업별 노조일 경우 기업경영에 대한 영향은 기업별 노조보다 더 크다.

(6) 소비자

소비자에 대한 개념 정의는 「소비자기본법」, 「방문판매 등에 관한 법률」, 「전자상거래 등에서의 소비자보호에 관한 법률」 등에서 규정하고 있는데, 그 범위는 약간씩 차이가 있다. 「소비자기본법」에서 소비자는 "사업자가 제공하는 물품 또는 용역(시설물을 포함)을 소비생활을 위하여 사용하는 자 또는 생산활동을 위하여 사용하는 자로서 대통령령이 정하는 자"를 말한다(소비자기본법 제2조 제1항). 일반적으로 소비자는 경제 안에서 만들어진 재화와 서비스를 사용하는 개인이나 가구를 총칭한다. 기업은 소비자의 욕구를 만족시킬 수 있는 재화와 서비스를 생산하고 공급하는 역할을 하기 때문에 소비자 태도와 욕구에 대한 이해가 경영활동의 중요한 부분을 차지한다. 소비자는 기업 입장에서 고객이 된다. 고객에게 만족을 주는 서비스가 곧 기업의 지속가능한 경영을 유지할 수 있는 직무가 된다. 고객들은 양질의 제품과 서비스를 기대하고 기업은 양질의 제품과 서비스를 고객에게 공급한다.

(7) 경쟁사

기업들은 제품이나 서비스 공급에 있어서 치열한 경쟁을 하게 된다. 시장에서 독점적 위치를 갖는 기업이 아니면 비슷한 제품과 서비스를 생산하고 더 많은 고객을 확보하기 위해 경쟁한다. 특히 유능한 인적자원을 확보하는 것이 기업이 경쟁력을 갖는 중요한 조건이므로 채용, 보상, 훈련, 육성 등의 인적자원관리 전략은 매우 중요한 과업환경이 된다.

2) 사회적기업 경영환경

사회적기업도 일반기업과 마찬가지로 일반적 환경과 과업 환경을 갖는다. 그러나 사회적기업도 같은 기업조직이지만 사회적 지향이라는 특별한 목적을 갖는 조직으로서 일반기업과는 부분적으로 다른 환경에 놓이게 되고 경영활동도 이러한 목적에 맞도록 조건을 갖추게 된다. 때문에 사회적기업도 일반기업과 마찬가지로 똑같은 일반적 환경의 영향을 받게 되며 지속가능한 경영 활동을 수행해야 한다.

사회적기업가정신이 대두되면서 사회적기업은 경제적 수익과 사회적 사명이라는 두 목표를 균형 있게 실현하기 위한 사회혁신조직으로 대중적인 인지도를 넓혀가고 있다. 지속가능한 사회적경제에서 바람직한 경영과 인적자원에 대한 투자는 사회적기업의 발전과 생존을 위해 필요한 과업이 되고 있다. 시장, 공공부문, 시민사회의 교차점에 위치한 사회적기업의 성장을 가능하게 하는 많은 요인들이 있는데, 그중 한 가지 기여요인은 이전에는 기부자에 의존적이던 사회적기업들이 더 많은 상업적 수익원을 추구하게 된 것이다. 이와 함께 공공서비스 전달체계 변화로 인해 신규 진입자들을 위한 시장기회도 생겨나고 있다. 사회적기업의 잠재력은 새로운 형태의 자본주의 시장기제로 주목받고 있다. 사회적기업의 혼합된 사회적 가치와 경제적 가치와 함께 영리, 비영리, 공공부문의 벽이 사라지고 있다. 이러한 상황 속에서 사회적기업이 양적, 질적으로 성장함에 따라 경영관리는 더욱 중요한 주제가 되고 있다. 사회적기업의 설립과 정당성, 지속가능성을 위해서는 좋은 경영지식과 실천이 필요하다.

영리조직, 비영리조직, 공공기관 등을 포함한 모든 조직들의 경영에 있어서 인적자원관리(Human Resources Management, HRM)는 아주 중요한 영역을 구성한다. 이 세 조직형태에 속한 조직의 리더는 역량강화와 조직효과성에서 인적자원의 중요성을 깊이 인식해 오고 있다. 비영리 및 영리부문의 인적자원관리 유사성과 관련하여 서로 다른 두 가지 연구 흐름이 있다. 하나는 각 부문 간에 제도적 이형동질(isomorphism)이 증가하고 있다는 것이다. 이 견해에 따르면 사회적기업은 공공기관과 영리기관과 함께 인적자원관리 실천으로 수렴된다. 따라서 사회적기업은 다른 영역의 좋은 인적자원관리 실천들을 차용해야 한다. 다른 하나는 사회적기업은 독특한 특성을 가지고 있어서 영리부문이나 공공부문과는 다른 도전들을 맞게 된다는 점이다(Borzaga & Solari, 2001). 이러한 도전들에는 인적자원관리에서 법제화, 규제, 생산, 서비스품질, 재정, 인재확보, 고용유지, 성장 등이 포함된다.

인적자원관리 연구 흐름에 따라 사회적기업도 분명한 사회지향성과 간접적인 이익지향성 때문에 영리조직과는 다른 실체로 간주된다. 사회적기업이 사회문제를 명확히 다루고 있지만 일반적으로 조직의 지속가능성을 위한 주요 요건인 자원관리와 경제적 가치 창출에서 어려움을 겪고 있다. 더욱이 사회적기업에 대한 경제적 수요는 피고용인들을 위한 적절한 보상과 혜택 제공에 있어서 영리조직과 비교할 때 훨씬 낮은 경쟁력을 갖게 한다. 그러나 사회적기업의 사명선언(mission statement)은 구성원을 조직의 목적을 달성하는 방향으로 동기부여하는 영향력이 있는 도구이다. 사회적기업이 가진 특별한 성격은 조직의 초점이 이윤극대화보다는 비경제적가치의 실현에 주목한다는 사실을 설명하는 사회적 사명 실천에 있다(von Eckardstein & Brandl, 2004). 달리 말하면 사회적기업은 가치 주도적 측면에서 사적 조직과 다르고 사회적기업 직원들은 헌신적이라 느끼며 자신을 조직의 가치와 동일시한다. 비영리조직이 재정적 불확실성, 인력 부족, 조직 유지 등의 문제들에 직면하지만 대부분의 비영리조직 직원들은 다른 어떤 것보다 사명에 헌신하는 환경 속에서 가치 있는 일을 한다는 기회로 동기부여를 받는다.

2 사회적기업 인적자원관리 전략

1) 사회적기업과 직원혼합 환경

사회적기업가정신의 대두와 함께 사회적 목적을 가진 조직들도 점차 지속가능하고 성과주도의 사회적기업으로 진화하고 있다. 이러한 사회적기업들은 지역사회 활성화를 위해 중요한 역할을 하고 있다. 자조, 저숙련계층 고용, 취약계층 역량강화, 지역일자리 개발 등을 통해 사회적기업은 지역사회 내 인적자원과 경제적 안녕을 위해 기여한다. 이런 의미에서 사회적기업은 사회전환을 위한 변화매개자로 활동한다. 사회적기업이 노동통합 사회적기업(Work Integrated Social Enterprise)과 같은 형태로 취약계층 고용을 통해 사회적경제 전환을 이루면서 사회적 책임감을 갖춘 노동력 확보를 위한 인적자원관리에서 많은 편익을 얻을 수 있다.

사회적기업 인력 구성은 유급직원과 함께 자원봉사자들로 함께 이루어져 있으므로 인적자원관리 과정에서 특별한 주의가 필요하다. 자원봉사활동 동기와 비영리기관 고용 사이에 인과관계가 있지만 그것은 긍정적 관계이며, 사회적기업가정신을 가지고 자원봉사활동과 일을 함께 하는 사람들도 많이 있다(Lee & Wilkin, 2011).

사회적기업은 지속가능성 달성과 사회적 사명을 성취하는 데 특별한 열정을 개발하고 고무시킬 수 있는 비즈니스 기술을 갖춘 직원을 모집하고 개발해야 한다. 그 이유는 유급직원이나 자원활동가 모두 그들이 가진 전문성과 경험은 사회적기업의 성공에 영향을 주는 중요한 요소들이기 때문이다. 경쟁시장에서 비즈니스를 수행하는 사회적기업들에게 외부의 경쟁적 환경과 내부의 경영과제 도전은 인적자원관리를 재평가하고 전략적 방법으로 인적자원관리 실천과 사회적 사명을 통합하도록 요구한다. 이런 여건 속에서 인적자원관리는 사회적기업들에게 경쟁적 이점을 갖추게 하는 수단이다. 성장과 확장을 위해서는 적절하고 충분한 인적자원이 필요하기 때문에 사회적기업은 신입사원 채용이나 기타 다양한 채용을 통해 필요한 기술을 갖추어야 한다.

디즈(Dees, 1998)는 사회적기업 스펙트럼을 통해 사회적기업에게 있어서 노동력은 중요한 이해당사자 중 하나로 본다. 조직이 순수한 인도주의적 자선기관일 경우 노동력은 거의 자원봉사자들로 구성된다. 만약 기업이 스펙트럼의 다른 끝에 있는 이윤추구기업이라면 노동력은 시장차원에서 보상받는다. 만약 혼합(hybrid)

특성을 갖는 조직이라면 노동력은 자원활동가와 유급직원으로 구성되고 시장 수준보다 낮게 보상받는다. 따라서 사회적기업에서의 자원봉사활동은 조직의 목표를 달성하기 위해 함께 일하는 무급자원활동가와 다수의 전문가들을 의미하는 '직원혼합(employee mix)'의 독특한 인적자원 관리 유형을 갖는다. 직원혼합은 서로 다른 학문적, 직업적 배경과 경험, 동기들로 이루어진다. 따라서 인적자원의 합리적이고 질서 있는 활용은 사회적기업의 책임이기도 하다. 그러므로 사회적기업 인적자원관리는 일반적으로 두 차원으로 구성되는데 자원활동가 관리와 근로계약에 의한 유급직원이다. 때문에 사회적기업 인적자원관리는 이렇게 서로 다른 노동력 유형의 욕구에 따라 스스로 변경해야 하며, 전략적 인적자원관리 계획과 함께 이 두 유형의 적절한 조화를 맞추어야 한다.

유급직원과 자원봉사자는 많은 차이가 있다. 무엇보다 유급직원들은 정식 근로계약을 맺고 상근을 한다. 그러나 자원봉사자들은 근로계약 없이 심리적 계약으로 단시간근무를 한다. 유급직원의 정식 근로계약서에는 헌신에 대한 기간과 예상 과업 및 역할의 특성에 대한 기대가 포함된다. 정식계약이 아닌 추상적인 심리적 계약은 자원봉사자들이 비영리조직에 기여할 수 있는 것과 반대급부로 받을 수 있는 것들에 대한 느낌 등이 포함된다. 또 다른 차이는 동기(motivation)이다. 자원봉사활동은 그 본질적 동기인 다른 사람들을 돕기 위한 욕구를 충족시키는 반면, 유급직원의 동기는 급여와 직책과 같은 도구적인 목표에 근거한다. 이런 이유로 유급직원의 동기는 직무수행, 근태, 생산성 등과 같은 조직적인 문제들과 관련된다. 자원활동가들은 보수를 받지 않으므로 정서적으로 기관에 더 헌신적이고 자율성, 의사결정 참여, 의미 있는 일 등과 같은 내적인 보상에 동기부여를 받는다. 그런 점에서 인적자원관리 업무는 사회적기업의 욕구와 자원활동가의 동기 사이에 조화를 이루는 것이다. 이 조화가 증가할수록 더 큰 만족과 헌신이 이루어진다.

자원봉사자의 욕구를 이해하기 위해서는 자원봉사활동의 기능에 대해 인식하는 것이 중요하다. 일부 자원봉사자는 휴머니즘과 같은 가치관을 갖고 자원봉사활동을 하거나 또는 세상을 더 많이 이해하려고 자원봉사활동을 한다. 또한 자원봉사활동을 통해 심리적으로 자신을 더 개발하고자 하며, 일부는 경력을 쌓기 위한 경험으로 여기기도 한다. 개인적으로 자원봉사활동을 통해 사회적 관계망을 강화하기도 하고, 극히 일부는 죄책감 같은 부정적 감정을 없애려고도 한다. 자원봉사자의 욕구충족을 위해서 사회적기업은 자원활동가 모집부터 훈련, 배치, 과업 부여와 같은 자원활동 프로그램을 잘 갖추어야 한다(Blank, 2012). 또한 자원봉사자가들 간에 신뢰구축, 협력, 팀워크, 경쟁, 개인적 발전, 가치 창출, 흥미 등을 촉진하는 리더십의 이점을 활용하는 것이 중요하다. 전통적 경영방식을 넘어 파트너십 경영을 통해 더 나은 결과를 얻을 수 있다.

본질적으로 사회적기업의 유급직원과 자원활동가 모두는 외적 요소에 의한 동기부여가 아니라 기업 내부에서 이루어지는 자율성, 의사결정 참여, 효율성과 사회적 사명 사이의 균형, 수혜자와 사회적 문제에 대한 관심, 심리적으로 좋은 지도력뿐만 아니라 경제적으로 기업을 소유하는 것 등의 내적 요소들에 의해 동기부여 될 수 있다(Borzaga & Solari, 2001).

2) 사회적기업 인적자원관리 실천

무형의 조직자본의 하나로 간주되는 인적자원은 지식가치, 재능, 개인의 기량 등을 종합한다. 인적자원관리는 조직의 생산성과 효율성을 향상시키는 동시에 이러한 지식과 경험의 발전을 제공한다. 파인즈(Pynes, 2013)는 인적자원관리 개념을 "조직의 목표 달성을 위해 직원의 지식, 기술, 능력 및 기타 특성을 효과적으로 사용할 수 있도록 조직 안에서 이루어지는 공식적 체계를 설계하는 것"으로 정의한다.

그동안 인적자원훈련은 전략적 시각으로 특별히 영리기업에 초점을 둔 비즈니스나 경제 분야에서 연구가 이루어져 왔다. 인사관리 지출이 조직성과에 주는 영향은 이러한 경영실천의 발전을 위한 근거들이다. 또한 사적조직이나 사회조직 모두 포함하여 인적자원관리의 좋은 실천은 구성원들 간에 지속적인 관계를 유지할 수 있게 한다. 이렇게 신뢰를 바탕으로 한 관계는 높은 성과를 내는 데 영향을 주게 되고 따라서 조직은 사회적 · 경제적 가치를 창출할 수 있다. 더욱이 인적자원관리에 기반한 훈련과 전문적 개발을 통하여 조직은 미래의 도전에 대응하기 위한 재능개발을 이룰 수 있다. 앞에서 언급한 것처럼 비영리부문에서 성장하고 있는 경쟁력은 사회적기업이 인적자원에 더 많은 투자를 하도록 만들고 있는데, 인적자원은 변화하는 환경에서 적응하기 위한 중요하고 필수적인 자원으로 보기 때문이다.

인적자원관리는 모집과 채용, 근무평가, 보상, 훈련과 개발 등과 같은 인적자원 실행 분야들을 포함한다. 일반기업 경우처럼 인적자원관리는 사회적기업에도 필요한 기본적인 경영기술이다. 재무회계, 거버넌스, 생산업무처럼 인적자원관리는 건강하고 지속가능한 사회적기업 안에서 충분히 기능을 발휘해야 한다. 사회적기업의 인적자원관리는 사전예방적인 역할을 할 필요가 있으며 환경에 따라 변화하는 요구에 대응하기 위한 전략적 마인드를 가져야 한다. 경제적 · 사회적 관심과 요구는 사회적기업가들에게 중요한 도전 영역이다. 이러한 두 목표 사이의 긴장을 극복하기 위해서는 기업의 인적자원관리 실천에서 높은 기대치가 있어야 한다. 따라서 사회적기업은 자신들의 사업 대상들처럼 치열한 경쟁 속에서 자금 조달 기회와 자원에 대한 제한된 접근에도 불구하고 조직 효율성 증가와 비용 절감을 위해 전략적으로 사고하고 인적자원관리에서 이익을 얻어야 한다(von Eckardstein & Brandl, 2004). 미래 노동력과 자원봉사자 조직의 원천으로서 지역 인구 개발처럼 사회적기업이 이익을 얻을 수 있는 현명한 인적자원관리 기술은 많다. 오스틴 등(Austin, et al., 2006)은 사회적 · 경제적 가치 창출에서 인적자원관리 실천으로 얻게 되는 사회적 · 경제적 가치들을 〈표 10-1〉과 같이 제시한다.

〈표 10-1〉 **사회적기업 인적자원관리 실천과 사회적·경제적 가치 창출**

인적자원관리 실천	사회적 가치 창출	경제적 가치 창출
인적자원 보존을 지향하는 인재 육성	직원들에 대한 적절한 보상과 삶의 질 향상. 이것은 직원 및 가족들을 위한 사회적 이익을 창출한다.	직원유지정책은 회사와 장기적인 관계를 형성한다.
목표완료 및 성과달성을 강조하는 업무평가 과정	사회적 목표 달성에 있어 효과성은 행위자와 조직의 관계를 개선한다.	목표달성 효과는 사회투자를 최적화하고, 조직의 새로운 계획 수립 가능성을 창출한다.
미래 노동자의 원천으로서의 목표 인구 개발	지역사회개발은 주민들과 기업의 근로자에게 이익이 되며 고용 가능성을 유발한다.	자격을 갖춘 인력 채용을 위한 더 나은 원천을 창출하여 인적관리 효과성을 성장시키며 이를 통해 회사 제품 및 서비스가 개선된다.
자원활동가 팀 구성	사회성과를 창출하는 조직역량은 증가한다.	인적자원 비용이 감소하고 지역사회에서 조직 이미지는 강화된다.
경영 참여 구조	직원들의 발전을 촉진하고 역량을 강화한다.	리더중심경영의 위험은 감소하고 조직의 지속가능성은 높아진다.

출처 : Austin, et al.(2006).

인적자원관리가 가지고 있는 편익에도 불구하고 사회적기업이 그것을 도입할 때 몇 가지 장애물이 생겨난다. 첫째, 민간부문에서 사용하는 기법을 채택하는 것이 사회적기업에 잠재적인 위험을 초래할 수 있다고 주장하는 경영주의에 대한 문화적 장벽이다. 자원활동가들은 이타적인 동기로 시간과 에너지를 바치기 때문에 만약 공식적인 관리기법으로 대우받는다면 그것이 바람직한 것인지 망설여진다. 둘째, 사회적기업에 대한 '자금 제약'이다. 인적자원 비용이 거의 지출비용의 대부분을 차지하기 때문에 사회적기업 경영에서 인적자원관리 정책도입의 정당화에 어려움을 갖는다. 셋째, 대부분의 사회적기업들이 중소기업이라는 사실을 반영하듯 조직규모문제이다. 작은 규모의 기업이 복잡한 인적자원관리를 현실화하는 것은 하나의 장애물일 수 있기 때문이다.

리더와 맥캔들스(Ridder & McCandless, 2010)는 비영리조직의 인적자원관리를 네 가지 유형으로 구분하는데 이것을 사회적기업의 인적자원관리에 적용하고자 한다. 이들은 인적자원관리 구조가 두 개의 차원-조직의 전략방향과 인적자원기반-에 따라 변화한다고 가정한다. 조직의 전략방향에는 사회적기업의 가치, 사명, 목표가 포함되며, 인적자원 기반은 직원들의 욕구와 동기에 영향을 받는다. 리더와 맥캔들스는 이 두 차원을 높고 낮음으로 분류하여 인적자원관리를 다음 네 가지 유형으로 구분한다. ① 행정적 인적자원관리, ② 동기부여 인적자원관리, ③ 전략적 인적자원관리, ④ 가치주도 인적자원관리(그림 10-1).

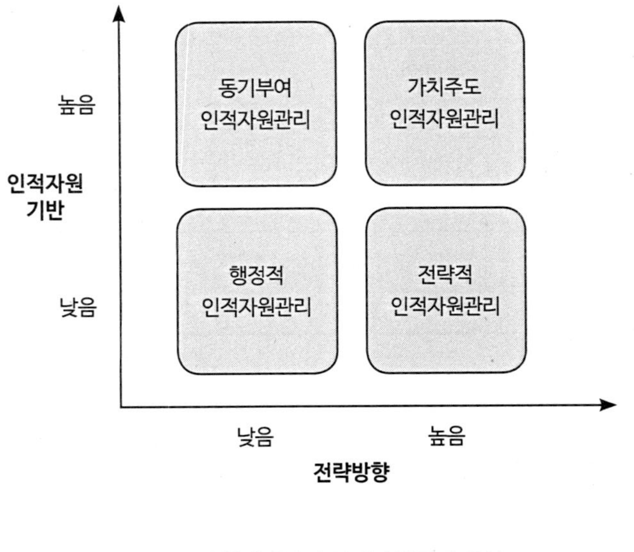

|그림 10-1| **사회적기업의 인적자원관리 유형**

출처 : Ridder & McCandless(2010).

|그림 10-1|에 보듯 전략방향과 인적자원기반에서 낮은 차원은 '행정적 인적자원관리'로 나타난다. 만약 사회적기업이 미래에 대한 전망도 없고 직원들에게 투자할 의지도 없다면 행정적 인적자원관리에 속한다. '동기부여 인적자원관리'는 낮은 전략방향과 높은 인적자원기반을 강조할 때 나타나며 사회적기업은 사

회적 사명에 초점을 두고 직원들의 다양한 욕구를 충족시킨다. 조직의 사명에 대해 강한 비금전적 성향과 헌신을 보여주는 이러한 고도로 동기 부여된 직원들은 사회적기업의 강점 중 하나이다. 따라서 이들에게 동기 부여하는 일은 인적자원관리 전략개발의 중요한 출발점이다. '전략적 인적자원관리'는 낮은 인적자원기반과 높은 전략방향에 초점을 둔다. 전략적 인적관리를 지향하는 사회적기업은 자금압박과 자원제약과 같은 시장조건에 더 민감하게 반응한다. 그러나 이러한 방향은 동기부여가 된 직원들의 헌신, 동기, 만족에 부정적인 영향을 줄 수 있다. 전략방향과 인적자원기반 두 차원에 높은 초점을 두면 '가치주도 인적자원관리'로 나타난다. 이 유형의 사회적기업은 사회적 사명과 직원개발에 헌신하며 직원들에게 투자한다. 또한 사회적 사명과 목표를 달성하기 위한 수단으로서 전략적 의사결과정 내에서 기업의 인적자원에 초점을 맞춘다(Ridder & McCandless, 2010).

결과적으로 사회적 사명과 이익지향 측면에서 사회적기업의 딜레마는 인적자원관리의 운영 환경의 극적인 변화를 가져온다. 변화에 적응하는 것과 더 많은 사회적 선행을 해야 한다는 압박 사이에서 균형을 맞추기 위한 전략적 초점이 필요하다. 이런 상황 속에서 가치주도 인적자원관리 실천을 적절하게 활용하는 것이 그 어떤 것보다 중요하다. 사회적기업의 새로운 경영 환경을 위해서는 적합한 채용관리, 경력관리, 훈련관리, 보상관리, 직무분석 실행이 필요하다.

3 사회적기업 인적자원관리 영역

1) 전략개발

사회적기업 전략개발은 전략수립과 전략실행의 두 단계로 이루어진다. 전략수립단계에서는 사회적기업의 사회적 사명, 목표와 비전, 외부환경의 기회와 위협, 기업내부의 강점과 약점을 분석하여 전략방향을 수립한다. 전략실행단계에서는 인력확보, 조직구조 설계, 인적자원관리, 자원배분, 보상체계 개발 등이 포

함된다. 사회적기업 전략개발은 |그림 10-2|와 같은 과정으로 이루어진다.

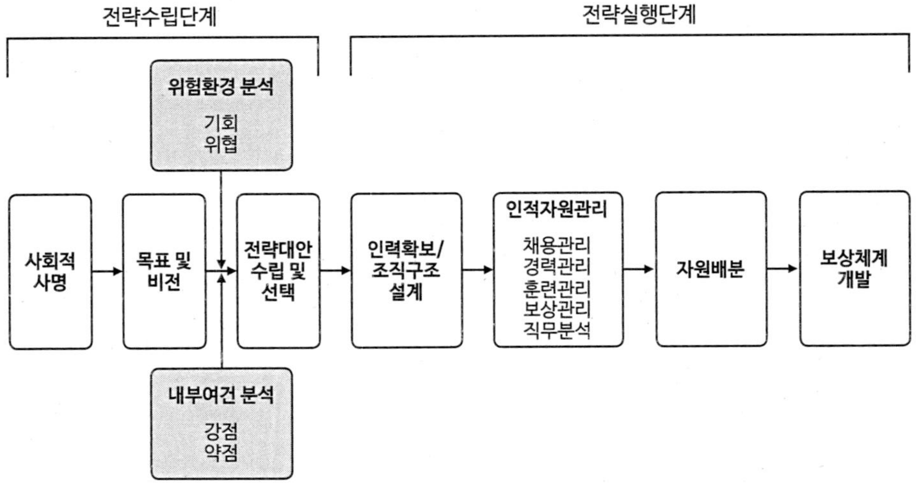

|그림 10-2| **사회적기업 전략개발 과정**

(1) 전략수립

사회적기업의 인적자원관리는 경영과정에서 고려해야 할 중요한 내용이다. 인적자원관리에 대한 고려에 따라 선택한 전략대안이 제한되기도 하고 반면에 선택한 전략의 성공적 실행과 목표달성을 위해 필요한 인적자원을 확보하고 개발하는 방법과 내용을 검토해야 한다. 전략수립에는 다음 세 가지 내용이 포함된다.

첫째, 사회적기업의 사회적 사명이다. 사회적 사명은 조직이 존재하는 이유를 기술한 사명선언을 통해 드러낼 수 있으며, 일반적으로 가치, 고객, 목표 등을 구체화하고 있다. 조직의 목표는 조직의 사명에 입각하여 중장기적으로 달성하고자 하는 것이다. 일반기업들은 이익극대화 목표를 가지고 있지만 사회적기업은 이보다 사회적 가치 실현을 최우선 목표로 하므로 이를 실천하기 위해 비전을 세워야 한다.

둘째, 외부환경분석으로 사회적기업이 당면하고 있는 전략적 기회와 위협을 찾기 위해 실시된다. 사회적기업의 기회요인의 예는 사회문제 해결을 가능하게 하는 미개척시장, 시장진입이 용이하지 않은 미활용인력 등이다. 위협요인의 예는 인력부족, 사회적기업에 대한 인식 부족 등이다.

셋째, 조직내부분석으로 사회적기업의 강점과 약점을 파악하면 조직이 활용할 수 있는 자원(다양한 지역자본, 기술, 인적자원 등)의 양과 질에 초점을 맞춰 그 자원들이 조직의 강점인지 약점인지를 명확하게 평가한다.

외부환경분석과 조직내부분석을 결합하여 SWOT(Strengths, Weaknesses, Opportunities, Threats)분석을 한다. SWOT분석은 전략대안을 도출하는 데 도움이 된다. 각 전략대안을 사회적기업의 목표달성 가능성 측면에서 비교하여 '전략대안수립 및 선택'을 하게 된다. 전략대안수립 및 선택은 조직전략으로 사회적 사명을 충족시키고 목표를 달성하기 위해 노력하는 방법을 나타낸다.

(2) 전략실행

전략실행은 조직 내에서 일어나는 일상적 활동이 가능하게 만드는 것이다. 전략실행이 성공적으로 이루어지기 위해서는 목표달성을 위한 과업들이 계획대로 실행되어야 하고 구성원들이 과업을 수행할 수 있는 역량을 갖추고 있어야 하며 그 역량을 효율적으로 발휘할 수 있도록 동기부여 되어야 한다. 전략실행의 성공을 위해서 고려해야 할 변수로는 조직구조, 과업설계, 인력선발 및 개발, 보상시스템, 정보시스템 등이 있다(김영재 외, 2015).

인적자원관리는 이 다섯 가지 변수 중 과업, 사람, 보상시스템과 직접적인 연관이 있다. 전략실행에서 인적자원관리 역할은 전략계획에서 수립한 적절한 수준의 능력을 갖춘 인력을 기업 여건에 맞게 보유하고, 또한 기업은 구성원들이 전략계획의 구체적 목표를 달성할 수 있도록 행동하게 하는 보상과 통제체계를 개발하는 것이다. 즉, 채용관리, 훈련관리, 경력관리, 보상관리, 성과관리 등을 통해 이러한 역할을 수행하게 된다.

2) 인적자원관리 분야

(1) 채용관리

채용과 선발

채용은 자격을 갖춘 지원자를 모집하여 조직의 설립 목적을 달성하기 위한 직무에 배치하는 과정이다. 해당 직무에 어떤 인력을 배치할 것인지에 대한 결정이 이루어지면 채용의 마지막 단계로서 '선발'이 이루어진다. 채용과 선발은 조직의 효과적인 인적자원 필요 계획을 위한 제도이다. 사적조직과 사회조직 간에는 채용실행에서 차이가 있다. 사회적기업은 사회적 가치와 경제적 가치가 결합되어 있기 때문에 직원들은 사회적 사명, 윤리, 공평, 책임 등의 달성을 고려하면서 비즈니스 요구사항과 지속가능성을 충족시켜야 한다. 직원들은 사회적 업무와 행정관리라는 두 가지 능력의 내실을 다지면서 사회적 · 경제적 사명을 위해 노력한다.

인적자원 유지는 사회적 사명에 대한 재능과 헌신이 중요하지만 지속적인 직원 특성을 찾기 힘든 사회적기업들에게 있어서 중요한 전략적 사안이다. 따라서 채용은 자격을 갖춘 직원 모집과 유지를 위한 인적자원의 특별한 영역이다. 성공적인 책용은 사회적기업의 인적자원을 재무자본으로 여기지 않는데서 출발한다. 오히려 노동력은 조직에 기여하는 가치 있는 자산으로 보아야 한다. 때문에 조직의 사명을 달성하고 경쟁 우위를 유지하기 위해서 사회적기업의 노동력은 인적자원관리 실행을 통한 투자가 필요하다.

직원 채용에 활용되는 전략은 전문직과 자원봉사자 둘 다 고려할 수 있다. 직원 선발은 인터뷰를 통해 지원자 개인에 대해 알 수 있고 또한 지원자 입장에서 취업 선택 결정에 영향을 주는 필요한 정보들을 얻을 수 있다. 지원자가 많을 경우 필요에 따라 지식, 행동, 인성 테스트를 실시할 수 있다.

일반적으로 전문직 종사자들은 정식 채용 절차를 거치고 세심한 심의를 거쳐 직책에 선발된다. 사회적기업이 주로 많이 활용하는 채용 기법은 지역신문 광고나 전문단체에 홍보 의뢰하거나 인터넷 구인사이트에 등록하는 것 등이다. 반면 자원봉사자 모집에서 선발과정은 그 중요도가 낮은 편인데 조직의 사회적 사명을 위해 자신의 자원을 기부하는 사람의 요구를 거절하거나 테스트하기는 사실상 어렵기 때문이다. 따라서 자원활동가는 공식적인 선발과정 없이 직접 모집하거나 종종 시험적으로 채우는 경향이 있다. 이럴 경우 문제는 사회적기업의 사명에 전념하는 과정이 전문가보다 자원봉사자들에게 더 길어진다는 점이다. 그러나 전략적 인적자원관리 관점에서, 만약 지원자들이 경쟁력 있는 사회적기업을 위한 성과기여자의 원천으로 간주된다면, 선발 기술 또한 채용 과정에 적용되어야 한다(von Eckardstein & Brandl, 2004).

선발 기준

기업에 필요한 인적자원 채용을 위해 모집하여 지원자들이 모이면 그중 지원자 수가 선발인원보다 많을 경우 기업에 필요한 적격자를 선발하게 된다. 선발은 모집된 지원자들에 대한 정보를 수집하여 자격심사를 하고 적격자를 결정하는 과정이다. 선발 결정과정에서 다음과 같은 원칙이 필요하다(임창희, 2014).

- 효율성 원칙

채용된 신규인력은 자신의 직무에 배치되기 전까지 일정 기간 업무를 익히는 기간을 가진 후 직무에 배치된다. 직무활동을 통해 자신의 과업을 잘 수행하는 것이 직원의 임무이며 조직의 사회적 사명 실현과 목적 달성을 위한 공헌을 한다. 이에 대한 반대급부로 조직은 보상(임금)을 제공한다. 조직의 입장에서는 적어도 제공할 비용보다 더 큰 공헌을 할 수 있는 인력을 선발해야 한다.

- 형평성 원칙

신규 인력을 채용할 때 모든 지원자들에게 동등한 기회를 부여해야 한다. 특히 면접이나 인터뷰 과정에서 지원자의 정보를 알고자 할 때 지나치게 개인의 프라이버시를 침해하거나 성 차별적 질문으로 인권침해를 유발하면 안 된다.

• 적합성 원칙

직원 채용에서 기업의 목표나 정서와 맞을 수 있는 사람을 선발해야 하지만 지나치게 직무적합성만 검토하거나 시험 위주로 선발하는 경우 입사 후 조직과 맞지 않아 이직할 확률이 높다. 적합성 문제는 기업경영전략과 지원자의 직업과 경력개발욕구가 서로 일치해야 한다. 그렇지 않으면 입사 후 기대 차이로 인한 이직 또는 불만 등으로 기업에는 비용발생과 생산성 저하 등의 문제가 발생할 수 있다.

〈표 10-2〉 **조직 적합적 선발 기준**

기 준	내 용
전반적 직무환경 분석(직무)	• 직문분석 • 조직분석
요구되는 인력 특성(사람)	• 기술, 기능, 능력 • 사회성 • 개인의 욕구와 관심사 • 성격 특성
개인과 조직 간 적합성(적합도)	• 동료와 기존 직원들과 면담 • 인성검사 • 직무 사전공개로 실무역량 파악 • 대인관계 능력

사회적 가치를 상위목표로 하는 사회적기업도 시장 환경에 노출되면서 비즈니스 경쟁을 강요받는다. 사회적기업이 시장원리에 따라 비즈니스 측면이 강조되면서 민간조직과 구분할 수 없게 되었다는 비판을 받기도 한다. 사회적기업의 이익에 대한 의존은 조직이 고도의 전문성을 지니도록 이끌고 비즈니스 세계의 모방자가 되게 하는 이종동형(isomorphism) 문제를 일으킨다. 상업화(commercialization)는 직원들의 직업만족도에 부정적인 영향을 줄 수 있는데, 왜냐하면 자신들을 뒷받침하는 가치가 실제 가치와 일치하지 않으며, 조직이 더 이상 공공이익을 지속하기 위한 사회적 임무를 수행하지 않는다고 생각할 수 있기 때문이다. 여기에 적은 보상, 자원봉사자 동기부여의 어려움, 불명확한 직무설명,

소규모 조직 규모 안에서 경력 개발과 기회의 부족, 보람을 갖는 직원들을 위한 낮은 수준의 자원 등은 재능 있는 직원들을 확보하고 유지하기 위한 사회적기업의 인적자원관리 실행을 어렵게 하는 요인들이다. 이러한 것들은 사회적기업가들이 인력 채용 과정에서 반드시 알아야 하는 인적자원관리가 겪는 도전들이다.

(2) 교육훈련관리

사회적기업 교육훈련

교육훈련(training)은 직원들이 자신의 직무를 수행하는 데 필요한 지식, 기술, 능력을 개발하여 조직의 목표를 달성할 수 있도록 돕는 과정이다. 교육훈련이 기업의 경쟁력을 높이는 데 기여한다고 보기 때문에 많은 기업들이 교육훈련에 많은 비용을 투자하고 교육훈련 기회 확대를 위해 노력하고 있다. 교육훈련의 장점은 기업 발전과 성장을 위해 필요한 지식, 기술, 능력을 습득하는 것 이외에도 직원들의 소속감을 증진시키며 고객 만족도 높일 수 있다. 기술 발전과 진보가 점점 더 빨라지는 오늘날의 디지털 정보통신 환경에서 개인과 조직의 역량을 키우기 위한 교육훈련은 반드시 필요하다. 교육훈련에 투자되는 자원은 단순한 비용이 아니라 가치를 실현하는 미래수익이 될 수 있다.

사회적기업은 교육훈련을 통해 변화에 적응하는 데 필요한 기술을 제공하는 교육 환경을 수립할 수 있다. 교육훈련은 사회적기업가가 달성하기 위해 세운 가치와 사명을 실현하는 과정에 내재되어 있다. 이런 이유로 교육훈련은 사회적기업의 성과에 긍정적인 영향을 끼친다. 일반기업처럼 사회적기업도 유급직원과 자원활동가들을 모두 포함하여 교육훈련을 구성한다. 기술 향상을 위한 프로그램을 고안할 때, 직원과 자원활동가들은 자신들의 자원의 일부를 할애할 수 있다(Borzaga & Solari, 2001). 특히 사회적기업의 교육훈련은 조직 내에서 자원봉사자의 생산성과 유지를 위한 중요한 기여 요소이다.

사회적기업은 영리부문의 다른 조직보다 더 많은 교육훈련 기회를 제공하는 경향이 있고 교육훈련을 기업전략에 통합하려고 한다. 애킹볼라(Akingbola, 2006)는 사회적기업에서 교육훈련이 중요한 이유를 다음과 같이 제시한다.

- 직원들의 내재적인 동기부여와 사회적 사명 간의 연결
- 교육훈련에 대한 직원들의 적극적 태도
- 변화에 대한 적응을 위한 필요한 기술로서 교육훈련의 중요성
- 다양한 기술과 기술력의 범위 설정의 필요성

교육훈련 방법 및 과정

상근직원들을 위한 교육훈련투자는 자원활동가 교육훈련보다 더 경제적이고 효율적일 수 있다. 이들은 조직과 장기적이고 호혜적인 관계를 이어갈 수 있기 때문이다. 간부들(executives)들의 리더십 증진을 위한 교육훈련 프로그램을 실행하는 것도 중요하다. 경력관리 실행과 관련하여 교육훈련 기회, 현장직무훈련(On-the-Job Training, OJT), 세미나 참석 등은 리더십 개발을 위해 유익한 프로그램들이다. 급격한 환경 및 수요 변화로 인한 사회적기업들의 교육훈련 욕구변화에 맞춰 계속 업데이트되어야 한다. 특히 일반기업에서 많이 수행하고 있는 현장직무훈련은 기업 내부교육훈련의 가장 일반적인 형태로서 조직 내 모든 단위에서 쉽게 할 수 있는 직무교육이다. 현장직무훈련은 업무시간 중에 업무를 수행하면서 상급직원이 하급직원에게 실시한다. 현장직문훈련에는 도제식 훈련, 직무 오리엔테이션, 인턴십, 멘토링 등이 있다. 현장직무훈련의 장점과 단점은 다음과 같다(김영재 외, 2015).

- 장점
  - 업무를 하면서 학습 가능(Learning by Doing)
  - 훈련자와 피훈련자 간 의사소통 원활
  - 훈련내용을 즉시 활용하여 성과에 반영
  - 훈련비용 절감

- 단점
  - 관행의 반복으로 피훈련자들이 잘못된 교육내용 답습 가능성
  - 훈련자의 역량에 따른 훈련 효과 차이
  - 업무 우수자가 반드시 우수한 훈련자가 아님
  - 전문가가 아닌 훈련자에 의한 훈련 효과 신뢰성 문제

사회적기업을 위해 특별히 필요한 교육훈련 항목은 리더십, 거버넌스, 마을만들기, 재무, 모금, 프로젝트 기획, 마케팅, 자원봉사활동 행정, 기획, 후원자 및 다른 기업들과 관계 구축, 지역사회자원 활용, 위험 관리와 평가, 의사소통, 프로그램 평가 최근 대두되고 있는 사회성과평가(Social Impact Assessment) 등이다.

사회적기업의 인적자원 교육훈련은 조직적인 학습을 통해 이루어질 수 있다. 개별 직원의 지식과 집합적인 조직적 학습 사이의 가교 구축은 조직학습을 향상시킨다. 성공적인 조직적 학습을 위한 세 가지 방법은 '효과적인 의사소통과 조정', '제도적 기억의 기록', '성과 측정'이 있다. 첫째, 효과적인 의사소통과 조정은 사회적기업이 조직 내에서 외부행위자들과 함께 개발한다. 둘째, 제도적 기억의 기록은 많은 사람들이 대부분 조직에서 일하는데 만약 기업 규모가 크면 진행 중인 실행과업들을 문서화하는 것도 학습 환경을 구축하기 위한 또 다른 방법이다. 셋째, 전략적 목표를 달성하는 과정에서 개인적 성과평가를 통해 잘못된 것들을 시정할 수 있고 결과적으로 생산성 생산성을 높일 수 있다. 교육훈련은 다음과 같은 과정으로 이루어진다.

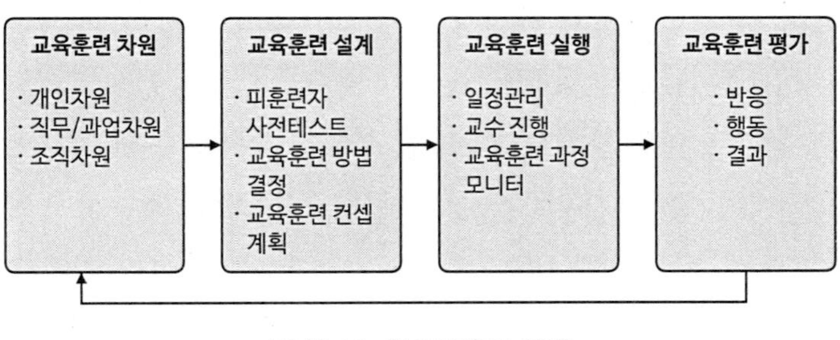

|그림 10-3| **교육훈련 과정**

(3) 경력관리

인적자원관리 중에서 경력관리(career management)는 성공적인 직원유지를 위해 중요한 역할을 한다. 경력관리 안에서 경력개발 프로그램은 조직 내에서 직원들에게 발전할 수 있는 기회를 제공하는데 활용된다. 사회적기업의 지속가능한 유지를 위해서 적합한 경력개발과 함께 미래의 조직적 욕구를 충족시키는 것이 중요하다.

경력은 일반적으로 한 개인이 평생에 걸쳐 일과 관련하여 얻는 경험을 의미한다. 일과 관련된 경험은 직위, 직무와 관련된 과업, 활동, 일과 관련된 결정 등과 같은 객관적인 사건이나 상황을 포함하며 일에 대한 기대, 가치 욕구와 같은 일과 관련된 사건의 주관적인 해석이나 판단도 포함된다. 경력은 전문적인 일이나 특정 직종에서의 일만 해당되는 것이 아니고 일과 관련된 모든 활동이 경력에 해당된다.

경력관리를 위해서는 경력개발(career development)도 중요하다. 경력개발은 조직 측면에서 개별 직원이 입사에서부터 퇴직 시까지 경력경로를 개인과 조직이 함께 계획하고 관리하여 개인욕구와 조직목표를 달성해 가는 총체적 과정이다(김영재 외, 2015).

직원들이 사회적기업에 입사하여 직위를 받아 조직의 사명을 위해 일을 하는 동안 그 직원들에게 조직 내에서 더 넓은 책임을 모색하는 것은 당연하다. 특히 개인적 만족, 흥미 있는 일, 금전적인 이익보다 유연한 생활을 원하는 젊은 세대 직원들을 위해 경력에 대한 열망을 실현시켜 줌으로써 동기부여될 수 있다. 젊은 세대 직원들은 자신의 배움을 찾기 위해 경력 이동성을 갖기 쉽다. 인적자원부서가 성공적인 경력관리를 실행할 수 있고 내적으로 동기부여된 직원에게 경력 선택을 제공할 수 있다면 사회적기업에 큰 성공을 가져올 수 있다. 직원개발을 위한 시간을 들이고 자원을 사용하는 것은 기업이 직원들을 소중하게 여기고 있다는 일종의 신호다. 그러나 기업규모가 작은 사회적기업은 조직 내에서 실행할 수 있는 선택이 제한된다.

드라이버(Driver, 1980)는 네 유형의 서로 다른 경력 개념 모형을 제시한다.

① 직업에 대한 평생의 헌신을 수반하는 안정된 경력(steady career)
② 개인이 직업의 사다리를 올라가면서 일생 동안 지속되는 선형적 경력(linear career)
③ 일련의 다른 직책을 통해 진화하는 나선형 경력(spiral career)
④ 연속적인 변화를 수반하는 일시적인 경력(transitory career)

위 경력들 중에서 선형적 경력은 민간부문에 적합하다고 간주되며, 나선형 경력은 비영리 전문가를 위한 전형적인 경로로 여겨진다. 나선형 경력을 추구하는 사람들은 창의성, 대인 관계, 자기 계발을 원하며 이것들은 사회적기업이 제공할 수 있다. 민간부문과 공공부문 간의 차이점을 고려할 때 사회적기업의 경력관리는 보상체계의 적합성에 주목해야 한다. 나선형 경력 유형은 도전 가능성, 유연하고 의미 있는 일, 의사결정 등을 필요로 하기 때문에 사회적기업의 직원들을 영리기업의 직원처럼 대해서는 안 된다.

(4) 보상관리

보상체계 설계, 실행, 유지는 인적자원관리에서 의미 있는 과정이다. 급여, 상여금 등에 관한 기업의 결정은 직원들을 모집하고, 유지하고, 동기부여하는 데 있어서 결정적 역할을 한다. 급여수준과 구조에 관한 결정은 기업이 유능한 지원자들을 모집하고 재능 있고 생산적인 직원을 유지하는 데 능력을 갖게 한다. 보상은 동기를 부여하는 요소이면서 동기부여자이기 때문에 '본질적 보상'과 '외부적 보상'으로 구분할 수 있다. 이 두 가지 보상은 사회적기업과 민간부문 직원의 동기부여를 위한 중요한 자원이다. 본질적 보상은 직무 그 자체를 포함하여 새로운 기술 습득, 직무지식 개발, 증가된 책임감 등이다. 반면 외부적 보상은 다른 사람이 부여하는 직무 상황의 일부를 말하며 급여와 상여금, 직무와 관련된 직위 등이 포함된다. 이 외에도 전략적 인적자원관리 실행에서 고려되는 이익공유는 사회적기업의 직원들을 위한 동기부여 요소가 된다. 이러한 보상 실행은 사회적기업이 직원들을 유지하는 데 그 중요성을 보여준다. 이것은 처음에는 직원들이 사회적 기업의 사명에 이끌려도 그 보상이 만족스럽지 못하면 떠날 생각이 있을 수 있다는 의미가 된다.

그러나 본질적 보상이 사회적 기관에서 일하는 직원들을 위해 중요하다는 증거가 있는데, 일반적으로 영리단체에 고용된 사람들보다 더 많은 것으로 나타난다(Light, 2002). 이 직원들은 자신의 일을 공공선을 위해 봉사하는 기회로 인식하는 경향이 있기 때문에 어려운 사람들을 돕거나 사회적 사명의 실현에 기여하면서 고유한 사회적 가치 때문에 사회적 기업에 관심을 가진다.

부문별 임금수준에 대해서는 상반된 견해가 있다. 일부 연구는 비영리부문의 급여 수준이 높거나 같다는 것을 보여주지만, 다른 연구들은 비영리부문보다 영리부문에서 임금 수준이 더 높다는 것을 보여준다. 이 임금 수준 차이에 대한 설명은 두 가지일 수 있다(Riderr & Mccandless, 2010).

하나는 비영리부문의 낮은 임금지급은 제공되는 재화나 용역의 특성 때문이라고 주장하는 기부적 노동 가설(donative labor hypothesis)에 의존한다. 비영리부문에서는 낮은 임금으로 본질적으로 더 많이 동기부여가 된 직원을 채용할 수 있다. 임금격차에 대한 두 번째 설명은 사회적기업, 직원 또는 일자리의 차별적인 특징에 관한 것이다. 이 설명에 따르면 비영리부문 일자리는 저임금 산업에 위치한다. 어느 경우든 일반적으로 비영리조직은 보상관리에 있어서 영리조직과 경쟁이 되지 않으며, 다른 부문보다 낮은 임금을 지급한다.

사회적기업의 보상은 공공부문 혹은 민간부문보다 더 다양하게 영향을 받는다. 평가원칙관점에서 사회적기업은 유사한 서비스를 제공하고 규모와 구조, 수익원, 편익, 직책 및 동등한 기준의 측면에서 비슷한 위치에 있는 조직과 스스로 비교해야 한다.

일반적으로 보상은 조직 내에서 노동 서비스를 제공하는 모든 구성원들에 대한 모든 형태의 대가로서 크게 금전적 보상과 비금전적 보상으로 구분된다(그림

10-4). 금전적 보상은 노동의 대가에 대해 화폐로 보상해 주는 것으로 직접보상과 간접보상으로 구성된다. 직접보상은 화폐임금으로 받는 보상으로 시간급, 일급, 주급, 월급, 연봉 등의 기본임금과 직무성과와 연동된 상여금, 커미션, 스톡옵션 등의 성과임금(incentive)으로 구성된다. 간접보상은 화폐로 직접 받지는 않지만 금전적인 성격이 강해 조직이 금전적 비용을 부감해야 하는 유형적인 서비스나 편익을 말한다.

비금전적 보상은 직원이 직무 그 자체 작업의 심리적 · 물리적 환경으로부터 얻는 자기계발 기회 제공, 자율성, 탄력적 근로시간제, 재택근무, 쾌적한 작업 환경 등이다.

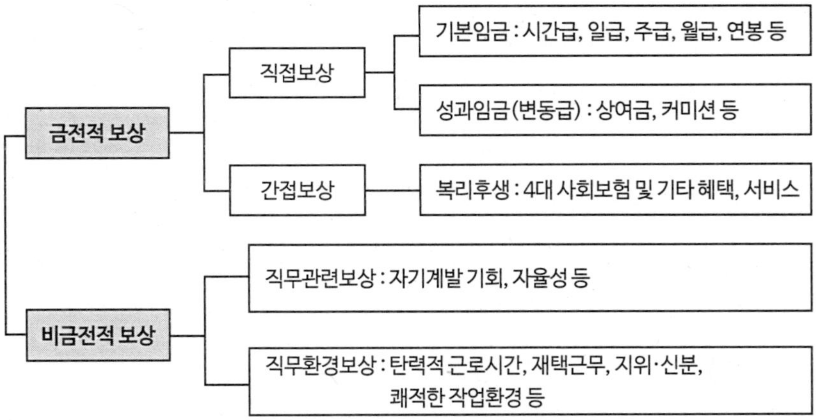

|그림 10-4| **보상체계 유형**

출처 : 김영재 외(2015).

(5) 성과관리

성과관리는 직원들이 자신의 지식, 기술, 능력을 최대한 발휘할 수 있도록 지원하는 모든 활동, 시스템 및 프로세스를 포괄하는 용어다(Akingbola, 2015). 성과관리를 정당화하고 지속가능한 조직성과를 달성하기 위해서는 조직전략에 인사평가 통합이 이루어져야 한다. 사회적기업에서 성과평과는 개인적이고 조직적인 중요성을 가지며 인사평가(performance appraisal)와 기업성과측정(performance measurement of the enterprise) 두 단계로 구분할 수 있다.

사회적기업의 성과평과에 대해 장점과 단점으로 보는 상반되는 두 견해가 있다. 장점으로 보는 견해는 성과평가가 사회적기업의 효율성 유지를 위해 특별히 중요하다고 본다. 조직 발전을 위해 성과평가는 어떤 업적이 이루어지고 있는지 그리고 더 많은 사회성과를 위해 무엇이 수행되어야 하는지에 대한 평가치를 제공한다. 달리 말하면 성과측정은 성공적인 조직을 위해 수행하는 관리활동을 지원하기 위한 피드백이면서 로드맵이기도 하다. 성과평가가 이루어진 후에는 직원 교육훈련을 통해 불충분한 능력을 제거할 수 있다. 반면 성과평가와 성과계획을 위한 지불은 단점이 될 수 있는데 이것들은 직원의 본질적인 동기에 잠재적으로 나쁜 영향을 줄 수 있기 때문이다. 워크와 케네디(Walk & Kennedy, 2017)는 성과관리과정에서 사용되는 언어는 영리기업에서 사용되는 언어와 유사하다는 점을 조사했다. 학자들은 사회적기업들이 더 사업적으로 변모하는 것에 대해 우려하고 있는데, 이것은 결국 사회적기업의 사회적 가치 창출 이미지에 해를 끼칠지도 모르기 때문이다. 또한 성과평가 후에 사회적기업가들은 자율성이 감소하고 능동적인 직원 행위를 감소시킬 수 있는 직무 역할과 책임의 지나친 과잉에 주의해야 한다.

인사평가

인사평가는 관리자들이 직원들의 활동과 결과물이 조직의 목표에 기여하도록 보장하는 과정으로 정의된다. 조직 안에서 다양한 직무에 종사하는 구성원들의 근무태도나 능력, 업적, 성과 등을 조직목표 달성에 대한 유효성 관점에서 정기적으로 검토, 평가하여 이들의 상대적 가치를 조직적으로 결정하기 위해 시행하는 방법이다. 인사평가는 조직적 결과물의 최대화 목표와 함께 개인적 성과 증가를 목표로 하는 인적자원실행 간의 적합성을 유지하려는 제도이다(Walk & Kennedy, 2017).

인사평가는 경쟁우위를 달성하기 위해 다른 인적자원실행과 함께 상호연관성을 갖는다는 점을 강조해야 한다. 직원유지와 동기부여, 훈련을 통한 학습, 보상을 통한 사례 등 모든 관리는 인사평가를 통해 가능하다.

조직경영에서 인사평가를 활용하는 범위는 아주 넓다. 사회적 사명에 초점을 맞추는 것, 성과달성에 대한 객관적 평가, 교육훈련과 자기계발 욕구 파악, 경력관리와 후속계획, 개인 · 팀 · 기업 성과 증진, 직원성과에 대한 관리자의 인식능력, 금전적 보상과 승진, 심리적으로 건강한 직장생활을 위한 동기부여 제공, 고용지속 또는 중단에 대한 결정 등은 조직 차원의 인사평가에서 다루는 중요한 내용들이다. 또한 개인적인 차원에서 몇 가지 이점이 있다. 인사평가 후에 모아진 피드백과 함께 직원들은 결과물들에 대한 자신의 작업행위, 자존감 증가가 어떤 영향을 주었는지 그리고 자신의 강점을 파악하고 약점을 보완할 수 있게 한다. 실제로 인사평가 시스템을 잘 설계하고, 적절하고 공정하게 실행하면 조직의 사회적 목표 달성을 위해 직원과 관리자들에게 긍정적인 효과를 끼친다.

기업성과측정

사회적기업의 성과측정은 조직 활동에서 수용된 실천이며 많은 조직들이 자신들의 사회성과(social impact)를 측정한다. 그러나 대부분의 조직들에게 있어서 성과측정은 효과성 정의와 측정을 위한 조직 매트릭스의 모호성으로 인해 어려운 과정이다. 영리조직과 비교할 때 사회적기업의 성과 수준을 평가하는 것은 더욱 어렵다(Milla & Hall, 2013). 이익 가능성과 주주수익과 같은 재무적 측정 수단의 부족과 애매한 사회적 목표 등은 성과관리의 문제들이기도 하다. 그러나 지속가능성 이유 때문에 사회적기업은 사회적 목적 달성을 위한 재투자를 하거나 급료 지급을 위해 수익 창출을 해야 하는 재정적 과제를 가지고 있다. 또한 사회적기업 영역이 지속가능성을 지향하고 자금지원기관이 상세한 보고를 요구함에 따라 사회적기업들은 일하는 지역 내에서 자신의 능력을 보여주고, 정당화를 실현하며, 정부기관 및 기부자들로부터 기금을 받기 위해 기업성과를 평가해야 하는 압력에 더 직면한다.

사회적기업 성과측정에 있어서 니콜스(Nicholls, 2010)는 세 가지 중요한 성과환경-① 사회성, ② 혁신, ③ 시장지향성-을 제시한다. 사회적기업의 성과측정 과정에서 성과 환경 및 관련 요소들을 〈표 10-3〉에서 보여준다. 이 세 가지 성과환경을 살펴보면, 첫째, 사회성은 조직의 사회적 사명과 사회성과(social impact)와 관련된다. 사회적기업가는 사회성과 제시에 사용되는 제어지표값(value of control matrix)을 잘 알고 주요 이해당사자들에게 달성한 성과들을 보고한다. 제어지표는 조직의 사회성과와 연관되고 성과들을 파악하고 설명한다. 둘째, 혁신은 사회적기업에서 사명목표 중심의 계획지표와 전략적 혁신 간의 중요한 연결 증거가 된다. 사명목표의 효율성을 향상시키기 위해 끊임없이 새롭고 더 나은 변화 모델을 찾으려 하는 사회적기업가가 혁신을 위한 지표들을 계획하는 것은 지금보다 더 나은 사회적기업 모델을 만들 수 있게 한다. 셋째, 시장지향성과 관련한 책임지표는 이해당사자들을 사회적 사명의 전략적 평가와 계획에 참여시키기 위해 사용된다. 이 지표는 이해당사자들에게 조직이 반드시 해야 하는 것과 현재 하고 있는 것 간의 적합도에 대해 판단할 수 있는 도구를 제공한다. 사회적기업가는 책임지표를 사용하여 정당화와 혁신 그리고 수혜자들을 사명에 포함시킨다.

〈표 10-3〉 **사회적기업의 성과측정**

내 용	지표범주	사회적기업 상황	전략적 초점
측정 대상	통제	사회성	사회적투자수익률(SROI)
측정 이유	계획	혁신	사명목표
측정 목적	책임	시장지향성	이해당사자

출처 : Nicholls(2010).

니콜스는 사회적기업은 사회성 상황 안에서 사회적 사명의 성취 과정에 기반을 두고 있다고 판단되는 것이 매우 중요하다고 언급한다. 특히 생존 경쟁에서 조직의 목표를 달성하는 것은 성과의 중요한 증표가 된다. 정기적으로 측정해야 하는 이해당사자의 만족 또한 사회적기업의 성공을 위한 핵심이다. 사회적기업의 성과는 투입, 과정, 산출의 통합에 기초하며, 성취한 사회적 사명과 사명의 경제적 비용에 의해 결정된다.

Chapter 11 사회성과평가

1 사회성과평가 개념

사회성과평가(Social Impact Assessment, SIA)는 프로젝트개발에서 사회문제를 파악하고 관리하는 과정으로 이해되고 있으며, 사회성과 파악, 평가, 관리의 참여과정에서 영향을 받게 되는 지역사회의 효과적인 참여를 포함한다. SIA는 인 · 허가 의사결정에 앞서 사회성과를 고려하기 위한 조절과정에서 성과예측 기제와 의사결정 도구로 사용되고 있지만, 마찬가지로 중요한 것은 구상에서부터 종결까지 전체 프로젝트개발 기간 동안 사회문제의 지속적인 관리에 기여하는 SIA의 역할에 있다. 다른 모든 실천(담론)분야와 마찬가지로 SIA는 이론, 방법, 사례 이력, 기대하는 이해와 가치에 대해 자체적인 패러다임을 가진 실천영역이다. SIA로 나타난 의미와 함의는 사회, 성과, 평가와 같은 단어의 사전적 해석보다는 SIA 패러다임 내에서 그것을 이해하는 것이다. 이 패러다임은 '사회성과평가를 위한 국제원칙'(The International Principles for Social Impact Assessment)에 구체적으로 명시되어 있다. 사회성과평가를 위한 국제 원칙은 환경성과평가에서 '사회성'에 대한 고려사항과 관련한 일련의 일반원칙 제시와 함께 사회성과평가에서 지역사회의 핵심가치를 기술한 강령으로 성과평가 공동체를 위해 사회부문 및 국가지침 개발의 근거로 활용하기 위한 토론 문서이다(https://www.iaia.org).

현재 한국은 급증하는 공공서비스 수요에 대비하여 재정 부담을 최소화하고 충분한 공공서비스를 고품질로 제공하는 방안의 필요성과 저출산 · 고령화 및 양극화 심화에 따른 복지수요 증가, 주민의 기대수요에 부응하기 위한 지방자치단체의 재정수요 급증이 불가피한 여건이지만 이러한 복지수요에 대응하기 위한 재정확충은 매우 어려운 현실을 감안하여 지방자치단체 자체사업으로 '사회성과연계채권(Social Impact Bond, SIB)'을 추진 중이거나 추진하고 있다(한국지방행정연구원, 2017). 2010년 이후부터 서울시와 경기도가 SIB에 대한 논의를 진행해 오다 2016년 서울시가 처음으로 SIB사업을 진행했다.[1] 그러나 SIA에 대한 체계적인 이해와 SIA 공동체를 위한 충분한 교육과 훈련이 이루어지지 않은 상황에서 공공사업을 민간의 투자로 우선 수행하고 성과에 따라 정부가 이를 보상해 주는 '사회성과보상사업'의 제도화는 SIA의 폭넓은 인프라 구축 없이 지방자치단체의 재정확충사업으로만 보는 이해이다. 사회문제 해결을 위한 새로운 사회 · 환경적 변화로서 SIA와 EIA 공동체 기반 위에서 SIB가 시행되는 것이 바람직하다.

1) 사회성과평가 기본 개념

사회성과(Social Impact)는 활동과 투자로 창출되는 사회적 · 환경적 변화를 의미한다(Epstein & Yuthas, 2004). 또한 원하는 결과를 달성하는 데 있어서 개인의 실제적이고 암묵적인 혹은 상상적인 현존이나 행동 결과로 발생하는 자원, 투입물, 과정 또는 정책의 조합으로 설명된다(Emerson, et al., 2000). 사회성과는 외부적으로 유도된 행동 결과로서 의도적 · 비의도적 효과, 부정적 · 긍정적 효과, 장단기 효과 모두를 포함한다(Epstein & Yuthas, 2004). 성과 개념에 대한 충분한 이해를 위해서는 산출(output) 관점에서 결과(outcome) 관점으로 바뀌어야 한다. 산출은 가시적인 활동 실적들(훈련 인원수, 신규 취업률 등)처럼 기관이 직접 측정이나 평가가 가능한 실적

1 서울시가 2014년 3월 「서울특별시 사회성과보상사업 운영 조례」를 제정하고 2016년 제1호 SIB사업으로 시작한 "서울특별시 아동복지시설 아동교육 사회성과보상사업"의 운영기관인 팬임팩트코리아가 민간에서 투자받은 11억 1천만 원을 3년간 경증지적장애 및 경계선지능 아동들의 학습능력 개선사업에 사용한 후 사업종료 후 성과비율에 따라 시가 투자자에게 투자금 및 수익금을 돌려주는데, 이것이 SIB 방식이다.

물이지만 결과는 중장기적으로 사회에서 이끌어 내고자 하는 그보다 더 넓은 변화와 편익, 지식을 말한다(예 사회적 소외 감소, 불평등 해소 등). 결과는 사회 안에서의 변화를 말하는 것이기 때문에 그것을 촉진할 수 있는 외적 조건들뿐 아니라 행위자의 범위에 따라 결정된다. 기관들의 공헌을 과대평가하지 않더라도 변화를 추진하는 데 중요한 역할을 한다. 이러한 이유로 사회성과 개념은 어떻게든 일어날 수 있었던 일 이상으로 기관 활동으로 발생한 전체 결과의 부분을 나타낸다.

이런 시도의 추진 이유는 조직이 사회성과를 파악하고 평가하는 데 도움이 될 수 있는 몇 가지 핵심 요점을 확립하기 위함이다. 그러나 표준화된 지표 목록의 잠재적 성과를 요약하는 것은 문제가 있다. 왜냐하면 중요할 것 같은 사회성과는 장소와 프로젝트마다 다를 것이고, 각 사회성과에 할당된 가중치는 지역사회마다 그리고 지역사회 내에서 서로 다른 집단들 간에 다양하기 때문이다. 목록의 적절성에 대한 이러한 논의는 기관이 지역적으로 중요한 문제들을 결정하는 데 대중의 참여나 현지조사를 수행하는 대신 성과목록에 의존할 위험성을 인정하는 것이다. 그러나 이것들은 평가 가능한 전체 사회성과 범위에 대해 기관의 이해를 향상시키는 유용한 출발점이 될 수 있고 개선된 실적들을 이끌어 낼 수 있다(Vanclay, 2002).

여러 가지 요인들로 인해 사회성과에 대해 일목요연하게 정리된 개념이 없는데 그 이유에 대해 마스와 리케(Maas & Liket, 2011)는 다음 네 가지 장애물을 제시한다. ① 사회성과는 그 질적 특성 때문에 측정하고 정량화하기 종종 어렵기 때문이다. 이것은 성과에 대한 객관적 가치와 연결시켜 성과의 다양한 질적인 표출들을 요약하는 것을 어렵게 한다. ② 기업들은 여러 차원에서 사회에 대해 긍정적 · 부정적 성과를 만들어 내며 이것은 다른 종류의 성과들과 더해져서 혼란스럽게 한다. ③ 사회성과는 사회에 대한 장 · 단기적 효과를 모두 포함한다. ④ 많은 구성내용들이 사회성과에 기여하며 귀속과 인과문제의 어려움으로 인해 활동과 성과를 연결하는 것이 어려울 때도 있다.

일반적으로 성과평가는 제안된 행동(프로젝트, 정책 등)의 결과에 대한 예견이나 측정으로 넓게 정의된다. 성과평가 현상에 대한 일관된 개념 정의가 없음에도 사회성과평가를 현장에 적용함으로써 광범위한 문헌연구 발전을 가져왔다.

SIA는 의사결정과정을 지원하여 지속가능한 발전의 촉진을 목표로 도입된 성과경영(impact management)체계의 한 부분이다. 성과경영이 오랜 기간 프로젝트의 비용-효과를 촉진시키고 있는 동안 SIA는 넓은 영역에(농업, 어업, 광업, 교육, 공급사슬관리) 적용되고 있다(Wong & Ho, 2015). 〈표 11-1〉은 SIA의 주요 개념들을 보여준다. 이 개념들은 SIA는 동등하게 광범위한 사회집단이 경험할 수 있는 성과 범주(Freudenberg, 1986)와 더 지속가능하고 공평한 생태적인 인간환경을 가능하게 하는 것을 첫 번째 목표로 하는 기관의 평가를 통해 비교과정으로 개념 정의할 수 있음을 보여준다(Vanclay, 2003b).

〈표 11-1〉 **사회성과평가에 대한 기본 개념들**

저 자	연 도	내 용
Freudenberg	1986	어떤 행동 방침의 결과로서 동등하게 광범위한 사회 집단이 경험할 수 있는 성과(또는 귀결) 효과나 범주에 대한 평가(측정이나 요약으로)를 나타낸다.
Interorganizational Committee on Guidelines and Principles	1994	특정 정책이나 행동에서 비롯되는 사회적 귀결로 미리 평가하거나 추정하기 위한 노력의 관점에서 정의한다.
Branch & Ross	1997	사회성과평가는 사회문제가 프로젝트 설계, 기획 및 실행에 포함될 뿐만 아니라 개발이 허용되고, 공정하며, 지속가능성을 보장하는 프로젝트 지향적이어야 한다.
Goodland	2003	사회성과평가는 기술이나 단계 그 이상이다. 오히려 개발과 민주주의에 관한 철학이다. 이처럼 이상적으로는 발전, 발전 목표, 발전 과정의 병리들을 고찰한다.
Burdge	2003	사회성과평가의 목표는 개인과 지역사회를 돕는 것뿐만 아니라 제안된 정책, 계획, 프로그램 및 프로젝트에서 비롯된 계획되거나 계획되지 않은 사회변화 인구계층과 지역사회를 위해 가능한 사회적 결과를 이해하고 더 잘 예측하도록 돕는 것이다.

Vanclay	2003	사회성과평가는 의도했거나 의도하지 않았거나, 계획된 개입의 긍정적이고 부정적인 사회적 결과에 대한 분석, 모니터링 및 관리 과정을 포함한다.
Council for social development	2010	사회성과평가는 개발을 촉진하기 위해 수행된 프로젝트로부터 뒤따를 가능성이 있는 사회적 파장을 미리 평가하기 위한 과정이다.
Ashoka Fondation	2013	성과는 동료, 아이디어, 네트워크의 결과로 인한 체계 변화로 정의한다.
Epstein & Yuthas	2014	사회성과평가는 (한 기관의) 활동 결과로 인한 사회성과에 따른 변화를 파악하기 위해 설계된다. 대부분의 기관들은 산출된 결과들(예 무료급식, 일자리 제공 등)을 측정한다. 사회성과평가는 이런 결과들이 개인과 삶의 환경에 끼친 궁극적인 성과(예 삶의 질, 최저생활 유지 등)들을 측정하는 것이다.

출처 : Grieco(2015), p. 45.

〈표 11-1〉에 나타난 SIA개념은 시간적 흐름에 따라 살펴볼 필요가 있다. 때때로 평가는 결정권자가 프로젝트를 진행할지 여부를 결정하고 개인과 지역사회에 미칠 잠재적인 부정적 영향을 극복하기 위한 완화 계획을 개발할 수 있도록 돕기 위한 선행 과정으로 이해된다(Interorganizational Committee on Guidelines and Principles, 1994; Burdge, 1999; Council for social development, 2010). '평가(assessment)'라는 용어는 특별한 의미를 가진다. 그것은 성과가 실제로 발생하기 전에 수행되는 과정을 나타내기 위해 사용되지만 일반적으로 사후 감사를 가리킨다. SIA에 대한 초기 설명에서는 실제로 행위에 대해 추정할 수 있는 사회적 결과를 예측하고 완화하기 위한 도구로 여겨졌다. 그러나 여러 학자들이 이 견해에서 벗어나 활동의 결과로 발생하는 영향을 모니터링하고 이에 대한 관리를 통해 단점을 완화하며 유익성을 높이기 위한 사후 평가로서 SIA의 중요성을 언급하기 시작했다. 관리 도구로 SIA에 대한 이해는 조직이 이 과정을 목표 지향적이고 사전 예방적인 방식으로 사용하고 지역사회의 장점과 발전을 위해 자신들의 행동을 주도할 수 있도록 한다.

사회성과평가를 위한 국제 원칙은 사회성과가 직접적이든 간접적이든 사람들에게 영향을 미치거나 관심을 갖는 계획된 개입(프로젝트)과 관련된 모든 문제를 포함하는 것으로 본다. 구체적으로 사회성과는 어떤 수준에서든 지각적(인지적)이나 피상적(신체적, 물리적) 감각으로 경험하거나 느끼는 것으로 간주된다. 예를 들면, 개인, 경제 단위(가족/가정), 사회적 집단(친구집단), 직장(회사 또는 정부 기관), 혹은 일반적으로 지역사회/사회별 수준을 말한다. 이러한 서로 다른 수준은 성과 또는 성과유인작용에 의해 다른 방식으로 영향을 받기도 한다. 이 원칙은 국제적인 환경에 대해 명시적으로 기술하기 위한 과정에서 SIA에 대한 전통적인 이해에서 벗어나 다음과 같이 새로운 개념 정의를 공식화했다(Vanclay, 2003a).

> SIA는 계획된 개입(정책, 프로그램, 계획, 프로젝트)으로 의도하거나 의도하지 않은 사회적 결과와 이러한 개입으로 촉발된 긍정적이고 부정적인 모든 사회적 변화과정을 분석, 모니터링, 관리하는 과정을 포함한다. 이것의 주된 목적은 보다 지속가능하고 균등한 생태적인 인간환경을 도입하는 것이다.

사회성과는 성과를 받는 이해관계자 집단에 영향을 주거나 관심을 갖는 프로젝트와 관련된 어떤 것으로 생각되기 때문에 특정 집단 사람들에 의해 평가되거나 중요하게 여겨지는 한 거의 모든 것이 잠재적 사회성과가 될 수 있다. 예를 들어, 사람들이 생활하고 있는 환경에 의존하고 프로젝트가 시행되는 장소에 애착을 가질 수 있기 때문에 환경성과 또한 사회성과가 될 수 있다. 사람들의 건강과 복지에 미치는 성과 또한 사회성과이다. 문화유산이나 중요한 서식지 또는 생물다양성의 손실 또한 사람들이 이것들을 가치 있게 여기기 때문에 사회성과가 될 수 있다. 때문에 SIA는 사람들과 관련된 모든 것과 어떻게 사는지에 대한 것을 다루어야 한다. 이것은 SIA가 잠재적 성과 목록으로 시작할 수 없음을 의미하지만, 프로젝트에 대한 인식과 프로젝트 이해관계자들이 중요하게 여기는 것들에 대해 어떤 성과가 이루어지는지에 대한 이해를 통해 사회성과를 파악해야 한다는 점을 의미한다. 아래 내용들은 사회성과에 대한 이해를 넓혀주는데, 다음 중 어떤 한 가지 이상에서 변화가 일어나는 것이다(Vanclay, 2003b).

- **사람들의 생활 방식** : 일상적으로 어떻게 살고, 일하고, 놀고, 상호작용하는 것
- **사람들의 문화** : 공통된 신념, 관습, 가치관, 언어 또는 방언
- **지역사회** : 지역사회 응집력, 안정성, 성격, 서비스 및 시설
- **정치 시스템** : 사람들이 자신의 삶에 영향을 주는 결정에 참여할 수 있는 정도, 현재 일어나고 있는 민주화의 수준, 그리고 이러한 목적을 위해 제공되는 자원
- **환경** : 사람들이 사용하는 공기와 물의 질, 섭취하는 식품의 가용성 및 품질, 노출되는 위험 또는 위험, 먼지 및 소음 수준, 위생 적합성, 물리적 안전 및 이러한 목적으로 제공되는 자원
- **건강 및 웰빙** : 건강은 신체적, 정신적, 사회적, 정신적 웰빙의 상태로서 단순히 질병이나 질병이 없는 상태만이 아님
- **개인 및 재산권** : 특히 사람들이 경제적으로 영향을 받는지, 또는 시민의 자유가 침해되는 등의 개인적 불이익을 경험하는지 여부
- **불안과 열망** : 안전에 대한 인식, 공동체의 미래에 대한 불안, 자신들과 아이들의 미래에 대한 열망

중요한 개념 포인트는 사회성과과정과 사회성과 간의 차이점이다. 지역사회에서 모든 변화를 유도하는 과정이 반드시 사회성과를 불러오는 것은 아니다. 예를 들어, 인구증가가 반드시 부정적인 사회성과라고 할 수는 없다. 여러 가지 상황에서 경제성장과 사회발전을 이끄는 혜택일 수 있다. 한편 계획되지 않은 빠른 속도의 대규모의 인구 증가는 많은 사회성과를 초래할 수 있다. 사회성과평가 문제는 어떻게 하면 부정적인 영향을 최소화하고 잠재적 편익을 극대화하기 위해 준비 및 관리를 적절하게 수행할 수 있는가 하는 것이다.

SIA는 때때로 환경성과평가(Environmental Impact Assessment, EIA)의 사회적 형태라고 설명되지만 많은 차이점이 있다. 예를 들어, 환경성과는 특정한 자연현상이 발생할 때 일어나는 경향이 있지만, 사회성과는 어떤 일이 일어날 수 있다는 소문

이 돌 때 일어날 수 있다. 소문은 투기와 투기적 행위로 이어진다. 어떤 상황에서는, 예를 들어 사회적으로 바람직하지 않은 공장이나 다른 지역의 원하지 않는 토지를 사용하는 것과 같은 소문이 근거가 있는지 여부, 그리고 프로젝트가 실제로 일어나는지 여부는 사람들의 두려움과 근심을 증폭시킬 수 있다. 모든 인식된 성과들과 마찬가지로 공포와 불안은 사람들이 경험하는 실제적인 사회성과이며 그것들은 무시되어서는 안 되고 효과적으로 관리되어야 한다. 프로젝트의 지역사회 참여 범위와 효과는 발생되는 두려움과 불안의 정도에 큰 영향을 미친다. 경험되는 사회성과 범위는 주로 사용된 참여기제의 진실성과 모든 이해당사자들의 견해가 고려되고 다양한 보고서와 완화 조치 안에 반영되는 정도와 같은 맥락적 요소에 달려 있다(Vanclay, 2014).

2) 사회성과평가 관련 주요 배경 개념

사회성과평가 관리와 관련된 내용을 이해하는 데 필요한 몇 가지 핵심적인 배경 개념들은 다음과 같다(Vanclay, et al., 2015).

▮ 실행을 위한 사회허가(Social License to Operate, Social License)

이해당사자들, 특히 성과영향을 받는 지역사회조직이 활동을 수용하거나 승인하는 정도를 의미한다. 일반기업과 산업표준사업관행 및 실행 절차를 직원, 이해당사자 및 대중들이 어느 정도 수용하는지에 관한 것이다. 즉, 사회허가는 이해당사자들, 특히 성과 영향을 받는 지역사회조직들이 성가평가활동을 받아들이거나 승인하는 정도를 의미한다. 따라서 성가평가에 참여하려는 기업이나 기관들은 단순한 규제요건 그 이상의 것들을 충족해야 한다는 것을 인식하고 지역사회를 포함하여 더 넓게는 국제 NGO와 연계하여 광범위한 이해당사자들의 기대치를 충족시키려고 노력한다. 그렇지 않으면 상과평가에 참여하는 기업과 기관들의 명예가 훼손되고 기회 감소뿐만 아니라 경우에 따라서는 시위, 파괴, 법적 조치 등에 직면할 수 있고 이런 행동에 따른 재정적 결과는 커다란 위험이 된다. 일부 국가에서는 '사회허가'가 기업비즈니스 요소로 확립되었고 많은 사회적기업들의 비즈니스 전략에 영향을 주고 있다.

자유, 사전 및 정보 동의(Free, Prior and Informed Consent, FPIC)

자유, 사전 및 정보 동의(FPIC)는 원주민의 자기결정권을 보장하기 위해 개발된 절차적 기제이다. 2007년 '유엔 원주민 권리선언(United Nations Declaration on the Rights of Indigenous Peoples)'과 1989년 '국제노동기구 협약 169(International Labour Organization's Convention 169)'에 포함되면서 법적 지위를 얻은 개념이다. 이 법적 지위는 한 국가가 이 기구들 중 어느 것에든 서명하고 그것을 국내법으로 적용했는지에 따라 다르다.

'자유(Free)'는 강요가 없어야 한다는 뜻이지만 이해당사자의 동의를 얻기 위해 회사나 정부에 의한 괴롭힘, 협박 또는 조작 등이 없어야 하고, 지역사회가 '아니요'라고 말한다면 보복은 없어야 한다.

'우선(Prior)'은 지역사회 토지이용에 대한 활동이 시작되기 전에 동의를 얻어야 하고, 영향을 받는 지역사회가 고려할 수 있는 충분한 시간이 제공되어야 한다는 것을 의미한다.

'정보(Informed)'란 프로젝트 개발자가 영향을 받는 지역사회가 수용할 수 있는 언어와 형식으로 자신의 계획을 완전히 공개하고 각 지역사회는 그러한 계획이 무엇을 할 것인지에 대해 합리적으로 이해할 수 있는 충분한 정보와 능력을 가지고 있다는 것을 의미한다.

'동의(Consent)'는 보통 지역사회가 현실적인 선택을 해야 한다는 것을 의미하지만, 지역사회가 자신들에게 이익과 발전기회가 될 경우 그렇다고 말할 수 있고, 만족하지 않으면 아니라고 말할 수 있어야 한다. 즉, 지역사회에서 광범위한 지지를 받고 있는지 여부를 결정하기 위한 실행 가능한 메커니즘이라는 것을 의미한다.

인권 기반 접근(human rights-based approach)

인권 기반 접근은 정책, 프로그램, 계획 및 프로젝트에서 인권을 증진하고 보호하는 것을 목적으로 하는 개념적이고 절차적인 형태를 말한다. 이것은 모든 인권 관련 활동과 행동의 기초가 되며, 특히 건강과 개발 협력에 있어 다음과 같은 맥락에서 적용되어 왔다. ① 인권과 그 원칙을 행동의 핵심 요소로 자리매김한다. ② 권리소유자에 대한 책임과 투명성을 요구한다. ③ 권리소유자에 대한 권한 부여 및 역량강화를 촉진하여 의무 보유자가 책임을 지게 한다. ④ 개발과정과 계획된 개입에 대한 권리소유자의 의미 있는 참여가 단순히 모범사례가 아닌 본질적인 권리로 인식되도록 한다. ⑤ 권리소유자의 조건 없는 참여와 특히 취약하거나 소외된 개인 또는 집단(여성, 노인)의 우선순위를 보장한다.

비기술적 위험(non-technical risks)

비기술적 위험은 기술적 위험(물리적, 구조적, 공학적, 환경적 위험)과 대조적으로 프로젝트가 직면한 관리, 법률, 사회 및 정치적 문제와 관련된다. 다수 프로젝트 관련자들의 기술적이고 기술주의적인 집중으로 대개 기술적 위험은 충분히 고려되지만 비기술적 위험은 전체적으로 고려되지 않거나 무시되는 것을 의미한다. 그럼에도 불구하고 지역사회가 취할 수 있는 항의 조치 때문에 비기술적 위험은 잠재적으로 프로젝트에 심각한 재정적 위험이 될 수 있으므로 충분히 고려하고 해결해야 한다.

사회적 위험(social risk)

사회적 위험은 담론 분야에 따라 서로 다른 의미를 가진다. SIA/기업 프로젝트 담론에서 '사회적 위험'은 '비기술적 위험'과 대체로 유사한 개념으로 선호되는 용어다. 은행의 경우 사회적 위험은 사업 성공에 대한 위험(위협)과 그 사업에 의해 발생된 위험(사회적 문제)으로 간주되어 결과적으로 사업의 위협이 된다. 기업 환경에서 사회적 위험은 문제완화를 위한 보이지 않는 비용, 미래 소송 및/또는 보상 지급, 근로자 파업, 파괴, 보복 행위, 기업명예 실추와 같이 프로젝트로 인해 발생한 사회성과 또는 사회문제로 기업이 갖게 되는 비즈니스 위험(예 추가 비용)이 될 수 있다.

성과-편익 계약(impacts & benefits agreements)

성과-편익 계약(또는 지역사회 개발 계약, Community Development Agreements)은 프로젝트 개발자와 영향을 받는 사람들 간의 협상계약이다. 때로는 정부가 포함되며 원동력과 내용은 정부정책의 영향을 받을 수 있지만 이러한 계약은 일반적으로 프로젝트 개발자와 영향을 받는 이해당사자들 사이에서 이루어진다. 일반적으로 계약에는 잔여성과에 관한 내용과 알려야 할 성과에 대한 규정, 약속된 편익과 계약 당사자들 간의 관계를 관리하는 데 활용될 거버넌스 과정 등이 포함된다.

지속가능한 생활(sustainable livelihood)

지속가능한 생활은 자신의 역량에 기초한 지역사회와 사람에 대한 사고방식, 생활하고 삶을 유지하는 데 필요한 생계자원(자산, 자본)과 생계전략(활동)을 뜻한다. 생활은 사람이나 가계의 생활방식과 생계방법을 의미하고, 특히 어떻게 음식, 식수, 의복, 집 등 삶의 기본적인 필수품들을 확보해서 지역사회에서 생활하는가에 관한 내용이다. 생활은 스트레스와 충격에 대처하고 회복할 수 있을 때(즉, 탄력성이 있을 때) 지속가능하며, 자연자원 기반을 훼손하지 않으면서 현재와 미래에 걸쳐 능력과 자산을 유지하거나 강화할 수 있을 때 지속가능하다. 사람들은 살아남기 위해 지속가능한 생활이 필요하고 따라서 모든 개입은 사람들의 생활에 미치는 성과를 고려해야 한다.

공유가치(shared value)

공유가치는 사회적 욕구를 전통적인 경제적 욕구만 아니라 시장을 규정하는 기업의 역할에 대한 사고방식이며, 따라서 기업의 목적을 단순히 주주들을 위한 이익보다는 공유가치를 창출하는 것으로 재규정하여 기업뿐 아니라 사회적 편익도 생각하는 것이다. 이러한 관점은 사회적 해악들이 종종 사회적 위험 형태로 기업에 비용을 발생시키기 때문에 주의 깊게 관리할 필요가 있음을 의미한다.

2 사회성과평가 특성

1) 사회성과와 사회성과평가 실천

SIA는 기본적으로 조절 수단으로서 1970년대 초 EIA와 함께 시작되었다. 시간이 흐르면서 SIA 실천방식은 꾸준히 발전해 왔다. SIA에 대한 관심이 커지고 SIA 전문가집단이 발전하면서 담론을 형성하기 시작했다. 모든 전문적 실천 분야와 마찬가지로 주제에 대한 이해도 이 담론 안에서 진화해 왔다. 가장 중요한 변화는 사회성과를 다루는 데 있어서 규제 승인이 필요하기 이전에 프로젝트 초기부터 사회문제를 적극적으로 관리해야 한다는 인식을 높이는 것이었다. 또 다른 중요한 변화는 지역사회가 프로젝트 성과에만 의존하는 것을 원하지 않고 공동개발의 적극적인 파트너가 되고 민간부문 프로젝트로부터 편익을 얻고자 하려는 인식의 증가다. 따라서 공유가치(shared value)가 중요한 고려사항이다. 또한 오늘날의 규제와 감독기관들은 단순히 정부기관만이 아니라 지역 및 글로벌 NGO(특히 감시 NGO), 국제 산업 관련 협회, 금융 및 보험 산업, 프로젝트의 영향을 받는 지역사회를 포함한다(Esteves, et al., 2014).

그동안의 SIA 담론과 실천의 변화는 SIA를 단지 일련의 사회성과 파악과 규제 승인을 얻기 위한 문서 제출 그 이상의 더 넓은 관점에서보다는 것을 의미한다. 현재 SIA는 회사 또는 프로젝트와 그 지역공동체 간의 상호작용과 관련된 광범위한 활동(아래 참조)들을 다룬다. 기업분야에서 이러한 모든 활동을 흔히 사회실적(social performance)이라고 부른다.

프로젝트의 사회문제에 따라서 SIA 실천가들의 전체 업무 범위는 다음과 같은

은 프로젝트를 주도하고 실행하는 지원자(민간부문 투자자 및 공공부문 개발자)와 연계하여 극대화되어야 한다. 환경 · 사회 · 보건 문제의 상호연관성 때문에 통합평가를 실시할 가치가 있다는 점에서 ESHIA(환경 · 사회 · 보건영향평가)는 민간부문의 표준관행이 되었다. 그러나 사회성과는 프로젝트 승인 훨씬 이전에 시작되는데 실행 가능한 프로젝트에 대한 소문으로 출발한다. 따라서 사회문제관리(결국 SIA)는 프로젝트가 구상되면 가능한 한 빨리 시작해야 한다.

SIA와 EIA의 주요 차이점은 성과영향을 받는 지역사회 프로젝트의 편익 향상을 위해 SIA의 집중도가 증가한다는 점이다. 부정적 성과들을 파악하고 이를 효과적으로 완화시킬 필요가 있다 하더라도 지역사회에 더 큰 편익을 보장하기 위한 프로젝트와 보조 활동들을 수정하는 것이 가치가 있다. 이것은 프로젝트가 사회허가(social license)를 획득하기 위해 필요한 사항이다. 편익 향상은 프로젝트 인프라를 수정하여 지역사회 요구에 부응할 수 있도록 하고, 지역사회의 지속가능한 개발을 지원하기 위한 사회투자기금을 제공하며, 전략적 지역사회 개발 계획을 수립하기 위한 지역사회비전 수립 프로세스 지원 등에 도움이 된다.

2) 관리과정으로서 사회성과평가

프로젝트는 사람들에게 기회와 편익을 줄 수 있지만 동시에 해로운 효과도 만들 수 있다. 일반적으로 프로젝트는 똑같이 좋고 나쁜 것이 아니며, 인근 지역사회 내에서도 비용과 편익에서 차이가 있다. 승자와 패자 관점에서 이야기하면 너무 단순하다. 왜냐하면 사람들은 이익을 얻을 수 있고 동시에 손실을 입을 수 있기 때문이다. 프로젝트 편익을 극대화하고 프로젝트 진행기간 동안 지속적으로 부정적인 영향을 방지하거나 최소화하기 위해 바람직한 관리가 필요하다. SIA는 편익 달성과 손실 회피에 크게 도움이 될 수 있는 과정이다.

SIA는 개발의 사회성과 관리 과정을 수반하며 개발자(기업 또는 정부)뿐만 아니라 지역사회에 대한 성과를 개선함으로써 공유가치에 기여하기 때문에 법적 요구 여부에 관계없이 프로젝트에 의해 수행되어야 한다. 사회성과를 적절히 파악하고 관리하기 위해 SIA에 투자된 노력의 양은 예상되는 프로젝트 영향과 위험에 비례해야 한다. 초기 활동범위는 실무자가 필요한 만큼의 노력 규모를 파악하는 데 도움이 되어야 한다.

사회성과에 대한 설명은 '사회성과관리계획(Social Impact Management Plan, SIMP)'과 관련된다. SIMP는 프로젝트의 각 단계(종결 이후 포함)에서 변화에 대한 모니터링, 보고, 평가, 검토 및 능동적 대처를 위한 수행 전략을 개략적으로 담고 있다. 적용관리(adaptive management)는 사회성과관리에서 중요한 부분이다. SIMP는 프로젝트 수행에서 정부와 투자자들에게 점점 더 요구되고 있다. SIMP는 대개 프로젝트 승인을 위한 성과명세서 작성으로 개발되었다가 주기적으로 변경된다. 이상적으로는 SIMP는 기업의 내부관리시스템에 대응해야 하며, 기업은 전체적인 계획과정의 일부로 사회성과관리체계를 구현할 수 있다.

3 사회성과평가 과정과 과업

1) 사회성과평가 과정

SIA는 사회문제해결 프로젝트를 관리하는 과정으로 프로젝트 주기의 서로 다른 지점에서 다양한 사회적 관심과 문제에 초점을 맞춘다. |그림 11-1|은 전형적인 프로젝트 주기를 나타내며 각 단계에서 SIA의 잠재적 역할을 보여주는데, 중요한 것은 프로젝트 단계마다 SIA의 역할이 있다는 점이다. 프로젝트 주기는 대개 선형 과정으로 묘사되지만 현실은 그렇게 직선으로만 나아가지 않는다. 프로젝트가 반드시 단계별로 원활하게 전환되는 것은 아니며 특정 단계에서 중단되거나 이전 단계로 다시 환원될 수 있다.

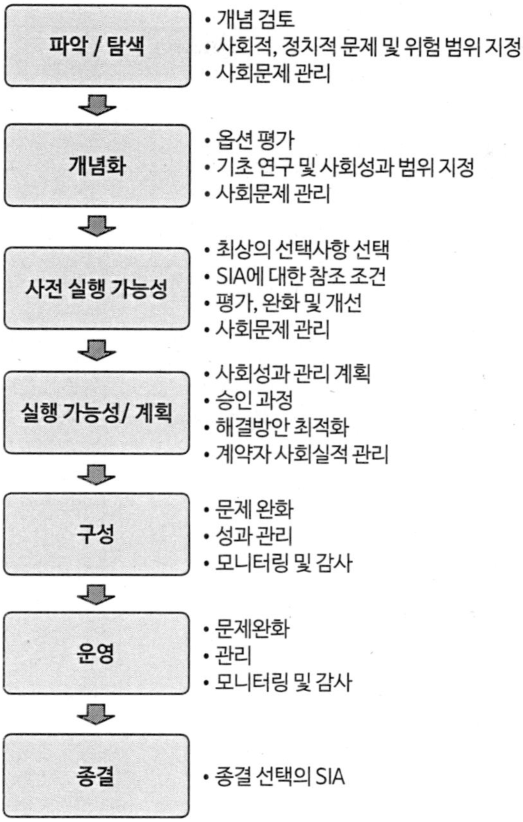

|그림 11-1| **프로젝트 단계별 사회성과평가 적용**

출처 : IAIA(2015).

SIA과정과 관련된 과업설명에 대해서는 다양한 방법들이 있다. 혹자는 SIA가 EIA와 밀접하게 관련되어 있다는 것을 보여주기 위해 반복적인 특징을 강조하면서 EIA 사회적 버전과 유사한 지속적 개선과정으로 설명한다. |그림 11-2|는 순차적이면서 겹치는 SIA과정의 네 단계를 보여준다. 데이터 수집과 분석을 통한 SIA는 학습 과정이며 따라서 새로운 정보에 비추어 초기 가정과 예비 이해를 수정할 필요가 있기 때문에 프로젝트 지원자와 다른 이해당사들, 특히 성과영향을 받는 이해관계자들과 협의하는 과정에서 얻게 된 실효성에 대한 확인과 업데이트의 반복적 과정이 필요하다.

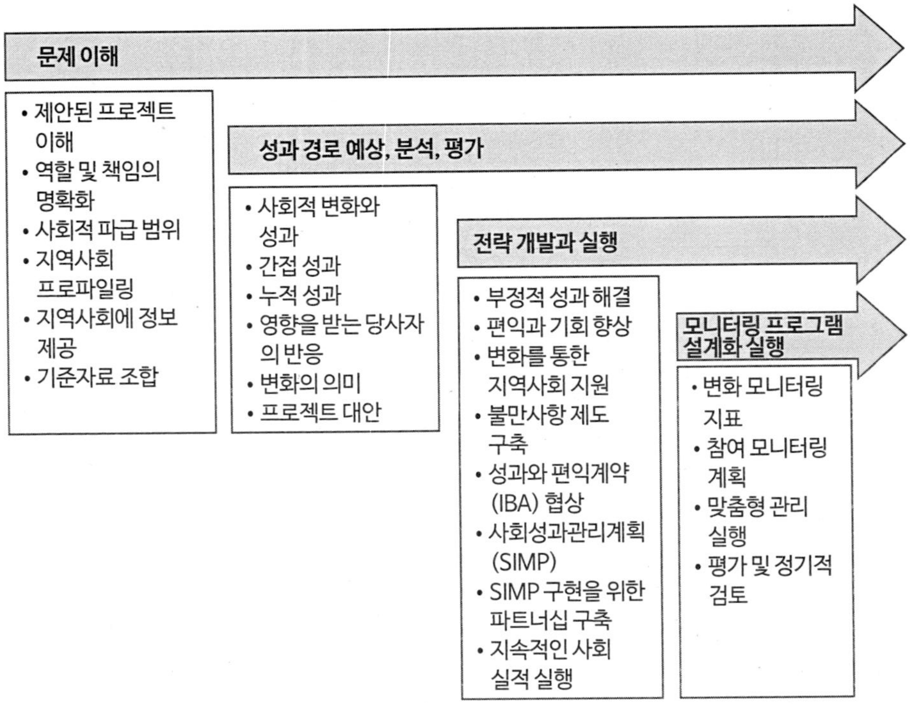

|그림 11-2| **사회성과평가 과정**

출처 : IAIA(2015).

2) 사회성과평가 과정별 과업

SIA의 바람직한 실천은 기본적으로 과정에 따른 과업들을 잘 실행하는 데 있다. 〈표 11-2〉는 SIA에 포함된 과업 목록을 보여준다. 이 과제들은 대략 연차순으로 제시되지만 서로에 대해 정보를 제공하고 그 정보가 SIA에 축적되면서 범위, 영역 또는 파급효과에 대해 프로젝트 과정 초기에 이루어진 결정과 진행과정에서 발견된 새로운 정보에 따라 이해 당사자들이 다시 평가할 수 있기 때문에 반복적인 과정이 된다.

〈표 11-2〉 **사회성과평가 과정별 과업 내용**

과정 단계	과 업
문제 이해	• 프로젝트 개발 및 운영 지원에 필요한 모든 보조활동을 포함하여 제안된 프로젝트에 대해 잘 이해한다. • 착수 중인 다른 전문연구와의 연관성을 포함하여 SIA와 관련되거나 참여 중인 사람들의 책임과 역할을 명확히 하고 준수해야 할 법률 및 국제지침과 표준을 세운다. • 프로젝트를 통해 성과 및 혜택을 받을 가능성이 있는 지역사회(인근 및 원거리 지역 포함) 같은 예비 '사회적 파급 범위'와 이해당사자들을 파악한다. • 다음 내용을 포함하는 지역사회 프로파일을 준비하여 프로젝트의 영향을 받을 수 있는 지역사회에 대한 이해도를 높인다. ① 철저한 이해관계자 분석, ② 사회-정치적 환경에 대한 논의, ③ 성별 분석을 포함하여 영향을 받는 지역사회의 다양한 하위집단의 서로 다른 욕구, 관심, 가치 및 열망에 대한 평가, ④ 성과 이력에 대한 평가, 즉 과거 프로젝트 및 기타 역사적 사건에 대한 경험 등, ⑤ 해당 지역사회에서 발생하는 동향에 관한 논의, ⑥ 지역사회의 자산, 장·단점에 대한 논의, ⑦ 여론 조사 결과 • 지역사회 구성원들에게 다음 사항들을 공지한다. ① 프로젝트, ② 다른 곳의 유사한 프로젝트, ③ SIA에 참여하는 방법, ④ 프로젝트를 위한 규제 및 사회적 실적 형태에 있어서 절차적 권리, ⑤ 불만사항 및 피드백에 대한 접근 • 지역사회 구성원을 돕기 위한 포괄적 참여과정과 숙의 공간을 마련한다. ① 지역사회구성원이 받게 되는 성과에 대한 이해, ② 예상 성과와 제시된 편익의 수용 가능성 결정, ③ 프로젝트 정보에 입각한 결정, ④ 희망하는 미래 지역사회를 위한 지원, ⑤ 완화 및 모니터링 계획에 기여, ⑥ 변화에 대비 • 관심사가 될 가능성이 있는 사회문제 및 인권문제를 파악한다. • 주요 사회문제에 대한 관련 기준자료들을 수집한다.
성과 경로 예상, 분석, 평가	• 분석을 통해 프로젝트에서 발생할 수 있는 사회적 변화와 성과 및 다양한 대안을 결정한다. • 간접(또는 2차 및 그 이상) 성과를 주의 깊게 고려한다. • 지역사회가 경험하는 누적성과에 프로젝트가 어떻게 기여할지 고려한다. • 영향을 받는 다양한 그룹과 지역사회가 어떻게 반응하게 될지 결정한다. • 예견된 변화의 중요성을 파악한다(즉, 우선순위를 정한다). • 프로젝트 대안 설계 및 평가에 적극적으로 기여한다. 여기에는 안 되는 일과 다른 선택사항들이 포함된다.

전략 개발과 실행	• (완화계층구조[2]를 사용하여) 잠재적인 부정적 성과를 해결할 수 있는 방법을 파악한다. • 편익과 프로젝트 관련 기회를 강화하는 방법을 개발하고 실행한다. • 변화에 직면한 지역사회를 지원하는 전략을 개발한다. • 적절한 피드백 및 불만사항 수리제도를 개발하고 실행한다. • 성과편익계약(IBA) 초안 작성을 위한 지역사회와 개발자 간의 합의과정을 중재한다. • IBA에서 합의된 편익, 완화 조치, 모니터링 준비 및 거버넌스 협약뿐만 아니라 진행 중 예상치 못한 문제처리계획을 실행하는 이해당사자의 참여를 촉진하고 사회성과관리계획(SIMP) 초안을 작성하도록 지지한다. • 제안자, 정부 당국 및 시민사회 이해당사자들이 SIMP 및 IBA에 포함된 약정을 이행할 수 있는 진행 과정을 수립하고 이를 개발 및 실행할 수 있도록 한다. 조직 내에 자체적인 관리 조치 계획을 포함시키고 해당 조치 계획의 실행과 모니터링의 지속을 통해 각각의 역할과 책임을 수립한다. • SIMP에 담긴 계약자 의무를 명시한 지속적인 사회적 실적 계획을 수립하고 실행할 수 있도록 제안자를 지원한다.
모니터링 프로그램 설계와 실행	• 시간 경과에 따른 변화를 관찰할 수 있는 지표를 개발한다. • 참여형 모니터링 계획을 수립한다. • 맞춤형 관리가 어떻게 실현될지 고려하고 사회관리체계의 실행을 고려한다. • 평가 및 주기적 검토(감사)를 실시한다.

출처 : IAIA(2015).

4 사회적기업과 사회성과평가

SIA는 경제적 · 재무적 산출 그 이상으로 자신들의 행동 가치를 평가하기 원하는 사회적기업들에게 특별히 유용하다. SIA과정 실행에 대한 양적 연구는 그리

2 완화계층구조(mitigation hierarchy)는 개발 프로젝트가 생물다양성과 생태계 서비스(BES)에 미치는 부정적인 영향을 이용자가 가능한 한 제한할 수 있도록 고안된 도구이다. 구조에는 '방지(avoid)', '최소화(minimize)', '복원(restore)' 및 '상쇄(offset)' 네 가지 주요 행동 순서가 포함되고, 개발 우선순위와 함께 보존 요구의 균형을 맞추는 메커니즘을 확립함으로써 지속가능한 생활 관리와 천연자원 관리를 돕기 위한 모범적인 실천 접근 방법을 제공한다(J. Ekstrom, et al., 2015).

많지 않다. 사회적기업과 마찬가지로 정량적 연구방법을 사용한 SIA 실천에 관한 실증 분석이 쉽지 않아 사례연구는 이런 복잡한 현상을 이해할 수 있는 더 좋은 방법이다. 세계적으로 사회적기업 분야에서 SIA에 대한 지식을 늘리고 이러한 흐름들에 대한 파악이 위한 노력들이 이루어지고 있다. 글로벌 차원에서는 Global Entrepreneurship Monitor(GEM)가 중요한 기여를 하고 있다. GEM의 한 조사연구에서 성과평가에 관한 설문조사에 의하면, 비록 성과평가가 사회적기업을 단일하게 정의하는 요소 중 하나로 간주되지는 않지만 일부 연구자들이 SIA를 사회적기업과 전통적인 사회활동형태 간의 근본적인 구별기준요소로 간주하기 때문에 SIA가 사회적기업의 중요한 활동으로 포함될 것임을 보여주었다. 또한 SIA는 사회적기업의 실제 성과측정에서 핵심요소이며, 글로벌한 문제 해결에서도 그 효과가 있다는 것이 인정되었다(Lepoutre, et al., 2013).

사회적기업 성과측정은 사회적기업의 실적을 평가하기 위한 방법을 찾는 것이다. 이 주제와 관련해서 많은 논란들이 있는데 영리조직의 실적을 평가하는 도구로 사회적기업의 전체 모습을 묘사할 수 없으며, 이것은 사회적 사명을 수행하기 위한 경제활동의 지렛대이고 따라서 사회적 가치를 창출할 수 있는 능력이 있음에도 불구하고 제대로 평가하지 못할 수 있다는 점도 지적된다. 그러나 사회적기업은 사회적, 환경적, 경제적 차원에서 성과를 만들어 낼 수 있는 엄청난 잠재력을 가지고 있으며 실제로 이 성과를 관찰하고 평가하는 것이 중요하다. 또한 사회적기업은 사회문제해결이라는 강력한 사명을 가지고 있으므로 이 사명의 실제적인 성취에 대해 확신을 가져야 한다.

경제적, 환경적, 사회적 차원의 실적과 꾸준한 성과에 대한 측정은 사회적기업 분야 연구에서 가장 중요한 도전이기도 하다. 중요한 것은 측정 그 자체가 아니라 사회적 사명의 달성과 관련된 대부분의 질적 정보를 양적 계량분석으로 전환하는 일이다. 사회적 결과물들을 측정하기 위한 적합한 지표 파악은 제3섹터뿐만 아니라 다른 영역에서도 마찬가지다. 예를 들어, 영리기업에서 이런 추세 증가는 기업사회공헌(CSR) 활동의 중요성이 증가하고 있다는 것이고 그에 따라 적합한 지표들이 계속 필요하게 된다.

이 주제는 사회적기업이나 더 넓게는 사회적경제영역과 제3섹터에게 새로운 것은 아니다. 과거와 비교했을 때 차이점은 이들 조직이 직면한 경쟁적인 상황에서 비롯되고 있으며 실적을 높이고 효과적인 방법으로 편익에 관한 의사소통을 위해 창출된 성과에 대해 적절한 평가를 요구한다는 점이다. 사회적 항목에 적절한 중요성을 부여하는 것은 비영리조직과 관련이 있는데, 이러한 조직들 중 일부는 무상 또는 명목 비용으로 고객에게 봉사하지만 재무제표에는 창출된 편익이 나타나지 않기 때문이다(이와 관련한 자세한 내용은 9장 사회적회계 참조). 더욱이 수익소득이 있는 비영리조직도 사회적 사명이 있으며 따라서 전반적인 실적을 좀 더 완벽하게 보기 위해서 재무제표에 사회적 편익을 포함시켜야 한다(Richmond, et al., 2003).

SIA의 개념은 특히 사회적기업에 있어서 긴급한 것으로 대두되고 있다. 미래 발전을 위한 주요 경로 중 이런 특정 분야 안에서 실천의 통합, 그리고 어떤 과정과 지표를 채택할 것인가에 대한 문제는 서로 상당한 관련성을 가진다. 그러나 전통경제학과 다른 관점을 지향하는 시도는 사회적 가치 창출을 측정하고 수량화하는 데 따르는 상당한 복잡성에 대한 고정관념과 충돌한다. 재무보고를 위해 일반적으로 인정된 회계원칙이 제외되더라도 사회성과측정 및 의사소통과 관련된 비교 가능한 표준은 그 개념의 보편적 정의가 어렵다는 점과 함께 관련 측정도구가 재정수익평가에 대한 과학적 접근방식을 규정하는 엄격성 결여로 아직 보편화되어 사용되고 있지 않다. 또한 제한된 자원, 운영 중인 성과의 복잡성, 시간에 따른 자료 수집 및 분석에서 어려움은 특히 소규모 사회적기업에서 이러한 경영 실천을 어렵게 하는 중요한 문제들이기도 하다(Barraker & Yousepour, 2013).

그러나 이러한 어려움에도 불구하고 효율적인 성과평가방법은 사회적기업가들에게 많은 전략적 기회를 제공한다. 첫째, 사회적 산출물의 극대화를 위한 최적의 자원 배분 방법을 깊이 이해할 수 있기 때문에 조직의 실적을 향상시킬 수 있는 과정들을 제공한다. 어떻게 가치를 창출하는지 그리고 누구에게 편익이 가는

지에 대한 이해를 통해 조직의 더 나은 목표를 향한 프로그램들을 설계할 수 있고. 해야 할 일과 하지 않아야 할 일들을 개선함으로써 효과성을 높일 수 있다. 더 나아가 이것은 이해관계자 네트워크 안에서 개선된 회계업무와 강화된 조직을 가능하게 만든다(Dart, 2004). SIA가 이해당사자의 참여를 높이는 중요한 역할을 하는 이유는 직 · 간접적으로 관련된 다른 당사자들뿐만 아니라 실행된 활동의 수혜자로부터 피드백을 듣게 될 것을 미리 예상할 수 있기 때문이다. SIA는 외부 투자자가 사회문제 해결을 위해 사용하는 방법과 관련된 정보를 제공하기 때문에 이러한 의사소통은 특히 더욱 경쟁이 치열해지는 상황에서 매우 전략적이다. 이를 위해 추진된 사회적 대의를 지원하기 위해 기관에 기금을 낸 사람들의 관심이 매우 중요하며, 사회성과를 더 잘 평가하고 전달하는 것을 목적으로 하는 공유업무의 존재는 투자 대상 사업의 평가와 관련이 있다(Ruttman, 2012). 투자부문은 경제 전반에 걸쳐 윤리적 활동의 촉진을 위해 고유한 역할을 하기 때문에 이것이 핵심적 측면이 된다.

이러한 중요성을 감안해 볼 때 성과평가활동의 발전을 강화하는 노력이 이루어지고 있으며 계속 이루어져야 한다. SIA 강화 방법을 이해하는 것은 향후 사회적기업에 대한 연구조사를 위한 유망한 수단이 될 수 있는데, 사회적기업가들이 사회적 사명의 성취를 위해 자원을 배분하는 최선의 방법을 이해하도록 돕고, 창출된 결과에 대한 보고를 통해 혁신적인 투자기금으로부터 사회적기업이 혜택을 받을 수 있도록 하는 데 있다.

사회성과연계채권(Social Impact Bonds, SIB)

SIB는 기존 제도금융이 사회적 목적을 달성할 수 있도록 재조정해 주는 특별한 수단으로 정부 프로그램에 투입되는 자금이기보다는 자금지원 결과에 초점을 맞추는 새로운 정부기금방식이다. SIB는 정부가 한 가지 이상의 성과를 지정하고 그 성과를 달성할 수 있을 경우 외부 수행기관과 사전에 합의된 금액을 지급하기로 약속하는 일종의 정부기관과 수행기관 사이의 협약이다. 즉, 중앙정부나 지방자치단체가 민간의 투자재원을 활용하여 공공사업을 수행한 뒤 외부 수행기관이 성과목표를 달성할 경우 정부가 예산으로 원금과 이자를 함께 상환하여 성과를 구매하는 계약이다. 투자자가 그 목표를 달성한 경우에만 계약한 금액을 지급할 수 있다는 의미에서 볼 때 채권(bond)은 일반적으로 일정한 수익률을 제공하는 유가증권이기 때문에 채권이라는 용어를 오해할 수 있다. SIB는 특정한 사회적 성과가 이루어지고 그 목적이 충족되어야만 수익을 받기 때문에 위험도가 높은 투자방식이다.

SIB는 다양한 방식으로 구성될 수 있지만 참여하는 행위자들과 관련해서 공통적 특징을 갖는다. 정부기관은 목표하는 성과를 제시하고 운영기관이나 서비스제공기관과 같은 외부기관은 성과 달성을 위해 프로그램을 실행한다. 대부분의 SIB는 사회문제 해결을 통해 사회성과 평가를 실행하려는 외부기관들의 사업자금 재원을 제공하는 민간투자자와 전체 SIB를 관리하는 운행기관(중개자)을 포함한다. 따라서 SIB 참여기관은 정부, 운영기관, 민간투자자, 수행기관, 평가기관으로 구성된다. 정부는 주로 중앙정부 및 지방자치단체가 해당되며, 운영기관과의 계약을 통해 성과목표를 달성하면 예산을 집행하는 성과보상자(성과구매자)가 된다. 운영기관은 정부로부터 독립된 민간기관으로 정부와 계약을 맺고 투자자를 모집하고, 사업수행기관을 선정하여 SIB사업을 총괄한다. 민간투자자는 SIB투자를 통해 공공사업의 리스크를 이전받는 주체이며 SIB가 목표한 성과를 달성할 경우 투자원금과 성과보상금을 받지만 실패하면 원금손실이라는 위험을 감당한다. 수행기관은 목표한 사회문제와 관련된 분야에 전문성을 갖고 문제해결을 위해 직접 개입하여 서비스를 제공하는 민간조직이다. 평가기관은 공정한 성과측정을 위해 다른 이해관계자로부터의 독립성을 갖는 평가 전문조직이다. 평가 조언자는 프로그램을 모니터링하고 재정의하는 데 도움을 주며 독립적 평가기관은 SIB 목표가 충족되고 달성되었는지 여부를 결정하는 역할을 한다.

SIB가 전통적인 정부재정보다 유리한 몇 가지 장점이 있다. 첫째, SIA는 수익을 사회적 가치 실현과 연결한다. 사업재원을 조세에서 충당하지 않으면서 정부의 위험부담이 자금을 제공하는 민간투자자와 외부기관(운영기관, 수행기관)으로 이전된다. 성과를 달성한 사업에만 약정된 비용을 지불함으로써 정부의 재정적 위험부담이 해소된다. 둘째, 정부재정의 한계로 재원이 부족하여 시행되지 못하는 프로그램들에 대해 자금을 지원할 수 있다. 최근 계속되는 저성장에 따른 국가 부채의 발생과 복지재정수요의 확대 등으로 중앙정부의 재정으로만 다양한 사회문제에 대응하기 위한 세출수요에 크게 못 미치고 있다. 특히 중앙정부와 지방자치단체간의 재원배분 문제로 충분한 재원확보가 어려운 지방자치단체가 사회적 투자, 사회적 과제 해결 등을 위한 사업재원 방안으로 SIB를 통해 민간자금을 동원할 수 있다. 마지막으로, SIB는 공공부문과 민간부문의 서로 다른 참여자들 간에 협력을 이끌어 내는 거버넌스 형태를 갖는다. 거버넌스 맥락에서 SIB사업은 정부와 지방자치단체, 지역사회주민 등 다양한 주체들 간에 협력과 소통을 이룰 수 있으며, 이를 통해 지역사회 문제해결과 서비스 제공을 위한 매개체 역할을 위해 사회공동체의 역량을 강화할 수 있다.

최초의 SIB는 2010년에 영국에서 시작되었다. 기금 모금을 위해 17개 재단의 지원을 받는 비영리단체인 "Social Finance UK"는 투자자들로부터 500만 파운드의 초기투입자본을 모금했다. 목표로 세운 사회성과는 피터스버러(Petersborough)에 있는 3,000명의 단기 남성 수감자들이 석방되면 교도소 내에 머물게 하여-1,000명당 세 코호트(cohort)로 분리-사회로 복귀할 때 새로운 삶을 살아갈 수 있도록 지원하는 것이었다. 이를 위해 Social Finance UK는 '원 서비스(One Service)'라는 새로운 서비스를 준비했는데, 이 서비스에 St. Gile Trust, Sora Ormiston Families, YMCA 등이 참여하여 주거, 가족, 건강관리, 일자리 및 고용지원 등을 제공했다. 결과에 대한 정량적 지표는 통제집단에 대한 재범률 감소였다.

만약 코호트당 재범률이 최소 10% 감소하거나 모든 코호트에서 7.5% 감소율이 이루어질 경우 투자자는 원금과 성과금을 받게 된다. 감소율이 높을수록 투자자에게 지급되는 보상도 늘게 된다(연 13%). 성공적 투자(pay-for-success) 유형인만큼 감소폭이 기존 목표치보다 낮으면 투자자들이 돈을 돌려받지 못하기 때문에 사실상 자선 기부를 하는 셈이다. 첫 코호트의 결과는 2014년 8월에 발표되었는데 정부기준 재범률과 비교할 때 8.4% 감소율을 나타냈다. 투자자에게 즉시 상환하기 위해서는 10%의 감소가 필요했지만, 만약 재범률 감소가 7.5%를 상회한다면, 투자자들은 2016년에 긍정적인 보상을 받을 수 있는 궤도에 오르게 되는 것이다.

Chapter 12

사회적기업 거버넌스

1 거버넌스 등장 배경, 개념, 유형

1) 거버넌스 등장 배경과 개념

유럽 복지국가가 등장하기 전인 1919년 노동자의 물질적 · 정신적 권리 보장과 실현을 위해 설립된 국제노동기구(ILO)는 창립 헌장에서 "항구적인 평화는 사회정의의 기초 위에서만 가능하다"고 밝혔다. 그러나 인류는 사회정의를 추구하는 데 실패하고 또 한 번의 세계대전으로 치달았다. 제2차 세계대전의 교훈은 인간을 물건으로 취급하고 경제성장을 위한 도구로만 취급하는 사회질서가 계속되는 한 전쟁은 언제나 일어난다는 것이 경험적으로 증명된 역사적 사건이었다. ILO는 세계대전 이후 국제질서를 이끌어 갈 원칙을 재확인해야 했는데 그 핵심 내용은 인간 존엄성을 모든 것의 근본 원리로 삼는다는 것이었다. 이 원리 실현을 위해서는 사회정의가 시장의 횡포를 통제할 수 있는 조치들을 취하는 것이었고, ILO는 창립 목표의 재확인과 재천명 원칙을 담아 1944년 'ILO의 목적에 관한 필라델피아 선언'을 발표했다. 경제발전은 사회발전에 복속될 때 가치가 있다는 이 선언의 확인은 전후 60여 년간 사회경제적 타협으로 이루어진 경제성장 달성을 통해 나타났다. 세계대전으로 치닫는 무질서로의 회귀를 막기 위한 조치로서 케인지언 복지국가와 시장 개입을 정부의 역할로 받아들이게 되었다.

그러나 1960년대 말 시작된 첫 번째 문화적 위기는 이 타협을 무너뜨리는 출발이었다. 그 문화적 위기는 가부장적 규범으로 채워진 전통적인 복지국가(사회국가)의 행위 양태로서 생활조건 개선과 경제성장 신화에 도전하는 생태운동과 페미니즘운동이었다. 1970년대 두 번의 석유파동으로 인한 경제위기가 촉발한 사회질서 불안정에 대한 우려는 1980년대 신자유주의로 잘 알려진 통화주의에 대한 생각을 다시 하게 만드는 계기가 되었다. ILO필라델피아선언에 대한 반작용으로 1989년 재정균형위기에 대한 방안으로서 '워싱턴합의(Washington Consensus)'[1]가 발표되었다. 이때가 '거버넌스(governance)'라는 용어가 국제적인 문헌들에서 널리 사용되기 시작한 시기이며, 세계은행(World Bank)은 워싱턴합의에서 권고한 개선책을 적용하는 구조조정을 도입하면서 '좋은 거버넌스(good governance)'라고 소개했다. 워싱턴합의 개선책들의 대규모 적용은 정부에 영향력을 행사하는 주요 국제기구들이 주목을 받기 시작했음을 증명하는 것이었다. 한편 국가 후퇴를 정당화하려는 제3섹터의 주장은 작은 국가로의 전환 속에서 국제통화기금(IMF)과 세계은행이 지지하는 좋은 거버넌스 개념의 도입과 동시에 일어났다. 세계은행에서 제시하는 좋은 거버넌스는 시민들이 요구하는 공공재나 기타 재화가 제한적일 때 효율적이고 투명하며 공정하게 책임 있는 형태로 제공하는 공공조직의 제도적 능력이다(World Bank, 2003). 세계은행의 좋은 거버넌스는 개발도상국을 위한 개발분야에서 이루어지는 정책이며, 좋은 거버넌스를 통해 피원조국 정부의 조정능력을 강화하는 개혁을 지지하는 동시에 정부의 통치행위에 시민사회의 참여를 촉진하고 강화한다.

거버넌스 개념은 1990년대 이후 미국, 영국, 뉴질랜드, 호주 등 OECD 국가들이 공공행정체계 개혁 추진 과정에서 정부, 시장, 시민사회 등 공공부문과 민간부문 주체들의 관계를 새롭게 정립할 필요성이 대두되면서 본격적으로 등장했다. 케인지언 복지국가 수립 이후 전통적 정부는 사회보장급여를 포함한 공공서비스

1 미국과 국제금융자본이 미국식 시장경제체제를 개발도상국 발전모델로 도입하는 것에 대한 합의로서 주로 통화위기를 겪는 국가들과 정부체제가 이행 중인 국가들을 대상으로 삼았다. 합의 내용은 관세 인하와 과세 영역 확대 등과 같은 조세개혁, 공공지출 축소와 보조금 삭감, 재화와 자본의 교환을 위한 무역 자유화와 시장 개방, 국가기간산업 민영화, 정부규제 축소, 인플레이션 억제 대책 등이었다.

공급자의 독점적인 역할을 담당해 왔다. 그러나 공공서비스 전달체계에서 민간부문인 시장과 비영리부문인 시민사회의 역할이 확대되는 한편 정부의 비효율성 내지 정부실패 현상이 나타나기 시작했다. 이런 배경에서 정부주도의 공공서비스 전달 혹은 공공문제 해결방식을 극복하는 대안으로서 등장한 것이 거버넌스 이론이다.

거버넌스는 사회문제 해결에 있어서 공공부문과 민간부문이 공동의 자원과 능력을 동원하여 공동의 목표를 세워가는 과정을 포함한 패러다임이다. 즉, 정부와 사회 간의 새로운 상호작용의 형태를 의미한다. 거버넌스라는 용어는 정부(government)와는 구별되는 의미로 시민사회 행위자 또는 참가자를 포함하는 의미를 갖는다. 정부는 공식적 권위에 근거한 일방적이고 계층적인 통치를 통한 국정관리체계를 의미하지만 거버넌스는 공유된 목적에 의해 일어나는 활동으로 정부, 시민사회단체, 시장조직 등의 다양한 구성원들로 이루어진 네트워크이다. 거버넌스에서 다양한 참여자로 구성된 네트워크 상황은 참여자들이 상호 독립적이며 정부는 네트워크관리자 역할을 담당한다. 이처럼 거버넌스는 상호독립성, 자원교환, 게임형태 상호작용, 국가로부터의 높은 자율성 등을 특징으로 하는 자치적인 조직 간 네트워크로 이해할 수 있다.

산업사회 국민국가 모델인 복지국가에서 정부역할은 시장실패를 보완하며 계층적 국정관리체계로서 공공서비스 독점제공자였지만 공공서비스 생산과 전달에서 민간부문과 비영리부문의 참여가 확대되고 그 결과 공공서비스 전달의 효율성과 효과성은 공공부문, 민간부문, 비영리부문 간의 협력적인 네트워크 구축의 영향을 받게 되었다. 또한 정보통신기술과 새로운 사회구조변화는 국가운영관리방식에서도 각 사회구성 주체 간의 관계가 새롭게 규정되는 결과를 가져왔고 거버넌스라는 네트워크형 국정관리체계로 바뀌어 가고 있다(이종수, 2010).

거버넌스는 용어 사용에 따라 '협치(協治)', '네트워크통치', '국정관리' 등으로 불리지만 최근에는 정부, 시장, 시민사회 등 다양한 주체가 상호의존적이고 자율적으로 연결되어 서로 수평적으로 유연하게 공동 협력하는 방향으로 거버넌스에 참여하는 추세에 따라 '뉴 거버넌스(new governance)'로 부르기도 한다. 뉴 거버넌스는 중앙정부가 시장, 시민사회와 어떻게 상호작용할 것인지에 대한 것이고 이러한 상호작용의 네트워크에 '자율적 조정'이 있는지에 초점을 맞춘다. 자발적으로 조직된 네트워크는 정부의 정책집행에 협력하여 효율성을 높일 수 있지만 반대로 정책집행을 방해하여 정부의 조정능력에 부정적 영향을 끼칠 수도 있다(Peters & Pierre, 2005).

거버넌스와 관련한 개념 정의와 이론화 과정은 시대별, 국가별 상황과 배경에 따라 다양한 가치체계와 학문영역들이 들어오면서 변화해 왔다. 거버넌스의 기본적 의미는 공동체나 집단의 활동을 조정하고 규율하며 해결하는 활동을 말한다. 1990년대부터 공공 거버넌스(public governance)의 새로운 대안을 모색하는 논의가 시작되면서 수직적 계층제인 정부가 관료적 통제중심으로 단독적인 대응방식을 취하거나 시장의 자율기제 방임방식의 '전통적 거버넌스(old governance)'로는 새로운 변화 환경에서 나타나는 복잡하고 불확실한 사회문제에 효율적으로 대응할 수 없다는 인식이 확산되었다. 그로 인해 문제해결능력이 부족한 관료제와 무책임한 시장을 극복하는 방안으로 정부-시장-시민사회의 관계설정에서 민주주의의 중요성이 더욱 커지고 있다.

거버넌스 개념도 시대적 변화에 따라 여러 의미로 정의되어 왔다. 로즈(Rhodes, 1997)는 자원교환, 게임규칙, 국가로부터의 자율성을 갖는 상호의존적, 자기조직적인 조직 간 네트워크로 규정한다. 자율적으로 조직화된 네트워크로서의 거버넌스는 위계적이고 관료적인 조정이나 시장과는 다른 구조이다. 따라서 정부가 직면하는 심각한 도전은 이 네트워크를 작동시키고 새로운 협력을 추구하는 것이다.

피에르와 피터스(Pierre & Peters, 1998)는 거버넌스를 국가, 시장, 네트워크, 공동체, 결사체 등 다양한 유형을 포함하는 것으로 정의한다. 거버넌스에 대한 구상은 어떻게 경제와 사회의 방향을 잡아가고 집합적 목표를 성취할 것인가에 대해 생각하는 것을 의미한다.

정부운영 방식의 새로운 체계로서 등장한 거버넌스 개념은 다양하고 복잡하기 때문에 단순하게 정의하기는 어렵다. 그러나 앞에서 살펴본 것처럼 거버넌스 등장 배경과 의미를 종합해 보면 거버넌스는 정부와 기업, 시민사회단체 등 사회영역의 다양한 주체들이 전통적인 역할 구분을 넘어 참여와 소통 과정을 통해 신뢰를 형성하고 경험과 지식을 공유하면서 공동의 문제를 함께 해결하려는 대안적 정부운영 체제 또는 협력적 관리 체계이며 거버넌스의 성공 여부는 각 사회영역 주체들 간에 얼마나 민주적인 협력 체제를 구축하느냐에 달려 있다.

2) 거버넌스 유형

'사회적 거버넌스' 또는 '외부적 거버넌스'는 정책결정 및 정책수행 과정에서 국가와 사회 내 다른 영역 사이의 관계를 설명하는 개념이다. 거버넌스 체제는 다음 세 차원에 따라 그 특성이 나누어질 수 있다 ① 관련된 행위자들 유형, ② 정책실행에 사용되는 정책 기구 유형, ③ 정책결정에 활용되는 제도적 조정 유형(Enjolras, 2009). 앙졸라와 스틴-욘센(Enjolras & Steen-Johnsen, 2014)은 거버넌스 유형을 공공, 조합, 네트워크, 파트너십 거버넌스 네 유형으로 구분하고 각 거버넌스 유형이 정책결정과정을 어떻게 개념화하고 시민권과 민주주의 개념을 어떻게 연결시키는지 보여준다(표 12-1).

〈표 12-1〉 **거버넌스 유형 분류(이상적인 유형)**

	공공거버넌스	조합거버넌스	네트워크 거버넌스	파트너십 거버넌스
행위자의 제도적 형태	• 공공	• 공공 • 비영리	• 공공 • 영리 • 비영리	• 공공 • 영리 • 비영리
정책결정	• 기술관료	• 조합주의	• 정책네트워크	• 제도적 파트너십

출처 : Enjolras & Steen-Johnsen(2014).

공공거버넌스는 공공영역 행위자들만 관련이 있고 자원과 집행을 정부와 공공소유에 직접 의존하며 선거를 통해 기술관료에 의한 정책결정과정이 이루어진다. 이 거버넌스 유형은 전통적인 공공서비스 운영방식의 가장 전형적 사례이다.

조합거버넌스는 정부에게 대표권을 부여하고 정책분야에서는 비영리기관에 실행을 위임한다. 정책은 강제적 수단의 활용을 통해 실행되고, 종종 공공영역이 재정을 관리하며 비영리부문의 활동을 통제한다. 대표적 사례는 많은 나라에서 운영되고 있는 비영리병원 방식이다. 비영리병원은 정부부터 재정지원을 받아 정부가 지정한 특정 기준에 따라 보건의료서비스를 제공한다. 정부는 단지 병원 운영자들의 제한된 환경에만 간섭하고 새로운 비영리운영자들은 이런 체계 내에서 운영하는 것이 어렵다는 것을 알게 된다.

네트워크거버넌스에서는 공공기관이 정책개발을 위해 개방된 정책네트워크를 활용하지만 장려금을 통해 (유사)시장의 창출과 규제를 실행한다. 페트렐라 등(Petrella, et al., 2012)은 유럽 내 의료서비스의 지역거버넌스 변화를 비교하면서 권한의 탈중앙화와 다층의 제도적 거버넌스 구조, 공공정책의 구상 및 구현에 관여하는 행위자의 다양화, 민간제공자에 대한 의존도 증가와 같은 공통적인 흐름들을 파악했는데, 그것이 이익 창출이든 비영리이든 간에 이러한 서비스에 대한 재원조달과 관련하여 동원된 공공정책기구의 의미 있는 변화가 있다는 점을 확인했다.

이러한 측면에서 네트워크거버넌스는 정책결정과 실행 모두에서 경쟁적인 시장과 비슷한 메커니즘에 의존하는 반면, 파트너십거버넌스에서는 행위자 간의 잠재적 경쟁을 규제하기 위한 정치적 메커니즘으로 제도적 파트너십을 사용한다. 실행에 있어서 공공기관들은 합의된 목표를 달성하기 위해 직접적이고 강압적인 정책도구 사용을 선택할 수 있다.

이 네 가지 거버넌스 유형은 정책을 만들 때 사회를 구성하는 다른 부분들의 역할에 대한 특정 개념을 내포하고 있는데 여기에 시민권에 대한 특정한 의미도 담고 있다. 시민권은 다음 세 가지 주요 내용으로 구성된 '행위 목록'으로 개념화

될 수 있다(Boltanski & Thevenot, 2006). ① 집단 우월성(공공선, 일반적 의견, 공공이해, 연대 등), ② 민주적 거버넌스 규범의 팽배(대표성, 참여, 숙의, 선거), ③ 사람들의 자질과 권리와 법에 따른 대인관계 통제(법, 시민권, 사회권 등). 시민권이 절차의 일부로 발동될 때 그 과정은 어떤 종류의 집단, 민주적 규칙의 적용, 그리고 권리 또는 법률 측면에서 규제를 포함해야 한다. 그러나 집단의 종류와 민주적 규칙, 그리고 적용되는 법률과 권리들은 다양할 수 있다. 이런 기준에 따라 〈표 12-2〉처럼 네 유형의 거버넌스 안에 내재된 시민권 개념을 나타낼 수 있다.

〈표 12-2〉 **거버넌스 유형과 시민권 차원**

	공공거버넌스	조합거버넌스	네트워크거버넌스	파트너십거버넌스
집단의 기초	• 공공 이익	• 집단 이익	• 집단 없음	• 연대
거버넌스 규범	• 간접 대변/정치적 대표권	• 간접 대변/이해관계 대표권	• 유사시장 • 이해관계 간의 경쟁	• 직접 대변, 직접 참여, 역량강화
참여자 자격	• 유권자	• 조합원	• 이해당사자	• 적극적인 시민

출처 : Enjolras & Steen-Johnsen(2014).

각 거버넌스 유형은 시민권과 시민의 역할에 대해 주어진 개념을 수반하며, 이는 그것을 특징짓는 제도적 논리 안에 내재되어 있다. 그러므로 각 유형은 그것을 뒷받침하는 내용, 거버넌스 규범, 정책 수혜자를 개념화하는 방법에 따라 달라진다. 여기서 거버넌스는 정책입안 과정에서 정치적 대표성과 정책시행 과정에서 사회권과 공공서비스 정신(ethos)을 포괄하는 것으로 이해된다. 이 거버넌스 유형에서 시민은 유권자(정책과정)와 이용자(공공서비스) 역할을 갖게 된다.

2 시민사회와 국가, 민주주의

1) 시민사회와 국가에 대한 역사적 관점

시민사회 개념이 역사에서 처음 등장한 때는 총체적인 사회질서 위기와 질서 개념의 패러다임이 붕괴되는 시기였다. 17세기 말과 18세기 초 당시 사회는 사회의 구속력으로서 전통과 관습의 엄청난 붕괴에 직면했다. 혹자는 자유민주주의 안에서 살고 있는 현시대 시민들도 그때 당시와 똑같은 문제에 직면해 있다고 말한다. 실제로 우리는 근대국가의 운용능력뿐만 아니라 근대성의 도덕적 능력의 붕괴에 직면해 있다. 이 상황에서 계속 국가만 쳐다볼 것인지 아니면 공동체주의로 향할 것인지에 대한 질문도 거듭된다. 또는 제3섹터 및 사회적경제와 관련해서 사회적기업과 시민사회가 새로운 가능성을 보여줄 것인지 혹은 이전보다 더 중요한 과정으로 보이는 사회연대의 재구성을 모색하는 과정에서 제3의 길이 가능할 것인가도 여전히 미래 전망으로 존재한다.

제3섹터는 복지국가에 대한 단순한 철회 혹은 시민들과 공공부문으로부터 시간, 에너지, 자원 투자를 통해 그 영향력이나 규모를 늘릴 수 있다. 후자의 경우에 있어서 제3섹터와 국가는 서로 대립적인 관계에 놓이지 않는다.

지금 대부분의 유럽 복지국가들은 공공재원 기반의 복지서비스 제공과 거버넌스 방식에서 시민과 제3섹터가 더 활발하게 참여하는 새로운 방안을 찾고 있다. 유럽 복지국가들의 이런 추세는 대체로 비슷한데 그 원인을 노령인구의 증가와 모든 차원-지역, 국가, 유럽 차원-에서 민주주의 결핍 증가, 그리고 공공재정의 반영구적 감축에 대한 도전으로 본다. 이 세 가지 도전에 대한 대응은 국가별로 그리고 서비스제공 부문에 걸쳐 다양하게 나타나고 있지만 일반적으로 다음 다섯 가지 흐름들로 정리해 볼 수 있다(Defourny, et al., 2014).

- 복지서비스 이용자들이 서비스 공동생산자로서 참여할 수 있는 새롭고 차별된 방법의 증가

- 많은 유럽연합국가들에서 사회서비스의 공동거버넌스와 공동관리를 위한 새로운 기법들의 확산
- 지역 차원에서 사회서비스 제공과 거버넌스에 이용자들이 적극 관여하고 공공서비스논의 참여 촉진을 위한 이용자협의회와 같은 단체들의 성장
- 유럽연합 일부 국가에서 지역 내 학교운영이사회나 노인연합회와 같은 선거에서 대의민주주의의 지역 대표성과 함께 이용자들의 기능적 대표권이 점진적으로 성장
- 자원봉사활동 독려

2) 시민사회와 국가관계의 변화 : 신공공거버넌스와 유럽복지국가 전망

제2차 세계대전 이후 유럽에서 일어난 중요한 제도적 변화 중의 하나는 복지국가 수립과 성장이다. 전쟁 직후 대부분 시민들은 막스 베버(M. Weber)가 말한 관료적 지휘체계인 전통적 공공행정의 급격한 확대 과정에서 공공서비스의 수동적인 수혜자들로 취급되었다. 이러한 상황은 1980년대까지 계속 이어져 오다 민영화, 외주화, 체계적 성과측정, 벤치마킹 등을 포함하는 새로운 서비스제공방식이 도입되면서 변화를 맞게 되었는데, 이것은 신공공관리(New Public Management, NPM)라는 개념으로 소개되고 신공공관리가 공급되면서 고전적인 베버식 공공행정의 중요한 요소들의 변화가 이루어졌다. 이에 따라 소극적 수혜자인 시민들은 적극적인 소비자가 되었고 공공재정 지원으로 이루어지는 다양한 서비스 제공자들 사이에서 더 많은 선택권을 갖게 되었다. 이러한 상황에서 시장은 국가를 시민들의 선호도를 표현하기 위한 주된 통치기제로 대체했다.

오스본 등(Osborne, et al., 2013)은 공공서비스관리에 대한 새로운 이론을 제공했다. 공공서비스관리는 신공공관리방식의 '제조우위접근(manufacturing-dominant approach)'과는 반대로 '서비스우위접근(service-dominant approach)'방식이다. 제조우위접근은 공공서비스를 서비스 과정보다는 서비스 제조로 보는 견해로서 이론적 결함을 가지고 있다. 오스본 등에 따르면 공공서비스는 더 넓은 틀에서 이해되어

야 하는데 이것을 '신공공거버넌스(New Public Governance)'라고 부른다. 서비스는 세 가지 측면에서 '제조'와 구별된다. 첫째, 서비스는 무형이며, 둘째, 서비스 생산 논리가 다르고, 셋째, 이용자 역할은 제조와 서비스에서 질적으로 다르다. 때문에 서비스는 제공자와 이용자의 공동생산이 된다. 서비스우위접근에서 공동생산은 공공서비스전달의 핵심적인 내용이 되고 이용자의 경험과 지식을 효과적인 공공서비스 설계와 전달의 중심에 놓는다. 많은 학자들이 최근 수십 년간 시민사회와 국가의 관계가 급격하게 변화하고 있다는 점에 주목해 왔다(Ostrom, 1999; Fung, 2004; Pestoff, 2008). 시민들은 전통적 공공행정에서 수동적인 수혜자 또는 클라이언트에서 머무르다 신공공관리에서는 '고객'으로 그리고 지금은 적극적인 '공동생산자'가 되어 가고 있다. 따라서 '네트워크사회'와 신공공거버넌스(NPG)의 확장은 공공-민간네트워크를 기반으로 보다 더 다원적인 거버넌스와 사회복지서비스 제공 모델의 함의를 갖는다(Hartley, 2005).

제3섹터 조직들은 이런 커다란 변화에서 중요한 매개체들이다. 공동생산은 신공공거버넌스의 핵심적 측면이며 단순히 공공서비스 제공에서 많은 시민들의 참여를 의미할 뿐 아니라 더 많은 제3섹터 조직들이 공공서비스 제공자가 된다는 의미이기도 하다. 역으로 제3섹터의 공공서비스 제공은 더 많은 시민참여와 더 많은 이용자와 직원들의 영향력, 그리고 더 나은 서비스품질을 촉진할 수 있다. 또한 시민참여를 위해 공공서비스와 영리서비스에 존재하는 유리천장을 깨는 데 도움이 된다(Pestoff, 2009). 따라서 공동생산과 신공공거버넌스는 유럽 복지국가들에서 제3섹터의 복지서비스 제공과 시민참여를 위해 명확한 함의를 가진다. 그러나 일상생활과 급변하는 상황 안에서 시민들의 역할 변화는 앞으로 일어날 더 광범위한 변화들에 대한 이해와 연구를 위한 개념 및 방법들이 필요하다는 것을 요구한다. 이러한 시민들의 역할변화에 대해 개인적 · 집단적 측면을 함께 살펴볼 필요가 있는데, 그 내용은 첫째, 공공재정 기반의 서비스를 제공받는 개인클라이언트, 고객, 공동생산자로서 시민들은 자신들의 욕구표현과 만족, 그리고 관심을 어떻게 공공부문, 시장, 제3섹터와 상호작용하는지, 둘째, 제3섹터조직의 구성원으로서, 특히 서비스 제공자로 사회적기업의 구성원으로서 욕구에서 비롯된 것뿐 아니라 일상생활에서 의존하게 되는 서비스에 대한 관심과 필요를 어떻게 최대한 증진시킬 수 있는지에 관한 것이다.

이러한 연구는 앞으로 변화하는 시민사회와 국가의 관계에 대한 질문에 대해 좀 더 분명하게 살펴봐야 하며 또한 남미의 연대경제(solidarity economy)에 대해서도 좀 더 많은 연구가 필요하다. 공공행정과 공공관리에서 변화하고 있는 시민사회와 국가의 관계에 대해 서로 다른 관점이 가능한지 또는 전통적인 공공행정, 신공공관리, 신공공거버넌스영역은 공공서비스 전달에서 시민참여와 사회적기업에 대해 어떤 역할을 기여할 수 있는지, 공동생산은 무엇이고 전 세계 다른 지역과 서로 다른 관점을 가지고 있는 영역에서 어떤 역할을 할 수 있는지에 대한 질문들은 여전히 과제로 남아 있다.

현대사회에서 일어나고 있는 낡은 영역과 제도들의 재구성 문제와 대안들은 제3섹터와 전체 사회적기업 분야를 높은 어젠다 수준으로 이끌고 있다. 제3섹터가 서비스 전달과 사회적 영향력을 가질 수 있는 방법은 전 지구적인 시장화의 힘과 민영화 문제와 연결된다. 그러나 한편으로는 시민참여의 새로운 형태에 관한 실험 및 공동생산과도 깊은 연관성을 갖는다.

유럽 복지국가들은 1980년대 초반부터 복지서비스 제공과 관련하여 엄청난 변화를 경험했고 앞으로 향후 10~20년 동안 더 큰 변화를 겪을 수 있다. 복지서비스 재원과 전달체계 분리는 점점 더 분명해지고 있다. 복지국가 미래에 대한 이념 충돌은 1980년대부터 신자유주의와 신공공관리의 등장으로 시작되었다. 당시 대안적 복지서비스 전달 방식은 주변으로 밀려났지만, 스칸디나비아국가들은 다른 유럽대륙 국가들보다 훨씬 더 확대되었다. 2000년대 초반에는 많은 국가들과 사회서비스영역에서 영리기업과 제3섹터 간의 다양한 혼합이 괄목할 만큼 증가했다(그림 12-1).

|그림 12-1|에서 보듯 스칸디나비아국가들처럼 복지서비스전달에서 공공부문의 지속된 독점은 점점 어려워지고 있다. 향후 유럽 복지국가와 복지서비스 제

공의 미래에 대해서는 서로 다른 두 가지 대안 시나리오가 있다. 하나는 규제 완화된 민영화를 통한 신공공관리의 지속적인 추진과 또 다른 대안으로 확대된 복지다원주의를 통한 신공공거버넌스의 성장이다. 후자의 경우 복지서비스에서 공공과 영리를 추구하는 민간제공자 모두를 위한 대안으로서 제3섹터와 사회적경제를 위한 중요한 역할이 포함된다. 두 가지 대안인 신공공관리와 신공공거버넌스는 긴밀하게 연결되어 있고 시민사회와 국가의 변화하는 관계를 반영한다.

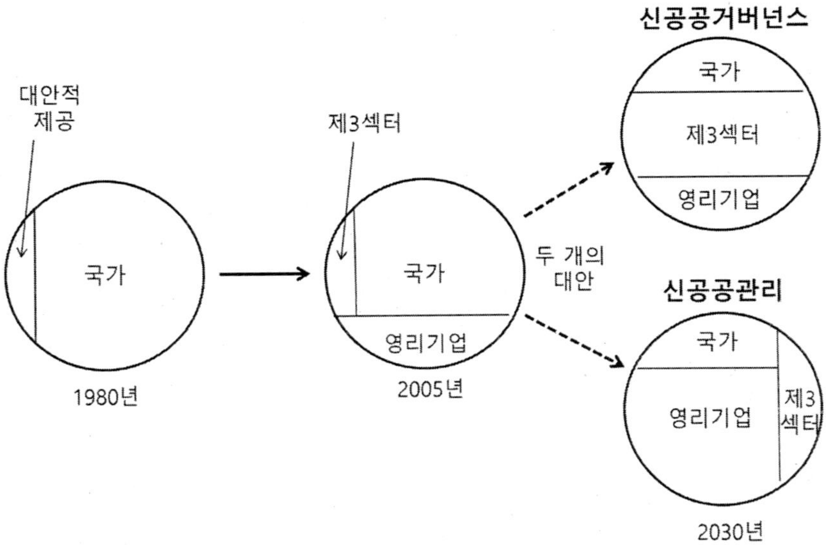

|그림 12-1| **1980~2030년 유럽 복지국가 변화와 전망**

출처 : Defourny, et al.(2014).

3) 민주적 거버넌스

민주적 거버넌스는 시민들이 하나 혹은 둘 이상의 민주적 기제 형태를 통해 참여하는 거버넌스 형태를 말한다. 여기에서 시민사회조직들은 전통적으로 중요한 역할을 해오고 있다. 시민사회조직은 다음 세 가지 방식으로 적극적인 시민권 확대에 기여해 왔다. ① 소속감과 정체감 형성, ② 참여와 역량강화를 위한 가능성

창조, ③ 공공영역에서의 대표성 인정(Warren, 2001). 시민권과 관련하여 시민사회 조직의 중요성은 내부적 요인과 외부적 요인이 있다. 내부적 요인은 조직 내부의 민주적 거버넌스를 의미한다. 여기서 중요한 질문은 시민사회조직이 구성원들과 어떻게 연계해 나가는지와 어떤 참여형태를 촉진시키는지에 관한 것이다. 외부적 요인은 그 사회의 민주적 거버넌스에서 시민사회의 역할과 관련된다.

힐(Hill, 1997)은 시민사회와 정부, 신조합주의와 다원주의(pluralist)의 관계에 대해 두 개의 고전적인 제도적 모델로 정의한다. 현대 복지국가에서 시민사회조직의 대표성은 다양한 조합주의자(corporatist)와 신조합주의자(neo-corporatist) 간의 결합을 통해 제도화되어 왔고, 사회의 서로 다른 영역의 조직들은 정부와의 연계를 추진하고 구성원들의 입장을 대변해 왔다. 윌렌스키(Wilensky, 2002)는 신조합주의를 중앙집중화된 정부와 함께 강하게 조직된 이해집단 간의 상호작용을 인정하는 구조로 정의한다. 반대로 다원주의는 이해대변자 혹은 정부와 조직된 이해대변자 간의 상호작용을 위한 제도적 구조를 제공하지 못한다.

민주주의 이론은 다양하고 민주주의 개념도 여러 가지 다른 민주주의 모델을 위한 여지를 남겨두며 경쟁한다(Held, 1996). 이런 다양성에도 불구하고 공통적으로 세 개의 규범적 개념-경쟁민주주의, 숙의민주주의, 참여민주주의-으로 구분한다. 경쟁민주주의는 정치적 선호를 통합하는 메커니즘으로 선거, 경쟁적 이익 간의 선택, 그리고 지도자 선택과 책임을 강조한다. 숙의민주주의는 공공공간에서 합리적 토론과 숙의를 통해 이해에 대한 갈등 해결을 모색한다. 숙의는 선거처럼 선호도 통합보다는 '선호도 전환'을 이끌어 낸다. 참여민주주의는 모든 시민들이 정치활동과 의사결정과정에 적극적으로 참여하는 것에 중점에 둔다.

이 세 민주주의 모델에는 일련의 조건이 붙는데 민주주의에 대한 다양한 아이디어와 도전을 제시하며, 이해관계 안에서 대표성, 참여, 경쟁과 관련이 있다. 민주주의에 대한 경쟁적 접근방식의 공통점은 개인의 이익을 통합하거나 지도자를 선정하는 수단으로서 선거를 중심에 놓는다. 민주주의 경제이론에서 시민들은 고정된 선호를 가지고 있고 정치체제는 상반된 이해관계자들이 권력을 위해 투쟁하는 장으로 여겨진다. 이런 관점에서 투표와 선거 과정은 개인의 선호를 통합하는 기제로서 인식된다. 반대로 투표를 통한 선호도의 통합은 애로우(Arrow, 1951)의 "불가능성 정리"[2]처럼 비합리적인 결과를 가져올 수 있고 공공선의 개념을 만드는 것도 실패할 수 있다(Ricker, 1982). 슘페터가 강조한 것처럼 대의제 민주주의의 경험적 현실은 유권자가 공공문제에 대한 결정을 하는 것이 아니다. 선거는 정책에 대한 어떤 대중적 의지를 보여주지 않는다. 대의제 민주주의에서 사람들은 자신들의 의지를 행동으로 관철하려는 개인들을 선택하여 간접적으로 통치하지 않는다. 국민은 단지 여러 경쟁자들 중에서 정치적 행동을 할 사람을 선택할 뿐이다(Schumpeter, 변상진 역, 2011).

이러한 우려에도 불구하고 경쟁은 사회와 시민사회조직 내에서 여전히 민주주의 기본 방식으로 남아 있다. 경쟁의 한 형태로서의 민주주의에 대한 이론적 이해는 도전을 받았지만 1980년대 초 일군의 학자들이 숙의의 중요성을 강조하기 시작했다. 1984년에 출판된 하버마스(Habermas)의 『의사소통행위 이론』은 여러 학자들에게 숙의에 대한 새로운 흥미를 불러일으키면서 경쟁적 정치로서의 가설에 대한 평론을 펴는 자극제가 되었다. 하버마스가 다른 관점과 관련된 문제에 대한 토론으로 의미를 규정한 숙의는 선호도를 바꾸거나 대안을 명확히 함으로써 합의를 촉진할 수 있고, 그 후 표결에 제출될 수 있다.

민주주의에 대한 세 번째 이해는 정치체제의 방향 설정에 있어서 시민과 조직의 참여를 강조하고 그들이 실제 어떻게 운영되는지를 강조한다. 시민들의 직접

---

2 불가능성의 정리는 1972년 노벨경제학상을 받은 케네스 애로우(K. Arrow)의 이론이다. 애로우는 집단이 의사결정을 하는 가장 간단한 방법은 한 개인이나 소수 개인들이 전체 집단을 대신해서 결정을 하거나, 종교교리처럼 전통으로 내려오는 원칙을 강제해서 선택을 하는 것이라고 하였다. 그러나 전자 방식은 독재였고, 후자 방식은 관습에 맡기는 것이므로 모두 바람직하지 못한데, 그 이유는 두 방식 모두 개인의 권리를 박탈하기 때문이다. 그러나 '다수결' 방식으로 개인의 선호도를 하나로 묶어내는 것도 매우 불합리한 상황을 만든다. 애로우는 단순 다수결방식으로는 개인의 선호도를 사회 전체의 선호도로 종합할 수 없다고 결론지었다. 즉, 선거로는 개인의 선호도가 사회 전체의 우선순위와 종합되어 그에 맞춰 사회가 직면한 수많은 선택의 중요성과 비교하는 것은 불가능하다는 것이 애로우의 '불가능성의 정리'이다. G. G. Szpiro. 차백만 역(2012). 대통령을 위한 수학. 살림.

참여가 간접대의제와 관련된 문제들, 특히 정치체제와 사회와의 단절 등을 해결할 것이라 여겨졌다. 적극적인 참여는 주어진 정책의 영향을 받는 시민들을 개별적 · 집단적 역량 강화를 위한 것으로 생각되었기 때문이다.

민주주의에 대한 이 세 가지 개념을 시민과 국가의 관계, 시민사회조직과 회원 간의 관계에서 민주적 거버넌스를 위한 시민사회조직의 역할을 평가하는 설명과 척도로 사용할 수 있다. 또한 이 세 개념은 시민사회조직과 국가의 관계를 특징짓는 데 유용하다. 예를 들면, 민주주의에 대한 경쟁적 관점과 관련해서 달(Dahl, 1982)의 다원주의이론은 정치체제의 특징으로서 조직화된 이해관계 안에서 경쟁 개념을 제시한다. 그러나 민주주의의 각 개념과 연결해 보면 민주적 과정에 대한 많은 장애물들을 확인할 수 있는데, 그중 가장 중요한 것은 대표성 결여, 적절한 의사소통 구조 결여, 정보와 기술의 불평등한 분배다. 시민사회조직이 내부적으로 통제되는 방식과 국가거버넌스 체계가 설정되고 실행되는 방식은 이러한 장애물의 영향을 증가시키거나 감소시킬 수 있다.

3 사회적기업과 거버넌스

1) 거버넌스에서 사회적기업의 역할

거버넌스는 국가 운영에 있어서 전통적으로 정부 중심의 통치체계에서 벗어나 시민사회가 적극적으로 참여하는 새로운 국가 운영 방식을 뜻하며 이에 따라 시민사회가 사회정치적 의사결정에 적극 참여하고 주도적인 역할을 해야 한다는 점을 강조한다. 그리고 거버넌스에서는 정부의 조정능력이나 공식적인 권위에 의존하지 않고 시민사회가 자율적으로 정책을 형성하고 문제 해결을 위한 대안을 수립하고 실행할 수 있다고 가정한다. 이러한 거버넌스 영향으로 공공정책을 수립하는 환경도 변화하고 있는데 정부 주도의 관료적 정책형성모델에서 다수의 이해당사자의 참여를 통한 정책모델로 변화하고 있다. 따라서 시민사회조직들의 역할이 중요해졌고 또 많은 시민사회조직들은 다양한 형태로 사회적 기능을 수행하면서 공공정책에 영향력을 행사하고 있다. 시민사회조직의 거버넌스 참여는 공공정책 수립 및 집행에 있어서 정부의 투명성과 책임성을 강화하면서 정책의 효율성을 높이며 궁극적으로 민주적 거버넌스가 되도록 이끈다.

거버넌스에 관한 논의는 국정운영에서 다양한 사회주체들의 참여와 역할에 관한 틀에서 시작하지만 그 배경은 점점 더 다양해지는 사람들의 욕구와 이에 따른 서비스 수요에 맞춰 충분하게 제공하지 못하는 환경 변화이다. 새로운 국정운영 기제는 정부, 시장, 시민사회조직이 협력과 네트워크를 통해 사회문제 해결과 사회서비스 제공을 시행하는 파트너십을 구성하는 것이다. 이 파트너십 구성에서 중요한 원칙은 거버넌스에 참여하는 각 부문의 자율성 보장과 책임성 제고이다. 특히 시민사회영역은 거버넌스 구성에서 공공부문의 권위와 권력으로부터 제한받지 않는 자율성 확보를 통해 거버넌스 성과에 막대한 영향을 주게 된다.

유럽이나 미국의 사회적기업의 특성과 동기는 차이가 있지만 그 출발은 시민사회영역의 자발성에 기인한다. 거버넌스 체계에서 시민사회영역의 역할에 관한 논의는 사회적기업의 특성과 맥락을 같이한다. 사회적기업 조직은 본질적으로 다양한 이해당사자들의 자발적인 동기와 자율적 참여와 협력을 그 특징으로 하기 때문에 내부적으로 거버넌스 체계를 이룬다. 외부적으로는 시민이나 지역주민들 스스로가 주체가 되어 사회적기업을 설립하고 사업을 통해 수익을 창출하여 사회적 목적을 실현함으로써 시민사회영역의 부분을 이루게 된다. 그러나 시민사회조직은 비영리를 목적으로 하고 사회적기업은 영리를 목적으로 한다는 점에서 차이가 있지만 사회적 가치를 기반으로 사회적 목표를 실현한다는 점에서는 시민사회조직과 사회적기업 성격은 유사하다. 사회적기업은 중앙정부 차원뿐 아니라 지방, 지역사회 등 다양한 수준에서 참여하고 있는데, 이는 시민사회조직들이 중앙 및 지방자치단체, 시장 등과 일정한 관계를 형성하며 권력 감시와 견제 역할과 같은 범주에 속한다. 그러나 사회적기업은 고용취약계층을 위한 일자리 제공과 공공서비스가 닿지 못하는 곳에 사회서비스를 제공함으로써 중요한 사회

안전망 기능을 수행한다. 따라서 사회적기업은 정부, 시장, 시민사회의 네트워크 구축에서 세 영역을 연결하는 중요한 위치를 가진다.

2) 새로운 거버넌스와 사회적기업의 거버넌스 참여

정부 주도의 공공 거버넌스나 민관협력을 강조하는 협치형 거버넌스와 비교할 때 거버넌스 구성에서 사회적기업의 역할을 중요하게 여기는 것은 다양하게 구성된 행위자들 간의 신뢰와 협동으로 이루어진 참여와 네트워크를 통해 문제해결을 강조하는 네트워크거버넌스나 파트너십거버넌스의 중요한 축을 형성하기 때문이다. 이 거버넌스는 소수 관료에 의해 지배되는 계층적 통제에 의한 조정방식이나 시장에서 수요 · 공급에 기초한 조정방식이 아니라 신뢰와 협동의 네트워크를 구성하여 조정과 문제해결을 의미한다.

사회적기업은 유럽의 역사적 배경에서 보면 케인지언 복지국가의 축소와 재편과정에서 전통적인 국가 기능의 변화에 따라 시민사회영역에서 자발적으로 만들어진 새로운 기업 형태이며 출발은 시민사회영역이지만 제3섹터와 비영리조직과는 다르게 구별되어 사용된다. 또한 사회적기업은 사회적으로 필요한 서비스를 생산하고 공급하는 새로운 조직이라는 차원에서 차이를 가진다(강병준, 2011).

정부, 기업, 시민사회의 상호작용 구조를 갖는 거버넌스에서 사회적기업은 사회문제 해결을 위한 역할을 하게 된다. 이를 위해 조직 내 · 외부적으로 신뢰의 중요성을 강조하고 개인과 지역사회로부터 다양한 자원을 동원할 수 있다. 따라서 사회적기업은 거버넌스 체계에서 이전에는 정부와 시장으로 구분되었던 영역으로 그 활동 범위를 넓혀 가고 있다. 사회적기업이 사회적 목적으로 해결하고자 하는 보건, 의료, 교육, 빈곤, 실업, 가족돌봄 등과 같은 사회적 욕구충족은 정부, 시장, 시민사회 어느 하나의 영역의 주도나 영향만으로는 해결되기 어렵다. 따라서 각 영역의 네트워킹으로 파트너십을 이루는 거버넌스 체제에서 사회적기업의 활동이 넓어질 때 사회적 영향이 커질 수 있게 된다. 파트너십거버넌스는 새로운 거버넌스 흐름으로 기존의 정부 주도의 폐쇄적이고 일방적인 국정 운영에서 벗어나 시민사회와 정부가 대등한 관계로 참여하는 '좋은 거버넌스'를 이루는 것이고 사회적기업은 거버넌스 과정에 사회적 가치와 목표를 더욱 강조할 수 있게 된다.

'새로운 거버넌스'에 관한 문헌들을 살펴보면 네트워크거버넌스 모델과 파트너십 모델이 종종 하나로 사용된다(Rhodes, 1996; Pierre, 2000; Osborne, 2010; Levy-Faur, 2012). 이것은 최근 공공부분 개혁에서 나타난 두 가지가 동시에 나타난 흐름의 결과이다. 하나는 고객지향과 효율성이 공공서비스 전달의 근본적인 변화의 중요한 표어가 되었다는 점이다. 공공서비스 전달에서 시장논리 도입은 국가와 시장의 경계를 모호하게 하면서 경쟁과 선택을 지역사회 목표를 달성하기 위한 최적의 접근방법으로 여겨졌다. 다른 하나는 네트워크, 파트너십, 숙의 장치 창출에 의한 조정활동 등의 새로운 방법으로 중앙집중적이고 관료적인 대의형태를 바꾸는 것이었다.

네트워크거버넌스는 노동조합, 경제단체, 기업, 지방의회, 사회적기업, 시민사회조직, 지역사회단체 등 다양한 범위의 행위자들을 포함한다(Osborne, 2010). 새롭게 변화하는 경제 · 사회적 환경에 대한 대응력을 높이는 것은 중요한 합리적 이유이다. 복지국가 시대의 특징인 '일괄적용(one-size-fit-all)'정책과 실천은 더욱 지역적이고 구체적인 정책 해결책으로 확대되었다. 따라서 서비스전달 전략의 중요한 부분은 공공, 민간, 제3섹터에서 지역행위자들의 지역에 관한 지식의 정도와 관련을 갖게 되었다.

사회적 · 경제적 네트워크는 이 정책과정에서 새로운 역할을 수행한다. 로즈(Rhode, 1999)는 새로운 거버넌스를 "자기 조직적(self-organizing)이며 조직 간(inter-organizational) 네트워크"로 규정하며, 여기에는 신뢰를 토대로 호혜적인 협상 규칙을 지속적으로 사용하면서 상호작용하는 독립적 조직들이 포함된다. 새로운 거버넌스는 정부가 단독으로 행동하기보다 공동규제, 공동운영, 공동생산, 협동적 관리, 그리고 공공과 민간부문, 정부와 사회 간의 경계를 희미하게 만드는 상호작용의 다른 형식들에 참여하는 것을 의미한다. 이러한 거버넌스 구조의 변화는 복잡한 사회문제들에 대해 '결합 해결책(joined-up solution)'을 모색하는 파트너십에 기초한 정책들에 반영된다. 새로운 패러다임에 따른 이러한 해결방법은 시민사회행위자를 포함한 다양한 행위자들에게 의존한다.

파트너십거버넌스와 네트워크거버넌스 간의 중요한 차이는 거버넌스 과정을 통해 나타난 제도적 기제들(institutional mechanisms)와 관련된다. 거꾸로 이 기제들은 특정한 거버넌스 형태가 시민권을 향상시킬 것인가에도 영향을 준다. 두 거버넌스 형태의 가장 중요한 차이는 파트너십거버넌스에서는 국가가 네트워크와 행위자들 간의 관계를 제도화하고 어느 범위까지 형성되는 협동과 교환 관계를 형성한다. 반대로 네트워크거버넌스는 국가 부분에 대한 제도화를 의미하는 것이 아니라 현장에 따라 네트워크가 개방되고 유동적이라는 것을 가정한다. 네트워크거버넌스에서는 사회나 시장 행위자들의 참여와 영향이 특정한 기준에 따라 정의되지 않는다. 그 결과 다른 부문이나 이해당사자들의 영향력은 자신들의 대표성이 아닌 자원, 전문성, 능력에 따라 결정될 수 있다. 이 능력은 정치적 또는 시장 기제에 의한 결과일 수 있다. 그래서 핵심은 시장행위와 정치행위를 구분하는 것에 의해 결정된다.

이 새로운 거버넌스에서 사회적기업은 민간기업처럼 수익창출을 추구하지만 사회적 목적 실현이라는 공익적 · 정치적 특성으로 인해 거버넌스 안에서 중요한 행위자로 위치하며 정부와 시장, 시민사회를 네트워크와 파트너십거버넌스 구축을 위한 중요한 가교 역할을 수행하게 된다. 이러한 측면에서 볼 때 한국에서 아직 활성화 단계까지 이르지 못한 거버넌스 체계에 사회적기업의 참여는 다음과 같은 의의를 가진다.

첫째, 사회적기업의 거버넌스는 1980년 이후 확대되기 시작한 새로운 사회적경제의 특성이다. 1980년대 이후 신자유주의정책과 전 지구적 금융자본주의의 영향으로 국가가 국민들의 사회적 위험을 방지하는 사회보장제도가 축소되고 이에 따라 케인지언 복지국가가 개편되면서 국가가 담당하던 사회적 위험 중 가족돌봄과 여성노동의 사회적 보호를 사회적기업과 협동조합 등과 같은 사회적경제조직으로 이양하며 서비스 생산과 전달을 위한 거버넌스 체계를 시행하고 있다.

둘째, 사회적기업의 거버넌스 참여는 사회적경제 발전 과정에서 민간부문과 공공부문 그리고 시민사회부문의 역할을 명확하게 규정하고 부여하는 기능을 갖게 한다. 한국 사회적경제는 유럽과는 달리 거버넌스로 시작된 것이 아니라 정부가 일방적으로 추진하는 일자리창출사업의 일환으로 시행되었다. 2007년 「사회적기업육성법」 시행 이후 정부는 사회적경제 생태계 기반 조성 없이 기능적 차원에서만 사회적기업과 협동조합, 마을기업 등을 육성하면서 경쟁시장으로 밀어넣은 결과, 사회적경제 조직들이 자신의 정체성을 찾지 못한 채 '생존'만 목표로 삼게 되었다. 이러한 여건 속에서도 사회적기업의 거버넌스 체계 참여는 한국 사회적경제 생태계 조성뿐 아니라 사회적기업의 정체성과 방향성을 위한 구심점이 될 수 있다.

셋째, 향후 사회적경제 남북교류협력과 국제협력사업을 실행하는 데 있어서 거버넌스참여는 필수적이다. 초기 사회적경제 남북교류협력 형태는 일반기업이 추진하는 형태처럼 직접적인 교류는 어려울 것으로 예상되기 때문에 남과 북의 교류대상 조직들과 주체들을 중재할 수 있는 국제적인 협력이 필요하고 이러한 역할을 거버넌스 체계를 통해 조정할 수 있다.

04 PART

한국 사회적기업 역사와 현황

사회적기업 효시 : 도시빈민운동과 자활사업

Chapter 13

1 자활사업 개요와 의의

1999년 「국민기초생활보장법」이 제정되고 2000년 10월부터 시행되면서 공공부조 프로그램 대상자인 기초생활보장 수급자 및 차상위층에게 각자의 능력과 욕구에 맞는 근로기회 제공을 위한 자활사업이 실시되고 있다. 기초생활보장제도는 이전의 「생활보호법」과 달리 근로능력이 있는 수급자는 자활사업에 참여하는 조건으로 기초생활보장급여 수급권을 유지할 수 있다. 이에 따라서 근로능력이 있는 조건부 수급자는 자활사업 참여 조건으로 생계급여를 받게 되며, 자활사업 참여를 중단하면 급여 지급도 중단된다. 또한 조건부 수급자에게는 생계급여 이외에도 기능습득, 취업알선, 자산형성 등에 필요한 비용을 국가가 지원한다. 자활급여는 조건부 수급자 외에도 근로능력은 부족하지만 자발적으로 자활사업에 참여하는 일반수급자와 차상위층에게도 지급된다. 자활근로사업 참여대상은 조건부수급자, 자활특례자, 일반수급자 중 희망자(근로능력 무관), 차상위계층, 전문기술보유자 등이며 차상위계층의 참여는 시 · 군 · 구에서 해당 여부 조사 결과에 따라 결정된다.

자활사업의 목적은 "근로능력자의 기초생활을 보장하는 「국민기초생활보장제도」를 도입하면서 근로역량배양 및 일자리 제공을 통한 탈빈곤 지원과 자활사업을 통해 근로능력 있는 저소득층이 스스로 자활할 수 있도록 자활능력 배양, 기능습득 지원 및 근로기회 제공"에 있다(보건복지부, 2019). 현재 자활사업은 보건복지부와 고용노동부가 각기 주관하여 프로그램을 시행하고 있다. 보건복지부 자활사업은 근로능력이 있는 저소득층 중 근로능력이 미약한 비취업대상자의 자활능력을 배양시키고 직업능력 향상을 지원하며 근로기회 제공을 목적으로 하는 자활촉진사업을 실시하고 있다. 반면 고용노동부는 근로능력이 뛰어난 취업대상자에게 취업 프로그램을 제공하는 취업지원사업을 시행하고 있다(취업성공패키지 프로그램). 자활사업 프로그램의 종류는 자활근로사업, 자활기업 및 창업지원사업, 자활사례관리, 자활촉진 프로그램 등이 있으며 자활사업 대상자인 조건부 수급자는 여러 종류의 자활근로 중 하나에 참여하게 된다(표 13-1).

〈표 13-1〉 **자활사업 구분**

	취업지원사업	자활촉진사업
보건복지부	• 취업지원사업	• 자활근로사업 • 자활기업 및 창업지원사업 • 자활사례관리 • 자활촉진 프로그램 • 자활근로사업단
고용노동부	• 취업지원사업	

자활근로사업은 참여자의 자활능력과 사업유형에 따라 고용노동부 집중취업대상자가 되어 취업훈련에 참가하거나, 보건복지부 자활근로사업에 참여하게 된다. 자활근로사업은 ① 근로유지형, ② 사회서비스형, ③ 인턴 · 도우미형, ④ 시장진입형으로 구분한다(표 13-2). 자활사업은 시 · 군 · 구마다 지역적 특성에 맞게 자체적으로 수립하여 시행하기 때문에 각 사업마다 특색 있게 진행된다. 자활사업 대상자는 여러 종류의 자활사업 중 자신에게 알맞은 사업에 참여하여 장기 취업을 하거나 창업 등을 통해 탈수급을 이루어 기초생활수급자에서 벗어나는 데 목표를 둔다.

〈표 13-2〉 **자활역량평가 결과에 따른 참여사업**

<table>
<tr><th colspan="3">구 분</th><th>실시기관</th><th>기 준</th><th>판정대상자</th></tr>
<tr><td colspan="3">고용노동부 자활사업</td><td>고용센터</td><td>• 근로능력과 욕구가 높아 노동시장에서의 취업이 가능한 자</td><td>집중취업지원 대상자
(80점 이상)</td></tr>
<tr><td rowspan="4">보건복지부자활사업</td><td rowspan="4">자활근로</td><td>시장진입형</td><td rowspan="3">지역자활센터,
민간위탁기관</td><td rowspan="3">• 자활근로프로그램 참여 욕구가 높은 자
• 임시·일용직으로 직업경험이 있는 자</td><td rowspan="3">근로능력강화 대상자
(80점 미만)</td></tr>
<tr><td>인턴·도우미형</td></tr>
<tr><td>사회서비스형</td></tr>
<tr><td>근로유지형</td><td>시·군·구
지역자활센터</td><td>• 노동강도가 낮은 사업에 참여 가능한 자
• 간병·양육 등 가구여건상 관내사업만 참여 가능한 자</td><td>근로의욕증진 대상자
(45점 미만)</td></tr>
</table>

출처 : 보건복지부(2019).

자활사업은 현재 시행 중인 사회정책 중 시민사회 개입으로 만들어진 유일한 사회정책이며, 빈곤탈출을 위해 시민사회영역에서 시작된 빈민운동이 국가가 운용하는 제도영역으로 흡수되어 시장에서 빈곤층들이 자립하는 것을 목표로 하는 사업이다. 자활사업은 기존의 공공부조 프로그램과 달리 현대 복지국가의 속성인 노동연계(work for fare)의 모습을 가진 대표적 사례이며, 노동할 수 있는 능력이 있는 사람에게 조건을 부과하면서 거기에 따른 시혜를 주는 신자유주의적 복지국가 재편과 맥락을 같이하고 있다(이수진, 2017).

1919년 독일 바이마르(Weimar)헌법이 제정되면서 세계 최초로 사회권 조항을 헌법에 규정함으로써 국가는 국민의 생존권을 보장하는 의무를 갖게 되었다. 사회권은 적정 수준의 경제적 복지 및 사회보장, 사회적 유산의 공유, 보편적인 기준에 따라 문명화된 삶을 누릴 수 있는 권리와 같은 모든 범위의 권리를 의미한다. 따라서 사회권은 기본적 권리로 보편적으로 인정되면서 불가침의 성격을 갖게 되었다. 그러나 자활사업은 이러한 보편적 권리로서 사회권의 일부가 어떤 행동을 하는가와 관계없는 권리에서 자신을 개선시키고자 하는 의욕을 보일 때만 얻을 수 있는 조건부 권리로 변화한 사회보장 프로그램이다.

자활사업은 노동할 능력을 갖춘 빈민이 사업에 참여하는 것을 조건으로 정부가 물적 · 제도적 지원을 해주어 그들이 수급자의 지위에서 벗어나게 하도록 하는 제도로서 자활사업의 이러한 특성은 서구 복지국가 발전 양상과는 다른 한국의 특수한 상황에 기인한다. 즉, 케인지언 복지국가와 1970년대 이후 그 위기에서 생겨난 노동연계 복지국가와는 다른 신자유주의 기반의 한국형 복지제도이다.

노동연계복지(workfare)에 관한 논의와 정책 확대가 1990년대 이후 서구사회에서 활발하게 이루어지게 된 배경에는 '사회적 배제'가 자리한다. 사회적 배제는 1980년대 이후 신자유주의정책의 확산과 사회경제적 변화 속에서 고용 불안과 실업으로 인한 노동빈곤층 확대가 이어졌지만, 이들을 위한 사회보장 프로그램의 폐지 혹은 축소로 사회권 보장 원리가 약해지면서 제기되었다. 사회적 배제 개념은 "개인 또는 지역이 실업, 저숙련, 저소득, 열악한 주거환경, 높은 범죄율, 낮은 건강수준, 가족 붕괴 등 일련의 연관된 문제들을 겪는 상태"를 말한다(한상진, 2005).

노동시장 재편이 야기한 사회적 양극화와 불평등의 심화가 계속되는 가운데 빈곤의 의미는 사회적 배제 관점에서 재구성되었다. 소득이나 지출 등 주로 재무적 가치 중심으로 빈곤문제를 파악했던 전통적 관점과는 달리 사회적 배제 관점에서 파악하는 빈곤은 경제적 가용자원의 부족뿐만 아니라 사회, 문화, 정치영역에서의 차별과 배척을 포함하는 포괄적인 내용이다. 공공부조급여 수급자 중에서 근로능력이 있는 사람들에게 노동에 대한 참여를 의무화하는 노동연계복지의 시행은 이러한 맥락에서 나타났다. 노동빈곤층의 등장 및 확산은 국제적 수준에서 나타난 현상이며 경제구조적 변화에서 비롯된 것이므로 이들에 대한 사회적 보호와 지원은 많은 국가들에게 사회정책의 중요한 의제로 부상했고, 이 문제를 해결하기 위한 정책 시도가 기존의 복지제도와 적극적 노동시장정책을 결합하는 방식이었다.

2 자활사업 역사

1) 도시빈민운동과 생산공동체운동 시기 : 1980년 후반~1990년대 중반

1999년 「국민기초생활보장법」 제정과 2000년 국민기초생활보장제도의 시행은 한국의 공공부조제도에 획기적인 전환점이었다. 이전의 「생활보호법」과 큰 차이점은 「국민기초생활보장법」에서는 근로능력이 있는 수급자들에게 자활사업 참여를 강제하였다는 점이다. 또한 민간 주도의 빈민운동에서 자립과 자활을 위한 많은 시도들이 있었지만 체계를 갖춘 제도로서 자활사업 시행은 국민기초생활보장제도를 통해서 이루어졌다. 현재 「국민기초생활보장법」에서는 나이와 근로능력에 관계없이 해당 가구 소득인정액이 개별 급여별 기준 중위소득 이하인 경우 급여를 받을 수 있으나 생계급여와 의료급여 수급권자는 자활사업 참여 조건부 수급자가 된다.

자활사업의 뿌리는 2000년도 「국민기초생활보장법」에 근거한 제도화 전 단계에서부터 시민사회진영의 탈빈곤 운동과 결합되어 생산공동체 · 노동자협동조합 등을 형성한 것이 모태가 되었다. 이후 시민사회진영의 빈곤층 최저생활보장에 대한 강한 요구가 계속되었고 1998년 외환위기를 계기로 국가를 둘러싼 경제적 위기라는 구조적 조건과 결부되면서 제도화가 이루어졌다.

한국에서 노동빈곤층을 대상으로 하는 자활사업이 국가에 의해 시행되는 제도가 된 배경에는 사회운동으로서 빈민운동이 중심이 된 역사적 배경, 외환위기 이후 변화된 사회적 조건과 신자유주의적 경제구조의 전환과 같은 국제적 환경 변화의 세 가지 측면이 있다(강진연, 2014).

자활사업이 제도화되기 이전부터 빈곤층을 위한 자립 · 자활 노력은 지역주민운동 차원에서 이루어지고 있었다. 지역주민운동은 도시빈곤층의 사회권 보장과 자활능력 배양이라는 사회경제적 과제 해결에 조직적으로 대응하려는 '철거반대운동'과 '생산공동체운동'으로 나타났다.

1988년 노태우정부가 출범한 후 서민주거안정 대책을 발표했고 이와 함께 88 서울올림픽이 개최되면서 저소득층 밀집지역인 판자촌 철거와 재개발이 시작되자 판자촌 거주 주민들을 중심으로 철거반대운동이 전개되었다. 철거반대운동이 확산되면서 빈민거주지역을 중심으로 도시빈민들이 조직화되어 서울시철거민협의회, 전국노점상연합, 전국빈민연합 등과 같은 대중조직이 모여졌고 지역근거를 확보하기 시작했다. 이른바 달동네라고 불렸던 저소득층 밀집지역을 중심으로 이루어진 빈민운동 주체들의 철거반대운동은 참여과정에서 사회운동의 집합적 결속 경험과 조직 역량을 강화하게 되었지만 당시 시대적 조건에서 빈곤층의 사회적 권리 제도화에는 한계가 있었다.

한편 빈민운동은 판자촌지역의 철거반대운동과 함께 도시빈곤층의 사회경제적 구조에 대한 문제의식을 가지고 이에 대한 실천적 차원으로 생산공동체운동을 전개하기 시작했다. 생산공동체운동은 빈곤문제를 개인 차원의 문제가 아닌 사회구조적 차원에서 인식하고 조직적 대안으로 시작된 지역주민운동이었으며 이러한 문제의식을 공유하고 있던 개신교 목회자들과 빈민지역활동가들을 중심으로 한 민중교회를 비롯하여 기독교도시민빈선교협의회, 천주교도시빈민회, 성공회 나눔의집 등과 같은 종교 · 사회단체들이 주도했다. 철거반대운동 중심에서 새로운 빈민지역운동이 설정되기 시작하면서 탁아소, 공부방, 야학, 무료진료소와 같은 지역주민 생활공동체시설들이 만들어졌다.

이러한 공동체운동의 결과는 주민의 이익을 채워주고 불편을 조금 덜어주는 등 최악의 상태를 개선하는 운동이라는 평가에 기반하여 몇몇 빈민운동가들이 '빈민과의 동일화'를 통해 새로운 빈민운동을 모색하면서 빈민지역주민들의 삶에 직접 개입해 그들의 경제적 상황을 개선시키는 활동에 집중적으로 역량을 투입했는데 그 대표적 형태가 '생산공동체'였다. 협동조합 형태의 생산공동체는 주민들의 불안정한 고용조건을 개선해 빈곤에서 벗어나고자 하는 분명한 목표를 가지고 시작된 주민공동체운동이었다.

생산공동체 중 초기에 조직된 대표적 사례로 서울 성북구 하월곡동에서 허병섭 목사가 건설노동자들과 함께 만든 '조직일꾼두레'와 인천 송림동에서 박종렬 목사가 빈민지역 여성들의 협동생산을 통해 빈곤탈출에 도움을 주는 목적으로 조직한 '두레협업사'가 있었다. 이 두 생산공동체는 저소득층의 불안정한 고용상태와 다단계 하청구조로 인한 착취관계에서 벗어나 빈민지역주민들을 공동체로 조직해 빈곤 탈출을 위해 경제적 활동을 직접 수행하는 것이었고 노동빈민의 원인이 구조적 부문에 있음을 인식하는 데서 출발했다. 이후 설립된 다른 생산공동체들도 빈곤 · 빈민에 대한 사회구조적 인식에서 출발했다. 그러나 이러한 선도적인 생산공동체의 문제의식과 지향의 당위성에도 불구하고 자본과 경영능력 부족, 봉제와 건설에 한정된 직종, 숙련노동자 부족, 기술 및 전문성 부족 등과 같은 여러 가지 한계들이 있었다(이 호, 1996; 신명호, 2003). 이후 자활사업이 1996년 시범사업으로 실시될 때 생산공동체운동의 주체들이 핵심적인 역할을 담당했으며, 생산공동체운동의 목표였던 빈곤탈출 방식은 자활사업 제도화 이후 자활공동체 설립이라는 목표로 이어지게 되었다.

1990년 노동자협동조합 조직을 지향하며 등장한 생산공동체운동은 단순히 가난한 사람들이 생계문제를 스스로 해결하기 위해 만든 경제조직체 역할에만 국한하지 않았다. 생산공동체운동의 진정한 목적은 지역주민지도자를 찾아 이들을 개발하고 전파하는 것이었다. 주민들이 함께 모여 생산활동을 하면서 올바른 사회적 인식과 인성을 갖추도록 하여 이들이 생활공간 속에서 더 많은 주민들에게 사회적 영향을 전파할 있는 역량을 강화하는 데 있었다(신명호, 2016). 또한 공동체 생산방식을 통해 개별적 임금노동시장에서 파편화되어 힘없는 약자로 남게 되는 문제를 협동조합 방식의 생산을 통해 사람과 지역에서 함께 살아갈 수 있는 사회적경제의 기본 원리인 상생경제의 맹아를 싹틔운 시대적 도전이었다.

〈표 13-3〉 **1990년대 이후 도시빈민지역 생산공동체 협동조합**

명 칭	설립연도	지 역	분 야
두레협업사	1990	인천 송림1동	봉제
마포건설	1990	서울	건설
일꾼두레	1991	서울 성북구 하월곡4동	건설
해님여성회공동부업	1989	인천 십정동	공동부업
실과바늘	1992	서울시 노원구 상계4동	봉제
나섬건설	1993	서울 관악구 봉천동	건설
솔샘일터	1993	서울 도봉구 미아1동	봉제
나레건설	1994	서울	건설
명례방협동조합	1993	서울	신협
주민협동공동체 실현을 위한 금호·행당·하왕 기획단	1995	서울 성동구 금호·행당·하왕동 철거지역	봉제작업장

출처 : 이 호(1996).

2) 자활시범사업 시기 : 1996~2000년

1996년 자활시범사업이 실시될 때까지 빈민운동 관련 종교지도자, 빈민운동가, 연구자들이 핵심적인 역할을 수행했다. 이는 생산공동체운동의 한계로 인한 위기를 정부 재정지원을 통해 협동조합을 활성화해 빈곤상황에서 벗어나기 위한 시도이기도 했다. 빈곤문제 해결을 위해 민간부문이 주도한 새로운 시도였던 생산공동체는 일부 연구자들의 새로운 주목을 받기 시작했다. 탈빈곤을 위한 주민협동조직체로서 협동조합의 가능성은 1992년 국내에 소개된 스페인 몬드라곤협동조합 사례를 통해 빈민운동진영이 향후 방향성을 세우게 되는 근거가 되었다.

이렇게 새롭게 변화된 빈민운동전략으로 빈민운동 주체들은 정부의 저소득층 정책에 적극적으로 개입했다. 그 결과 1995년 3월 '대통령의 삶의 질 세계화 선언'과 이를 구체화하기 위한 '국민복지기획단'이 5월에 설립되었다(국민복지기획단, 1995). 한편 생산자협동조합운동에 대한 정부 지원을 요청하며 복지를 시혜가 아닌 권리로 인식할 것을 요구했다.

1996년 2월부터 자활지원센터 시범사업으로 서울의 도시빈민 밀집지역인 관악구, 노원구, 마포구와 인천 동구 및 대전 동구 5개소가 지정되어 시작했다. 성산종합사회복지관이 위탁받은 서울 마포를 제외한 4곳 모두 대한성공회 나눔의 집이 위탁받아 운영했다. 시범 자활센터 명칭은 '○○주민자활지원센터'였고, 그 기능도 이전의 생산공동체의 탈빈곤방식에서 크게 벗어나지 않았다. 보건복지부는 시범 자활지원센터를 "생활보호대상자뿐만 아니라 저소득 근로여성이나 일용근로자 등 복지시책에서 소외된 저소득층을 대상으로 단순한 물질적 지원에서 벗어나 일할 수 있는 기회를 제공하고, 공공작업, 취업알선, 자영업지도 등으로 자립할 수 있도록 지원하는 생산적 복지 기능"을 수행하는 것으로 정의했다(보건복지부, 1997). 시범 자활지원센터의 주요 기능은 취업정보 제공, 자활교육 상담, 자금융자 및 알선, 협업팀 보육 등이었으며, 자활지원센터 목표는 저소득층의 소득증대 그 자체만이 아닌 사람의 변화를 추구하며, 협동적이며 공동체적인 새로운 삶의 방식을 통해 삶의 질을 총체적으로 바꾸고, 조직화를 통해 사회변화 추구하는 것이었다(국민복지기획단, 1995) 이후 시범 자활지원센터 지정이 확대되어 1997년 5개소, 1998년 7개소, 1999년 3개소가 추가로 지정되었다.

1998년에는 정부에 특별취로사업 도입을 제안하여 실시하게 되었고 당시 외환위기로 인한 실업문제가 심각한 국가문제로 대두한 상황에서 특별취로사업은 공공근로 민간위탁의 선도적 사업이 되었고 2000년 이후 기초생활보장제도의 자활근로사업을 거쳐 사회적 일자리 형태로 진화하면서 자활공동체로 발전하는 계기가 되었다. 특히 자활공동체는 사회적기업의 모태가 되었다.

자활지원센터의 목적도 시범사업 시기를 거치면서 점차 변화되는 양상을 갖게 되었는데, 초기 빈민운동단체가 자활사업을 위탁 실행하면서 빈곤의 원인을 자본주의의 구조적 조건으로 인식하는 것에서 벗어나 점차 경제적 빈곤에서 탈피한다는 주류 담론을 담아내기 시작했다.

3) 자활사업 제도적 성장기 : 2001~2007년

(1) 김대중 정부 시기

1999년 「국민기초생활보장법」이 제정되고 2000년 10월부터 시행되면서 2001년에는 자활사업이 제도영역에서 시행되기 시작했다. 1998년 들어선 김대중 정부는 외환위기의 여파에서 출범한 정부였고 국제통화기금(IIMF)으로 구제금융을 받는 조건으로 금융권 및 기업구조조정을 비롯한 신자유주의 경제정책과 노동정책을 수용하였고 이는 빈부격차와 실업문제를 더욱 지속시키는 결과를 가져왔다.

이러한 상황에서 사회적 갈등을 완화하기 위한 보완적 장치는 사회복지 확대정책 실시였다. 사회복지제도의 확대는 사회운동부문에서 제기한 강한 압력과 대통령의 개혁 성향이 복합적으로 작용한 것이기도 하다. 자활사업 역시 이러한 흐름 안에 존재했는데 증가하는 노동빈곤층 문제에 대해 사회복지영역에서 해결점을 찾기 위한 모색이었다(최장집, 2002).

이러한 사회적 여건하에서 자활사업은 정부복지체제의 하위제도로 자리매김되기 시작했다. 「국민기초생활보장법」이 제정된 이후 제도화된 자활사업은 기존 사회운동형태에서 변모하여 국가주도 복지정책으로 자리를 잡으면서 공공부조 대상자중 조건부 수급자인 자활급여대상자에게 노동의무를 강제적으로 부과하였다. 이러한 제도화 과정을 통해 자활사업은 기초생활보장제도가 도입되고 안착되는 데 안전장치 역할을 수행했다. 자활지원사업의 조건부과방식은 당시 여건으로 볼 때 사회적 합의를 이끌어 내기가 쉽지 않았던 근로능력 가능자에게도 생계보호를 실시할 수 있었다.

그러나 「국민기초생활보장법」과 연관된 제도적 한계는 계속 지적되었다. 빈곤층의 노동시장 진입을 지원하는 자활사업이 최저생계보장을 목적으로 하는 공공부조 프로그램 안에 있다는 점은 자활제도가 제대로 된 자리매김을 할 수 없게 만드는 요인이라는 비판이 제기되었다(김정원 외, 2013).

정부와 민간의 관계에서도 김대중 정부 초기에는 협력적 관계를 이어가다 이후에는 점차 위계적 관계로 변하기 시작했다. 정부 관료들이 초창기 자활사업에 대한 무지에서 벗어나 행정업무의 반복을 통해 노하우를 습득하게 된 것이 정부와 민간의 관계가 변하게 된 원인으로도 작용했다. 또한 생산공동체운동 시절 주민들의 자발적 참여와 공동체정신은 점차 소멸되면서 정부의 재정지원과 성과지표 달성과 같은 평가계획으로 채워지기 시작했다.

(2) 노무현 정부 시기

노무현 정부는 집권 직후 "참여복지 5개년 계획"을 제시하고 집권 후반기에는 '사회투자국가'를 근간으로 한 복지개혁 프로젝트를 추진했다. 노무현 정부가 지향한 복지정책이었던 "참여복지"는 복지의 보편성 확보와 국가 책임 강조, 국민참여를 목표로 했으며, 복지정책의 수립 · 집행 · 평가과정에서 국민 참여를 강조했다는 점에서 김대중 정부의 "생산적 복지"와 차별성을 갖는다(조흥식, 2011). 그러나 노무현 정부의 복지정책은 사회적 위험 확산과 심화를 따라잡지 못하고 그 결과 상당한 프로그램 확대와 복지재정 지출증대에도 불구하고 빈곤심화와 불평등 확대를 제어하지 못했다(이태수, 2009).

이런 조건하에서 노무현 정부는 저소득층 노동유인정책에 초점을 맞추어 사회적 일자리 제공, 노동빈곤층 장려금 지급, 빈곤아동들의 인적 자본 향상을 위한 교육투자 증액 등의 정책이 시행되었다.

노무현 정부 초기에 자활사업 관리체계 개선 방안에 중점을 둔 자활사업 개편이 이루어졌다. 주요 개편 내용은 자활사업 효과성과 효율성 제고를 위한 방안으로 사례관리기능 강화와 지방자치단체에 자활전담 공무원을 배치하고, 보건복지부와 노동부가 자활대상자를 별도로 관리하는 시스템으로 개편하여 자활전담공무원과 직업상담원의 협력을 통해 대상자에게 적합한 프로그램이 제공되도록 하는 통합관리방식이었다.

정권 후반기인 2007년에는 노동빈곤층 지원과 관련하여 보건복지부와 노동부간에 갈등이 발생했는데, 보건복지부는 "자활지원법"을 제정하여 국민기초생활보장제도와 연계 유지하면서 단계적으로 제도를 개선하는 방안(새로운 제도는 자활사업 참여자 포괄 범위를 실직빈곤층까지 확대)을 제시했으나 노동부는 실직빈곤층에 초점을 맞춘 새로운 제도 개편방안으로 "일을 통한 빈곤탈출 지원법"(고용범위 적용 확대, 실직기간이 장기화된 자발적 이직자에 대한 실업급여 지급, 연장급여 활성화 등)을 제안했다.

노무현 정부의 자활사업 평가는 자활사업에 문제가 있다는 인식을 하고 있었고 그에 따라 연구개발에 많은 관심을 가지고 자활지원 인프라를 지속적으로 확대하였다. 또한 자활사업 참여대상자 폭을 차상위계층까지 점진적으로 확대하여 실업과 취업을 반복하면서 복지사각지대에 놓인 하층 노동자의 사회적 참여와 포괄 가능성을 증대시키는 긍정적 측면이 있었지만, 반면 실질적인 저소득층 자활지원을 목표로 하기보다는 공공부조체계 안에서 자활사업 참여자들의 안주를 방치하려는 관점에서 진행된 부정적 측면도 있었다(이문국, 2005).

노무현 정부 시기 자활사업의 제도적 발전은 프로그램 세분화와 표준화 사업의 성장이었다. 2002년에 5대 표준화사업(간병, 음식물재활용, 집수리청소, 폐자원재활용)을 선정하고 2004년부터 자활근로 프로그램이 세분화(근로유지형, 사회적 일자리형, 인턴형, 시장진입형)된 이후 자활사업이 빠르게 성장하고, 사회적 일자리사업 요구는 더욱 증가했다. 자활사업 참여자들이 경제적 측면에서의 만족도는 결여되고 수급조건으로 노동강제 측면도 있었으나 탈수급이나 취업률 이외에도 자활사업 참여자들의 체감효용은 있었다.

〈표 13-4〉 **자활사업 프로그램 세분화**

자활사업종류	기 준	노동능력 점수
직업적응훈련	• 노동의욕 고취 및 직업적응훈련이 필요한 수급자 및 차상위계층	
취업알선 직업훈련(창업훈련) 자활취업촉진사업 등	• 노동능력과 욕구가 높아 노동시장에서의 취업이 가능한 자	70점 이상

<table>
<tr><td colspan="2">자활공동체사업</td><td>• 자활공동체사업 참여욕구가 높은 자
• 기술습득 정도 및 노동강도가 높은 사업참여가 가능한 자</td><td>70점 이상</td></tr>
<tr><td rowspan="4">자활근로</td><td>시장진입형</td><td rowspan="3">• 자활근로프로그램 참여욕구가 있는 자
• 일용 임시직으로 직업경험이 있는 자</td><td rowspan="3">51~69점</td></tr>
<tr><td>인턴형</td></tr>
<tr><td>사회적일자리형</td></tr>
<tr><td>근로유지형</td><td>• 노동강도가 낮은 사업참여가 가능한 자
• 건강, 양육 등 가구여건상 관내사업만 가능한 자</td><td>41~50점</td></tr>
<tr><td colspan="2">지역봉사</td><td>• 건강상태 및 연령상으로 노동강도가 낮은 사업만 가능한 자</td><td>40점 이하</td></tr>
<tr><td colspan="2">사회적응 프로그램</td><td>• 노동의지가 현저히 낮은 경우, 상습적인 조건불이행자</td><td>점수 무관</td></tr>
<tr><td colspan="2">생업자금융자</td><td>• 공동체 및 개인창업 희망자</td><td>신청서 평가</td></tr>
</table>

출처 : 보건복지부(2007).

4) 자활사업 제도적 전환기 : 2008~2016년

(1) 이명박 정부 시기

1997년 외환위기 이후 집권한 김대중 정부와 노무현 정부의 복지정책과 소득분배체계는 노동시장 양극화와 불편등한 소득분배구조를 개선하지 못한 채 2008년 등장한 이명박 정부는 친시장적 복지정책을 내세웠다. 특히 집권 첫 해인 2008년은 이전 정부에서부터 축적된 실업문제와 증가하는 노동빈곤층, 저출산 · 고령화로 인한 고령화 사회 진입 속도의 진척이라는 다양한 사회적 위험들이 중층적으로 표출된 시기였다.

이러한 사회적 위기에 대응하기 위해 이명박 정부가 제시한 "평생 복지기반 마련, 예방 · 맞춤 · 통합형 복지, 시장기능을 활용한 서민생활 안정, 사회적 위험으로 안전한 사회" 등의 4대 목표를 내용으로 하는 "능동적 복지"는 시장기능에 복지 개념을 도입한 시장친화적인 신자유주의 복지정책이었다. 핵심은 경제성장을 통한 복지수요 충족과 일할 수 없는 저소득층 위주의 최소주의와 선별적 복지정책 추진이었다. 기초생활보장제도를 중심한 소득보장정책에는 매우 소극적이었는데 탈수급 프로그램으로 도입한 행복키움통장과 희망리본프로젝트는 빈곤층의 소득보장보다는 노동의 상품화와 노동연계복지를 강제하는 신자유주의 시각을 반영한 대표적 정책이었다(김태성 · 성경륭, 2014).

자활사업은 성과관리형 사업으로 추진되면서 2009년 "자활복지 선진화 프로젝트"의 일환으로 보건복지부는 희망리본사업을, 고용노동부는 취업성공패키지 프로그램을 도입했다. 성과관리형 취업지원사업은 자활대상 대상자의 취업과 성과에 따라 예산을 차등지급하고 노동시장 취업을 통해 노동빈곤층의 탈수급화를 목적으로 하는 것이었다. 이후 자활사업은 취업 위주 프로그램으로 전환하면서 희망키움통장(2010), 사례관리사업(2011), 내일키움통장(2013) 등이 도입되었다.

「국민기초생활보장법」 시행 이후 신생 지역자활센터들도 자활사업 참여자들과 함께 다양한 자활근로사업단을 구성하여 경쟁시장에서 생존 가능한 경제조직체로서 자활공동체로 발전시켜 나갔다(신명호, 2016). 특히 2007년 「사회적기업육성법」 시행으로 많은 자활공동체들이 사회적기업 인증을 받았으며, 2012년 「국민기초생활보장법」 개정을 통해 자활공동체는 자활기업으로 명칭을 바꾸게 되었다.

(2) 박근혜 정부 시기

2013년 박근혜 정부가 내건 구호는 '국민행복시대'였고 '맞춤형 고용-복지'를 국정목표 중 하나로 삼았다. 박근혜 정부는 2014년 세월호 참사, 2015년 메르스 유행, 2016년 가습기 살균제 참사 등과 같은 국가적 위기 상황에 전혀 대응하지 못하는 무능과 무책임한 모습을 보이다 결국 박근혜는 국정농단 등에 대한 촛불시민들의 저항으로 탄핵절차를 거쳐 2017년 3월 대통령직에서 파면되었다.

박근혜 정부는 임기 중에 대통령 후보로 내세웠던 복지공약들을 대부분 철회하거나 후퇴시켰다.[1] 자활사업과 관련하여 2014년 12월 「국민기초생활보장법」이

---

1 4대 중증질환 보장성 강화, 기초노령연금 대상자를 65세 전체노인으로 확대 및 연금액을 20만 원까지 지급하는 기초연금제 도입, 무상보육과 무상교육 도입 등이 폐기 또는 후퇴했다.

대폭 개정되고 2015년 7월 1일부터 시행되면서 이전의 통합형 급여체제가 폐지되고 맞춤형 급여체제가 도입되었다. 또한 빈곤선 측정에 기준 중위소득을 적용하고 교육급여 부양의무자 기준도 폐지되었다.[2] 특히 수급자 선정 기준인 최저생계비가 기준 중위소득으로 바뀌었지만 빈곤 사각지대 해소를 위한 수급자 선정 기준 개선과 재산의 소득환산제는 그대로 방치되었다.

이 시기 동안에는 자활사업 참여 대상에 많은 변화가 있었는데, 조건부 수급자와 자활특례자 우선순위로 인해 일반수급자는 후순위로 참여는 가능했지만 2009년부터 일반수급자는 자활사업 참여 대상에서 제외되었다. 2010년에는 일반수급자 중 노동능력이 있는 자만 자활근로사업에 참여할 수 있게 되었으며, 2011년에는 일반수급자 중 자활사업 참여 희망자 중 노동무능력자도 참여가 가능해졌다. 2013년부터는 조건부 수급자와 함께 기준 중위소득 50% 이하 빈곤위험계층까지 확대되면서 2014년에는 정신질환 · 알코올질환자 등도 시 · 군 · 구청장 판단하에 제한적으로 참여할 수 있게 되었다. 2015년에는 일반수급자 중 자활사업 참여 희망자 중 만 65세 이상 노동무능력자도 참여 자격을 부여했고, 2016년에는 노동능력평가대상자를 생계 · 의료급여 수급(권)자로 한정하고 주거 · 교육급여 수급(권)자는 노동능력 평가 대상에서 제외했다(보건복지부, 2010~2016).

3 자활사업과 사회적경제

2000년 국민기초생활보장제도 시행으로 제도화되어 지금까지 이어지고 있는 자활사업은 그 예산규모나 사업에서 괄목한 만한 양적 성장을 이루었다. 또한 그간의 사업과정에서도 정권이 바뀌면서 많은 부침도 있어 왔다. 특히 2013년 '근로빈곤층취업우선지원사업'으로 조건부 수급자 의뢰 권한이 시 · 군 · 구에서 고용센터로 이관되면서 70%가 넘는 대상자가 고용노동부 취업성공패키지에 참여하

2 2018년 10월부터 주거급여도 부양의무자 기준이 폐지되었다.

고 나머지 대상자들은 지방자치단체로 이관되어 지역자활센터에 배정되었다. 지역자활센터가 고용노동부 일자리 창출 사업과 겹치면서 근로능력이나 근로동기가 낮은 참여자가 늘어나고 이에 따라 만족할 만한 취업성과를 내는 것이 어려워지면서 자활사업에 대한 새로운 방향을 모색하기 시작했다(한국지역자활센터협회, 2016).

자활사업 성격은 공공부조 급여체계 속에 포함되어 있지만 실제 그 사업은 근로능력이 있는 저소득층의 기초생활보장과 자활 프로그램을 통한 지원체계로서 소득보장과 빈곤탈출로 탈수급을 하는 것을 목적으로 하는 근로연계복지제도이다. 때문에 탈수급률과 취업률은 경제적 효과를 보여주는 지표가 된다. 근로복지연계정책은 근로를 강제하여 급여를 제공한다는 측면에서 이는 사회권 또는 복지권의 박탈이라는 문제를 가지고 있다. 특히 지금의 자활사업처럼 취업우선지원사업은 실직으로 인한 빈곤해결을 위한 시장진입을 목표로 하기 때문에 시장약자에 대한 '노동력의 재상품화'를 정책달성 목표로 한다. 때문에 근로복지연계의 궁극적 목적은 탈수급 이전에 빈곤극복과 경제적으로 안정된 생활을 갖춘 사회구성원이 되기 위한 역량강화이어야 한다.

그러나 한국의 현실적인 상황으로 비추어 보면 근로연계복지 프로그램에서 고용우선 정책으로 인해 보건복지부 자활사업범위는 축소되고 취업과 창업 성과에서도 어려운 여건이었다. 이러한 제도적 여건의 어려움을 극복하고 새로운 방향 설정을 위해 자활사업의 대안 모델로 '사회적경제 조직 모델' 논의가 계속되고 있다.

앞서 언급했듯이 자활사업은 공공부조 프로그램에 속해 있지만 참여자들에게 노동의무를 부여하여 취업과 자산형성 등의 경제적 성취를 얻도록 하는 지원하는 제도이다. 참여자들이 조건부 수급자로서 수행해야 하는 자활'근로'는 '일(work)'이 아닌 '노동(labor)'의 성격을 가진다. 노동은 자신의 노동력을 노동시장에서 팔면서 그 가격으로 임금을 받는 상품이지만 일은 가치가 매겨진 임노동(paid-labor)이 아니라 자신의 생계를 위해 하는 '경제적 활동'이며, 생계를 위한 일이라면 유급활동으로, 사회적 목적을 위한 것이라면 무급활동이 될 수 있다. 자활사업에서 근로는 참여자들이 일을 통해 존엄성을 인정받는 매개체이어야 하며, 사회적 취약계층으로서 사회통합을 위한 수단이어야 한다.

이러한 자활사업의 사회적 목표는 서구 복지국가 개편과 함께 복지급여 및 사회서비스 제공방식의 변화로 나타난 복지거버넌스 체계인 사회적경제 모델에 내재되어 있다. 사회적경제는 국가가 독점하여 제공한 급여와 서비스 전달체계에 제3섹터가 주도적으로 참여하면서 사회적 취약계층과 다양한 욕구를 가진 시민들에게 서비스를 제공하면서 사회통합을 이루는, 경쟁적 시장질서와는 다른 대안적 경제활동방식이다.

변화하는 정책 환경에 따라 자활사업을 수행하는 자활지원센터도 그 역할과 정체성에서 도전들을 겪고 있다. 지역자활센터는 사례관리를 통해 복지급여와 서비스 제공을 해오고 있지만 참여자 관리에서부터 지역자원연계와 취업 등 사후처리까지 상당히 많은 업무들이 포함되어 있다. 자활사업의 핵심적 기능은 취약계층을 위한 일자리 제공이다. 이 의미는 자활사업은 공공부조 프로그램이기보다는 '사회서비스 일자리'라는 관점에서 자리매김되어 왔고 많은 참여자들이 자활근로와 자활기업에 참여하여 일할 수 있는 기회를 갖게 된 것은 커다란 성과이다.

향후 자활사업의 새로운 모색은 한국형 사회적경제의 한 영역으로 설계되고 나아가야 한다. 이미 이러한 논의는 있어 왔지만 제도화하기 위한 법적 기반 마련과 이에 따른 정책결정논의는 진척되지 못하고 있다. 특히 "사회적경제기본법"[3] 제정이 국회에서 논의되면서 자활사업의 사회적경제 조직으로의 편입에 관한 사항이 포함되어 있어 앞으로의 방향과 관련한 논의는 더욱 심도 있게 이루어져야 할 것이다. 현재 법 규정상 자활지원센터는 사회적경제의 경제활동조직이 아닌

---

3 지난 19대 국회였던 2013년 12월 새정치연합 신계륜 의원이 최초로 "사회적경제기본법"을 대표 발의한 후 이듬해 2014년 새누리당 유승민 의원과 정의당 박원석 의원이 발의했으나 법안에 대한 논의가 지연되면서 회기 종료로 자동 폐기됐다. 20대 국회에서 더불어민주당과 새누리당에서 재발의되었다.

빈곤층 자립지원을 위한 공공부조제도 전달체계의 현장지원조직이며 자활기업은 참여자들의 소득보장을 위한 일자리 지원사업이다. 자활사업이 사회적경제로 편입된다면 그 성격은 공공부조제도조직이면서 사회적경제조직의 이중성을 갖게 된다. 이는 현행「국민기초생활보장법」상 공공부조체계로서 복지급여를 제공하는 사회복지조직으로서 자활사업의 기능과 역할에 대해 새로운 규정을 필요로 하는 부분이다.

자활사업과 사회적경제의 연계성은 사회적경제영역의 한 모델로 편입되거나 또는 단순히 협동조합 조직으로 전환하는 외형적 전이에만 국한되지 않는다. 취약계층의 경제활동으로서 일자리 기능과 복지수혜로서 조건부 급여 수급이라는 차원에서 자활사업은 노동시장에 진입하기 어려운 조건이거나 혹은 노동시장에서 퇴출된 사회적 배제자들을 위한 '중간노동시장'을 만드는 데 있다(그림 13-1). 사실상 경쟁노동시장에서 생존력이 취약한 계층을 다시 경쟁시장으로 진입시켜 생존하고 성장시키는 일을 자활사업이 감당하기는 어렵다. 중간노동시장은 사회적경제 인프라가 되는 지역순환경제의 출발이다. 중간노동시장은 경쟁노동시장에서 탈락한 계층을 지역경제로 유인하여 인적자원으로 육성하고 지원하는 역할을 한다(정관영, 2013).

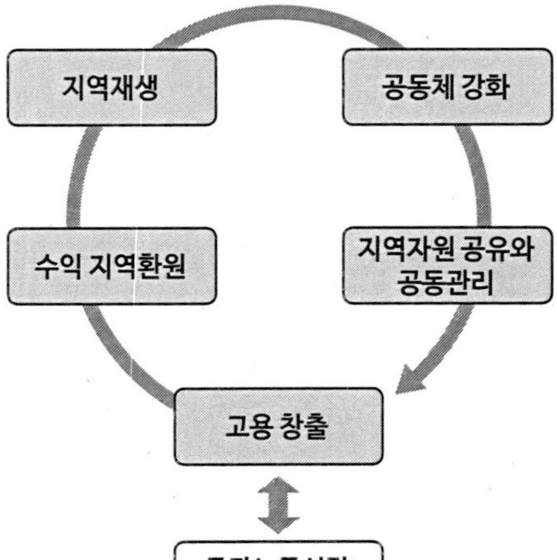

|그림 13-1| **중간노동시장과 지역순환경제**

출처 : 정관영(2013), p. 231 재인용.

사회적기업 현황 : 법·유형·제도

Chapter 14

1 사회적기업육성법 제정 과정

한국에서 사회적기업이라는 용어가 사용되기 시작한 것이 언제인지 분명하지 않지만 대략 1998년 외환위기 발생 후 당시 사회적으로 심각하게 대두된 실업과 빈곤문제 해결을 위해 활동했던 시민사회영역에서 사회적기업에 관한 논의가 본격적으로 이루어지기 시작했다(김정원, 2009). 당시 시민사회진영은 제3섹터형 일자리창출[1]이라는 과제를 제시하고 이를 정책에 반영될 수 있도록 노력하면서 전국의 비영리단체들을 조직하는 활동을 전개했고, 각 지역에서 빈곤과 실업 극복 활동을 하던 많은 비영리단체들이 이것을 실천적 방법론으로 받아들였다. 2000년 이후 비영리단체들의 다양한 실천 속에서 사회적기업과 관련한 담론 확산에는 언론의 관심과 관련 분야 연구자들의 많은 노력이 영향을 끼쳤다.

그 이후 사회적기업에 관한 논의는 사회적기업 육성을 위한 사회적 일자리 사업이 시작되면서 2006년 12월 8일 "사회적기업육성법안"이 국회를 통과하고, 2007년 1월 3일 노동부 공포로 2007년 7월 1일부터 「사회적기업육성법」이 시행되

1 "제3섹터형 일자리"라는 개념이 사용된 것은 자활지원센터의 취로사업이나 공공근로 민간위탁사업 등 정부지원 비영리조직 수행의 일자리 창출 활동에 대한 근거를 제시하는 데 목적이 있었다. 신명호 "장기실업대책으로서의 제3섹터형 자활사업". 월간 실업정책 자료.

면서 사회적기업의 수요와 공급에 관한 사회적 관심이 고조되기 시작했다. 그러나 사회적기업 관한 법이 논의되기 이전인 1997년 외환위기를 극복하는 과정에서 공공근로사업, 자활지원사업 등이 시행되면서 실업계층 또는 빈곤계층에 대한 지원정책의 일환으로 사회적기업에 관한 초기적 관심이 생겨났다. 2000년도부터 「국민기초생활보장법」 제정에 따른 기초생활보장제도가 시행되면서 공공부조영역에 근로와 복지를 연계한 생산적 복지 개념이 도입되고 사회복지정책 차원에서 활발한 논의가 전개되었다.

사회적기업육성법 제정 배경은 2003년 노동부 주도의 사회적 일자리(현 사회서비스 일자리)사업이 근간이 되었는데, 당시는 외환위기 여파와 산업구조조정 등 사회구조 변화에 따라 일자리 창출이 감소하고 노동시장 진입이 힘든 취약계층이 상존했던 시기였다. 또한 외국에 비해 사회서비스 분야의 비중도 현저히 낮았다. 외환위기 이후 짧은 기간 동안 공공근로, 자활 등 정부재정지원에 의한 일자리가 확대되었으나 안정적인 일자리로 연결되지 못함에 따라 정부재정지원의 효과성과 관련한 논란이 지속적으로 제기되었다.

한편 2000년대에 들어 고용 없는 성장의 구조화, 사회서비스 수요의 증가 등에 대한 대안으로 유럽의 사회적기업 제도 도입과 관련한 논의가 본격화되기 시작했다. 이에 따라 비영리법인 · 단체 등이 참여하는 안정적인 일자리창출 및 양질의 사회서비스 제공 모델로서 사회적기업 도입 논의가 구체화되었다.

사회적기업은 오랜 역사 속에서 형성된 개념이 아니기 때문에 각 나라별로 다양한 경험과 특성을 지니며 개념에서도 조금씩 차이가 있다. 그러나 공통적으로 언급되는 것은 사회적 공익성을 목적으로 하면서 경제적 활동을 하는 조직이라는 점이다. 따라서 사회적기업의 경영전략도 이익의 극대화를 추구하기보다 사회적 목표를 실현하며 사회적 배제와 관련된 전반적인 사회문제들의 혁신적 해결방안을 모색하고 실현하는 데 초점을 둔다.

〈표 14-1〉 **한국 사회적기업 발전 과정**

시 기	내 용
1980년대 후반~1995	빈민지역을 중심으로 한 생산공동체운동 (노동자생산협동조합)
1996	보건복지부 자활사업 시범운영
1997	외환위기 발생과 정부주도 공공근로 시작
2000	국민기초생활보장법 시행 및 자활사업 제도화
2003	노동부 사회적 일자리사업 시작
2007	사회적기업육성법 제정 및 시행
2008	제1차 사회적기업 육성 기본 계획 수립
2011	한국사회적기업진흥원 설립
2012	제2차 사회적기업 육성 기본 계획 수립
2017	범정부 사회적경제 활성화 방안 발표
2018	제3차 사회적기업 육성 기본 계획 수립

2 사회적기업 제도와 유형

우리나라의 사회적기업에 대한 개념 규정은 「사회적기업육성법」을 통해 명시하고 있다. 사회적기업은 사회적 목적을 추구하고 이를 위해 수익창출 등 영업을 수행하는 조직으로 정의한다.[2] 즉, 이윤만 추구하는 것이 궁극적 목표인 자본주의 시장경제기업들과 차별화되며, 공익을 추구하지만 지속적인 수익창출을 하지 않는 비영리조직들과도 차이가 있다. 우리나라 사회적기업 개념으로 볼 때 스펙트럼상 비영리조직과 일반기업 사이에 존재한다고 볼 수 있지만 실제로는 수익활동에 더 많은 비중을 둔다.

2 **사회적기업육성법 제2조(정의)** "사회적기업"이란 취약계층에게 사회서비스 또는 일자리를 제공하거나 지역사회에 공헌함으로써 지역주민의 삶의 질을 높이는 등의 사회적 목적을 추구하면서 재화 및 서비스의 생산 · 판매 등 영업활동을 하는 기업으로서 제7조에 따라 인증받은 자를 말한다.

「사회적기업육성법」 정의에 의하면 사회적기업 구성 조건으로 '사회적 목적 추구'와 '영업활동'을 요구하며 '인증'이라는 형식조건을 갖추어야 한다(한국사회적기업진흥원 홈페이지).

인증[3]

사회적기업이라는 명칭을 사용하기 위해서는 「사회적기업육성법」에서 규정한 '사회적 목적 추구'와 '영업활동' 조건을 충족하고 일정 절차에 따른 사후 인증을 받아야 한다. 사회적기업 인증요건은 ① 독립된 조직형태, ② 유급근로자 고용, ③ 사회적 목적 실현, ④ 이해관계자가 참여하는 의사결정구조, ⑤ 영업활동을 통한 수입, ⑥ 정관 및 규약, ⑦ 이윤의 사회적 목적 사용 등이다. 사회적기업 지원은 크게 직접지원과 간접지원으로 구분하여 이루어진다. 직접지원 종류는 ① 일자리 창출사업, ② 전문인력 인건비 지원사업이며, 간접지원으로는 ① 사업개발비, ② 경영컨설팅, ③ 세제 지원, ④ 사회보험료 지원, ⑤ 융자 지원, ⑥ 공공기관 우선구매 등이 있다.

사회적 목적 추구[4]

사회적기업은 조직 목적이 취약계층 고용 또는 사회서비스 제공이나 지역사회공헌과 지역주민 삶의 질 향상에 있다. 여기서 사회서비스는 교육, 보건, 사회복지, 환경 및 문화 분야 서비스, 그 밖에 이에 준하는 서비스로서 대통령령으로 정하는 분야의 서비스를 말한다.

---

3 **사회적기업육성법 제7조(사회적기업의 인증) 제1항** 사회적기업을 운영하려는 자는 제8조의 인증 요건을 갖추어 고용노동부장관의 인증을 받아야 한다.

4 **사회적기업육성법 제8조(사회적기업의 인증 요건 및 인증 절차) 제1항 제3호** 취약계층에게 사회서비스 또는 일자리를 제공하거나 지역사회에 공헌함으로써 지역주민의 삶의 질을 높이는 등 사회적 목적의 실현을 조직의 주된 목적으로 할 것. 이 경우 그 구체적인 판단기준은 대통령령으로 정한다.

영업활동[5]

사회적기업은 재화와 서비스를 생산 · 판매함으로써 기업 본래의 속성인 수익활동을 영위하고 이를 통해 일자리 창출과 사회서비스 제공을 위한 자생력을 확보해야 한다.

우리나라 사회적기업은 법적으로 갖추어진 요건을 통해 인증을 받아 공식적으로 그 명칭을 사용할 수 있으며,[6] 인증받은 사회적기업을 지원 · 육성하기 위해 인증요건과 지원내역을 규정하고 있다. 따라서 인증제도는 정부가 시행하는 사회적기업 지원정책과 밀접하게 관련된다(한국사회적기업진흥원, 2019).

사회적기업 인증을 받기 위해서는 반드시 법률[7]에서 규정한 독립된 조직형태를 갖추어야 한다. 따라서 다음과 같이 주식회사, 협동조합, 비영리민간단체, 사회복지법인 등 법률에서 규정한 조직형태를 갖추고 있으면 사회적기업 인증을 받을 수 있다.

- 「민법」에 따른 법인 · 조합(사단법인, 재단법인)
- 「상법」에 따른 회사(주식 · 유한 · 합자 · 합명 · 유한책임회사) · 합자조합
- 특별법에 따른 법인 · 비영리민간단체 등

또한 유급근로자를 고용하여 재화와 서비스의 생산 · 판매 등 영업활동을 하고 있어야 하며, 사회적기업에서 유급근로자는 고용형태(정규직, 계약직 등)와 상관없이 고용보험에 가입된 근로자를 말한다. 특히 사회적기업 인증 신청 기업은 신청 전월 말 기준 1명 이상의 유급근로자를 고용해야 하며 사회적 목적의 실현 유

---

5 **사회적기업육성법 제8조(사회적기업의 인증 요건 및 인증 절차) 제1항 제2호** 유급근로자를 고용하여 재화와 서비스의 생산 · 판매 등 영업활동을 할 것.

6 **사회적기업 육성법 제19조(유사명칭의 사용금지)** 사회적기업이 아닌 자는 사회적기업 또는 이와 유사한 명칭을 사용해서는 아니 된다.

7 사회적기업 육성법 제8조 및 동법 시행령 제8조

형 중 일자리제공형은 평균 3명 이상을 고용하고 있어야 한다.

사회적목적 실현은 취약계층에게 사회서비스 또는 일자리를 제공하거나 지역사회에 공헌함으로써 지역주민의 삶의 질을 높이는 등의 활동으로 신청 기업이 사회적기업 인증을 받는 데 가장 중요하게 심사되는 부분이다. 사회적 목적 실현에 따라 사회적기업은 다섯 가지 유형으로 분류된다.

의사결정 구조에서는 서비스 수혜자, 근로자 등 이해관계자가 참여하는 틀을 갖추어야 한다. 사회적기업의 이해관계자는 지분소유자, 근로자 대표, 서비스수혜자 대표, 지역 관계자, 외부 전문가, 후원자, 연계기업 등으로 구성된다.

영업활동을 통하여 얻는 수입은 반드시 노무비의 50% 이상이어야 한다. 인증 조건에는 해당 기업이 유급근로자를 고용하여 최소 6개월 이상 영업활동실적과 유급근로자를 고용해야 한다. 만약 고용된 유급근로자의 지난 6개월 급여가 1,000만 원이면 지난 6개월간 영업활동을 통해 얻은 수입이 500만 원 이상이 되어야 한다. 6개월 이상의 영업실적 요건은 사회적기업이 재무적으로 수익을 창출하여 기업으로서 지속가능성을 입증하기 위한 필요성 때문이다.

기업 정관은 「사회적기업 육성법」 제9조에 따른 사항[8]을 반드시 갖추어야 한다.

회계연도별로 배분 가능한 이윤이 발생한 경우에는 이윤의 3분의 2 이상을 사회적 목적을 위하여 사용해야 한다. 사회적 목적의 범위에는 근로자의 근로조

---

8 1. 목적
2. 사업내용
3. 명칭
4. 주된 사무소의 소재지
5. 기관 및 지배구조의 형태와 운영 방식 및 중요 사항의 의사결정 방식
6. 수익배분 및 재투자에 관한 사항
7. 출자 및 융자에 관한 사항
8. 종사자의 구성 및 임면(任免)에 관한 사항
9. 해산 및 청산에 관한 사항(「상법」에 따른 회사 · 합자조합인 경우에는 배분 가능한 잔여재산이 있으면 잔여재산의 3분의 2 이상을 다른 사회적기업 또는 공익적 기금 등에 기부하도록 하는 내용이 포함되어야 한다)
10. 그 밖에 대통령령으로 정하는 사항

건 개선, 지역사회 기부 등 사회공헌사업, 고용 확대를 위한 시설투자 등이 포함된다.

사회적기업 제도는 그 대상을 사회적기업과 예비사회적기업으로 구분하여 적용하고 있다. 예비사회적기업은 인증사회적기업의 이전단계이며, 사회적기업 인증 요건 7가지를 갖추지는 못했으나 사회적 목적 추구(실현), 영업활동을 통한 수익 창출(예정) 등 사회적기업으로서의 실체를 갖춘 기업으로, 향후 사회적기업으로 전환 · 육성하기 위해 중앙행정기관의 장 또는 자치단체의 장이 지정한다.

〈표 14-2〉 **사회적기업과 예비사회적기업 비교**

	사회적기업(인증)	예비사회적기업(지정)
추진 근거	사회적기업 육성법	지방자치단체 조례 및 규칙 예비사회적기업 지정 지침 등
요건	① 조직 형태 민법상 법인·조합, 상법상 회사, 또는 비영리 민간단체 등	① 조직 형태 민법상 법인·조합, 상법상 회사, 또는 비영리 민간단체 등
	② 유급근로자를 고용하여 영업활동을 수행할 것	② 영업활동을 수행할 것 (공고일이 속하는 달에 영업활동을 수행하고 있을 것)
	③ 사회적 목적 실현 (취약계층 고용·사회 서비스 제공 등)	③ 사회적 목적 실현을 조직의 주된 목적으로 할 것 (정관 및 사업계획서 등에 반영)
	④ 이해관계자가 참여하는 의사결정 구조 ⑤ 영업활동을 통한 수입 (매출액이 노무비의 50% 이상) ⑥ 정관·규약 등을 갖출 것	④ ⑤ ⑥ 정관·규약 등을 갖출 것
	⑦ 배분 가능한 이윤의 2/3 이상 사회적 목적을 위해 재투자 (상법상 회사 등의 경우)	⑦ 배분 가능한 이윤의 2/3 이상 사회적 목적을 위해 재투자 (상법상 회사 등의 경우)

출처 : 한국사회적기업진흥원(2019).

예비사회적기업 지정제도는 인증제도로 인해 사회적기업으로 진입할 수 있는 길이 좁아짐으로 인해 이를 보완하기 위해 정부가 만든 제도이며, 예비사회적기업으로 지정받기 위한 요건도 영업활동 기준을 3개월 이상으로 단축하고 매출액이 인건비의 50% 이상이어야 한다는 기준도 삭제했다.

2007년 「사회적기업육성법」 시행연도부터 예비사회적기업에도 일자리 창출사업 수혜자격을 부여했고 실제 예산도 많이 투입되었다. 권역별 지원기관들은 인건비 지원을 이용하여 지역 내 많은 사회적기업들을 발굴하였다. 그러나 재정지원과 밀접한 연계로 인해 재정지원을 바라고 사회적기업 외피만 얻으려는 일부 기업들이 예비사회적기업으로 지정되는 부작용도 있었다(김혜원, 2018).

인증계획 공고(고용노동부 주관)

⇩

상담 및 컨설팅(권역별 지원기관, 한국사회적기업진흥원 주관)

⇩

인증 신청 및 접수(한국사회적기업진흥원 주관)

⇩

신청서류 검토 및 현장실사계획 수립(한국사회적기업진흥원 주관)

⇩

현장실사(권역별 지원기관, 한국사회적기업진흥원 주관)

⇩

정부부처 및 광역자치단체 추천(한국사회적기업진흥원↔중앙부처, 광역지자체)

⇩

검토보고자료 제출(한국사회적기업진흥원↔고용노동부)

⇩

인증 심사(고용노동부 사회적기업인증심사소위원회 및 육성전문위원회 주관)

⇩

인증 결과 안내 및 인증서 교부(고용노동부, 지방고용노동관서 주관)

|그림 14-1| **사회적기업 인증 절차**

출처 : 한국사회적기업진흥원(2019).

〈표 14-3〉 **예비사회적기업 지정 절차**

예비사회적기업 지정 공모	⇨	신청 및 접수	⇨	심사 및 선정	⇨	예비사회적기업 지정

출처 : 한국사회적기업진흥원(2019).

사회적기업은 노동시장 진입이 어려운 사람들에게 일자리 기회 제공이라는 사회적 목적과 수익 창출이라는 이중 목적을 달성하는 것에서 출발한다. 우리나라 사회적기업은 그 기본 목표인 사회적 목적 추구에서 가장 우선적인 조건으로 취약계층 고용 여부 또는 취약계층[9]에 대한 서비스제공 해야 함을 법령에서 규정하고 있다. 이를 위해 사회적기업육성법 시행령에서는 사회적기업이 추구하는 사회적 목적에 따라 〈표 14-5〉와 같이 다섯 가지 유형으로 구분한다.

〈표 14-4〉 **사회적기업 유형**

유 형	내 용	기 준
일자리 제공형	취약계층에게 일자리를 제공하는 것을 주요 목적으로 함	전체 근로자 중 취약계층의 고용비율이 50% 이상
사회서비스 제공형	취약계층에게 사회서비스를 제공하는 것을 주요 목적으로 함	전체 서비스 수혜자 중 사회서비스를 제공받는 취약계층의 비율이 50% 이상
혼합형	취약계층에게 일자리와 사회서비스를 제공하는 것을 주요한 목적으로 함	전체 근로자 중 취약계층의 고용비율과 사회서비스를 제공받는 취약계층의 비율이 각각 30% 이상
지역사회 공헌형	다음 세 가지 중 하나를 만족해야 함 ① 지역의 인적·물적 자원을 활용하여 지역 주민의 소득과 일자리를 늘림으로써 지역사회에 공헌 ② 지역의 빈곤·소외·범죄 등 사회문제를 해결 ③ 지역의 사회적 목적을 추구하는 조직을 지원	전체 서비스 수혜자 중 일자리와 사회서비스를 제공받는 취약계층의 비율이 20% 이상
기타형	사회적 목적 실현 여부의 판단에 있어 취약계층 고용비율과 사회서비스 제공비율로 판단하기 어려운 경우의 유형	사회적기업육성위원회에서 결정

출처 : 한국사회적기업진흥원(2019).

9 사회적기업의 서비스 대상자인 취약계층은 사회적기업육성법 시행령 제2조(취약계층의 구체적 기준)에서 규정하고 있다.

3 사회적기업 지원 정책

2007년 「사회적기업육성법」 제정 이후 지금까지 양적으로 괄목할 만한 성장을 이루었다. 제도 시행 당시 55개 기업이 사회적기업 인증을 받은 이후 2018년 12월까지 2,473개 기업이 사회적기업 인증을 받았다. 예비사회적기업도 2018년 12월까지 부처형, 지역형 포함 1,566개소가 지정되어 활동하고 있다(한국사회적기업진흥원, 2019). 평균 매출액도 매년 꾸준하게 증가하고 있다. 이렇게 짧은 기간 동안 사회적기업이 빠르게 증가한 배경에는 정부의 지원정책이 자리한다.

2013년도부터 시행된 "제2차 사회적기업 육성기본계획"의 주요 과제 중 하나인 '사회적기업의 자생력 강화'를 위하여 판로 지원 및 공공구매 확대, 자금 및 투자 지원 확대, 인건비 지원 등 재정지원 제도 개선 등이 이루어졌다. 이에 따라 2007년 법 시행 초기 인건비 중심으로 이루어진 사회적기업 지원 정책도 차츰 다양한 방식으로 확대되었다. 현재 사회적기업 지원 제도는 〈표 14-5〉와 같다.

〈표 14-5〉 **사회적기업 지원 제도**

지원사업		지원내용
사회적 기업 및 예비 사회적 기업 지원	일자리 창출 사업	• 신규 고용에 소요되는 인건비의 일부를 지원 (최저임금수준 인건비 및 4대 사회보험료 일부. 인건비 지원은 사회적기업 최대 3년, 예비사회적기업 최대 2년)
	전문인력 인건비 지원 사업	• 전문인력 고용 시 인건비 지원 • 사회적기업은 기업당 2명(단, 유급근로자 50인 이상 기업은 3명), 예비사회적기업은 기업당 1명 • 월 200만 원(또는 250만 원)을 한도로 인건비 일부를 지원하되, 연도별로 차등을 두어 일정 부분을 기업이 부담
	사업개발비	• R&D, 마케팅, 브랜딩 등 경상적 사업비 지원 (사회적기업 연 1억 원 이내, 예비사회적기업 연 5천만 원 이내, 2018년부터 사회적경제기업 전체로 지원 대상 확대)

	세제지원*	• 소득세, 법인세, 취득세, 등록세, 재산세 감면 • 소득세와 법인세는 3년간 100%, 향후 2년 50%를 감면 • 취득세와 등록세는 50%를, 재산세는 25%를 감면
	사회보험료 지원*	• 4년간 4대 사회보험료 일부 지원
	공공기관 우선구매*	• 공공기관에서 제품을 구매하여 사회적기업에 안정된 시장 여건 조성
	판로지원	• 공동판매장(store 36.5) 상품 입점 및 운영 • 국내·외 박람회 및 온·오프라인 유통채널 입점 지원 • 상품 진단 및 개선 지원
	금융지원	• 소액자금 대출, 중소기업 정책자금, 사회적기업 나눔보증, 사회적기업 전용 특별보증 등 지원
	프로보노 지원	• 다양한 분야 전문가들의 경영 자문 또는 지역 사회 협력 연계
	경영 컨설팅	• 전문 컨설팅 기관으로부터 회계, 시장개척, 홍보 등 경영 전반에 대한 기술지원과 경영마인드를 제고할 수 있는 컨설팅 비용을 지원
아이디어 발굴 및 사업화 지원	소셜벤처 대학 동아리 지원 사업	• 소셜벤처 활동 계획을 보유한 대학 동아리를 발굴하여 관련 프로젝트 실행 및 학습 등의 활동을 지원 • 대학 내 5인 이상으로 구성된 동아리로 활동비 지원, 워크숍 및 멘토링 캠프 등 지원
	소셜벤처 경연대회	• 아이디어 부문에 청소년/ 대학생, 창업연계 부문에 일반창업/ 글로벌성장 등 4개 부문으로 구분 • 우수 아이디어는 사회적기업 창업지원과정인 사회적기업가 육성사업으로 연계 지원
	사회적기업가 육성사업	• 사회적 목적 실현부터 사업화까지 사회적기업 창업의 전 과정을 지원 • 창업공간, 창업자금, 멘토링, 네트워킹 프로그램 등 다양한 지원
	사회적기업 성장 지원센터 (소셜캠퍼스 온)	• '사회적기업가 육성사업' 창업팀 및 사회적경제기업 등 초기 창업기업의 성장을 지원하기 위해 조성된 사회적경제통합지원센터 • 최대 2년까지 창업공간, 상시 상담, 교육, 자원 연계 등 다양한 성장지원 프로그램 제공

*표는 예비사회적기업도 해당됨.
출처 : 한국사회적기업진흥원(2019).

사회적기업 육성 · 지원정책은 투입되는 정부예산 추이와 사업별 비중으로 나타난다. 김혜원(2018)은 고용노동부 예산 및 기금운영계획 사업설명자료를 분석한 사회적기업 정책 예산액 연구에서 사회적기업 예산 추이를 보여준다. 사회적기업 예산은 2007년 1,215억 원에서 출발하여 2009년 1,895억 원으로 최고점에 달한 후 2017년에는 1,313억 원으로 2008년 수준으로 회귀했다. 사회적기업 예산액 중 인건비 지원은 대표적인 사회적기업 육성정책으로 상당한 비중을 차지한다. 인건비에는 일자리 창출 인건비 지원사업, 전문인력 인건비 지원사업, 사회보험료 지원이 포함된다. 2007년 인건비 지원은 예산 대부분을 차지했으나 2012년에는 73%[10]까지 하락하고 2017년은 예산 기준 56% 수준으로 하락했다.[11] 인건비 지원은 인증 직후 기업들에게 집중되고 있는데, 이는 인건비지원이 인증 초기 기업에서 차지하는 영향력이 크다는 것을 나타낸다. 인건비 지원이 종료되면 해당 기업에서 근로자를 계속 고용하는 데 어려움이 따른다. 취약계층에게 일자리를 제공하는 것을 목적으로 하는 사회적기업의 기본 목적에서 본다면 인건비 지원이 종료되고 계속 고용하는 것이 바람직하지만 현실은 그렇지 않다는 것을 보여준다(김혜원, 2018).

4 사회적기업 운영 현황과 전망

우리나라 사회적기업의 역사는 일자리창출로 시작되었고 사회적기업 구성 역시 일자리를 통한 사회적 가치 실현에 초점이 맞추어져 있다. 이러한 배경은 앞 장에서 서술했듯이 사회적기업이 정책의제로 등장했던 1990년대 말은 외환위기로 인한 실업문제가 가장 큰 사회문제였다. 정부는 실업대책의 일환으로 대규로 공공근로사업을 시행했고 일부 공공근로사업은 시민사회단체들이 민간위탁형

10 총예산 1,816억 원 중 1,339억 원

11 총예산 1,313억 원 중 745억 원

식으로 사업수행에 참여하기도 했다.

황덕순 외(2014)에서는 우리나라 사회적기업 유형을 노동통합형, 사회서비스 제공형, 지역재생형, 대안경제형 사회적기업으로 구분하고 사례기업별 특성을 제시하고 있는데, 이는 인증제도 중심으로 정부가 구분한 사회적기업 유형의 한계를 극복하고 사회문제 해결과 정부정책과의 상호작용 속에서 사회적 목적을 중심으로 구분하려는 시도이다(황덕순 외, 2014).

2000년 10월 국민기초생활제도의 시행으로 자활사업이 본격적으로 시작되고 사회적 일자리가 제도화되었다. 자활사업 제도화는 우리나라에서 노동통합형 사회적기업의 등장 및 제도화 과정으로 볼 수 있다. 이후 2003년 참여정부 등장 이후에는 사회서비스 일자리로 정책의제가 확산되었다. 이에 따라 사회적기업도 노동통합형 사회적 일자리에서 사회서비스분야로 새로운 일자리 창출이 확대되면서 자활사업의 무료간병 및 돌봄사업 등 사회서비스분야에서의 활동이 기반이 되어 사회서비스 제공형 사회적기업 모델로 등장했다. 사회적기업육성법 제정 이후 사회적기업은 정부 정책 전달 수단에서 탈피하여 거시적 관점에서 사회적 경제의 틀에서 경제주체 및 시민사회와의 연계를 추구하는 모습이 나타났다. 이후 지역공동체 활성화를 위한 노력과 지역화폐, 공정무역, 로컬푸드 등 지역과 결합하면서 다양한 사회적 가치 실현에 초점을 두는 사회적기업들이 등장하기 시작했다.

한국사회적기업진흥원(2019)에 따르면 2018년 12월 기준 2,473개 기업이 인증을 받고 그중 2,123개 인증 사회적기업이 활동하고 있다. 지역별로는 전체 2,123개 기업 중 389개가 서울에, 355개가 경기도에 위치하고 있어 수도권 집중률이 35%이며, 이는 사회적기업 인증 실시 초기 수도권 집중률 60%에 비해 지역별 분포 격차가 거의 절반 수준으로 줄어든 것이다.

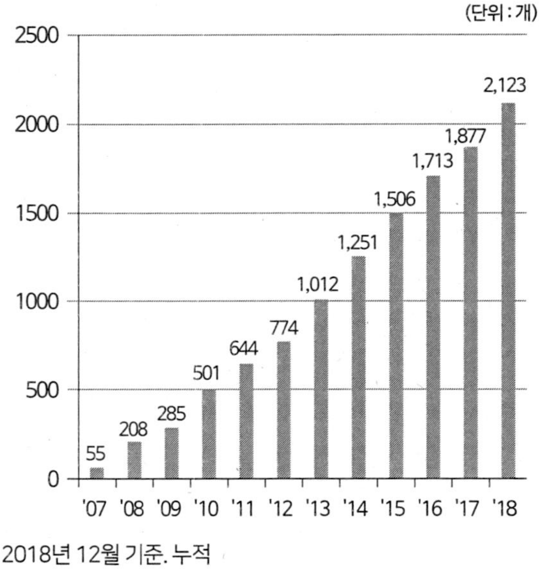

|그림 14-2| **인증 사회적기업 현황**

출처 : 한국사회적기업진흥원(2019).

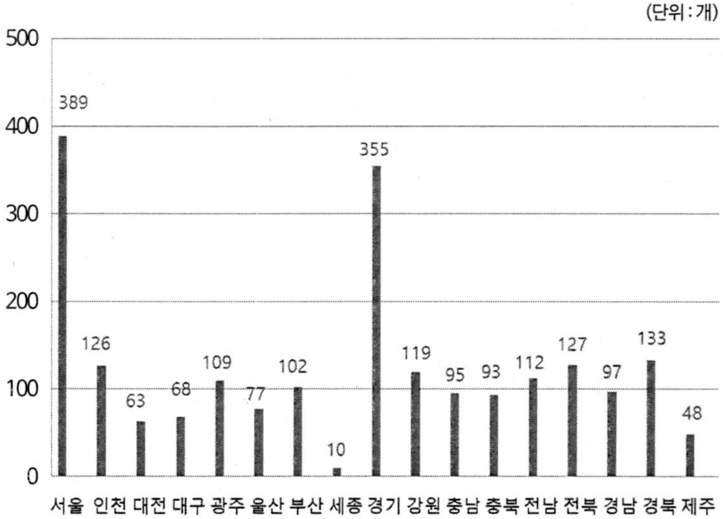

|그림 14-3| **시·도별 사회적기업 현황**

출처 : 한국사회적기업진흥원(2019).

사회적기업의 조직형태는 전체 60.2%가 상법상 회사였으며, 다음으로 민법상 법인 12.6%, 협동조합 6.9% 순이었다. 전체 조직유형 중 영리조직이 75.5%였으며 비영리조직이 24.5%로 영리조직이 다수임을 보여준다.

〈표 14-6〉 **조직형태별 현황**

(단위 : 개)

비영리					영 리			
민법상법인	비영리 민간 단체	사회 복지 법인	사회적 협동 조합	기타 법인 및 단체	상법상 회사	농(어)업 회사 법인	영농(어) 조합 법인	협동 조합
268 12.6%	88 4.1%	75 3.6%	100 4.7%	3 0.1%	1,278 60.2%	73 3.4%	92 4.3%	146 6.9%

출처 : 한국사회적기업진흥원(2019).

사회적기업 인증 심사 중 사회적 목적 실현 유형은 전체 절반이 넘는 67.2%가 취약계층에게 일자리를 제공하기 위한 일자리제공형 사회적기업이었으며, 기타형이 12.0%, 일자리제공과 사회서비스제공 혼합형이 9.1%, 취약계층에게 사회서비스를 제공하기 위한 사회서비스제공형이 6.0%로 나타났다. 일자리제공형과 혼합형까지 포함하면 76%가 취약계층에게 일자리를 제공하는 노동통합형 사회적기업으로 볼 수 있다.

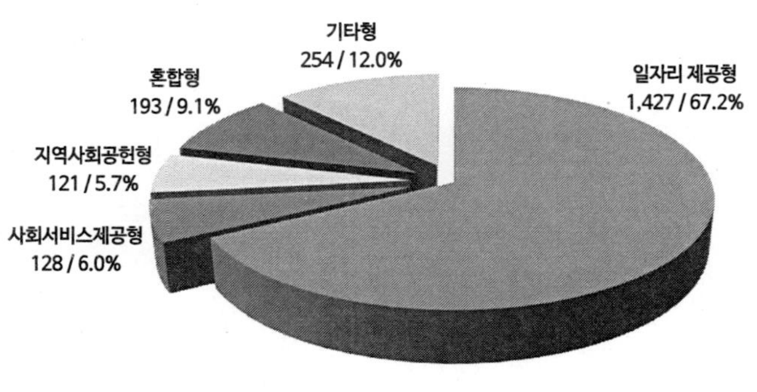

|그림 14-4| **사회적 목적 실현 유형별 현황**

출처 : 한국사회적기업진흥원(2019).

사회적기업의 업종 분포를 보면 제조업을 포함한 기타 분야가 1,061개(50.0%)로 가장 많고, 다음으로 문화예술 245개(11.5%), 청소 204개(9.6%), 사회복지 115개(5.4%) 순으로 나타났다.

〈표 14-7〉 **사업서비스 분야별 현황**

문화예술	청소	환경	교육	사회복지	간병가사지원	관광운동	보육	보건	문화재	산림보전	고용	기타
245 11.5%	204 9.6%	114 5.4%	183 8.6%	115 5.4%	96 4.5%	48 2.3%	15 0.7%	16 0.8%	9 0.4%	9 0.4%	8 0.4%	1,061 50.0%

출처 : 한국사회적기업진흥원(2019).

사회적기업과 관련되어 논의되는 가장 중요한 정책 중 하나는 개별 사회적기업 운영 차원을 넘어 사회적경제라는 포괄적 관점에서의 이해와 실천을 통한 활성화 지원 방안이다. 2017년 정부 국정과제에도 사회적경제 활성화가 포함되었고 이를 사회적경제 생태계 구축에 관한 세부내용으로 포함하기도 했다(국정기획자문위원회, 2017). 또한 2018년 정부합동으로 발표한 "제3차 사회적기업 육성 기본계획('18~'22)"에서도 향후 추진 방향으로 '다양한 사회적기업 진입 촉진', '사회적 가치 중심의 사회적기업 지원', '사회적경제 성장 생태계 조성', '지역 · 민간 중심의 지원체계 조성과 국제협력 확대' 등을 제시했다.

사회적기업은 사회적 목적을 실현하기 위한 조직으로서 시장에서 재화와 서비스 교환 활동에 참여하는 조직이다. 이런 측면에서 보면 사회적기업은 일반기업과 유사하지만 지속가능성과 사회적 목적을 충족시키기 위해 외부의 지원을 필요로 한다. 대부분의 사회적기업은 시장에서 수익을 만들어 내지만 정부나 다른 공공조직의 지원 프로그램에도 의존한다.

우리나라 사회적기업은 장애인, 노령자, 저소득층과 같은 사회경제적 취약계층 고용이 중요한 특성으로 부각된다. 일자리 창출을 위한 정부 주도사업으로 시작된 사회적기업이 이러한 취약계층의 노동통합을 주된 목적으로 하기 때문이다. 그러나 사회적기업이 일반 시장기업과 차별성을 갖는다면 이러한 노동통합형 일자리 사업도 중요한 사회적 가치가 된다. 우리나라의 짧은 사회적기업 역사와 경험에도 불구하고 하나의 사회체계로 정당성을 부여받는 가장 큰 이유 중 하나가 사회적 가치를 실현하고 있기 때문이다.

사회적기업 발전을 위해서는 사회적기업의 성공을 가능하게 하는 다양하고 중층적인 지원환경, 즉 사회적기업 생태계가 발달해야 한다. 단순히 사회적기업에 대한 관심과 지원을 넘어서 사회적기업이 활동하는 생태계 육성이 필요한 시점이다. 뿐만 아니라 취약계층 일자리 제공과 사회서비스 제공 그리고 지역사회 발전에 더하여 사회혁신형 사회적기업 육성을 위해서도 적절한 생태계 조성은 중요한 정책적 의제가 되고 있다. 사회적기업 생태계란 사회적기업이 성장할 수 있는 유기적 환경체계로 사회적기업을 중심으로 다양한 이해당사자 간의 네트워크 체계를 의미한다. 즉, 모든 사업가능 공간에서 혁신적 가치 복합체를 생산하기 위하여 다양한 이해관계자들이 공생과 공존의 선순환 관계를 형성하는 네트워크 체계로 볼 수 있다. 사회적기업 생태계란 사회적기업의 성공을 돕는 자본 인프라와 사회 · 경제 · 문화적 환경으로 구성된다. 자본 인프라는 인적자본, 사회 · 정치자본, 금융자본, 지식자본 등을 의미하며, 환경요인은 사회적기업 정책, 언론홍보와 문화적 인지도, 경제사회적 조건 그리고 유관분야를 포괄하는 개념이다.

사회적기업의 지속가능한 발전을 위한 과제로는, 먼저, 인적자본육성의 핵심과제인 교육훈련 분야의 개선방안이 이루어져야 한다. 교육유형 및 프로그램 다양화, 성장기 사회적기업 등 현장 중심의 실전형 교육과 사회적기업가정신을 고취하는 성공한 사회적기업가들의 멘토형 교육훈련, 교육주체별/대상별로 차별화된 교육이 이루어져야 한다. 또한 사회적경제 활성화 맥락에서 금융자본 육성을 통한 사회적기업 금융지원과 자본시장 시스템을 구축해야 한다. 여기에는 사회적 자본시장 활성화, 기업 사회공헌 기금의 활용, 사회적기업의 모금 역량 강화 등 많은 세부 과제들이 존재한다.

사회 · 정치자본과 지식자본의 확대를 위해서는 온 · 오프라인 사회적기업 옹호조직, 사회적기업에 대한 시민들의 긍정적 인식 확산을 위한 더 많은 정책적 지원이 요구된다. 지역사회에서 사회적기업가, 자금 제공자, 연구자, 윤리적 소비자 등이 참여하는 플랫폼을 만드는 것도 중요한 정책과제가 된다. 또한 사회적기업 생태계 조성을 위한 정책과제로서 사회적기업 거버넌스 구축도 중요하다. 민관협력 거버넌스 활성화 방안으로 공공정책 분야에서는 중앙 단위부터 광역, 기초 단위까지 일관된 지원체계 구축이 이루어져야 하며, 민간분야는 대기업의 경우, 사회적기업 발전 및 확산을 위해서 대기업의 자회사 형태로 사회적기업을 직접 설립하는 방식보다 생태계 지원으로의 역할 전환이 필요하다.

참고문헌

[국내문헌]

강병준(2011). 사회적 기업의 활성화 요인 : 거버넌스적 시각을 바탕으로. 한국학술정보.

강진연(2014). 빈곤층의 사회권 확립과 자활정책. 한 준 편. 한국의 대통령 리더쉽과 사회통합(pp. 101-127). 법현출판사.

국민복지기획단(1995). 삶의 질 세계화를 위한 국민복지의 기본 구상.

김영재 · 김성국 · 김강식(2015). 신인적자원관리. 탑북스.

김용학(2003). 사회 연결망 이론. 박영사.

김은정(2018). SDGs 이행을 위한 국내 법체계 개선방안. 한국법제연구원. 기후변화법제연구, 17.

김정원(2009). 사회적기업이란 무엇인가. 아르케.

김정한(1999). 단체교섭 구조변화와 정책과제. 한국노동연구원.

김태완 이주미(2016). UN의 지속가능발전목표(SDGs) 추진 전략과 주요 내용 : 빈곤 및 불평등을 중심으로. 보건복지포럼, 10, 79-80.

김혜원(2018). 한국 사회적기업 정책 10년의 평가와 개선과제. 민주사회정책연구원. 민주사회와 정책연구, 33, 11-43.

노재성(2018). IPCC 지구온난화 1.5℃ 특별보고서는 우리에게 무엇을 이야기하는가?. 환경부한국환경산 업 기 술 원. https://www.konetic.or.kr/insight/koneticreport_view.asp?unique_num=2176&skey=&gotopage=3 에서 검색.

도수관(2015). 사회자본, 경제발전 그리고 정부의 질. 집문당.

도수관 · 장덕희(2017). 지식정보사회에서 사회자본과 사회적 기업가정신의 관계 유형과 경제발전. 한국행정학보, 51(3), 93-125.

민동권(2017). 사회적기업가 교육을 위한 통합적 사회적기업가정신 모델의 탐색. 한국로고스경영학회. 로고스경영연구, 15(1), 1-22.

박수희(1987). 현대리더쉽론. 법문사.

보건복지부(1997). 보건복지백서.

__________(2007, 2010~2016). 자활사업안내.

__________(2019). 2019년 자활사업안내.

신명호(2003). 시장진입형 생산공동체의 경쟁력과 그 요인에 관한 분석. 한국도시연구소 편. 도시공동체론. 한울아카데미.

______(2016). 자활지원 정책의 개선 방안에 관한 연구. 한국지역자활센터협회. 자활사업 제도개선 토론회 자료집, pp. 12-43.

이문국(2005). 참여정부 자활지원사업 평가. 참여연대 사회복지위원회. 월간복지동향, 77, 16-18.

이종수(2010). 새 미래의 행정. 대영문화사.

이태수(2009). 복지정책, 새로운 진보의 아킬레스건인가. 김형기 · 김윤태 편. 새로운 진보의 길 : 대한민국을 위한 대안. 한울.
이호(1996). 빈민지역의 협동조합운동 실험. 한국도시연구소 편. 도시서민의 삶과 주민운동. 도서출판 발언.
임창희(2014). 인적자원관리. 비앤엠북스.
정관영(2013). 이제는 사회적경제다. 공동체.
______(2018). 사회서비스사업 창업경영. 공동체.
정부합동(2018). 제3차 사회적기업 육성기본계획.
조흥식(2011). 성장의 시녀로 전락한 복지. 새얼문화재단. 황해문화, 73, 24-43.
최장집(2009). 민중에서 시민으로 : 한국 민주주의를 이해하는 하나의 방법. 돌베개.
한구사회적기업진흥원(2019). 2019년 한 손에 잡히는 사회적기업.
한국지방행정연구원(2017). 사회성과연계채권 도입방안.
한국지역자활센터협회(2016). 자활지원정책의 개선방안에 관한 연구.
한상진(2005). 시장과 국가를 넘어서 : 사회적기업을 통한 자활의 전망. 울산대학교출판부.
황덕순 · 박준식 · 장원봉 · 김신양(2014). 사회적기업의 유형별 심층사례 연구. 한구노동연구원.

[번역서]

A. Osterwalder., & Y. Pigneur. 유효상 역(2011). 비즈니스 모델의 탄생 : 상상과 혁신, 가능성이 폭발하는 신개념 비즈니스발상법. 타임비즈.
A. Smith. 유인호 역[1776](2016). 국부론 I. 동서문화사.
D. Graeber. 정명진 역(2011). 부채, 그 첫 5,000년. 부글북스.
F. Braudel. 김홍식 역(2012). 물질문명과 자본주의 읽기 : 자본주의라는 이름의 히드라 이야기. 갈라파고스.
J. S. Mill. 박동천 역(2010). 정치경제학 원리①. 나남.
J. Schumpeter. 변상진 역[1942](2011). 자본주의, 사회주의, 민주주의. 한길사.
K. Marx. 김수행 역[1867](1989). 자본론 I, II. 비봉출판사.
M. Hawtin & J. Percy-Smith. 김영란 외 공역(2016). 커뮤니티 프로파일링. 공동체.
M. Yunus. 송준호 역(2011). 사회적기업만들기. 물푸레.
_________. 김태훈 역(2008). 가난 없는 세상을 위하여 : 사회적기업과 자본주의의 미래. 물푸레.
_________. 정재곤 역(2003). 가난한 사람들을 위한 은행가. 세상사람들의 책.
P. F. Drucker. 현영하 역(1995). 비영리단체의 경영. 한국경제신문.
R. D. Putnam. 정승현 역(2009). 볼링 어론-사회적 커뮤니티의 붕괴와 소생. 페이퍼로드.
R. H. Coase. 김일태 · 이상호 공역(2002). 기업, 시장, 그리고 법. 전남대학교출판부.
R. Heinberg. 노승영 역(2013). 제로성장시대가 온다 : 성장의 종말과 세계 경제의 미래. 부키.
W. Breit, & B. T. Hirsch(Eds). 김민주 역(2008). 노벨 경제학 강의. 미래의 창.

[국외문헌]

A. Bryman(1992). *Charisma and Leadership in Organization*. London : Sage.
A. E. Smith-Hunter, & S. College(2008). Toward multidimensional model of social entrepreneurship :

Definitions, clarifications and theoretical perspectives, *Journal of Business & Economics Research*, 6(6), 93–112.

A. Evers, & J.-L. Laville(Eds)(2004). *The Third Sector in Europe*. Cheltenham & Northhampton : Edwar Elgar.

A. Grove, & G. A. Berg(2014). Social Business : Defining and Situating the Concept. In A. Grove & G. A. Berg(Eds.), *Social Business : Theory, Practice, and Critical Perspectives*. California : Springer.

A. M. Esteves, D. Franks, & F. Vanclay(2012). Social impact assessment : The state of the art. *Impact Assessment & Project Appraisal*, 30(1), 35–44. http://dx.doi.org/10.1080/14615517.2012.660356에서 검색.

A. McWilliams, & D. Siegel(2001). Corporate Social Responsibility : a Theory of the Firm Perspective. in *The Academy of Management Review*, 26(1), 117 – 127.

A. Nicholls(2010). The functions of performance measurement in social entrepreneurship : control, planning and accountability. In K. Hockerts, J. Mai., & J. Robinson(Eds.), *Values and opportunities in social entrepreneurship*. New York : Palgrave.

B. Cohen, & M. I. Winn(2007). Market imperfections, opportunity and sustainable entrepreneurship. *Journal of Business Venturing*, 22, 29–49.

B. Enjolra(2009). A governance-structure approach to voluntary organizations. *Nonprofit and Voluntary Sector Quarterly*, 38(5), 761–783.

B. Enjolras, & K. Steen-Johnsen(2014). Democratic governance and citizenship. In J-L. Laville et al.(Eds.), *Civil Society, the Third Sector and Social Enterprise : Governance and democracy*. London & New York : Routledge.

B. G. Peters, & J. Pierre(1998). Governance without Government? Rethinking Public Administration. *Journal of Public Administration Research and Theory*, 8(2).

B. Richmond, J. Mook, & J. Quater(2003). Social accounting for non profit : Two models. *Non-profit Management and Leadership*, 13(4).

C. Alexander(2010). The Third Sector. In K. Hart, J.-L. Laville, & A. D. Cattani(Eds.), *The Human Economy*. Cambridge : Polity Press.

C. Blank(2012). Human Resource Management and Volunteer Motivation. In K. Volkmann, K. O. Tokarski, & K. Ernst(Eds.), *Social Entrepreneurship and Social Business*(pp. 65–82). Wiesbaden : Springer Gabler.

C. Borzaga, & A. Santuari(2003). New Trends in the Non-profit Sector in Europe : The Emergence of Social Enterpreneurship. *The Non-profit Sector in a changing Economy*, 31–56. Paris : OECD.

C. Borzaga, & J. Defourny(2001). *The Emergency of social enterprise*. London : Routledge.

C. Borzaga, & L. Solari(2001). Management challenges for social enterprises. In C. Borzaga & J. Defourny(Eds.), *The Emergence of Social Enterprise*, 333–349. London : Rotledge.

C. Grieco(2015). *Assessing Social Impact of Social Enterprise : Does One Size Really Fit all?*. Cham : Springer.

C. H. Wong, & W. C. Ho(2015). Roles of social impact assessment practitioners. *Environmental Impact Assessment Review*, 50, 124–133.

Council for social development(2010). *Social impact assessment*. report of a research project on social impact assessment of R&R policies and packages in India, New Dehli.

D. Franks, & F. Vanclay(2013). Social Impact Management Plans : Innovation in corporate and public policy. *Environmental Impact Assessment Review*, *43*. 40–48. http://dx.doi.org/10.1016에서 검색.

D. Held(1996). *Models of Democracy*. Cambridge : Polity Press.

D. Levy-Faur(Ed.)(2012). *The Oxford Handbook of Governance*. Oxford : Oxford University Press.

D. von Eckardstein, & J. Brandl(2004). Human resource management in nonprofit organizations. In A. Zimmer & E. Priller(Eds.), *Future of civil society : Making Central European nonprofit organizations work*, 297–314. Wiesbaden : VS Verlag.

D. Y. Choi, & E. R. Gray(2008). The venture development processes of "sustainable" entrepreneurs'. *Management Research News*, *31*, 558.

D. Young(1986). Entrepreneurship and Behavior of Non-profit Organizations : Elements of a Theory. In S. Rose-Ackerman(Ed.), *The Economics of Nonprofit Institutions*, 161–184. New York : Oxford University Press.

DTI(Department of Trade and Industry)(2002). *A strategy for success*, London : HM Treasury.

E. Chell(2007). Social enterprise and entrepreneurship : Towards a convergent theory of the entrepreneurial process. *Institutional Small Business Journal*, *25*(5), 5–26.

E. O. Henke(1972). Performance evaluation for not-for-profit organizations. *The Journal of Accountancy*, *133*, 51–55.

European Commission(2011). Internal Market, Industry, Entrepreneurship and SMEs. http://ec.europa.eu/growth/sectors/social-economy/enterprises_en에서 검색.

__________________(2014). *Social economy and social entrepreneurship : Social Europe Guide*, 4.

Executive Office of the President(2016). *Artificial Intelligence, Automation, and the Economy*. The White House.

F. Brouard, & Sophie Larivet(2014). essay of clarifications and definitions of the related concepts of social enterprise, social entrepreneur and social entrepreneurship. In A. Fayolle & H. Matlay(Eds.), *Handbook of Research on Social Entrepreneurship*. Cheltenham : Edward Elgar Publishing.

F. M. Santos(2012). A positive theory of social entrepreneurship. *Journal of Business Ethics*, *111*(2), 335–351.

F. Vanclay(2002). Conceptualising social impacts. *Environmental Impact Assesment Review*, *22*(3), 183–211.

________(2003a). SIA principles : International Principles For Social Impact.

________(2003b). International principles for social impact assessment. *Impact Assesment and Project Appraisal*, *21*(1), 5–11. http://dx.doi.org/10.3152/147154603781766491에서 검색.

__________(Ed.)(2014). *Developments in Social Impact Assessment*. Cheltenham : Edward Elgar.

F. Vanclay, A. M. Esteves, I. Aucamp, & D. M. Franks(2015). *Social Impact Assessment : Guidance for Assessing and managing the social impacts of projects*. International Association for Impact Assessment. https://www.iaia.org/uploads/pdf/SIA_Guidance_Document_IAIA.pdf에서 검색.

G. A. Ballinger, & K. W. Rockmann(2010). Chutes versus ladders : Anchoring events and a punctuated-equilibrium perspective on social exchange relationship. *Academy of Management Review*, *35*(3), 373–391.

G. Mulgan(2006). *Social innovation, what it is, why it matters and how it can be accelerated.* London : The Young Foundation.

_________(2007). Social Innovation. *What It Is, Why It Matters and How It can Be Accelerated.* London : Young Foundation.

H. G. Ridder, & A. McCandless(2010). Influences on the architecture of human resource management in nonprofit organizations: An analytical framework. *Nonprofit and Voluntary Sector Quarterly, 39*(1), 124–141.

H. L. Wilensky(2002). Rich Democracy. Berkeley : University of California Press; London : Sage.

International Assessment for Impact Assessment. *Impact Assessment and Project Appraisal, 20*(1), 5–11. http://dx.doi.org/10.3152/147154603781766464에서 검색.

Interorganizational Committee on Guidelines and Principles for Social Impact Assessment(1994). Guidelines and principles for social impact assessment. *Impact Assessment, 12*(2), 107–152.

IPCC(2018). *Global Warming of 1.5℃* . https://www.ipcc.ch/sr15에서 검색.

J. A. Banks(1972). *The Sociology of Social Movements.* Palgrave.

J. A. Kerlin(2013). Defining social enterprise across different contexts : A conceptual framework based on institutional factors. *Nonprofit and Voluntary Sector Quaterly, 42*(1), 84–108.

J. B. Say(1803). Traité d'économie politique : ou, simple exposition de la maniére dont se forment, se distribuent et se consomment les richesse. (Translation : Treatise on Political Economy: On the Production, Distribution and Consumption of Wealth). New York : Kelly(1964)(1st ed. 1827).

J. Barraker, & N. Yousepour(2013). Evaluation and social impact measurement amongst small to medium social enterprises : Process and value. *Australian Journal of Public Administration, 72*(4), 447–458.

J. Boschee(1995). Social Entrepreneurship. *Across the Board.* March, 20–25.

J. Bradshaw(1972). The concept of social need. In M. Fitzgerald, P. Halmos, J. Muncie, & D. zeldin(Eds.), *Welfare in action*, 33–36. London : Routledge and Kegan Paul.

J. Burdge(1999). A Community guide to social impact assessment–background. *Impact assessment and Project Appraisal, 21*(2), 84–88.

J. Cratford(1998). Social entrepreneurs are vital for health promotion–but they need supportive environments too. *Health Promotion International, 13*(2), 95–97.

J. Defourny, & M. Nyssens(2014). The EMES approach of social enterprise in a comparative perspective. In J. Defourny, et al(Eds.), *Social Enterprise and The Third Sector*(pp. 42–65). New York : Routledge.

J. Defourny(2001). From Third Sector to Social enterprise. In C. Borzaga, & J. Defourny(Eds.), *The Emergency of Social Enterprise*(pp. 1–28). London and New York : Routledge.

J. Defourny(2010). Concepts and Realities of Social Enterprise. In A. Fayolle, & H. Matlay(Eds.), *Handbook of Research on Social Entrepreneurship.* Cheltenham : edward Elgar.

J. Defourny, L. Hulgård, & V. Pestoff(2014). *Social Enterprise and the Third Sector.* New York : Routledge.

J. E. Austin, & H. Stevenson & J. Wei–Skillern(2006). Social and commercial entrepreneurship : Same, different, or both? *Entrepreneurship Theory and Practice, 30*(1), 1–22.

J. E. Austin(2000). *The Collaboration Challenge : How Nonprofits and Business Succeed through Strategic*

Alliance. San Francisco : Jossey-Bass.

J. Ekstrom, L. Bennun, & R. Mitchell(2015). *A cross-sector guide for implementing the Mitigation Hierarchy*. Cambridge : The Biodiversity Consultancy Ltd.

J. Elkington, & P. Hartigan(2008). *The Power of Unreasonable People*. Boston : Harvard Business Press.

J. Emerson, & E. Twersky(1996). *New Social Entrepreneurs : The Success, Challenge and Lessons of Non-profit Enterprise Creation*. San Francisco : The Roberts Foundation.

J. Emerson, J. Wachowics, & S. Chun(2000). *Social return on investment : exploring aspects of value creation in the non-profit sector*. San Francisco : The Roberts Foundation.

J. G. Dees(1998). *The Meaning of Social Entrepreneurship*. Palo Alto. CA : Stanford University.

________(2001). *The meaning of "social entrepreneurship"*. Comments and suggestions contributed from the Social Entrepreneurship Founders Working Group. Durham : Center for the Advanced of Social Entrepreneruship , Fuqua School of Business. Duke Unversity.

J. Griffith(2017). Leadership and management skills development in social enterprises. In C. Durkin, & R. Gunn(Eds.), *Social Enterpreneurship : A skill approach(2nd ed.)*. Bristol : Policy Press.

J. Hartley(2005). Innovation in Governance and Public Services : Past and Present. *Public Money & Management*(pp. 27-34).

J. Kerlin(2006). Social Enterprise in the United States and Europe : Understanding and Learning from Differences. *Voluntas*, *17*(3), 247-263.

J. Kerlin(2009). *Social Enterprise : a Global perspective*, Lebanon : University Press of New England.

J. Laville, & M. Nyssens(2001). The social enterprise : towards a theoretical socio-economic approach. In C. Borzaga & J. Defourny(Eds.), *The emergence of social enterprise*(pp. 312-332). London : Routledge.

J. Lepoutre, R. Justo, S. Terjesen, & N. Bosma(2013). Designing a global standardized methodology for measuring social entrepreneurship activity : The global entrepreneurship monitor social entrepreneurship study. *Small Business Economics*, *40*(3), 693-714.

J. Pierre(Ed.)(2000). *Debating Governance*. Oxford : Oxford University Press.

J. T. Eckhardt, & S. A. Shane(2003). Opportunities and entrepreneurship. *Journal of Management*, *29*(3), 479-504.

J. Wei-Skillern, J. Austin, H. Leonard, & H. Stevenson(2007). *Entrepreneurship in the social sector*. London : Sage.

J.-L. Laville(2010). The Third Sector. In K. Hart, J.-L. Laville, & A. D. Cattani(Eds.), *The Human Economy*. Cambridge : Polity Press.

K. Akingbola(2015). *Managing human resources for nonprofit*. New York : routledge.

K. Polanyi(1944). *The Great Transformation*. Boston : Beacon Press.

L. Hulgard & R. Spear(2006). Social entrepreneurship in USA and Europe-variations of the same theme?. paper for the 8th International Conference of ISTR, Barcelona. 9-12.

L. M. Salamon, & H. K. Anheier(1997). *Defining the Nonprofit Sector : A Cross-national Analysis*. Manchester University Press.

L. Mook, J. Quarter, & B. J. Richmond(2007). *What counts Social Accounting for Nonprofits and*

Cooperatives(2nd ed.). London : Sigel Press.

M. Ballestores-Sola(2014). Social Business Planning : Management and Financial Issues,. In A. Grove, & G. A. Berg(Eds.), *Social Business : Theory, Practice, and Critical Perspective*. California : Springer.

M. Bull(2008). Challenging tensions: critical, theoretical and empirical perspectives on social enterprise. *International Journal of Entrepreneurial Behavior and Research*, *14*(5), 268-275.

M. E. Porter, & M. R. Kramer(2006). Strategy and society : The link between competitive advantage and corporate social responsibility. *Harvard Business Review*. December, 78-92.

M. E. Warren(2001). *Democracy and Association*. Princeton : Princeton University Press.

M. Grimes(2010). Strategic sense making within funding relationship : The effects of performance measurement on organizational identity in the social sector. *Entrepreneurship Theory and practice*, *34*(4), 763-783.

M. Hill(1997). *The Policy Process in the Modern State*. London : Prentice-Hall.

M. J. Epstein, & K. Yuthas(2004). *Measuring and improving social impacts : A guide for non-profits, companies, and impact investors*. BK Business.

M. Kinsley & C. Clarke(Eds.)(2008). *Creative capitalism : a conversation with Bill Gates, Warren Buffett, and other economic leaders*. New York : Simon & Schuster.

M. Peris-Ortiz, F. Teulon, & D. Bonet-Fernandez(Ed.)(2017). *Social Entrepreneurship in Non-Profit and Profit Sectors : Theoretical and Empirical Perspectives (International Studies in Entrepreneurship)*. Cham : Springer.

M. Walk & T. Kennedy(2017). Making Nonprofits more Effective : Performance Management and Performance appraisals. In J. K. A. Word & J. E. Sowa(Eds.), *The Nonprofit Human Resource Management Handbook : From Theory to Practice*. New York : Routledge.

M. Yunus(2006). *Social business entrepreneurs are the solution*. Dhaka : Grameen Bank.

N. H. Borden(1964). The concept of the marketing mix. *Journal of Advertising Research*, *4*(2), 2-7.

N. Oyku Iyigun(2018). *Creating Business Value and Competitive Advantage with Social Entrepreneurship*. PA : IGI Global.

New Economics Foundation/Shorebank Advisory Services(2004). *Unlocking the potential*. London : The Social Enterprise Coalition.

OECD(1999). *Social Enterprises*. Paris.

______(2010). SME's Entrepreneurship and Innovation of Accountancy, *133*(June), 51 – 55.

P. Bourdieu(1986). The forms of capital. In J. Richardson(Ed.), *Handbook of theory and research for sociology of education*(pp. 241-260). New York : Greenwood Press.

P. Bourdieur, & L. Wacquant(1996). *An Invitation to Reflexive Sociology*. Cambridge : Polity Press.

P. C. Light(2008). *The Search for Social Entrepreneurship*. Washington DC : Brookings Institution Press.

R. A. Dahl(1982). *Dilemmas of Pluralist Democracy*. New Haven : Yale University Press.

R. A. W. Rhodes(1996). The New Governance : Governing without Government. *Political Studies*, *44*(4), 652-667.

R. D. Putnam(1993). *Making Democracy Work: Civic Transitions in Modern Italy*. Princeton : Princeton

University Press.

R. K. Reddy Kummitha(2016). *Social Entrepreneurship : Working Toward Greater Inclusiveness*. New Delhi : SAGE.

R. Milla, & K. Hall(2013). Social return on investment(SROI) and performance measurement : The opportunities and barriers for social enterprises in health and social care. *Public Management Review, 15*(6), 923–941.

R. N. Kanungo, & J. A. Conger(1993). Promoting altruism as a corporate goal. *The Academy of Management Executive, 7*(3), 37–48.

R. Ruttman(2012). New ways to invest for social and environmental impact. in *Investing for Impact : How social entrepreneurship is redefining the meaning of return*. Credit Suiss Research. I.

S. Doh, & C. I. McNeely(2012). A Multi-dimensional Perspective on Social Capital and Economic Development : An Exploratory Analysis. *Annals of Regional Science, 49*(3), 821–843.

S. E. A. Dixon, & A. Clifford(2007). Entrepreneurship-A new approach to managing the tripple bottom line. *Journal of Organizational Change Management, 20*, 326–345.

S. H. Schwartz(2004). Mapping and interpreting cultural differences around the world. In H. Vinken, J. Soeters, & P. Ester(Eds.), *Comparing cultures : Dimensions of culture in a comparative perspective*(pp. 43–73). Leiden : Brill.

__________(2008). *Cultural value orientations : Nature and implications of national differences*. Moscow : SU HSE.

S. H. Schwartz, G. Melech, A. Lehmann, S. Burgess, & M. Harris(2001). Extending the cross-cultural validity of the theory of basic human values with different method of measurement. *Journal of Cross-Cultral Psychology, 32*(5), 519–542.

S. L. Mueller, & A. S. Thomas(2001). Culture and entrepreneurial potential : A nine country study of locus of control and innovativeness. *Journal of Business Venturing, 16*(1), 51–75.

S. P. Osborne(Ed.)(2010). *The New Public Governance?*. London : Routledge.

S. R. Osberg, & R. L. Martin(2015). Two keys to sustainable social enterprise. Harvard Business Review. https://hbr.org/2015/05/two-keys-tosustainable-social-enterprise에서 검색.

T. J. Dean, & J. S. McMullen(2007). Toward a theory of sustainable entrepreneurship : Reducing environmental degradation through entrepreneurial action. *Journal of Business Venturing, 22*, 50–76.

T. L. Miller, G. M. Grimes, J. S. McMullen, & T. J. Vogus(2012). Venturing for others with heart and head : How compassion encourages social entrepreneurship. *Academy of Management Review, 37*(4), 616–640.

T. Parsons(1951). *The Social System*. New York : Free Press; London : Collier-Macmillan Limited.

U. Jäger(2010). *Managing social businesses: Mission, governance, strategy and accountability*. New York : Palgrave Macmillan.

V. Pestoff(2009). *A Democratic Architecture for the Welfare State*. London : Routledge.

W. C. Kim, & R. Mauborgne(2004). Value innovation. *Harvard Business Review, 82*(7/8), 172–180.

Y. J. Lee, & V. M. Wilkin(2011). More similarities or more differences? Comparing public and nonprofit managers' job motivations. *Public Administration Review, 71*(1), 45-56.

Z. T. Khalil, & M. Hussain(2014). Social Business Marketing Mix. In A. Grove & G. A. Berg(Eds.), *Social Business : Theory, Practice, and Critical Perspective*. California : Springer.

[웹사이트]

고용노동부	http://www.moel.go.kr
밀레니엄 생태계 평가(MEA)	https://www.millenniumassessment.org
보건복지부	http://www.mohw.go.kr
한국사회적기업진흥원	http://www.socialenterprise.or.kr/index.do
Benefit Corporation	https://benefitcorp.net
Community Wealth Building	https://community-wealth.org https://democracycollaborative.org
Danone Community	http://www.danonecommunities.com
EMES European Research Network	https://emes.net
European Commission	https://ec.europa.eu
Global Entrepreneurship Monitor(GEM)	https://www.gemconsortium.org
GoodWeave	https://goodweave.org
International Assessment for Impact Assessment	https://www.iaia.org
Merriam-Webster Medical Dictionary	http://www.merriam-webster.com
Oxfam International	https://www.oxfam.org/en/campaigns
Social Enterprise Alliance(SEA)	https://socialenterprise.us
The Filer Commission	https://www.learningtogive.org

찾아보기

ㅅ

ㅇ

ㅈ

저/자/약/력

▌ 祉山 정관영

첫 사회생활을 인천의 한 달동네 민중교회 전도사로서 빈민운동으로 시작했다. 가난한 주민들과 함께한 일상의 경험은 사회복지 현장으로 이어져 이후 종합사회복지관에서 일했고 가출청소년 쉼터를 운영했다. 대학원에서 사회복지학 석사과정을 마친 후 독일 담슈타트공과대학교(Darmstadt Technische Unversität) 사회학과에서 경제사회학을 공부하고 카셀대학교(Kassel Unversität) 사회사업학과 사회정책전공 박사과정을 수료했다.
한국으로 돌아와 여러 대학 사회복지학과에서 강의했으며, 주빌리사회서비스연구소를 운영하며 월간 저널 '사회서비스 트렌드'를 발행하기도 했다. 사회적경제와 지역복지의 융합모델인 복지마을과 새로운 민주주의로서 사회적경제운동, 직접민주주의운동에 참여하고 있다.

〈저서〉
이제는 사회적경제다(공동체, 2013년 문화체육관광부 사회과학 최우수교양도서)
사회서비스창업경영(공동체, 2018)

사회적기업론

| 저자 | 정관영

| 1판 1쇄 | 발행 2019년 7월 20일
| 1판 2쇄 | 발행 2021년 3월 10일
| 1판 3쇄 | 발행 2023년 8월 10일

| 발행인 | 김동훈
| 발행처 | **공동체**

| 주소 | 경기도 고양시 일산동구 호수로 358-39 동문타워 I 905호(백석동)
| 전화 | 031)814-3000(대표)
| 팩스 | 031)814-3100
| 홈페이지 | www.compub.co.kr
| 전자우편 | compub@naver.com
| 출판등록 | 2005년 10월 6일
| 등록번호 | 제396-2005-36호

| ISBN | 979-11-6105-494-0
정가 18,000원

MEMO

MEMO